MCP 실전 활용 &
서버 개발 핵심 가이드

MCP 실전 활용 &
서버 개발 핵심 가이드

지은이 AI튜터랩

펴낸이 박찬규 **엮은이** 이대엽 **디자인** 북누리 **표지디자인** Arowa & Arowana

펴낸곳 위키북스 **전화** 031-955-3658, 3659 **팩스** 031-955-3660

주소 경기도 파주시 문발로 115 세종출판벤처타운 311호

가격 28,000 **페이지** 368 **책규격** 175 x 235mm

초판 발행 2025년 11월 06일
ISBN 979-11-5839-640-4 (93000)

등록번호 제406-2006-000036호 **등록일자** 2006년 05월 19일
홈페이지 wikibook.co.kr **전자우편** wikibook@wikibook.co.kr

Copyright ⓒ 2025 by AI튜터랩
All rights reserved.
First published in Korea in 2025 by WIKIBOOKS

이 책의 한국어판 저작권은 저작권자와의 독점 계약으로 위키북스에 있습니다.
신저작권법에 의해 한국 내에서 보호를 받는 저작물이므로 무단 전재와 복제를 금합니다.
이 책의 내용에 대한 추가 지원과 문의는 위키북스 출판사 홈페이지 wikibook.co.kr이나
이메일 wikibook@wikibook.co.kr을 이용해 주세요.

MCP 실전 활용 &
서버 개발 핵심 가이드

MCP 기초와 서버 활용법부터 데이터 분석,
AI 비서, 주식 거래를 위한 MCP 서버 구축까지

AI튜터랩 지음

위키북스

저자 소개

AI튜터랩

소프트웨어를 부전공한 뒤 미국 빅테크 기업(FAANG)의 한국지사에서 클라우드 관련 엔지니어로 일했습니다. 재직 중에는 팀원들을 대상으로 사내 AI 기술과 AI 서비스에 대해 강의했으며, 현재는 'AI튜터랩'이라는 계정으로 활동하며 쓰레드(Threads), 유튜브, 인프런 등을 통해 MCP를 비롯한 다양한 AI 관련 지식을 공유하고 있습니다.

책 사용 설명서

이 책의 내용을 원활하게 학습하기 위해서는 먼저 예제 코드를 다운로드할 필요가 있습니다. 또한 이 책에서 예제 코드를 이용하는 데 필요한 설정에 대해서도 설명하겠습니다.

예제 코드와 데이터

이 책의 예제 코드와 데이터 파일은 깃허브 저장소에서 관리하고 있습니다. 이 책에는 데이터가 있어야만 실행할 수 있는 예제 코드가 있으니 필요한 파일을 다운로드하고 작업 폴더에 복사해 주세요. 예제 코드는 아래의 깃허브 저장소에서 관리합니다.

- 예제 코드 깃허브 저장소: https://github.com/wikibook/mcp-guide

예제 코드 다운로드 및 환경설정

예제 코드에 담긴 깃허브 저장소에 접속한 후 **Download ZIP** 버튼을 눌러 예제 코드를 다운로드합니다.

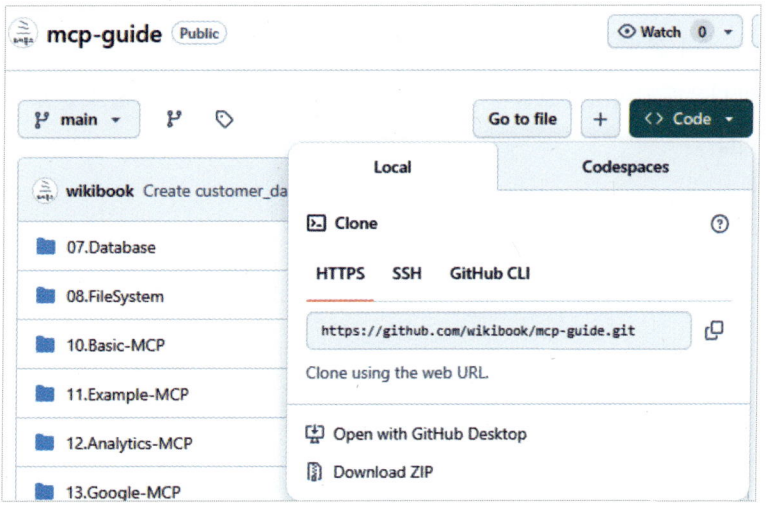

다운로드한 ZIP 파일의 압축을 풉니다.

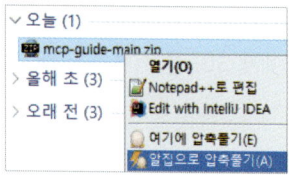

압축을 풀고 나면 다음과 같은 디렉터리 및 파일 구성을 확인할 수 있습니다.

API 활용을 위한 환경설정

이 책의 프로젝트에서는 각종 서비스의 API를 호출하는 데 필요한 API 키를 각 MCP 서버 폴더 내의 .env 파일에 저장하고 진행합니다. 따라서 실습을 진행하다 보면 다음과 같이 API 호출에 필요한 .env 파일과 인증 관련 파일을 확인할 수 있습니다.

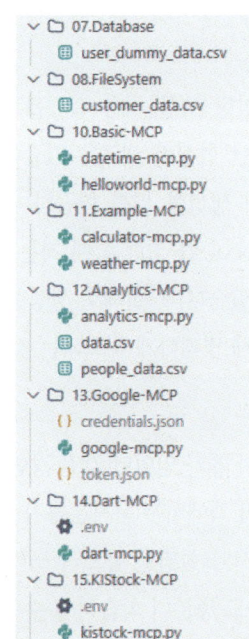

따라서 원활한 코드 실행을 위해서는 각 MCP 서버 폴더의 .env 파일에 알맞은 API 키를 설정합니다. 다음은 DART MCP 서버의 API 키 설정 예시입니다.

```
DART_API_KEY="DART API 키를 입력해주세요."
```

머릿말

회사 세미나에서 우연히 생성형 AI를 처음 접했을 때 저는 그것의 활용 가능성과 개발 업무에 가져올 엄청난 혁신과 새로운 기술이 가져다줄 기쁨을 경험했습니다. 그 이후로 저는 꾸준히 생성형 AI를 학습하며 지식을 쌓아갔습니다. 최근 MCP(Model Context Protocol)를 접했을 때 저는 마치 처음 생성형 AI를 접했을 때와 같은 깊은 감명을 받았습니다. 실제로 생성형 AI를 사용하면서 느꼈던 여러 아쉬운 점들이 MCP를 통해 명쾌하게 해소되는 것을 보며 저는 벅찬 희열과 또 다른 즐거움을 느꼈습니다.

생성형 AI와 MCP를 공부하며 제가 얻었던 값진 경험과 기쁨을 이 책을 통해 독자 여러분과 나누고자 합니다. 이 책에서는 독자분들이 최대한 쉽고 재미있게 내용을 이해할 수 있도록 풍부한 예시와 설명을 담으려 노력했으며, 비록 개발자를 위한 MCP 책이지만 비개발자분들도 충분히 학습하실 수 있도록 내용을 구성했습니다. 부디 이 책이 MCP를 이해하는 데 큰 도움이 되기를 바라며, 제가 이 기술을 배우며 행복했던 것처럼 여러분 또한 즐거운 학습 경험을 하시기를 진심으로 응원합니다.

이 책은 인공지능의 역사와 기본 개념부터 시작해 생성형 AI의 핵심 원리를 차근차근 설명합니다. 독자 여러분은 인공지능의 발전 과정을 깊이 이해하고, 최신 생성형 AI의 동작 방식과 원리를 체계적으로 학습할 수 있을 것입니다. AI의 원리를 충분히 익힌 다음에는 생성형 AI를 실무에서 어떻게 효과적으로 활용할 수 있는지 다양한 사례와 유용한 팁을 통해 실제적인 감각을 키워 나갑니다. 이어서 MCP 서버의 개념과 구조, 활용법을 단계별로 학습하게 됩니다.

이 책의 모든 내용은 독자가 MCP 서버를 더욱 깊이 이해하고 실무에 효과적으로 적용하는 데 초점을 맞추고 있습니다. MCP에 대한 이해를 바탕으로 다양한 MCP 서버를 직접 사용해보고, 나아가 실무 환경에 최적화된 AI와 시스템을 연동하는 귀중한 경험을 할 수 있습니다. 더 나아가 기존 MCP 서버의 활용만으로는 부족할 수 있는 부분을 보완하고자 직접 MCP 서버를 개발하고 커스터마이징하는 방법까지 단계별로 안내합니다. 이 과정을 통해 독자 여러분은 AI와 외부 시스템을 자유롭게 연결하고 제어하는 실질적인 역량을 갖추게 될 것입니다.

01 들어가며 — 1

1.1 생성형 AI의 필요성과 중요성 — 1
- 1.1.1 시장의 폭발적 성장과 경제적 파급 효과 — 2
- 1.1.2 미래 대비의 필요성 — 4

1.2 생성형 AI의 발전 과정 — 4
- 1.2.1 AI와 기계학습의 발전 과정(트랜스포머 이전) — 5
- 1.2.2 트랜스포머 아키텍처의 혁명 — 12
- 1.2.3 생성형 AI의 원리 — 15

1.3 MCP의 등장 배경 — 17
- 1.3.1 기존 생성형 AI의 한계 — 17
- 1.3.2 2024년 앤트로픽의 MCP 도입과 그 의미 — 18
- 1.3.3 기업과 개인이 함께 만드는 MCP: AI와 시스템의 연결 — 19

1.4 이 책의 구성과 학습 목표 — 20

1.5 정리 — 21

02 MCP를 위한 프롬프트 엔지니어링 — 22

2.1 프롬프트 기초 — 22
- 2.1.1 효과적인 프롬프트 작성을 위한 프롬프트 기초와 형식 — 23

2.2 프롬프트 설계에 대한 일반적인 지침 — 25
- 2.2.1 지시사항과 맥락 분리 — 26
- 2.2.2 구체적이고 상세하게 기술 — 26

2.3 프롬프트 엔지니어링 — 27
- 2.3.1 제로샷 — 27
- 2.3.2 퓨샷 — 28
- 2.3.3 생각의 사슬 — 30
- 2.3.4 페르소나 — 32

2.4 추가 실습 — 33

2.5 정리 — 33

03 생성형 AI를 최적화하기 위한 기술들   35

3.1 검색 증강 생성   36
- 3.1.1 RAG 개요 및 기본 개념   36
- 3.1.2 기존 LLM과의 차이점   37
- 3.1.3 RAG의 핵심 구성 요소   38
- 3.1.4 실제 적용 사례: NotebookLM   45

3.2 파인튜닝   46
- 3.2.1 파인튜닝의 정의와 필요성   46
- 3.2.2 파인튜닝 방법론: 전체 파인튜닝 vs. 부분 파인튜닝   47
- 3.2.3 파인튜닝의 단계   47
- 3.2.4 파인튜닝의 활용 사례   49

3.3 AI 에이전트   50
- 3.3.1 AI 에이전트의 정의   51
- 3.3.2 AI 에이전트의 원리   53
- 3.3.3 AI 에이전트의 사용사례   56

3.4 정리   57

04 MCP의 정의와 작동 원리   58

4.1 MCP란?   58
- 4.1.1 MCP의 사전적 정의   58
- 4.1.2 MCP가 필요한 이유   60

4.2 MCP의 구성 요소와 작동 원리   61
- 4.2.1 MCP의 구성 요소   61
- 4.2.2 MCP의 작동 원리   62
- 4.2.3 택배 반송 예시로 이해하는 MCP의 작동 원리   68

4.3 클로드 데스크톱으로 MCP 시작하기   69
- 4.3.1 MCP 서버 사용을 위한 필수 환경 설정   69
- 4.3.2 클로드 데스크톱에 MCP 서버 등록하기   72

4.4	MCP로 할 수 있는 일	74
4.5	정리	75

05 [실전 활용법] 뉴스를 검색해서 SNS에 올리기 76

5.1	Tavily MCP 서버를 이용한 실시간 검색 및 데이터 추출	78
	5.1.1 Tavily 서버란?	78
	5.1.2 Tavily MCP 서버의 주요 특징 및 기능	79
	5.1.3 클로드 데스크톱에서 Tavily MCP 서버 설정하기	83
	5.1.4 Tavily MCP 활용하기	87
5.2	트위터 MCP 서버를 이용한 포스팅과 검색	91
	5.2.1 X(구 트위터)란?	91
	5.2.2 트위터 MCP 서버의 주요 특징 및 기능	92
	5.2.3 클로드 데스크톱에서 트위터 MCP 서버 설정하기	94
	5.2.4 트위터 MCP 서버 사용 예시	99
5.3	MCP 서버를 연계해 뉴스 검색 후 SNS 포스팅하기	100
	5.3.1 MCP 서버를 여러 개 구성하기	101
	5.3.2 MCP 서버의 구성 항목	101
5.4	정리	105

06 [실전 활용법] 웹 데이터를 크롤링해 노션에 저장하기 106

6.1	파이어크롤 MCP 서버	107
	6.1.1 크롤링을 이해하기 위한 배경 지식	107
	6.1.2 파이어크롤 MCP 서버의 주요 기능	110
	6.1.3 파이어크롤 MCP 서버 설정	111
	6.1.4 파이어크롤 MCP 서버의 활용 사례	113
6.2	노션 MCP 서버	116
	6.2.1 노션 MCP 서버의 주요 기능	117
	6.2.2 노션 MCP 서버 설정	120
	6.2.3 노션 MCP 서버의 활용 사례	124

6.3	파이어크롤 MCP와 노션 MCP 서버 활용	127
6.4	정리	128

07 [실전 활용법] 벡터 데이터베이스 구축과 회원관리 시스템 구현   129

7.1	크로마 MCP 서버	130
	7.1.1 크로마란?	130
	7.1.2 크로마 MCP 서버의 특징과 기능	132
	7.1.3 크로마 MCP 서버 설정	135
	7.1.4 크로마 MCP 서버의 활용 사례	137
7.2	SQLite MCP 서버	140
	7.2.1 SQLite MCP 서버의 주요 기능	140
	7.2.2 SQLite MCP 서버 설정	142
	7.2.3 SQLite MCP 서버 활용 사례	148
7.3	크로마 MCP 서버와 SQLite MCP 서버를 함께 활용하기	153
	7.3.1 가상의 노트북 판매 쇼핑몰 데이터베이스 구축	153
7.4	정리	157

08 [실전 활용법] 파일 시스템 관리   159

8.1	파일 시스템 MCP 서버	159
	8.1.1 파일 시스템 MCP 서버란?	160
	8.1.2 파일 시스템 MCP 서버의 기능	160
8.2	파일 시스템 MCP 서버 설정	162
	8.2.1 로컬 환경 구성	162
	8.2.2 파일 시스템 MCP 서버 설정	163
8.3	파일 시스템 MCP 서버 활용 사례	163
	8.3.1 기본 사용법	164
	8.3.2 활용 사례	164
8.4	정리	169

09　Smithery 및 주요 MCP 서버 활용법　　171

9.1　MCP 서버 저장소란?　　171
- 9.1.1　MCP 서버 저장소　　172
- 9.1.2　Smithery란?　　172

9.2　Smithery 및 커뮤니티 MCP 서버 활용법　　175
- 9.2.1　가입 및 서버 탐색　　175
- 9.2.2　MCP 서버 설치　　175

9.3　Smithery MCP 서버 활용　　177
- 9.3.1　대표적인 MCP 서버: Context7과 Sequential Thinking　　177
- 9.3.2　Smithery 플랫폼을 이용한 바이브 코딩　　180

9.4　정리　　186

10　MCP 서버 만들기와 디버깅　　187

10.1　MCP 서버를 만드는 방법　　188
- 10.1.1　개발 환경 구축　　188
- 10.1.2　MCP 서버 프로젝트의 구조　　190

10.2　FastMCP 서버의 핵심 구성 요소　　193
- 10.2.1　도구　　194
- 10.2.2　리소스　　197
- 10.2.3　프롬프트　　200

10.3　MCP 서버 디버깅　　202
- 10.3.1　MCP 인스펙터　　202
- 10.3.2　클로드 데스크톱 로그 파일　　205
- 10.3.3　MCP 서버를 사용할 때 자주 발생하는 문제　　207

10.4　MCP 서버 작성 규칙　　208

10.5　정리　　209

11 [실전 프로젝트] Hello MCP! 프로젝트 — 210

11.1 간단한 MCP 예제 실습 — 210
- 11.1.1 계산기 MCP 서버 — 210
- 11.1.2 날씨 MCP 서버 — 215

11.2 MCP 서버 배포 — 221
- 11.2.1 깃허브 리포지터리 생성 — 221
- 11.2.2 Smithery 플랫폼에 게시하기 위한 설정 — 222
- 11.2.3 깃허브에 배포 — 223
- 11.2.4 FastMCP 클라우드에 배포 — 226
- 11.2.5 Smithery에 배포 — 229

11.3 정리 — 232

12 [실전 프로젝트] MCP 서버를 활용한 데이터 분석 — 233

12.1 프로젝트 개요 — 233
- 12.1.1 데이터 분석이란? — 234

12.2 프로젝트 준비 및 설계 — 235
- 12.2.1 데이터 분석을 위한 판다스의 주요 기능 소개 — 235
- 12.2.2 데이터 분석 MCP 서버의 핵심 로직 — 240

12.3 MCP 서버 개발과 사용 — 241
- 12.3.1 MCP 서버 개발 — 242
- 12.3.2 데이터 분석 MCP 서버 활용 — 250

12.4 정리 — 253

13 [실전 프로젝트] AI 비서 MCP 만들기 — 254

13.1 프로젝트 개요 — 254
- 13.1.1 AI 오피스 비서란? — 254
- 13.1.2 구글 API란? — 255

13.2	프로젝트 준비	257
	13.2.1 구글 캘린더 및 지메일 설정	257
	13.2.2 구글 API의 인증 방식	263
13.3	AI 비서 MCP 서버 만들기	266
	13.3.1 구글 API 구성 및 FastMCP 인스턴스 생성	266
	13.3.2 AI 비서 MCP 서버 사용법	283
13.4	정리	288

14 [실전 프로젝트] 전자공시시스템(DART) MCP 서버 만들기 289

14.1	프로젝트 개요	289
	14.1.1 DART 소개	289
	14.1.2 프로젝트 목표 및 요구사항	290
14.2	프로젝트 준비 및 설계	291
	14.2.1 DART Open API 신청 및 인증키 발급	291
	14.2.2 DART 데이터 수집 및 파싱 라이브러리	293
14.3	DART MCP 서버 개발 및 사용법	297
	14.3.1 DART MCP 서버 개발	297
	14.3.2 DART MCP 서버 사용하기	304
14.4	정리	308

15 [실전 프로젝트] 증권사 API를 활용한 주식 거래 MCP 만들기 309

15.1	프로젝트 개요	309
	15.1.1 KIS Open API	309
	15.1.2 프로젝트 목표 및 요구사항	311
15.2	프로젝트 준비 및 설계	311
	15.2.1 KIS 오픈API 키 발급	312
	15.2.2 MCP 서버 아키텍처	314

15.3 MCP 서버 프로젝트 315
15.1.1 MCP 서버 개발 315
15.3.2 MCP 서버 활용 334

15.4 정리 337

부록 클로드 데스크톱 확장 기능 338
A.1 클로드 데스크톱 익스텐션이란? 338
A.2 클로드 데스크톱 익스텐션의 아키텍처 339
A.3 데스크톱 익스텐션을 이용해 패키징하기 340

01
들어가며

MCP(Model Context Protocol)를 배우기에 앞서 인공지능의 역사와 생성형 AI의 발전 과정을 이해하는 것은 매우 중요합니다. AI의 역사와 발전 과정을 이해해야 하는 이유는 MCP가 바로 이러한 AI 기술 진화의 흐름 속에서 등장한 새로운 표준이기 때문입니다. MCP는 AI 모델이 다양한 외부 데이터 소스 및 도구와 표준화된 방식으로 연결될 수 있게 해주는 프로토콜로, 기존에 AI가 독립적으로 동작하며 외부 정보와 실시간으로 상호작용하지 못했던 한계를 극복하기 위해 만들어졌습니다. AI 기술의 발전 과정과 그 한계를 알면 MCP가 왜 필요하고, 어떻게 AI의 활용 범위를 넓히는지 자연스럽게 이해할 수 있습니다. 이는 앞으로 AI 생태계에서 MCP가 가질 역할과 의미를 깊이 있게 파악하는 데 도움이 됩니다.

1.1 생성형 AI의 필요성과 중요성

현대 사회는 디지털 혁신의 중대한 전환점에 서 있습니다. 생성형 AI는 기존의 통계 기반 AI와는 근본적으로 다른 혁신적 접근을 보여줍니다. 이 기술은 단순히 기존 데이터를 가공하거나 분석하는 수준을 넘어서 텍스트, 이미지, 비디오, 오디오, 소프트웨어 코드 등 다양한 형태의 독창적인 콘텐츠를 자동으로 생성할 수 있는 인공지능 기술입니다. 이 기술은 대량의 데이터에서 패턴을 학습하고 새로운 정보를 창출할 수 있는 능력을 갖춘 심층 학습 기반의 인공지능 모델을 활용합니다.

1.1.1 시장의 폭발적 성장과 경제적 파급 효과

생성형 AI의 발전은 2022년 ChatGPT의 등장으로 정점에 달했으며, 공개 후 단 5일 만에 100만 명의 사용자를 확보하며 전 세계적인 관심을 끌었습니다. 구글 검색량을 기준으로 관심도가 가장 높았던 시점을 100으로 환산하면 2022년 11월 이후 ChatGPT에 대한 검색량은 단기간에 최고치를 기록했습니다. 이를 그림 1.1의 관심도 변화 지표에서 확인할 수 있습니다.

그림 1.1 최근 5년간의 ChatGPT 검색량 추이

또한 이러한 관심은 단순한 호기심을 넘어 실질적인 경제적 가치로 이어지고 있습니다. 전 세계 생성형 AI 시장은 2022년 기준 약 105억 달러(약 14조 원) 규모이며, 연평균 34.1%의 성장률로 2032년에는 1,918억 달러(약 260조 원)에 이를 것으로 전망됩니다.[1] 주목할 점은 맥킨지의 보고서에서 제시한 생성형 AI의 경제적 잠재력입니다. 이 보고서에 따르면 생성형 AI는 전 세계적으로 연간 2조 6천억 달러에서 4조 4천억 달러 규모의 부가가치를 창출할 잠재력을 지니고 있으며, 이는 2021년 영국 전체 GDP에 해당하는 수준입니다.[2]

---

1 Generative AI Market: https://www.alliedmarketresearch.com/generative-ai-market-A47396
2 생성형 AI의 경제적 잠재력: https://www.mckinsey.com/capabilities/mckinsey-digital/our-insights/the-economic-potential-of-generative-ai-the-next-productivity-frontier#/

업무 생산성의 혁신적 변화

생성형 AI가 주목받는 가장 큰 이유의 하나는 업무 효율성 측면에서 놀라운 성과를 보여준다는 것입니다. 전반적으로 생성형 AI를 활용하면 작업 완료 시간이 38% 단축되며[3], 숙련된 전문가일수록 그 효과는 더욱 두드러집니다. 실제 기업 사례를 살펴보면 맥킨지는 생성형 AI를 통해 노동자 업무 시간의 약 60~70%를 절약할 수 있으며, 2030~2060년 사이에 전체 업무의 절반 가량이 자동화될 것으로 전망했습니다.[4]

산업 전반의 광범위한 활용

생성형 AI의 영향력은 특정 분야에 국한되지 않고, 전 산업 분야에 걸쳐 상당한 변화를 일으키고 있습니다. 새로운 서비스와 제품 개발을 가능하게 하며, 고객 서비스 분야의 챗봇부터 AI 번역, 문서 요약, 음성 합성 등 다양한 영역에서 혁신을 이끌고 있습니다. 은행 산업은 연간 약 2,000억~3,400억 달러, 소매 및 소비자 패키지 상품 분야는 약 4,000억~6,600억 달러의 이익을 창출할 것으로 예상됩니다. 의료 분야에서는 환자 데이터를 분석하고 진단 및 치료 계획을 제안하는 데 활용되어 의료 서비스의 질을 향상시키는 데 중요한 역할을 하고 있습니다.

일상생활로의 자연스러운 확산

생성형 AI는 이제 스마트폰이나 자동차만큼이나 친숙한 존재가 되어가고 있으며, 우리 일상 곳곳에 자연스럽게 스며들고 있습니다. 넷플릭스나 유튜브의 개인화된 추천 시스템이 사용자의 취향을 분석해서 맞춤형 콘텐츠를 제시하고, 구글 어시스턴트, 애플 시리, 아마존 알렉사 같은 가상 비서 기술이 일정 관리와 스마트 홈 기기 제어 등 다양한 편의를 제공하고 있습니다. 페이스북, 인스타그램 같은 소셜 미디어 플랫폼에서는 생성형 AI를 통해 사용자 콘텐츠를 분석하고 적절한 광고나 관심사에 맞는 게시물을 추천해주고 있습니다. 이러한 변화는 인간과 AI가 협업해 창조적인 작업을 수행할 수 있는 새로운 가능성을 제시하며, 인간과의 상호작용에서 좀 더 자연스러운 경험을 가능하게 합니다.

---

3 https://mitsloan.mit.edu/ideas-made-to-matter/how-generative-ai-can-boost-highly-skilled-workers-productivity
4 https://techinformed.com/generative-ai-could-allow-for-trillions-of-dollars-worth-of-productivity-gains/

1.1.2 미래 대비의 필요성

이처럼 생성형 AI는 단순한 기술적 혁신을 넘어서 우리 사회의 근본적인 변화를 이끌어내고 있습니다. 업무 방식의 혁신, 새로운 비즈니스 모델의 창출, 일상생활의 편의성 증대 등 모든 영역에서 그 영향력이 확산되고 있는 상황에서 이러한 변화에 능동적으로 대응하려면 생성형 AI를 이해하고 생성형 AI에 대한 활용 능력을 미리 갖추는 것이 필수적입니다. 이는 개인의 경쟁력을 높이는 것은 물론, 조직과 사회 전체의 지속가능한 발전을 위해서도 반드시 필요한 준비 과정입니다.

1.2 생성형 AI의 발전 과정

생성형 AI의 기술적 토대는 수십 년에 걸친 인공지능 연구의 축적된 결과물입니다. 현재 우리가 경험하고 있는 생성형 AI의 놀라운 능력은 하루아침에 이뤄진 것이 아니라 오랜 기간에 걸쳐 핵심 기술들이 단계적으로 발전하고 혁신을 거듭한 결과입니다.

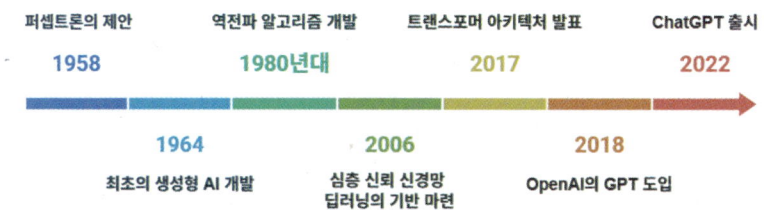

그림 1.2 생성형 AI 발전의 주요 이정표

인공지능의 발전은 1958년 프랭크 로젠블라트(Frank Rosenblatt)가 인간 뇌의 뉴런 작동 원리를 모방한 퍼셉트론을 제안하면서 시작됐습니다. 이는 세계 최초의 신경망으로, 현재 모든 딥러닝 기술의 출발점이었습니다. 1964년에는 MIT의 조셉 와이젠바움(Joseph Weizenbaum)이 자연어 처리 분야에 획기적인 돌파구를 연 ELIZA 챗봇을 개발해서 최초의 챗봇이 세상에 등장했습니다.

1980년대 역전파 알고리즘의 개발은 AI 역사상 중요한 전환점을 만들어냈습니다. 이 알고리즘 덕분에 다층 신경망 학습이 가능해졌고, 그동안 침체됐던 신경망 기술이 다시 부활하는 계기가 됐습니다. 2006년에 제프리 힌튼(Geoffrey Hinton)이 심층 신뢰 신경망(Deep Belief

Network; DBN)을 발표하며 딥러닝의 기초 개념을 정립했는데, 이는 현대 AI 발전의 중요한 이정표였습니다.

진정한 혁신은 2017년 구글이 발표한 트랜스포머 아키텍처에서 시작됩니다. 이 기술은 현재 대부분의 AI 언어 모델의 근간이 되는 핵심 기술로 자리 잡았으며, 자연어 처리 분야에 패러다임의 변화를 가져왔습니다. 2018년 OpenAI가 생성형 사전 훈련 트랜스포머(GPT; Generative Pre-trained Transformer)를 도입하면서 대규모 언어 모델 시대가 본격적으로 시작됐고, 2022년 말 마침내 ChatGPT가 출시되어 불과 5일 만에 100만 사용자를 돌파하며 전 세계에 생성형 AI 열풍을 불러일으켰습니다.

이어지는 절에서는 이러한 기술 발전의 각 단계를 상세히 살펴보고, 각각의 혁신이 어떻게 현재의 생성형 AI 기술로 이어졌는지 구체적으로 알아보겠습니다. 이를 통해 현재의 생성형 AI가 어떤 기술적 기반 위에 구현되고 앞으로 어떤 방향으로 발전해 나갈 것인지에 대해 더욱 명확하게 이해할 수 있을 것입니다.

1.2.1 AI와 기계학습의 발전 과정(트랜스포머 이전)

생성형 AI를 제대로 이해하려면 먼저 AI 기술의 전반적인 발전 과정을 살펴볼 필요가 있습니다. 생성형 AI는 트랜스포머 모델의 등장 이전과 이후로 그 발전 양상이 뚜렷하게 구분됩니다. 트랜스포머 이전에는 인공신경망, 기계학습, 딥러닝 등 다양한 기술적 진보가 있었으나 생성형 AI의 본격적인 도약은 2017년 트랜스포머 모델의 등장으로 이뤄졌습니다. 먼저 트랜스포머 등장 이전까지 AI가 어떻게 발전해 왔는지 상세히 살펴보겠습니다.

앨런 튜링의 모방 게임

1950년, 영국의 수학자 앨런 튜링(Alan Turing)은 '기계는 생각할 수 있는가?'라는 질문을 제기하며 '튜링 테스트(Turing Test)'를 고안했습니다. 이 테스트는 인간 평가자가 자연어 대화를 통해 기계와 인간을 구별할 수 없다면 그 기계가 지능을 가진 것으로 간주한다는 개념으로, AI라는 개념을 최초로 제시한 연구로 꼽힙니다.

튜링은 '생각'이라는 개념을 정의하기 어렵다는 점을 인식하고, 이를 당시 인기 있던 파티 게임인 '모방 게임(imitation game)'으로 대체했습니다. 테스트는 세 명의 참가자로 구성됩니다.

인간 심판이 기계와 인간 모두에게 질문하고 그들의 답변을 평가해서 어느 쪽이 기계인지 구별하려고 시도합니다. 기계가 인간 평가자를 속여서 자신이 인간이라고 믿게 만들 수 있다면 그 기계는 테스트를 통과한 것으로 간주됩니다. 튜링 테스트를 통과한 기계는 인간과 유사한 지능이 있는 것으로 간주할 수 있습니다.

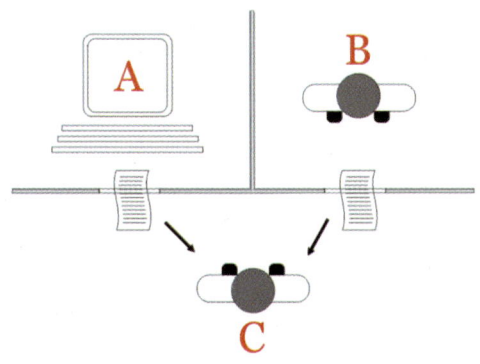

그림 1.3 튜링 테스트(출처: 위키백과)

튜링 테스트의 핵심은 기계가 질문에 올바르게 답변하는 능력이 아니라 그 답변이 인간의 답변과 얼마나 유사한가입니다.

다트머스 회의에서 정의된 인공지능

1956년에는 AI 역사상 가장 중요한 사건인 다트머스 회의(Dartmouth Conference)가 개최됩니다. 다트머스 대학의 존 매카시(John McCarthy) 교수가 주도한 이 회의에서 기계가 인간처럼 학습하고 발전할 수 있는가에 대한 토론이 이뤄졌으며, '인공지능(Artificial Intelligence)'이라는 용어가 처음 사용됐습니다. 다트머스 회의는 AI가 공식적인 학문 분야로 탄생한 계기였으며, 이후 수십 년간 AI 연구의 방향을 제시한 역사적 이정표로 평가받고 있습니다.

그림 1.4 다트머스 회의 참여자[5]

생성형 AI의 토대가 된 퍼셉트론의 등장

1958년 프랭크 로젠블라트(Frank Rosenblatt)가 개발한 퍼셉트론은 현대 신경망의 출발점이 된 혁신적인 기술로, 생물학적 뉴런의 작동 방식을 수학적으로 모방한 최초의 인공 뉴런입니다. 퍼셉트론은 여러 입력 신호(x_1, x_2 등)를 받아 각각에 가중치(w_1, w_2)를 곱한 뒤, 이 값을 모두 합산합니다. 합산된 값이 특정 임곗값(θ, 보통 0)을 초과하면 뉴런이 활성화되어 출력값(y)이 1이 되고, 그 이하인 경우에는 출력값이 0이 됩니다.

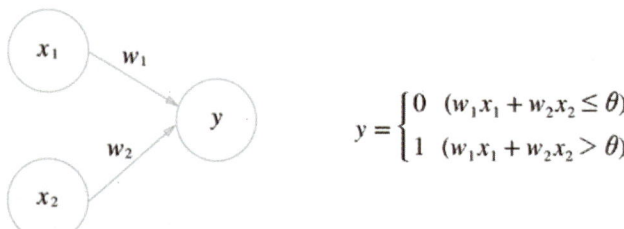

$$y = \begin{cases} 0 & (w_1 x_1 + w_2 x_2 \leq \theta) \\ 1 & (w_1 x_1 + w_2 x_2 > \theta) \end{cases}$$

그림 1.5 퍼셉트론

5 https://spectrum.ieee.org/dartmouth-ai-workshop

즉, 퍼셉트론은 입력 신호와 가중치를 조합해서 어떤 기준(임곗값: θ) 이상이면 신호를 흘려보내고, 그렇지 않으면 신호를 보내지 않는 구조입니다. 이처럼 퍼셉트론은 가중치와 임곗값을 조절함으로써 다양한 논리적 판단과 분류 작업을 수행할 수 있습니다. 이는 인공신경망의 기본 단위 역할을 하며, 이후 신경망과 딥러닝의 발전에 중요한 기초가 됐습니다.

이러한 퍼셉트론의 등장은 패턴 인식 분야에서 상당한 성과로 이어졌으며, 로젠블라트는 퍼셉트론이 '사물을 보고, 인식하고, 식별하고, 개념을 형성하는' 능력을 갖추게 될 것이라고 낙관적으로 예측했습니다.

1960년대 기계학습의 등장과 지도 · 비지도 · 강화학습 개념의 탄생

기계학습(Machine Learning)은 컴퓨터 시스템이 명시적인 프로그래밍 없이도 데이터에서 패턴을 학습해서 스스로 태스크를 수행할 수 있도록 하는 과학으로, 입력과 출력 데이터 간의 수학적 관계를 찾아내는 것이 핵심이었습니다. 이러한 기계학습은 데이터의 특성과 활용 목적에 따라 크게 세 가지 방식으로 발전했습니다.

- **지도학습(Supervised Learning)**: 지도학습은 입력 데이터와 정답(레이블)이 함께 주어진 훈련 데이터를 사용해 모델을 학습시키는 기계학습 방법입니다. 명시적인 정답이 주어진 상황에서 기계를 학습시키기 위해 데이터와 레이블을 사용하며, 새로운 입력에 대한 예측을 수행할 수 있도록 모델을 훈련합니다. 주요 유형으로는 데이터를 특정 클래스로 분류하는 분류(Classification)와 연속적인 수치 값을 예측하는 회귀(Regression)가 있습니다. 사람이 목푯값에 개입하므로 정확도가 높다는 장점이 있지만 시간이 오래 걸리고 필요한 데이터 양이 많다는 단점이 있습니다. 대표적인 알고리즘으로 CNN, RNN, SVM, 의사결정 트리 등이 있으며, 패턴 인식, 질병 진단, 주가 예측 등에 활용됩니다.

- **비지도학습(Unsupervised Learning)**: 비지도학습은 정답(레이블)이 없는 데이터를 사용해 데이터에 숨겨진 패턴이나 구조를 스스로 찾아내는 기계학습 방법입니다. 알고리즘이 제공된 데이터 내에서 스스로 패턴이나 관계를 발견해야 하며, 데이터의 본질적인 구조를 이해하려고 시도합니다. 주요 기법으로는 유사한 데이터를 그룹화하는 **군집화**(Clustering), 고차원 데이터를 저차원으로 변환하는 **차원 축소**(Dimensionality Reduction), **밀도 추정**(Density Estimation) 등이 있습니다. 목푯값을 정해주지 않아도 되므로 속도가 빠르다는 장점이 있지만 학습 결과로 분류 기준과 군집을 명확히 예측하기 어렵다는 단점이 있습니다. 대표적인 알고리즘으로는 K-Means, DBSCAN 등이 있으며, 고객 세분화, 데이터 마이닝, 이상치 탐지 등에 활용됩니다.

- **강화학습(Reinforcement Learning)**: 강화학습은 에이전트가 환경과 상호작용하면서 행동에 대한 보상을 통해 시행착오를 거쳐 학습하는 기계학습 방법입니다. 에이전트는 현재 상태를 관찰하고 행동을 선택

한 후 환경으로부터 새로운 상태와 보상을 받는 과정을 반복합니다. 학습의 목표는 장기적인 누적 보상을 최대화하는 최적의 정책(policy)을 찾는 것이며, 순차적 의사결정 문제에서 각 행동이 미래에 미치는 영향을 고려합니다. 지도학습과 달리 명확한 정답이 주어지지 않고, 보상 신호를 통해서만 행동의 좋고 나쁨을 판단할 수 있습니다. 인간이나 동물이 보상에 따라 학습하는 과정을 모방한 방법으로, 게임 AI, 로봇 제어, 자율주행 등 다양한 분야에 활용됩니다. 대표적인 알고리즘으로 Q-Learning, Policy Gradient 등이 있습니다.

최초의 챗봇 ELIZA의 탄생

1964년 MIT의 조셉 와이젠바움(Joseph Weizenbaum)이 개발한 ELIZA는 자연어로 대화하는 최초의 챗봇으로, 현재 생성형 AI의 원조격이라 할 수 있습니다. ELIZA 챗봇은 사용자의 입력을 분석하기 위한 패턴(인사말, 감정 표현, 가족 관련 정보 등)을 미리 지정합니다. 이후 ELIZA 챗봇에 사용자가 입력을 하면 사용자의 입력을 패턴으로 분석하고 그 패턴에 맞는 답변을 제공하는 원리입니다.

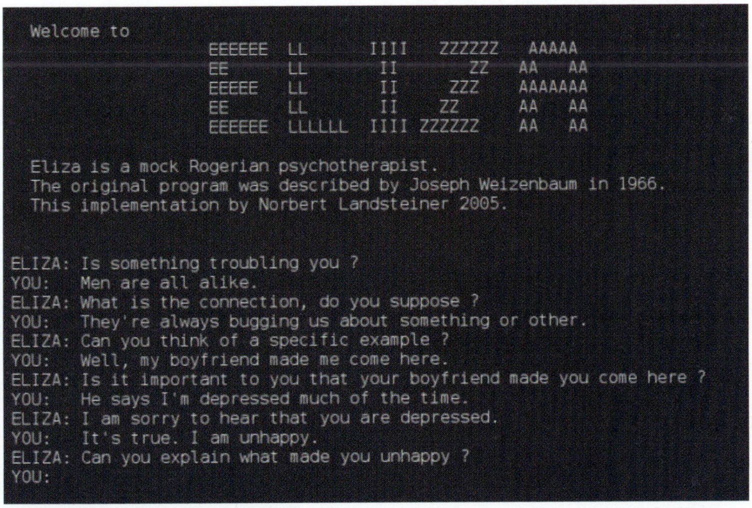

그림 1.6 ELIZA 챗봇과의 대화[6]

ELIZA는 입력된 문장을 위에서부터 아래로 순서대로 패턴과 비교해 가장 먼저 맞는 패턴을 찾아 해당하는 답변을 제공합니다. 어떤 패턴에도 맞지 않는 입력이 들어오면 "더 말씀해 주세요"

[6] https://en.wikipedia.org/wiki/ELIZA

같은 일반적인 답변을 제공하며 대화를 이어갑니다. 또한 같은 패턴에 대해서도 여러 개의 다른 답변을 준비해둔 다음, 그중 무작위로 선택함으로써 같은 질문에 항상 같은 답변을 하지 않게 함으로써 좀 더 자연스러운 대화처럼 보이게 만듭니다.

ELIZA의 작동 방식은 현재의 ChatGPT나 다른 고도화된 AI와는 완전히 다른 접근법이었습니다. 실제로 언어를 이해하는 것이 아니라 단순히 미리 정해진 규칙에 따라 패턴을 찾고 대응하는 규칙 기반(rule-based) 방식으로, 키워드를 인식해 미리 작성된 응답 중에서 적절한 것을 선택하는 수준이었습니다. 하지만 1966년 당시 그것은 혁신적인 기술이었고, 적절한 패턴과 답변만 잘 만들어두면 놀랍도록 자연스러운 대화가 가능하다는 것을 보여준 역사적으로 중요한 프로그램이었습니다. ELIZA는 인간과 기계가 소통할 수 있다는 가능성을 처음으로 보여줬고, 이는 훗날 생성형 AI 탄생의 씨앗이 됩니다.

1970년대 AI 침체기

하지만 이러한 초기의 성과에도 불구하고 1970년대에는 AI 분야가 큰 침체기를 맞이합니다. 1960년대 AI 연구자들이 기계 번역, 자연어 이해 등에서 과도하게 낙관적인 예측을 했지만 실제로는 기대에 크게 못 미치는 결과를 보여줬기 때문입니다. 특히 1973년 영국의 제임스 라이트힐(James Lighthill)이 작성한 라이트힐 보고서는 AI의 실용적 응용 부족을 신랄하게 비판하고 조합 폭발(combinatorial explosion) 등 근본적 한계를 지적하면서 AI에 대한 회의론을 전 세계로 확산시켰습니다. (조합 폭발이란 문제의 변수가 조금만 늘어나도 경우의 수가 기하급수적으로 증가해서 현실적인 시간 내에 해결이 불가능해지는 현상을 말합니다.)

동시에 마빈 민스키와 시모어 페퍼트가 1969년 발표한 『퍼셉트론』이라는 책에서 퍼셉트론의 한계를 파괴적으로 비판하면서 신경망 연구가 완전히 중단되는 상황이 벌어졌습니다.

이러한 학술적 비판과 더불어 1974년 미국과 영국 정부가 AI 연구 예산을 크게 삭감하면서 자금 조달이 매우 어려워졌습니다. 또한 당시 컴퓨팅 기술의 한계로 AI의 야심찬 목표를 실현하기에

그림 1.7 마빈 민스키와 시모어 페퍼트의 저서 『퍼셉트론』

는 계산 능력과 저장 용량이 턱없이 부족했던 것도 침체의 원인으로 작용했습니다. 이런 이유로 1970년대는 인공지능 침체기로 평가받습니다.

1980년대에 시작된 AI 부흥기

1980년대에 들어서면서 상황이 크게 바뀌기 시작했습니다. 기계학습이라는 새로운 패러다임이 등장하면서 AI 연구에 새로운 활력을 불어넣었고, 동시에 1986년 제프리 힌튼(Geoffrey Hinton), 데이비드 루멜하트(David Rumelhart), 로널드 윌리엄스(Ronald Williams)가 역전파 알고리즘을 발표하면서 1970년대 침체기를 겪었던 신경망 기술이 다시 부활합니다.

역전파 알고리즘은 신경망 학습의 혁명적 전환점이 된 기술로, 다층 신경망에서 각 가중치가 최종 오차에 미치는 영향을 계산하는 효율적인 방법을 제공했습니다. 이 알고리즘의 핵심은 신경망의 출력층에서 계산된 오차를 입력층 방향으로 역방향으로 전파하면서 연쇄 법칙(chain rule)을 사용해 각 층의 가중치가 전체 오차에 기여하는 정도를 정확히 계산하는 것입니다. 이를 통해 경사하강법과 같은 최적화 알고리즘을 사용해 오차를 최소화하는 방향으로 가중치를 체계적으로 업데이트할 수 있게 됐습니다. 역전파 알고리즘의 등장으로 기존 퍼셉트론이 해결하지 못했던 XOR 문제[7]와 같은 비선형 분리 문제를 다층 신경망으로 해결할 수 있게 됐고, 이는 현재 딥러닝의 기초가 되어 오늘날 생성형 AI의 토대를 마련하는 중요한 전환점이 됐습니다.

2000년대 딥러닝의 확산

2000년대에 들어서며 인공지능 분야에는 획기적인 변화가 시작됩니다. 이 변화의 중심에는 제프리 힌튼이 2006년에 발표한 심층 신뢰 신경망(Deep Belief Networks; DBN)이 있습니다. 힌튼의 연구팀은 '상호 보완적 사전분포(complementary priors)'를 사용해 다층 은닉층을 가진 밀집 연결된 신뢰 신경망에서 추론을 어렵게 만드는 설명 배제 효과를 제거하는 방법을 제시했습니다. 또한 각 층을 한 번에 하나씩 학습할 수 있는 빠르고 탐욕적인 알고리즘을 개발했는데, 이는 기존 방식보다 훨씬 효율적이었습니다. 이러한 발전으로 2000년대에 딥러닝이 확산됐습니다.

---

7 XOR 문제는 '두 입력이 서로 다를 때만 참'이 되는 간단한 논리 문제로, 이를 풀지 못한다는 것은 당시 신경망 기술의 명백한 한계였습니다.

1.2.2 트랜스포머 아키텍처의 혁명

2017년 구글 연구팀이 발표한 「Attention Is All You Need」 논문에서는 인공지능 분야에 지각변동을 일으킨 **트랜스포머**(Transformer) 모델을 소개했습니다.

Attention Is All You Need

Ashish Vaswani[*]
Google Brain
avaswani@google.com

Noam Shazeer[*]
Google Brain
noam@google.com

Niki Parmar[*]
Google Research
nikip@google.com

Jakob Uszkoreit[*]
Google Research
usz@google.com

Llion Jones[*]
Google Research
llion@google.com

Aidan N. Gomez[*] [†]
University of Toronto
aidan@cs.toronto.edu

Łukasz Kaiser[*]
Google Brain
lukaszkaiser@google.com

그림 1.8 「Attention Is All You Need」 논문

이 모델은 이전까지 자연어 처리의 주류였던 RNN(순환신경망)과 CNN(합성곱신경망)의 한계를 뛰어넘었습니다. 특히 '단어를 하나씩 순차적으로 처리해야 한다'는 RNN의 문제점을 해결하면서 **문장 전체의 맥락을 한 번에 분석**하는 방식을 제안했습니다. 이 혁신의 핵심에는 **어텐션 메커니즘**(Attention Mechanism)이라는 기술이 자리 잡고 있습니다.

어텐션 메커니즘이란?

어텐션은 **'중요한 부분에 집중하라**'는 개념입니다. 예를 들어, '강아지가 공원에서 뛰놀다가 넘어졌다'는 문장을 읽을 때 인간은 '넘어졌다'는 동작의 주체가 '강아지'임을 자동으로 파악합니다. 어텐션 메커니즘은 인공지능 모델이 이런 추론을 할 수 있도록 설계된 장치입니다. 모델이 문장의 각 단어를 처리할 때 **다른 단어들과의 관계를 수치화**해 어떤 단어에 더 주의를 기울여야 하는지 학습합니다.

트랜스포머의 동작 원리

2017년 구글 연구팀이 발표한 트랜스포머 모델은 **인코더**(encoder)와 **디코더**(decoder)라는 두 개의 핵심 부품으로 작동합니다. 이 구조는 마치 전문 번역가가 원문을 분석(인코더)한 후 번역문을 작성(디코더)하는 과정과 유사합니다.

인코더는 입력 문장을 깊이 있게 분석하는 역할을 합니다. 예를 들어, '그는 탁자를 치우고 의자에 앉았다'라는 문장이 들어오면 **셀프 어텐션**(self-attention) 기술로 각 단어 간의 관계를 수치화합니다. '**치우고**'와 '**탁자**'가 강하게 연결되고, '**앉았다**'와 '**의자**'가 밀접한 관계임을 0에서 1 사이의 점수로 매깁니다.

디코더는 인코더의 분석 결과를 바탕으로 새로운 문장을 만들어냅니다. 단어를 순차적으로 생성할 때는 **마스킹된 어텐션**(masked attention)을 사용해 아직 생성되지 않은 미래 단어를 참조하지 못하도록 제한합니다. 이는 마치 글을 쓸 때 다음에 올 단어를 미리 보지 않고 순차적으로 작성하는 것과 같습니다. 또한 **인코더-디코더 어텐션**을 통해 생성 중인 단어와 원본 문장의 관련 부분을 연결합니다. 예를 들어, 'apple'을 번역할 때 원문에 '과일 가게'라는 맥락이 있다면 '사과'로 선택하고, '기업' 관련 내용이 있다면 '애플'로 해석하는 방식입니다.

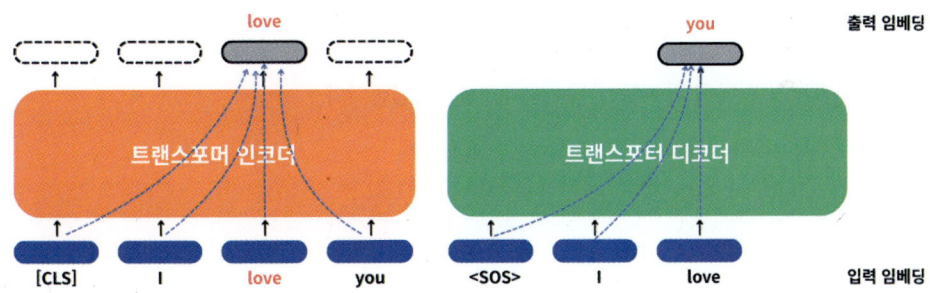

그림 1.9 인코더와 디코더

그림 1.9는 트랜스포머 모델의 핵심 구조를 시각적으로 보여줍니다. 왼쪽에는 인코더(인코더)가, 오른쪽에는 디코더(디코더)가 배치돼 있습니다. 입력 문장의 각 단어(예: 'I', 'love', 'you' 등)는 먼저 벡터(임베딩)로 변환되어 인코더에 들어갑니다. 인코더는 각 단어의 의미와 문장 내 관계를 파악해서 더 풍부한 임베딩을 만들어냅니다. 해당 이미지에서는 'love'라는 단어가 강조돼 있으며, 이렇게 만들어진 임베딩은 디코더로 전달됩니다.

디코더는 인코더에서 받은 정보와 함께 이미 생성한 단어(예: 'I', 'love' 등)를 참고해서 다음 단어를 예측합니다. 예를 들어, 'I love'까지 생성된 상태라면 디코더는 인코더의 정보와 앞서 만든 단어를 활용해 'you'를 예측합니다.

이 과정에서 각 단어의 벡터(임베딩)는 서로 연결돼 있고, 점선으로 표시된 화살표는 각 임베딩이 어떻게 상호작용하며 다음 단어를 만들어내는지 보여줍니다. 이 구조는 번역이나 요약처럼 입력 문장을 바탕으로 새로운 문장을 만들어내는 작업에 주로 사용됩니다. 즉, 인코더가 입력 문장을 이해하고, 디코더가 그 정보를 바탕으로 결과 문장을 만들어내는 원리를 한눈에 볼 수 있습니다. 다만 최신 대규모 언어 모델 중 상당수는 디코더-온리(예: GPT 계열)를 사용합니다.

이러한 생성형 AI 모델의 강점은 단순 번역을 넘어 문장 전체의 맥락을 종합적으로 이해한다는 점입니다. 기존 시스템이 단어를 개별적으로 처리했던 것과 달리 단어 간의 복잡한 관계를 실시간으로 분석해 더 자연스러운 결과물을 만들어냅니다.

정리해보면, '나의 이름은'이라는 문장을 트랜스포머 모델에 입력하면 우선 인코더가 이 문장을 받아 각 단어가 어떻게 서로 연결돼 있는지 분석하고, 문장 전체의 의미를 숫자로 요약합니다. 이렇게 만들어진 의미 요약(수치 데이터)을 디코더가 활용해 다음에 올 만한 단어(예: '홍길동')를 예측하고 문장을 자연스럽게 완성합니다. 즉, 인코더가 문장을 이해하고, 디코더가 그 이해를 바탕으로 적절한 다음 단어를 만들어낸다고 볼 수 있습니다.

실생활 사용 사례와 전망

트랜스포머는 ChatGPT의 GPT 시리즈, 구글 번역, BERT 검색 알고리즘 등에 적용됐습니다. 예를 들어, 구글 번역에서 "I love you to the moon and back"이라는 문장을 "나는 너를 달까지 갔다 올 만큼 사랑해"로 자연스럽게 번역할 수 있는 배경에는 트랜스포머의 맥락 이해 능력이 있습니다.

트랜스포머는 단순히 번역 품질을 개선한 것을 넘어 **텍스트 생성, 이미지 설명 작성, 음성 인식** 등 다양한 분야로 확장되며 2020년대 AI 혁명의 초석으로 작용했습니다. 2025년 현재, 「Attention Is All You Need」 논문은 19만 회 이상 인용되며 기계학습 역사상 가장 영향력 있는 연구로 평가받고 있습니다.

1.2.3 생성형 AI의 원리

이러한 트랜스포머 모델의 발전은 생성형 AI의 출시를 가속화했습니다. 트랜스포머는 입력 데이터를 병렬로 처리하고 문맥을 깊이 있게 이해할 수 있어 기존 모델에 비해 훨씬 더 자연스럽고 일관된 텍스트 생성을 가능하게 했습니다.

생성형 AI 시대의 개막

대규모 언어 모델(Large Language Model; LLM)의 발전은 2018년 OpenAI의 GPT-1 출시로 본격화됐습니다. 이후 BERT와 같은 초기 트랜스포머 모델이 등장했고, 2021년 DALL-E, 2022년 Stable Diffusion 등이 개발되면서 텍스트를 넘어 이미지 생성까지 가능한 멀티모달 AI 시대가 열렸습니다. 2022년 말 ChatGPT의 등장은 생성형 AI의 대중화에 결정적 역할을 했으며, 2023년에 출시된 GPT-4는 텍스트, 이미지, 오디오 등 다양한 입력 데이터를 동시에 처리하는 멀티모달 모델로 진화했습니다.

일반화(generalization)는 기계학습과 인공지능 분야에서 중요한 개념으로, 학습된 모델이 훈련 데이터를 넘어서 새롭고 보이지 않는 데이터에 대해 정확하게 예측할 수 있는 능력을 말합니다. 모델이 훈련 데이터에 대해서만 높은 성능을 보이는 것이 아니라 실제 세계의 다양한 데이터에도 잘 작동해야 하는 것이 핵심이며, 이를 통해 모델은 학습 과정에서 발견한 패턴을 일반화해서 새로운 상황에 적용할 수 있습니다. 기계학습의 핵심 원리는 충분한 데이터와 컴퓨팅 파워만 있다면 모든 복잡한 데이터 요소를 컴퓨터 시스템으로 수학적 연결이 가능하다는 점입니다. 이때 출력의 정확도는 주어진 입력의 크기와 직접적인 상관관계가 있습니다. 현재 생성형 AI는 이러한 일반화 능력을 바탕으로 텍스트 생성부터 이미지 창작, 코드 작성, 음악 작곡에 이르기까지 인간의 창의적 영역까지 확장되고 있으며, 이는 AI 기술 발전의 새로운 전환점이 왔음을 의미합니다.

대규모 언어 모델의 원리

트랜스포머 아키텍처의 발전으로 대규모 언어 모델(이하 LLM)이 등장했습니다. LLM은 방대한 데이터셋으로 학습된 딥러닝 기반의 기계학습 모델로, 인간의 언어를 이해하고 생성하는 다양한 자연어 처리 작업을 수행할 수 있습니다. 이러한 모델은 인간의 두뇌에서 영감을 받은 계층적 신경망 구조를 바탕으로 동작하며, 인터넷, 도서 등에서 수집한 수천~수백만 기가바이트에 달하는 텍스트 데이터를 활용해 텍스트 인식, 번역, 예측, 생성 등 폭넓은 작업을 수행합니다. 생성형 AI, 특히 텍스트 생성 모델은 다음과 같은 4단계 과정을 거쳐 답변을 도출합니다.

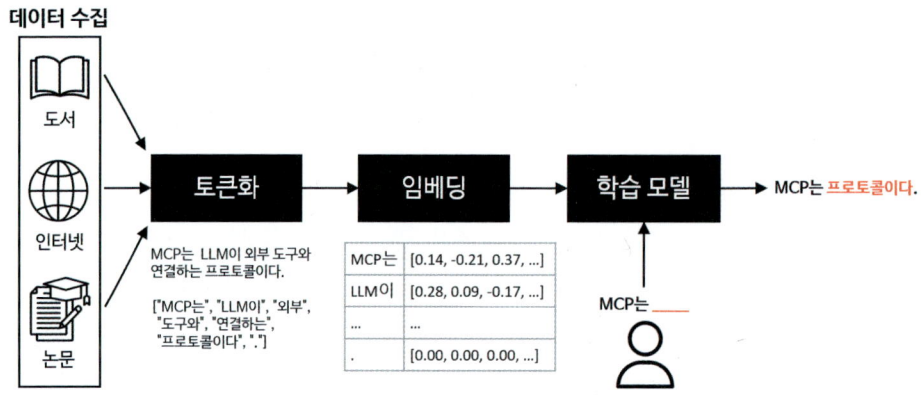

그림 1.10 생성형 AI의 원리

각 단계를 구체적으로 설명하면 다음과 같습니다.

1단계 – 데이터 수집: 책, 논문, 웹사이트 등 다양한 소스에서 방대한 양의 텍스트 데이터를 수집합니다. 이렇게 모인 데이터는 LLM이 다양한 언어적 패턴과 지식을 학습하는 기반이 됩니다.

- 예시 문장: MCP는 LLM이 외부 도구와 연결하는 프로토콜이다.

2단계 – 토큰화: 수집된 문장은 토큰화(tokenization) 과정을 거쳐 의미 단위(단어, 서브 워드 등)로 쪼개집니다. 각 토큰은 모델이 처리할 수 있도록 고유한 숫자(토큰 ID)로 변환됩니다.

- 예시: ["MCP는", "LLM이", "외부", "도구와", "연결하는", "프로토콜이다", "."]

3단계 – 임베딩: 토큰화된 각 숫자(토큰 ID)는 임베딩 레이어를 통해 단어의 의미를 좌표처럼 표현하는 고차원 실수 벡터로 변환됩니다. 이 임베딩 벡터들은 의미가 비슷한 단어끼리 벡터 공간에서 가까운 위치에 배치되어 컴퓨터가 단어의 의미적 유사성을 파악할 수 있게 합니다.

- 예시: MCP는 → [0.14, −0.21, 0.37, …], LLM이 → [0.28, 0.09, −0.17, …]

4단계 – 트랜스포머 모델 처리 및 텍스트 생성: 임베딩 벡터들은 트랜스포머 같은 대규모 신경망 모델에 입력됩니다. 트랜스포머는 입력된 벡터들의 패턴과 관계를 학습해 다음에 올 단어나 문장을 예측합니다. 예측된 결과(숫자 벡터)는 다시 사람이 읽을 수 있는 자연어 텍스트로 변환되어 출력됩니다.

- 예시: 입력: MCP는 ___ → 출력: MCP는 프로토콜이다.

정리하면, 생성형 AI는 먼저 책, 논문, 웹사이트 등에서 방대한 텍스트 데이터를 수집하고, 이를 의미 단위로 쪼개어 고유한 숫자(토큰)로 변환합니다. 이렇게 변환된 토큰들은 임베딩 과정을 통해 의미가 비슷한 단어끼리 가까운 위치에 배치되는 고차원 벡터로 바뀝니다. 임베딩 벡터들은 트랜스포머 기반 신경망 모델에 입력되어 문맥과 패턴을 학습하고 다음에 올 단어나 문장을 예측합니다. 마지막으로 예측된 결과(숫자 벡터)는 다시 사람이 읽을 수 있는 자연어 텍스트로 변환되어 출력됩니다.

1.3 MCP의 등장 배경

기존의 생성형 AI는 다양한 요구에 맞는 답변을 생성하는 데는 능했지만 외부 데이터 활용이나 다른 서비스와의 직접적인 연동에는 한계가 있었습니다. 이러한 문제를 해결하기 위해 다양한 시스템과 쉽게 통합될 수 있도록 설계된 표준 프로토콜인 MCP(Model Context Protocol)가 등장합니다. 이번 절에서 MCP의 등장 배경을 자세히 살펴보겠습니다.

1.3.1 기존 생성형 AI의 한계

생성형 AI는 기본적으로 훈련 데이터셋에 기반해 작동하기 때문에 훈련에 사용된 데이터 외부의 새로운 정보에는 직접 접근하지 못한다는 한계가 있습니다. 이로 인해 최신 정보나 실시간으로 변화하는 데이터, 훈련 시점 이후에 발생한 지식 등은 반영하기가 어렵고, 결국 모델이 오래된 정보나 불완전한 지식을 답변에 활용할 수밖에 없어 새로운 상황에 대한 적응력이 떨어집니다.

또한 생성형 AI가 외부 파일, 실시간 도구, 다양한 지식베이스 등과 연동해 동적으로 정보를 활용하려면 복잡한 시스템 통합이 필요합니다. 각 데이터 소스마다 구조와 접근 방식이 달라 이를 일관성 있게 연결하고 관리하는 것이 기술적으로 매우 어렵고, 유지보수 비용도 크게 증가합니다.

전통적인 AI 통합 방식은 각 AI 모델과 데이터 소스를 일대일로 직접 연결하는 구조가 많습니다. 이 때문에 데이터 소스나 모델이 늘어날수록 연결 복잡도가 기하급수적으로 증가합니다. 또한 새로운 데이터 소스를 추가하거나 시스템을 확장할 때마다 반복적인 커스텀 통합 작업이 필요해 개발 리소스 소모, 유지보수의 어려움, 시스템 불안정성 등 여러 문제가 발생합니다. 기업이나 조직이 생성형 AI를 맞춤형으로 구현할 경우 각기 다른 요구사항에 맞춰 개발해야 하므로 많은 리소스가 필요합니다. 이러한 맞춤형 구현은 초기에는 특정 목적에 최적화될 수 있다는 장점이 있습니다만 시간이 지나면서 기술이나 데이터 환경 변화에 유연하게 대응하기 어렵고 확장성도 떨어진다는 단점이 있습니다. 더불어 보안, 규정 준수, 성능 등 다양한 측면에서 취약점이 발생할 수 있습니다.

마지막으로, 생성형 AI가 내부 DB, 외부 API, 파일 시스템 등 다양한 데이터 소스와 연결될 때 데이터 형식, 접근 권한, 실시간성, 품질 관리 등 여러 측면에서 복잡성이 크게 증가하며, 표준화되지 않은 구조나 비정형 데이터, 중복·오류·누락 데이터 등으로 인해 데이터 통합 및 관리가 비효율적일 수 있습니다. 이로 인해 전체 시스템의 신뢰성과 성능이 저하되고, 데이터 품질 문제로 인한 오류 가능성도 높아집니다.

이러한 복잡성과 비효율성을 해결하고 데이터와 도구의 통합을 효율적으로 관리하기 위해 등장한 것이 바로 **모델 컨텍스트 프로토콜**(Model Context Protocol; 이하 MCP)입니다.

1.3.2 2024년 앤트로픽의 MCP 도입과 그 의미

2024년 11월 클로드(Claude) 제작사인 앤트로픽(Anthropic)은 AI와 외부 데이터 소스, 도구, 시스템을 연결하는 새로운 표준이자 오픈소스 프로토콜인 MCP를 발표했습니다.

그림 1.11 앤트로픽의 MCP 소개

MCP는 AI 모델이 다양한 외부 자원(예: 데이터베이스, 파일, 웹 API, 비즈니스 도구 등)과 표준화된 방식으로 쉽게 연동될 수 있도록 설계된 프로토콜입니다. 쉽게 비유하자면, MCP는 AI가 외부 시스템과 소통할 때 필요한 '범용 번역기' 역할을 하며, 마치 컴퓨터의 USB(Universal Serial Bus) 포트처럼 AI가 다양한 데이터와 도구를 쉽게 인식하고 활용할 수 있게 해줍니다.

기존에는 AI 모델이 외부 데이터나 도구와 연결될 때마다 개발자가 각 시스템에 맞는 커스텀 코드나 API를 일일이 작성해야 해서 통합 과정이 복잡하고 유지보수도 어려웠습니다. MCP는 이런 문제를 해결해주는 오픈 표준으로, MCP 프로토콜을 사용하면 여러 데이터 소스와 도구를 AI에 안전하게 연결할 수 있습니다. 이로 인해 AI 에이전트가 실제 업무 환경에서 실시간으로 데이터를 검색하거나 다양한 애플리케이션과 연동해 더 정확하고 유용한 응답을 생성할 수 있게 됩니다.

MCP는 특정 AI 모델에 국한되지 않고, 앤트로픽의 클로드뿐 아니라 GPT, Mistral 등 다양한 모델에서 활용될 수 있습니다. 이미 Block, Apollo, Replit, Sourcegraph 등 여러 기업이 MCP를 도입해 비즈니스 도구, 콘텐츠 저장소, 개발 환경과 AI를 연결하고 있으며, AI 에이전트 개발의 진입장벽을 크게 낮추고 있습니다. 즉, MCP는 AI와 데이터 간의 연결을 표준화함으로써 AI 활용의 범위와 효율성을 크게 확장한 혁신적인 기술입니다.

1.3.3 기업과 개인이 함께 만드는 MCP: AI와 시스템의 연결

MCP는 AI와 외부 데이터, 도구, 시스템을 표준화된 방식으로 연결해주는 오픈 프로토콜입니다. 다양한 기업들이 자사의 서버나 플랫폼을 MCP에 맞춰 연동할 수 있도록 지원하고 있으며, 앤트로픽은 MCP의 주도자로 클로드 AI에 직접 통합해 내부 및 외부 활용을 촉진하고 있습니다. 또한 개발자들이 쉽게 시작할 수 있도록 공식 및 커뮤니티 MCP 서버를 제공합니다.

이와 함께 여러 글로벌 기업들이 자체 서버와 플랫폼을 MCP 기반으로 개방하고 있습니다. 예를 들어, Cloudflare는 원격 MCP 서버를 손쉽게 배포할 수 있는 인프라를 제공하며, Asana, Atlassian, Block(구 Square), Intercom, Linear, PayPal, Sentry, Stripe, Webflow 등도 Cloudflare 위에 MCP 서버를 구축해 자사 서비스와 AI 에이전트를 연동하고 있습니다. Stripe는 결제 API를, JetBrains는 IDE(통합개발환경) 기능을, Apify는 웹 자동화 도구를 MCP 서버로 공개해 개발자와 AI 에이전트가 이를 활용할 수 있게 했습니다.

최근에는 기업뿐만 아니라 개인 개발자들도 MCP 생태계에 적극적으로 참여하고 있습니다. 개발자들은 다음과 같은 공식 및 커뮤니티 디렉터리에서 다양한 MCP 서버를 찾고 공유할 수 있습니다. 다만 커뮤니티에서 개발한 서버를 사용할 때는 품질과 안정성을 충분히 검토할 필요가 있습니다.

이처럼 MCP는 기업과 개인 모두가 함께 만들어가는 오픈 프로토콜로, AI와 다양한 시스템 간의 연결을 혁신적으로 개선하고 있습니다.

1.4 이 책의 구성과 학습 목표

지금까지 AI의 발전 과정과 생성형 AI의 중요성, 그리고 그 한계를 극복하기 위해 MCP가 등장한 배경까지 살펴봤습니다. 다음 장인 2장부터는 다음과 같은 내용을 본격적으로 배우게 됩니다.

1부 MCP 입문(1~4장)

1부에서는 MCP를 효과적으로 활용하는 데 필요한 생성형 AI와 관련된 기본 지식을 학습합니다. 아울러 MCP를 사용하기 위해서는 프롬프트를 적절하게 작성하고 활용하는 역량이 필수적이므로 프롬프트를 효과적으로 사용하는 방법에 대해서도 심도 있게 다룹니다. 또한 최근에 유행하는 다양한 AI 기술들도 설명하는데, 이러한 기술들은 이후 2부에서 진행할 일부 프로젝트에 실제로 적용될 예정입니다.

2부 MCP 활용법(5~9장)

2부에서는 클로드 깃허브에 공개된 공식 MCP 서버들을 활용하는 방법을 중점적으로 다룹니다. 먼저, 공식 MCP 서버를 실제로 활용하는 방법을 다양한 예시와 함께 구체적으로 살펴봅니다. 또한 공식 MCP 서버를 효과적으로 사용하기 위해 반드시 알아야 할 서버의 기반 지식과 원리를 학습합니다. 이를 통해 MCP 서버의 구조와 동작 방식부터 실무 활용까지 폭넓게 이해할 수 있습니다. 궁극적으로 2부에서는 공식 MCP 서버에 대한 실질적인 활용법과 더불어 MCP 서버 전반에 대한 이론적 지식까지 함께 습득할 수 있도록 구성했습니다.

3부 나만의 MCP 서버 만들기(10~16장)

3부에서는 2부에서 다룬 공식 MCP 서버의 한계점을 보완하기 위해 자신만의 MCP 서버를 직접 구축하고 활용하는 방법을 다룹니다. 기존 MCP 서버만으로는 다양한 요구사항을 충족하기 어렵기 때문에 독자 스스로 서버를 설계하고 구현함으로써 실질적인 문제 해결 능력을 기릅니다. 이 과정을 통해 MCP 서버의 설정,

배포, 보안, 커스터마이징 등 실무에 필요한 핵심 역량을 키울 수 있으며, 자신만의 서버를 구축하는 경험을 통해 MCP 서버에 대한 이해와 활용 능력을 한층 더 확장할 수 있습니다.

이 책을 통해 여러분은 폭넓은 AI 지식과 함께 MCP에 대해 깊이 이해하게 될 것입니다. 최신 생성형 AI의 원리부터 MCP 서버를 활용한 실무 적용까지 체계적으로 학습함으로써 실제 업무와 프로젝트에 바로 활용할 수 있는 실용적인 기술을 익힐 수 있을 것입니다.

1.5 정리

이번 장에서는 인공지능의 역사와 생성형 AI의 발전 과정을 배웠습니다. 생성형 AI가 기존 통계 기반 AI와 달리 텍스트, 이미지 등 다양한 콘텐츠를 생성하며, 최근 ChatGPT의 등장으로 시장과 사회에 큰 변화를 일으키고 있음을 알게 됐습니다. 트랜스포머 모델의 혁신과 대규모 언어 모델(LLM)의 원리를 통해 생성형 AI가 어떻게 자연스러운 언어를 생성하고 다양한 작업을 수행하는지 이해했습니다. 또한 기존 생성형 AI의 한계와 외부 데이터 연동의 복잡성을 극복하기 위해 MCP가 등장한 배경을 살펴봤습니다. MCP가 AI와 다양한 데이터 소스를 표준화된 방식으로 연결해주는 혁신적인 오픈 프로토콜임을 확인했습니다.

02

MCP를 위한 프롬프트 엔지니어링

기본적으로 프롬프트(prompt)는 명확한 목적과 요구사항을 담아야 합니다. 이를 위해 프롬프트는 주로 요청의 목적, 대상, 세부 조건 등으로 구성됩니다. 따라서 **MCP 서버를 사용할 때도 프롬프트를 통해 원하는 작업을 정확하게 지시할 수 있어야 합니다**. 예를 들어, AI 에이전트를 위한 검색 엔진 툴인 Tavily를 이용해 linkedin.com에서 MCP에 관한 정보를 찾는다고 가정해 봅시다. 이 경우 "Tavily 검색을 사용해 linkedin.com에서 MCP(Model Context Protocol) 관련 내용을 찾아줘"처럼 구체적으로 작성해야 정확한 결과를 얻을 수 있습니다.

이번 장에서는 프롬프트를 효과적으로 작성하기 위한 지침과 함께, 제로샷, 퓨샷, 생각의 사슬(CoT), 페르소나 등 다양한 프롬프트 엔지니어링 기법을 소개합니다.

2.1 프롬프트 기초

먼저 효과적인 프롬프트 작성을 위한 기본적인 질문 및 지시 형식과 일반화된 프롬프트 구성 요소를 알아봅니다. 이를 통해 명확하고 구체적인 맥락을 제공함으로써 AI 모델의 답변 정확도를 높이는 방법을 익힐 수 있습니다.

2.1.1 효과적인 프롬프트 작성을 위한 프롬프트 기초와 형식

간단한 프롬프트만으로도 다양한 작업을 수행할 수 있지만 프롬프트에 담긴 정보의 양과 질에 따라 결과는 크게 달라집니다. 모델에 전달하는 프롬프트에는 지시나 질문과 같은 정보, 맥락, 입력 데이터, 예시 등 여러 세부 요소가 포함될 수 있습니다. 이러한 구성 요소를 적절히 활용하면 모델에게 좀 더 명확하게 작업을 지시할 수 있고 그에 따라 더 정확하고 유용한 결과를 얻을 수 있습니다.

예를 들어, MCP에 대해 잘 모르는 상황에서 MCP에 대해 알기 위해 단순히 'MCP'라고 입력하면 모델은 MCP라는 약어의 다양한 의미를 나열할 수밖에 없습니다.

> 프롬프트: MCP
>
> 응답: MCP의 정의와 의미, MCP는 상황에 따라 두 가지 주요 의미로 사용됩니다.
> 1. 반도체 분야: Multi Chip Package
> 2. 인공지능/IT 분야: Model Context Protocol.....

보다시피 MCP는 반도체 분야의 'Multi Chip Package'나 인공지능 분야의 'Model Context Protocol' 등 여러 의미로 사용될 수 있어 단순히 약어만으로는 원하는 정보를 정확하게 얻기 어렵습니다. 즉, 정확한 답변을 얻기 위해서는 구체적인 질문이 필요합니다.

이때 프롬프트를 조금 더 구체적으로 바꿔 **"인공지능 분야에서 사용되는 MCP(Model Context Protocol)에 대한 정의를 알려주세요."**라고 입력하면 모델은 MCP에 대한 정확한 의미와 정의를 명확하게 설명해 줍니다.

> 프롬프트: 인공지능 분야에서 사용되는 MCP(Model Context Protocol)에 대한 정의를 알려주세요.
>
> 응답: MCP(Model Context Protocol) 정의: MCP(Model Context Protocol)는 대규모 언어 모델(LLM)과 외부 데이터 소스(예: 파일 시스템, 데이터베이스, 웹 API, 클라우드 도구 등) 및 다양한 소프트웨어 도구를 표준화된 방식으로 연결해주는 개방형 프로토콜입니다.....

이처럼 **프롬프트에 필요한 맥락과 구체적인 지시**를 추가하면 모델이 사용자의 의도를 더 잘 파악하고 정확한 답변을 제공할 수 있습니다.

기본적인 프롬프트 형식

프롬프트의 일반적인 형식은 크게 질문형(question)과 지시형(instruction)으로 나눌 수 있습니다. 먼저 질문형 프롬프트는 모델에게 특정한 정보를 묻거나 궁금한 점에 대해 답변을 요청할 때 사용합니다. 다음은 질문형 프롬프트의 예입니다.

- MCP란 **무엇인가요?**
- 인공지능의 장단점은 **무엇인가요?**

위와 같이 자연스럽게 질문을 던지는 방식은 사용자가 일상적으로 대화하듯이 정보를 얻고 싶을 때 유용합니다. 반면, 지시형 프롬프트는 모델에게 명확한 작업이나 행동을 요구할 때 사용합니다. 지시형 프롬프트의 예는 다음과 같습니다.

- 해당 문장을 영어로 **번역해 주세요.**
- 다음 데이터를 표로 **정리해 주세요.**
- 이 글을 **요약해 주세요.**

이처럼 구체적인 작업을 지시하는 지시형 프롬프트는 원하는 결과의 형태나 방식까지 명확하게 요구할 수 있어 복잡한 작업이나 특정 형식의 결과가 필요할 때 효과적입니다.

실제로 프롬프트를 작성할 때는 이 두 가지 형식을 상황에 맞게 적절히 활용하는 것이 중요합니다. 질문형 프롬프트는 열린 답변을 유도하는 데 효과적이며, 지시형 프롬프트는 명확하고 일관된 결과를 얻게 해줍니다. 때로는 질문과 지시를 결합해 "아래 질문에 대해 한 문장으로 답변해 주세요."처럼 더 구체적으로 요구할 수도 있습니다.

이처럼 프롬프트의 기본 형식을 이해하고 목적에 따라 질문 또는 지시를 적절히 사용하는 것은 AI를 효과적으로 활용하는 데 필수적입니다.

일반화된 프롬프트 구성

프롬프트의 구성 요소를 잘 이해하고 적절히 활용하면 모델로부터 더 정확하고 유용한 답변을 얻을 수 있습니다. 프롬프트는 일반적으로 다음과 같은 네 가지 주요 요소로 구성됩니다.

1. **지시(instruction)**: 모델에게 수행할 작업을 명확히 지시하는 부분입니다.
2. **문맥(context)**: 모델이 더 나은 답변을 할 수 있도록 추가 정보를 제공하는 부분입니다.
3. **입력 데이터(input data)**: 실제로 처리하고자 하는 데이터나 질문입니다.
4. **출력 형식(output indicator)**: 원하는 출력의 형식이나 스타일을 명확히 안내하는 부분입니다.

프롬프트 예시

> 지시: 아래의 뉴스를 한 문장으로 요약해 주세요.
> 문맥: 이 뉴스는 오늘 오전에 발표된 경제 관련 기사입니다.
> 입력 데이터: 한국은행은 기준금리를 동결하기로 결정했다.
> 이에 따라 금융시장의 불확실성이 다 해소될 전망이다.
> 출력 형식: 답변은 한 문장으로만 작성해 주세요.

모델의 응답 예시

> 한국은행이 기준금리를 동결하면서 금융시장의 불확실성이 완화될 것으로 보입니다.

이처럼 프롬프트의 각 요소를 명확하게 구분하고 목적에 맞는 정보를 추가하면 모델이 더 정확하게 사용자가 원하는 답변을 생성할 수 있습니다.

2.2 프롬프트 설계에 대한 일반적인 지침

프롬프트 설계의 핵심은 **명확성**, **구체성**, **맥락 제공**입니다. 이번 절에서는 이를 바탕으로 프롬프트 설계를 위한 일반적인 지침을 소개합니다.

먼저 프롬프트를 통해 최상의 결과를 얻기 위해서는 일반적으로 가장 최신이면서 성능이 뛰어난 모델을 사용하는 것을 권장합니다. 최신 모델일수록 프롬프트 엔지니어링 작업이 더욱 수월해지는 특징이 있으며, 더 정교한 지시사항을 이해하는 능력을 갖추고 있어 복잡한 요청도 정확히 처리할 수 있습니다.

이때 각 모델의 특성에 맞는 프롬프트 전략을 사용하는 것이 효과적이며, 모델별 특성을 이해하고 그에 맞는 프롬프트 스타일을 적용하면 더 나은 결과를 얻을 수 있습니다. 따라서 정기적으로 최신 모델로 업데이트해서 프롬프트 엔지니어링의 효율성을 높이는 것이 바람직합니다.

2.2.1 지시사항과 맥락 분리

효과적인 프롬프트를 작성하려면 지시사항을 프롬프트의 시작 부분에 명확히 배치하고, 삼중 샵(###) 또는 삼중 따옴표(""")와 같은 구분자를 사용해 지시사항과 맥락(입력 데이터)을 명확히 분리하는 것이 중요합니다. 이러한 구조화는 AI 모델이 요청사항과 처리해야 할 데이터를 더 정확히 구분하게 합니다. 다음 프롬프트처럼 맥락을 삼중 따옴표(""")로 분리하면 생성형 AI가 명확히 이해할 수 있습니다.

```
아래의 텍스트를 요약해주세요.
"""
{텍스트 입력}
"""
```

이처럼 구분자를 사용하면 모델이 경계를 명확하게 인식하게 됩니다. 삼중 따옴표는 프로그래밍에서 멀티라인 문자열을 나타내는 표준 방식이므로 AI 모델이 이를 데이터 블록으로 쉽게 인식할 수 있습니다. 삼중샵 기호 역시 마크다운 문법에서 제목을 나타내는 구분자로 널리 사용되어 모델이 섹션 구분을 명확히 이해할 수 있습니다.

2.2.2 구체적이고 상세하게 기술

효과적인 프롬프트 작성을 위해서는 단순한 지시보다는 구체적이고 상세하게 기술할 필요가 있습니다. AI 모델은 명확하고 구체적인 지침을 받을 때 훨씬 더 정확하고 일관된 결과를 생성할 수 있기 때문입니다.

성공적인 프롬프트는 네 가지 핵심 요소를 포함합니다. 첫째, **맥락(context)**은 AI가 상황을 올바르게 이해할 수 있도록 배경 정보와 목적을 제공합니다. 둘째, **길이(length)**는 원하는 분량을 구체적으로 명시함으로써 너무 짧거나 긴 답변을 방지합니다. 셋째, **형식(format)**은 표, 목록, JSON 등 원하는 출력 구조를 정확히 지정하며, 넷째, **스타일(style)**은 톤, 어조, 문체 등을 명시해 일관된 어조나 특정 분위기를 유지할 수 있게 합니다. 이러한 차이점을 명확히 보여주는 예시를 살펴보겠습니다.

✕ 효과적이지 않은 프롬프트

마케팅 글을 써주세요.

> ✅ **효과적인 프롬프트**
>
> 맥락: 20-30대 직장인을 대상으로 하는 스마트워치 신제품 출시
> 길이: 300-400자 내외
> 형식: SNS 게시물용 (해시태그 포함)
> 스타일: 친근하고 활기찬 톤, 혜택 중심

위 조건에 맞춰 스마트워치 마케팅 게시물을 작성해주세요.

위 예시에서 볼 수 있듯이 구체적인 조건들을 명시함으로써 AI가 정확히 어떤 결과물을 원하는지 명확하게 이해할 수 있습니다. 더 나아가, 예시를 통해 원하는 출력 형식과 스타일을 직접 보여주는 것은 매우 효과적인 전략입니다. '**이런 식으로 작성해달라**'는 추상적인 지시보다는 실제 사례나 템플릿을 제시하면 AI가 패턴을 학습해 정확히 원하는 방향으로 결과를 생성할 수 있습니다.

이러한 체계적 접근법은 단순히 한 번의 작업에서 좋은 결과를 얻는 것을 넘어 반복적인 작업에서의 일관성을 보장하고 품질 관리에도 큰 도움이 됩니다. 따라서 프롬프트를 설계할 때는 이 네 가지 요소를 체계적으로 고려하는 습관을 기르는 것이 중요합니다.

2.3 프롬프트 엔지니어링

지금까지 프롬프트의 기본 원칙들을 살펴봤습니다. 이를 바탕으로 이번에는 더 정교한 결과를 이끌어내는 대표적인 프롬프트 엔지니어링 기법들을 소개합니다.

2.3.1 제로샷

제로샷(Zero-shot) 프롬프팅은 AI에게 어떠한 예시도 제공하지 않고 작업을 수행하도록 요청하는 방법입니다. 여기서 '샷(shot)'은 예시(example)를 의미하므로 제로샷은 말 그대로 예시가 0개인 상황을 뜻합니다. AI 모델은 오직 학습한 일반적인 지식과 문맥 이해력만을 활용해 주어진 과제를 해결합니다. 예를 들어, AI에게 "다음 문장의 감정을 긍정, 부정, 중립으로 분류해주세요: '오늘 날씨가 좋네요'"라고 물어보면 AI는 별도의 예시 없이도 자신이 학습한 지식을 바탕으로 '긍정'이라고 답할 수 있습니다. 제로샷 프롬프팅은 다양한 과제에 빠르게 적용할 수

있다는 장점이 있지만 복잡한 작업에서는 성능이 제한적일 수 있어 프롬프트를 설계할 때 주의할 필요가 있습니다. 제로샷 프롬프트의 예시는 다음과 같습니다.

1. 감정 분석

> 아래 텍스트는 어떤 감정을 표현하나요?
> "오늘은 정말 힘들었어. 집에서 아무것도 안하고 쉬고 싶다."

2. 번역 작업

> 다음 문장을 영어로 번역해주세요.
> "안녕하세요, 반갑습니다."

3. 일반 지식 질문

> 세계에서 가장 높은 산은 어디인지, 그 높이는 얼마인지 알려주세요.

2.3.2 퓨샷

퓨샷(Few-shot) 프롬프팅은 'few'라는 표현처럼 몇 가지 예시를 AI에게 제공함으로써 작업의 이해도를 높이는 방법입니다. 2개 이상의 예시를 제공하며, 이를 통해 AI가 원하는 패턴과 형식을 학습하도록 돕습니다. 제로샷 프롬프팅에 소량의 예시를 추가해서 모델의 성능을 향상시키는 기법으로, 데이터 효율성이 뛰어나다는 특징을 가집니다. 예를 들어, 감정 분석 작업에서 **"이 영화는 정말 최고였어!" - 긍정**", "**영화는 나쁘지 않았지만 아쉬웠어' - 중립**"과 같은 예시를 먼저 보여준 후 새로운 문장의 감정을 분류하도록 요청하면 AI는 제시된 패턴에 따라 더 정확한 답변을 생성할 수 있습니다. 퓨샷 프롬프팅은 제로샷보다 일반적으로 더 나은 성능을 보이며, 특히 구조화된 출력이 필요한 작업에서 매우 효과적입니다.

1. 감정 분석(예시 포함)

> 다음 예시를 참고하여 문장을 분석해주세요.
> """ 예시
> - 그 사람에게 반했어. 그 사람은 정말 멋지고 매력적이야: [분석] 긍정적, 열정
> - 사랑이란 건 정말 복잡해. 때로는 행복하고 때로는 아프다: [분석] 복합적, 갈등
> - 우리가 헤어진 후, 나는 사랑이란 더 이상 믿을 것이 못 된다고 느껴: [분석] 부정적, 실망감
> """

다음 문장을 분석해주세요:
"새로운 사랑을 만났지만 아직 조심스러워"

2. 번역 작업

다음 예시를 참고하여 번역해주세요.
""" 예시
영어: "Hello, how are you?"
한국어: "안녕하세요, 어떻게 지내세요?"

영어: "I am learning Few-Shot prompting"
한국어: "저는 퓨샷 프롬프팅을 배우고 있습니다"
"""

영어: "Thank you for your help"
한국어:

3. 텍스트 분류

다음은 몇 가지 뉴스 기사의 예시입니다. 각 기사는 특정 카테고리로 분류됩니다.
""" 예시
기사: "국가 간의 무역 협상이 진전을 보이고 있습니다. 경제 전문가들은 이를 긍정적으로 보고 있습니다."
카테고리: 경제

기사: "유명 배우가 새 영화에 출연한다고 발표했습니다. 팬들은 열광하고 있습니다."
카테고리: 엔터테인먼트
"""

이제 아래 기사의 카테고리를 분류하세요.
기사: "최근 연구에 따르면, 건강한 식습관이 심장병 위험을 줄일 수 있습니다."
카테고리:

4. 구조화된 출력

다음 형식을 참고하여 회사 정보를 정리해주세요.
""" 형식
회사명: Apple
설립연도: 1976
주요 제품: iPhone, iPad, Mac

```
CEO: Tim Cook

회사명: Microsoft
설립연도: 1975
주요 제품: Windows, Office, Azure
CEO: Satya Nadella
"""

다음 회사 정보를 같은 형식으로 정리해주세요:
"구글은 1998년에 설립되었으며, 검색엔진, 안드로이드, 클라우드 서비스가 주력 제품이고 순다르
피차이가 CEO입니다."
```

2.3.3 생각의 사슬

생각의 사슬(Chain-of-Thought)은 사슬이 연결돼 있는 것처럼 AI의 사고 과정을 단계별로 연결해 복잡한 문제를 해결하도록 돕는 기법입니다. 이 방법은 AI가 최종 답변에 도달하기까지의 중간 추론 단계를 명시적으로 보여주도록 요청하는 것으로, 단순히 답만 구하는 것이 아니라 '어떻게 그 답에 도달했는지'의 과정을 설명하게 만듭니다. 2022년 구글 연구진이 발표한 논문[1]에 따르면 이 기법을 사용했을 때 GPT-3 모델의 답변 정확도가 38.0%에서 54.5%로 크게 향상됐습니다. 예를 들어, 수학 문제를 풀 때 "단계별로 계산해주세요"라고 요청하면 AI는 "첫 번째로 괄호 안을 계산하고, 두 번째로 곱셈을 수행하고, 마지막으로 덧셈을 계산합니다"와 같이 과정을 설명하며 답을 도출합니다. 이 기법은 특히 수학적 추론, 논리적 사고, 복잡한 문제 해결이 필요한 상황에서 매우 효과적입니다.

1. 수학 문제 해결

```
집합 {17, 9, 10, 12, 13, 4, 2}에서 홀수를 모두 더하면 짝수인지 단계별로 확인해주세요.

단계별로 생각해보겠습니다:
  1) 먼저 집합에서 홀수를 찾아보겠습니다
  2) 찾은 홀수들을 모두 더해보겠습니다
  3) 그 결과가 짝수인지 확인하겠습니다
```

[1] https://arxiv.org/pdf/2201.11903

2. 복잡한 계산

식당에 처음에 사과가 23개 있었습니다. 점심에 20개를 사용했고, 오후에 6개를 더 구매했습니다. 현재 식당에 있는 사과는 몇 개인지 단계별로 계산해주세요.

단계별로 계산해보겠습니다:
   1) 처음 사과 개수 확인
   2) 사용한 사과 개수 차감
   3) 추가 구매한 사과 개수 추가
   4) 최종 결과 계산

3. 논리적 추론

A는 B보다 키가 크고, B는 C보다 키가 큽니다. 셋 중 누가 가장 키가 큰지 단계별로 추론해주세요.

단계별로 추론해보겠습니다:
   1) 주어진 조건 정리
   2) 관계식 설정
   3) 결론 도출

4. 문제 해결 과정

우리 회사가 라틴 아메리카 시장에 진출해야 하는지 결정하고 싶습니다. 단계별로 분석하여 최종 추천사항을 제시해주세요.

단계별로 분석해보겠습니다:
   1) 시장 규모 및 기회 분석
   2) 경쟁사 현황 파악
   3) 진출 시 장단점 비교
   4) 위험 요소 검토
   5) 최종 추천사항 제시

5. 과학 개념 설명

광합성이 어떻게 작동하는지 9학년 학생에게 설명하되, 단계별로 나누어 설명해주세요.

단계별로 설명해보겠습니다:
   1) 광합성의 기본 개념 소개
   2) 필요한 재료들 설명
   3) 과정별 상세 설명
   4) 최종 결과물 설명

2.3.4 페르소나

'페르소나(persona)'는 연극에서 배우가 쓰는 가면에서 나온 말로, AI에게 특정한 역할이나 인물의 성격을 부여해 그에 맞는 스타일과 톤으로 답변하도록 하는 기법입니다. 이는 AI가 마치 특정 전문가나 캐릭터처럼 행동하도록 지시하는 것으로, "당신은 역사학자입니다", "당신은 친근한 초등학교 선생님입니다"와 같이 역할을 명시합니다.

페르소나 기법을 사용하면 동일한 질문이라도 설정된 역할에 따라 전혀 다른 관점과 스타일의 답변을 받을 수 있습니다. 예를 들어, 인공지능에 대해 질문할 때 페르소나를 '역사학자'로 설정하면 AI 발전사에 중점을 둔 학술적 설명을 받을 수 있습니다. 반면 '초등학교 선생님'으로 설정하면 어린이도 이해할 수 있는 쉽고 친근한 설명을 들을 수 있습니다. 이 기법은 전문성을 높이고 일관성을 유지하며, 사용자 맞춤형 경험을 제공하는 등 다양한 분야에서 더 정확하고 적절한 답변을 얻게 해준다는 장점이 있습니다.

1. 초등학교 교사 역할

> 당신은 경험이 풍부한 초등학교 교사입니다. 어려운 개념을 쉽고 재미있게 설명하는 것이 전문입니다.
>
> 인공지능이 무엇인지 초등학생도 이해할 수 있게 설명해주세요.

2. 비즈니스 컨설턴트 역할

> 당신은 15년차 비즈니스 컨설턴트입니다. 나는 현재 식품유통 중소기업을 운영하고 있습니다.
> 이 중소기업을 키워서 고속성장하는 스타트업으로 변모시키고 싶습니다.
>
> 나에게 실질적으로 고려하고 실행해야 하는 점들을 컨설팅해 주세요.

3. 인사관리 담당자 역할

> 당신은 대기업의 15년차 인사관리 담당자입니다.
> 나는 1년의 인턴 경험을 가진 재무팀 종사희망자로 이번에 금융 분야의 회사에 인터뷰를 봅니다.
>
> 대기업 15년차 인사관리 담당자로서 첫번째 인터뷰 질문 20개를 주세요.

4. 카피라이터 역할

> 당신은 숙련되고 창의적인 카피라이터입니다.
> 웹사이트, 광고, 소셜 미디어 등 다양한 매체에서 효과적이고 설득력 있으며 매력적인 카피 작성에 대한 조언과 가이드를 제공합니다.

> 새로 출시하는 스마트워치 제품의 SNS 마케팅 카피를 작성해주세요.

2.4 추가 실습

이번 장에서 배운 내용을 토대로 다음과 같은 프롬프트 작성을 연습해보시길 바랍니다. 실습을 통해 프롬프트 엔지니어링의 원리와 실무적 노하우를 자연스럽게 익힐 수 있습니다. 프롬프트 엔지니어링은 생성형 AI를 효과적으로 활용하는 핵심 역량이므로 꾸준한 연습과 실습이 중요합니다.

1. **프롬프트 설계**
   - 다양한 주제(예: 최신 기술 용어, 뉴스 요약, 번역 등)에 대해 질문형 프롬프트와 지시형 프롬프트를 각각 작성해 보고, 결과를 비교해 보세요.
   - 삼중샵(###)이나 삼중 따옴표(""")로 지시와 맥락을 분리해서 프롬프트를 작성해 보세요.

2. **퓨샷 프롬프팅**
   - 감정 분석, 분류, 요약 등 원하는 작업에 대해 2~3개의 예시를 프롬프트에 포함시켜 결과가 어떻게 달라지는지 확인해 보세요.

3. **생각의 사슬**
   - 수학 문제나 논리적 추론이 필요한 질문에 대해 "단계별로 설명해주세요"라고 프롬프트를 작성해 보고, 모델이 추론 과정을 어떻게 보여주는지 관찰해 보세요.

4. **프롬프트 반복 개선**
   - 프롬프트를 여러 번 수정하며, 구체성과 맥락, 출력 형식 등 다양한 요소를 추가해 보고 결과의 변화를 기록해 보세요.

2.5 정리

프롬프트 엔지니어링은 생성형 AI 모델로부터 원하는 결과를 효과적으로 이끌어내는 기법입니다. 효과적인 프롬프트는 단순한 질문이나 명령을 넘어 **지시**, **맥락**, **입력 데이터**, **출력 형식** 등 여러 요소를 체계적으로 포함해야 합니다. 단순히 질문하기보다는 구체적으로 원하는 질문을 해야 원하는 답변을 얻을 수 있습니다.

프롬프트는 크게 **질문형**과 **지시형**으로 나뉘며, 각각은 열린 답변 또는 명확한 작업 수행에 적합합니다. 프롬프트를 작성할 때는 **지시와 맥락을 명확히 분리**하고, **삼중샵(###)** 또는 **삼중 따옴표(""")** 등 구분자를 활용하면 모델이 요청을 더 잘 이해합니다. 또한 **맥락, 길이, 형식, 스타일**을 구체적으로 지정하는 것이 결과의 질을 높이는 데 도움이 됩니다.

대표적인 프롬프트 엔지니어링 기법으로는 **제로샷**(예시 없이 요청), **퓨샷**(몇 가지 예시를 제공), **생각의 사슬**(추론 과정을 명시적으로 요청), **페르소나**(인격 부여) 등이 있습니다. 제로샷은 빠르지만 복잡한 작업에는 한계가 있고, 퓨샷은 예시를 통해 패턴을 학습시키며, 생각의 사슬은 추론 과정을 단계별로 보여주어 복잡한 문제를 해결하는 데 효과적입니다.

03

생성형 AI를 최적화하기 위한 기술들

생성형 AI는 방대한 데이터를 학습해 다양한 질문에 대한 답변을 생성할 수 있습니다. 그러나 생성형 AI에게는 여전히 여러 한계와 문제가 있습니다. 대표적으로 모델이 실제로 존재하지 않는 정보를 만들어내는 환각(hallucination) 현상이 자주 발생하며, 이로 인해 정확하지 않은 답변이 나올 수 있습니다. 또한 생성형 AI는 미리 학습된 데이터에만 의존하기 때문에 최신 정보나 실시간으로 변동되는 내용을 반영하지 못한다는 한계가 있습니다. 그뿐만 아니라 특정 기업이나 산업에서만 사용하는 전문 용어나 내부 규정에 대한 이해가 부족해 잘못된 해석이나 답변을 내놓는 경우도 있습니다. 그리고 복잡한 문제를 한 번에 해결해야 할 때는 단순히 텍스트를 생성하는 것만으로는 충분하지 않아 여러 단계를 거쳐 체계적으로 처리하는 데 한계가 있습니다.

이러한 문제를 해결하기 위해 다양한 기술들이 도입되고 있습니다. 예를 들어, 환각 현상을 줄이고 정확성을 높이기 위해 외부 데이터베이스나 문서에서 관련 정보를 검색해 참조하는 RAG(Retrieval-Augmented Generation, 검색 증강 생성) 기술이 활용되고 있습니다. 또한 특정 도메인이나 기업에서만 쓰는 용어를 잘 이해하도록 모델을 추가로 학습시키는 파인튜닝(fine-tuning) 기법을 활용하기도 합니다. 그리고 복잡한 문제를 단계별로 나누어 외부 도구와 연동해 처리하는 AI 에이전트를 활용하는 사례도 늘고 있습니다.

이번 장에서는 생성형 AI를 최적화하는 데 주로 사용되는 대표적인 기술들을 소개하고, 각 기술의 기본 원리와 활용 사례를 살펴보겠습니다. 이를 통해 생성형 AI가 실무 환경에서 더 신뢰할 수 있고 실질적인 도움이 되는 도구로 자리매김하도록 돕고자 합니다. 앞으로 소개할 각각의 기술들은 생성형 AI의 한계를 보완하고, 실제 업무에 효과적으로 적용하는 데 핵심적인 역할을 하게 됩니다.

3.1 검색 증강 생성

기존의 대규모 언어 모델은 과거에 수집된 정적 데이터셋을 바탕으로 학습되기 때문에 현재 날씨나 실시간 뉴스와 같은 최신 정보를 반영하는 데 한계가 있었습니다. 이러한 문제를 해결하기 위해 등장한 기술이 바로 **검색 증강 생성**(Retrieval-Augmented Generation; 이하 RAG)입니다. RAG는 외부 데이터베이스와 실시간으로 연동해 사용자의 질문과 관련된 최신 정보를 찾아냅니다. 이렇게 찾은 정보를 언어 모델에 함께 입력함으로써 더 정확하고 시의성 있는 답변을 생성할 수 있습니다. 예를 들어, 최근에 열린 국제 정상회담 소식이나 기상청의 실시간 데이터를 즉시 반영한 답변이 가능합니다.

이처럼 RAG의 도입은 생성형 AI가 단순히 과거의 지식에 머무르지 않고, 동적으로 최신 정보를 처리할 수 있는 시스템으로 발전하는 데 중요한 역할을 합니다. 이번 절에서는 생성형 AI의 활용도를 높이기 위해 개발된 이러한 RAG 기술의 원리와 특징에 대해 자세히 살펴보겠습니다.

3.1.1 RAG 개요 및 기본 개념

LLM은 방대한 데이터를 사전 학습해서 언어 패턴을 익히지만 정보의 **신뢰도**와 **최신성** 측면에서는 근본적인 한계가 있습니다. 예를 들어, 2023년에 학습된 모델은 2025년의 기후 위기 대응 정책이나 최신 의학 논문을 반영할 수 없습니다. RAG는 이 문제를 해결하기 위해 다음과 같은 메커니즘을 도입했습니다.

- **동적 지식 통합 시스템 구축**: 이 시스템은 벡터 데이터베이스와 신경망 임베딩 기술을 결합해 외부 지식을 실시간으로 검색하고 추출합니다. 예를 들어, 금융 분야에서는 주가 변동 추이를 자동으로 분석하고,

의료 진단 시에는 최신 임상 시험 결과를 즉시 반영하는 방식으로 활용될 수 있습니다. 이 과정에서 유사도 계산 알고리즘이 핵심 역할을 수행합니다.

- **환각 현상 감소 전략을 구현**: RAG는 생성 단계 전에 검증 가능한 출처(공식 문서, 학술 DB)에서 정보를 필터링해 프롬프트에 주입합니다. 예를 들어, 법률 상담 챗봇은 '민법 제750조'와 같은 구체적 조항을 인용하며, 이때 해당 조문이 포함된 법령 데이터베이스의 특정 버전(예: 2025년 개정판)을 명시적으로 참조합니다.

- **비용 효율적 운영 모델 제공**: 모델을 재학습할 필요 없이 벡터 데이터베이스를 업데이트하는 것만으로 지식 기반을 유지할 수 있어 컴퓨팅 비용을 크게 절감할 수 있습니다. 예를 들어, 제약 회사가 매주 새로운 약물 상호작용 데이터를 추가하거나 전자상거래 플랫폼이 실시간 재고 현황을 반영하는 사례에서 이 같은 장점이 두드러집니다.

2025년 현재, RAG 기반 시스템이 금융 분야 애널리스트의 리포트 작성 시간을 60% 단축한것으로 보고된 바 있습니다.[1] 이는 고정된 지식에서 유동적 지식 처리 시스템으로의 진화를 의미합니다.

3.1.2 기존 LLM과의 차이점

RAG와 전통적 LLM의 차이는 **지식 처리 방식**에서 명확히 드러납니다. 다음 표는 두 접근법의 구조적 차이를 압축적으로 보여줍니다.

표 3.1 기존 LLM과 RAG의 차이점

구분	전통적 LLM	RAG 시스템
지식 소스	고정된 학습 데이터	동적 외부 데이터베이스
정보 신선도	학습 시점 기준	실시간 반영 가능
운용 비용	주기적 재학습 필요	데이터 업데이트만으로 충분
투명성	내부 매개변수에 의존	출처 표기 가능
처리 범위	토큰 제한 내에서만 작동	외부 저장소 확장 가능

RAG 시스템과 전통적 LLM의 성능 차이는 실제 서비스 환경에서 명확히 드러납니다. 예를 들어, 항공사 고객센터 챗봇이 "2025년 6월 현재 수하물 규정"이라는 질문을 받았다고 가정해 보

---

[1] http://chitika.com/retrieval-augmented-generation-rag-the-definitive-guide-2025/

겠습니다. 기존 LLM은 2023년의 학습 데이터를 기반으로 답변할 수밖에 없습니다. 반면 RAG 시스템은 항공사 홈페이지의 최신 규정이 기록된 문서로부터 실시간으로 관련 조항을 추출해 정확한 정보를 제공합니다.

이러한 기술의 발전 덕분에 생성형 AI는 단순 언어 모델을 넘어 **실시간 지식 처리 플랫폼**으로 진화할 수 있습니다.

3.1.3 RAG의 핵심 구성 요소

RAG의 핵심은 데이터를 의미 기반으로 저장하고 검색할 수 있는 구조를 만드는 데 있습니다. 이를 위해 먼저 텍스트를 작은 단위인 토큰으로 분해한 뒤, 임베딩 기술을 통해 각 토큰의 의미와 관계를 수치화합니다. 예를 들어, '고양이'와 '강아지'는 비슷한 벡터 공간에 위치시키고 '컴퓨터'와는 거리를 둡니다. 이렇게 생성된 수치화된 데이터는 벡터 데이터베이스에 저장되어 사용자 질의와의 유사도를 계산해 신속하게 관련 정보를 찾아낼 수 있습니다.

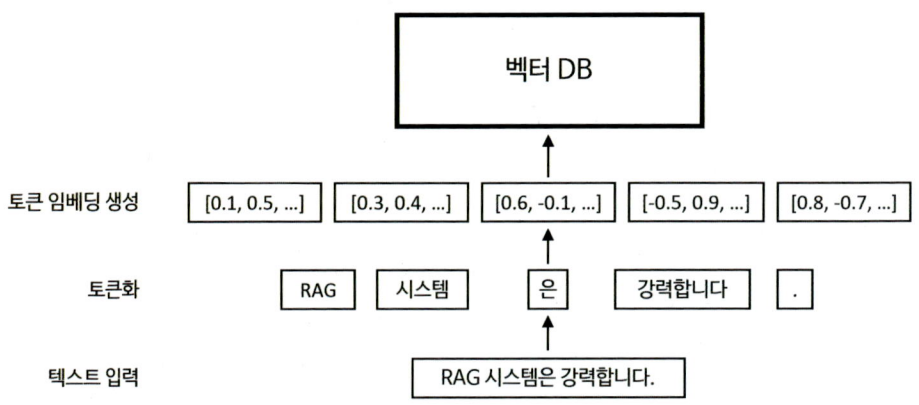

그림 3.1 벡터 데이터베이스 구축 및 데이터 저장(예시)

이 과정은 마치 도서관에서 책을 주제별로 분류하고, 검색어와 가장 일치하는 책을 빠르게 찾아주는 시스템과 유사합니다. 이번 절에서는 토큰화, 임베딩, 벡터 데이터베이스를 알아보고 각각의 작동 원리를 설명하겠습니다.

1. 토큰: 생성형 AI의 기본 단위

생성형 AI가 데이터를 이해하고 처리하기 위해서는 먼저 텍스트를 가장 작은 단위인 '토큰(token)'으로 분해하는 과정이 필요합니다. 토큰이란 문장이나 단어를 AI가 다룰 수 있도록 쪼갠 최소 단위로, 영어의 경우 단어 또는 서브 워드, 한글의 경우 음절이나 글자 단위로 나뉘기도 합니다. 예를 들어, "RAG 시스템은 강력합니다."라는 문장은 여러 개의 토큰으로 쪼개져 AI의 입력이 됩니다. 토큰화는 모델이 한 번에 처리할 수 있는 정보의 양을 결정하며, 이는 인간이 문장을 단어나 글자로 나누는 것과 유사하지만 AI는 더 정교한 규칙을 적용합니다.

토큰화 방식

- 단어 단위: "RAG 시스템은 강력합니다." → ["RAG", "시스템은", "강력합니다", "."]
- 서브 워드: "RAG 시스템은 강력합니다." → ["RAG", "시스템", "은", "강력", "합니다", "."]
- 문자 단위: "RAG 시스템은 강력합니다." → ["R", "A", "G", " ", "시", "스", "템", "은", " ", "강", "력", "합", "니", "다", "."]

2. 임베딩: 토큰의 수치화

토큰화를 통해 분해된 토큰들은 임베딩 과정을 거치게 됩니다. 임베딩은 토큰 하나하나를 768차원, 혹은 1024차원과 같은 수많은 숫자의 집합, 즉 벡터로 변환하는 기술입니다. 이 과정을 통해 AI는 텍스트의 의미를 수학적으로 이해할 수 있게 됩니다. 마치 GPS 좌표가 지리적 위치를 숫자로 표현하듯, 임베딩은 데이터의 의미를 고차원 공간에 위치시킵니다. 예를 들어, '투자 리스크'와 '주식시장 위험'이라는 두 표현은 임베딩 모델을 통해 각각의 위치가 정해지고, 이 두 점 사이의 거리가 가까울수록 의미가 비슷하다고 판단할 수 있습니다. 좌표평면에 점이 세 개 있다면 (1,1), (1,2), (4,5) 중 (1,1)과 (1,2)가 더 가깝듯이 임베딩을 통해 데이터 간의 유사성도 직관적으로 파악할 수 있습니다.

3. 벡터 데이터베이스: 의미 검색 엔진

임베딩이 완료된 데이터는 벡터 데이터베이스에 저장됩니다. 벡터 데이터베이스는 수많은 벡터를 효율적으로 저장하고, 사용자가 새로운 질문을 했을 때 해당 질문을 임베딩한 벡터와 가장 유사한 벡터를 빠르게 찾아주는 역할을 합니다. 예를 들어, 사용자가 '2025년 2분기 테슬라

주식 리스크 요인'을 묻는다면 시스템은 이 질문을 임베딩한 후 벡터 데이터베이스에서 가장 가까운 유사도를 보이는 최신 리포트나 관련 문서를 신속하게 찾아낼 수 있습니다.

이처럼 토큰화, 임베딩, 벡터 데이터베이스는 RAG 시스템의 핵심 구성 요소로, 서로 유기적으로 연결되어 AI가 방대한 정보 속에서 의미 있는 답변을 빠르게 생성할 수 있도록 돕습니다.

시맨틱 검색 원리

RAG 시스템에서 **시맨틱 검색(semantic search)**은 단순히 키워드를 매칭하는 것이 아닌 **질문의 의미와 의도**를 이해해 관련 정보를 찾아내는 기술입니다. 전통적 검색이 '정확한 단어 일치'에 의존한다면 시맨틱 검색은 문맥과 유사성을 기반으로 합니다.

예를 들어, '휴대용 컴퓨터 기기'라는 단어를 검색할 때 키워드 검색은 '휴대용 컴퓨터 기기'가 포함된 문서만 찾지만 **시맨틱 검색**은 '노트북', '태블릿' 등 의미적으로 관련된 제품까지 포괄적으로 탐색합니다.

키워드 검색 예시(SQL)

```sql
SELECT * FROM Products
WHERE description LIKE '%노트북%';
```

시맨틱 검색(파이썬)

```python
from sentence_transformers import SentenceTransformer, util

# 임베딩 모델 로드
model = SentenceTransformer('paraphrase-multilingual-mpnet-base-v2')

# 문서 리스트
docs = ["노트북", "태블릿", "데스크탑", "울트라북", "스마트폰"]
query = "휴대용 컴퓨터 기기"

# 임베딩 생성
doc_embeddings = model.encode(docs)
query_embedding = model.encode(query)
```

```
# 코사인 유사도 계산
scores = util.cos_sim(query_embedding, doc_embeddings)[0]
top_idx = scores.argmax()

print("가장 유사한 문서:", docs[top_idx])
```

이 과정은 임베딩 기술로 구현됩니다. 모든 텍스트는 n차원 이상의 벡터로 변환되어 의미적 유사도가 수학적으로 계산됩니다.

이렇게 벡터로 표현된 텍스트들은 벡터 공간 내의 한 점으로 존재하게 되며, 이 점들 사이의 관계를 통해 단어나 문장의 의미적 유사도를 파악할 수 있습니다. 이때 두 벡터가 얼마나 유사한지를 측정하는 대표적인 방법으로 유클리드 거리와 코사인 유사도가 사용됩니다.

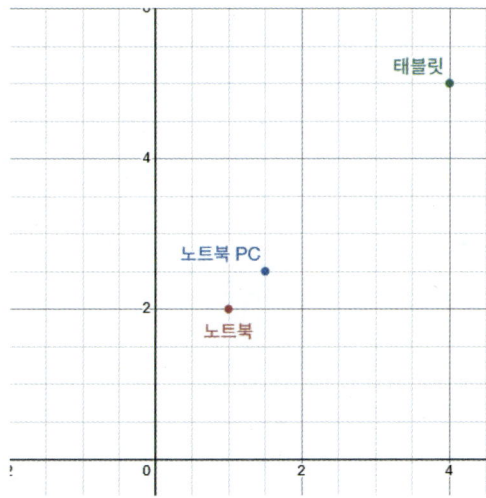

그림 3.2 단어의 의미적 유사도를 표현하는 임베딩 공간의 예시

예를 들어, '노트북'과 '노트북 PC'는 벡터 공간에서 가까운 거리에 위치하므로 시스템은 두 단어를 유사한 의미로 인식합니다. 이렇게 변환된 벡터는 벡터 데이터베이스에 저장되며, 사용자 질문이 입력되면 실시간으로 유사한 벡터를 검색합니다.

📄 **유사도를 측정하는 대표적인 두 가지 방법**

유클리드 거리(Euclidean Distance)는 벡터 공간에서 두 점(벡터의 끝점) 사이의 가장 짧은 물리적 직선 거리를 측정합니다. 이는 우리가 일상적으로 생각하는 '거리' 개념과 가장 유사하며, 두 벡터 사이의 거리가 가까울수록 의미적으로 유사하다고 판단하는 직관적인 방식입니다.

반면, 코사인 유사도(Cosine Similarity)는 두 벡터 사이의 거리가 아닌 방향의 유사성에 집중합니다. 두 벡터가 이루는 각도를 계산해서 얼마나 같은 방향을 바라보고 있는지를 측정하는 것입니다. 벡터의 크기, 즉 단어의 빈도 등과 같은 요소는 고려하지 않고 오직 의미의 방향성만을 비교하고 싶을 때 유용합니다. 코사인 유사도는 -1에서 1 사이의 값을 가지며, 1에 가까울수록 두 벡터의 방향이 일치하여 의미가 매우 유사하다고 봅니다.

RAG의 작동 메커니즘

앞에서 토큰, 임베딩, 벡터 데이터베이스에 대해 배웠습니다. 이를 토대로 RAG의 작동 원리를 설명하겠습니다. RAG 시스템은 **사전 준비된 지식**과 **실시간 검색**을 결합해 정확하고 신뢰할 수 있는 답변을 생성하는 프레임워크입니다. RAG의 작동 원리는 크게 **사전 지식 구축**과 **실시간 질의 처리**의 두 단계로 나뉘며, 각 단계에서 다음과 같은 과정이 진행됩니다. RAG의 작동 메커니즘은 다음과 같습니다.

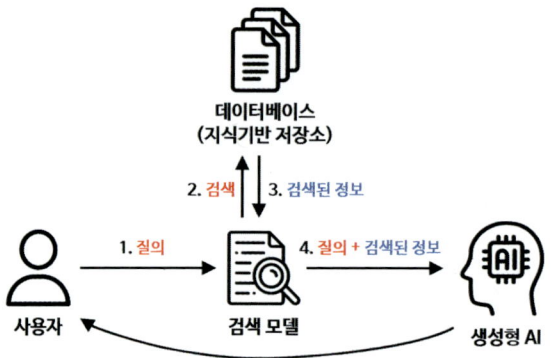

그림 3.3 RAG의 작동 메커니즘

우선 RAG 시스템에서 의미 기반 검색이 가능하려면 벡터 데이터베이스가 미리 구축돼 있어야 합니다. 이 과정에서 문서, 데이터, 텍스트 등 다양한 지식 소스를 임베딩 모델로 벡터화한 뒤 벡터 데이터베이스에 저장합니다. 이 작업은 실제 검색이 이뤄지기 전에 미리 준비해야 하는 사전 단계입니다. 이후 다음 과정을 거쳐 RAG가 작동합니다.

1. **사용자 입력(질문) 수신 및 임베딩**: 사용자가 질문(프롬프트)을 입력하면 해당 질문도 임베딩 모델을 통해 벡터로 변환됩니다.

2. **벡터 데이터베이스에서 의미적으로 유사한 문서를 검색**: 임베딩된 사용자 질문 벡터를 기준으로 벡터 데이터베이스에서 의미적으로 가장 유사한 문서(혹은 문서 조각)를 검색합니다.

3. **증강(augmentation) 및 컨텍스트 구성**: 검색된 문서(혹은 문서 조각)를 원래 사용자 질문과 결합해 LLM이 이해할 수 있는 프롬프트(컨텍스트)를 만듭니다.

4. **생성(generation)**: LLM에 증강된 프롬프트(사용자 질문 + 검색된 정보)를 입력합니다. 모델은 이 컨텍스트를 바탕으로 최종 답변을 생성합니다.

5. **응답 반환**: 생성된 답변을 최종적으로 사용자에게 제공합니다.

정리하면, 사용자의 프롬프트를 입력받아 해당 프롬프트로 벡터 데이터베이스를 검색한 뒤 가장 유사한 문서를 찾습니다. 이후 해당 문서의 내용과 사용자의 프롬프트를 결합해 LLM에 다시 질의하고, 그 결과로 답변을 받는 과정을 거칩니다. 이러한 일련의 과정이 바로 RAG의 핵심입니다. 설명이 다소 추상적일 수 있으므로 좀 더 이해하기 쉽게 이어지는 절에서는 가상의 시나리오를 통해 설명하겠습니다.

기술 지원 챗봇을 통해 살펴보는 RAG의 작동 방식

가상의 IT 회사인 MCPTech가 있다고 가정해보겠습니다. 이 회사는 네트워크 관련 하드웨어와 소프트웨어 장비를 판매하며, 고객 지원을 위해 챗봇을 도입하려고 합니다. 이 예시를 바탕으로 RAG의 작동 방식을 설명하겠습니다.

우선 MCPTech에서는 고객 지원 품질 향상을 위해 제품 매뉴얼, FAQ 문서, 이슈 해결 가이드 등 총 10,000여 개에 달하는 다양한 문서를 체계적으로 수집해 벡터 데이터베이스를 이미 구축해 놓았다고 가정하겠습니다. 이 같은 상황에서 앞에서 살펴본 RAG이 어떻게 작동하는지 단계별로 설명하겠습니다.

1. 사용자 입력(질문) 수신 및 임베딩

사용자가 챗봇에 "노트북 WiFi가 자꾸 끊어져요. 어떻게 해결하나요?"라고 질문합니다.

- 사용자의 질문은 토큰화되어 ["노트북", "WiFi", "끊어짐", "해결"]로 분해되고, N차원 벡터로 변환됩니다.

2. 벡터 데이터베이스에서 의미적으로 유사한 문서를 검색

사용자 질문 벡터를 기준으로 벡터 데이터베이스에서 유사한 여러 개의 문서를 검색합니다. 검색된 여러 개의 문서 중 관련성이 높은 순으로 정렬한 뒤 일부만 추출합니다.

- 상위 3개 문서
    1. "WiFi 연결 불안정 시 라우터 재시작 가이드…" (유사도 0.91)
    2. "네트워크 드라이버 업데이트 방법…" (유사도 0.87)
    3. "방해 전파 원인 분석 문서…." (유사도 0.82)

3. 증강 및 컨텍스트 구성

검색된 문서의 내용을 사용자 질문에 추가해 LLM용 프롬프트를 생성합니다.

> 다음 문서를 참고해 질문에 답변하세요
> 1. "WiFi 연결 불안정 시 라우터 재시작 가이드: 라우터 전원을 껐다가 10초 후 다시 켜세요...."
> 2. "네트워크 드라이버 업데이트 방법: MCPTech 홈페이지 → 지원 → 드라이버 다운로드..."
>
> 사용자 질문: 노트북 WiFi가 자꾸 끊어져요. 어떻게 해결하나요?

4. 생성

앞에서 추가한 문맥과 결합된 프롬프트를 입력받아 다음과 같이 LLM이 답변을 생성합니다.

> WiFi 연결이 불안정할 경우 다음 단계를 시도해 보세요:
> 1. 라우터 전원을 10초간 껐다가 다시 켜기
> 2. TechCo 홈페이지에서 네트워크 드라이버 최신 버전 설치
> 3. 다른 전자기기 간섭 확인 (예: 무선 마우스, 전자레인지)
> 해당 내용은 'WiFi 연결 불안정 해결 가이드' 3.2절을 참고하셨습니다.

지금까지의 과정을 살펴보면 MCPTech에 저장된 문서를 활용해 사용자 질문에 추가적인 문맥을 제공했고, LLM은 이 문맥을 참고해 답변을 생성했습니다. RAG는 이 같은 과정을 통해 앞에서 언급한 LLM의 근본적인 한계인 환각 현상을 줄이는 데 활용됩니다.

3.1.4 실제 적용 사례: NotebookLM

RAG 기술을 활용한 대표적인 SaaS 서비스로 구글이 개발한 NotebookLM[2]이 있습니다. NotebookLM은 사용자가 직접 문서나 웹사이트 주소를 입력할 수 있고, 해당 자료를 바탕으로 질문에 답변을 제공합니다. 예를 들어, NotebookLM 사이트에서 두 개의 웹사이트 주소나 문서를 업로드하면 그 안의 정보를 기반으로 다양한 질문에 답변할 수 있습니다. 이처럼 사용자가 입력한 자료를 참고해서 답변을 생성하는 방식은 RAG의 동작 원리와 매우 유사합니다.

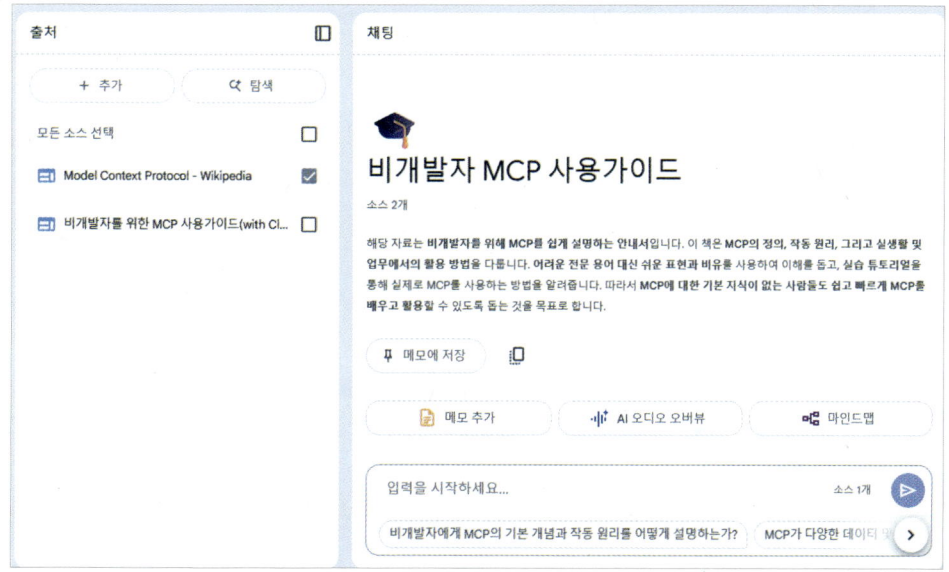

그림 3.4 NotebookLM의 기본적인 인터페이스

예를 들어, NotebookLM에 다음과 같이 질문("MCP란 무엇인가요?")하면 RAG 시스템은 미리 저장해 놓은 소스(예: 문서나 웹사이트 등)에서 질문과 관련된 정보를 찾아 AI와 결합해 답변을 생성합니다.

---

[2] https://notebooklm.google.com/

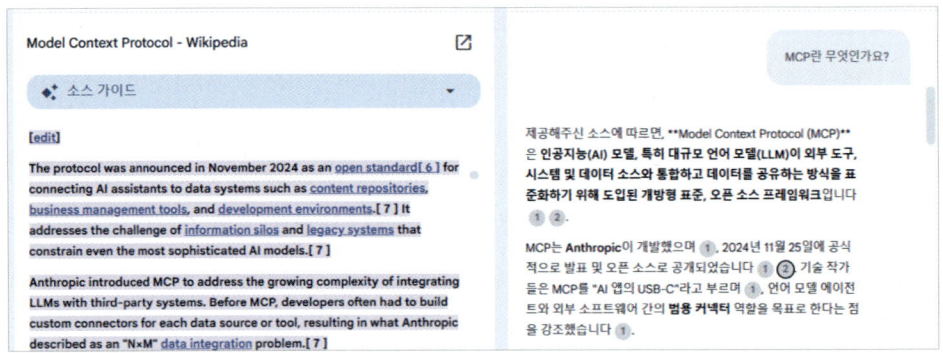

그림 3.5 NotebookLM에 특정 데이터 소스를 설정한 후 질의한 결과의 출처 확인

위 그림은 답변의 출처를 확인하기 위해 소스(2번)를 클릭하는 예시를 보여줍니다. 이를 통해 사용자는 답변의 신뢰성과 근거를 쉽게 확인할 수 있습니다.

3.2 파인튜닝

기존의 대규모 언어 모델은 방대한 범용 데이터를 기반으로 학습돼 있어 회사 내부에서만 사용하는 용어나 특정 약어, 전문적인 표현에는 한계가 있습니다. 이러한 한계를 극복하기 위한 방법으로 파인튜닝 기법이 주목받고 있습니다.

3.2.1 파인튜닝의 정의와 필요성

파인튜닝은 사전 학습된 대규모 언어 모델을 특정 도메인이나 작업에 맞게 조정하는 과정입니다. 예를 들어, 일반적인 언어 이해 능력을 가진 GPT-3 모델을 의료 진단이나 법률 문서 분석에 특화하기 위해 추가 학습을 진행하는 것입니다. 이 기술의 핵심은 **기존 지식 활용**과 더불어 **새로운 데이터 적용**에 있습니다.

2023년 이후 LLM의 산업 적용이 확대되면서 범용 모델의 한계가 부각됐습니다. 의료, 금융, 제조업 등 각 분야는 고유한 용어와 컨텍스트를 요구하는데, GPT처럼 범용으로 만들어진 생성형 AI 파운데이션 모델은 이러한 세부 사항을 충분히 반영하지 못합니다. 예를 들어, 'ELT'라는 약어는 일반 텍스트에서는 무의미하지만 금융권에서는 '주가연계신탁(Equity Linked Trust)'

을 의미할 수 있습니다. 파인튜닝은 이 같은 격차를 해소하며, 소량의 데이터(1,000~10,000개 샘플)로도 특화된 성능을 달성할 수 있습니다.

3.2.2 파인튜닝 방법론: 전체 파인튜닝 vs. 부분 파인튜닝

전체 파인튜닝

전체 파인튜닝(full fine-tuning)은 모든 모델 레이어를 재학습하는 방식으로, 도메인 간 차이가 클 때 필수적입니다. 예를 들어, 법률 문서 분석을 위해 일반 언어 모델을 파인튜닝할 경우 법조문의 복잡한 구조와 전문 용어를 이해하려면 모델 전체를 재구성해야 합니다. 이 방법은 고품질 데이터가 10만 건 이상 확보되고 고성능 GPU 클러스터를 사용할 때 효과적입니다.

부분 파인튜닝

부분 파인튜닝(repurposing)은 상위 모델 레이어만 최적화하는 방식으로, 자원이 제한된 환경에서 유용합니다. 예를 들어, 제조업 결함 검출 시스템은 이미지와 텍스트를 함께 처리하는 멀티모달 모델이 필요합니다. 이때 모델 전체가 아닌 일부만 재학습해서 효율을 높일 수 있습니다. 즉 하위 레이어(이미지 특징 추출부)는 그대로 두고 상위 레이어(결함 분석부)만 새로운 데이터에 맞게 최적화하는 방식입니다. 이 경우 기존 지식을 유지하면서 새로운 작업에 적응할 수 있어 지식 소실(catastrophic forgetting)을 줄인 사례가 보고된 바 있습니다.

3.2.3 파인튜닝의 단계

앞에서 설명했듯이, 파인튜닝은 이미 학습된 대규모 AI 모델을 새로운 목적이나 특정 작업에 맞게 추가로 학습시키는 과정입니다. 쉽게 말해 AI에게 기본기를 가르친 다음, 실제로 현장에서 잘 쓸 수 있도록 맞춤형 훈련을 시키는 것과 비슷합니다.

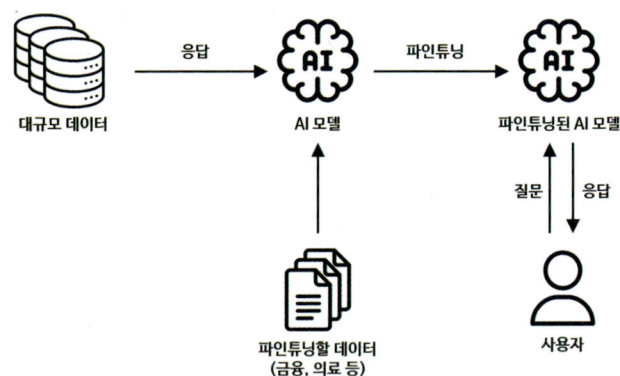

그림 3.6 파인튜닝의 동작 원리

이러한 파인튜닝은 크게 다음의 4가지 단계를 거쳐 이뤄집니다.

1. **사전 학습된 모델 준비**: 대규모 데이터셋으로 일반적인 패턴과 지식을 학습한 모델(예: GPT, BERT)을 가져옵니다. 모델은 다양한 데이터에서 추출한 일반적인 특성을 이미 내포하고 있습니다.

2. **특정 작업용 데이터셋 준비**: 파인튜닝할 작업(예: 금융 용어, 의료 이미지 등)에 맞는 데이터셋을 준비합니다. 데이터의 품질과 전처리가 중요하며, 데이터가 적더라도 사전 학습된 모델을 활용하면 좋은 성능을 낼 수 있습니다.

3. **파인튜닝(Fine-Tuning)**: 준비된 데이터셋으로 모델을 추가 학습합니다. 이때 학습률(learning rate) 등 하이퍼파라미터를 조정해서 기존에 학습한 일반 지식을 크게 훼손하지 않으면서 새로운 작업에 맞게 모델을 파인튜닝합니다.

4. **평가 및 최적화**: 파인튜닝된 모델의 성능을 평가합니다. 평가 지표로는 정확도, 정밀도, 재현율 등의 정량적 지표와 사람이 직접 평가하거나 LLM을 활용한 정성적 평가가 있습니다. 과적합을 방지하기 위해 조기 종료(early stopping), 정규화(regularization), 교차 검증 등의 기법을 활용할 수 있습니다. 필요에 따라 하이퍼파라미터를 재조정하거나 추가 데이터를 활용해 재학습을 진행합니다.

요리사 예시로 이해하는 파인튜닝

파인튜닝은 앞에서 설명한 4단계를 통해 AI 모델을 특정 용어나 산업 도메인에 맞게 최적화할 수 있습니다. 이를 요리사에 비유하면 다음과 같습니다.

- **사전 학습된 모델 준비**: 다양한 요리를 이미 배운 요리사가 있다.
- **특정 작업용 데이터세트 준비**: 이번에는 '비건 김치볶음밥'처럼 요리사가 처음 들어보는 특별한 메뉴 레시피와 설명을 준비한다.
- **파인튜닝**: 요리사에게 '비건 김치볶음밥'을 어떻게 만드는지, 어떤 재료가 들어가는지 여러 번 연습하게 한다. 기존 요리 실력은 그대로 두고, 새로운 메뉴만 익히게 한다.
- **평가 및 최적화**: 요리사에게 "비건 김치볶음밥 만들어봐"라고 시켜보고, 제대로 만들면 성공! 부족하면 레시피를 더 보여주거나 설명을 더 쉽게 바꿔 다시 연습시킨다.

이 같은 과정을 거치면 AI는 현장에서 똑똑하게 일할 수 있게 됩니다. 파인튜닝은 사전 학습된 모델을 특정 도메인이나 작업에 최적화할 수 있게 해주며, 상대적으로 적은 데이터와 짧은 시간으로도 원하는 성능을 얻을 수 있다는 점에서 매우 실용적이고 효율적인 방법입니다.

3.2.4 파인튜닝의 활용 사례

이번 절에서는 금융권과 제조업에서 파인튜닝을 활용하는 사례를 알아보겠습니다.

금융권의 고객센터 챗봇

범용 대규모 언어 모델은 금융 도메인의 전문 용어와 상담 맥락을 정확히 이해하지 못해 고객 응대에 한계가 있을 수 있습니다. 이러한 한계를 극복하기 위해 실제 고객 상담 기록을 기반으로 파인튜닝을 진행하면 금융 특화 데이터를 학습한 모델이 대출 한도, 금리 조건 등 복잡한 문의에 대해 전문가 수준의 답변을 생성할 수 있게 됩니다. 이 접근법을 통해 금융 기관의 내부 데이터와 업무 흐름에 최적화된 맞춤형 AI 서비스를 구현할 수 있으며, 상담 프로세스 전반의 효율성도 크게 개선할 수 있습니다.

제조업의 결함 분석 시스템

이미지(결함 사진)와 텍스트(공정 로그) 같은 복합적인 데이터를 분석해야 할 때는 멀티모달 아키텍처 기반의 파인튜닝이 효과적입니다. 우선 Vision Transformer(ViT)로 시각적 특징을 추출하고, BERT로 텍스트를 분석합니다. 그다음, 두 분석 결과를 종합하는 새로운 계층을 추가해 모델을 최적화할 수 있습니다. 이 방식은 기존 모델의 핵심 기능을 유지하면서 새로운 작업에 적응하도록 설계되어 리소스 효율성을 극대화할 수 있습니다. 이러한 접근을 통해 복잡한 결함 패턴의 식별 정확도를 높이고, 유지보수 비용 절감과 생산성 개선 효과도 기대할 수 있습니다.

이처럼 파인튜닝을 활용하면 생성형 AI를 단순히 범용적인 도구로 사용하는 데 그치지 않고, 각 기업이나 개인의 고유한 업무 환경과 요구에 맞게 정밀하게 최적화할 수 있습니다. 금융권에서는 복잡한 전문 용어나 실제 상담 데이터를 반영해 더욱 정확하고 신뢰도 높은 고객 응대가 가능해지고, 제조업에서는 이미지와 텍스트 등 다양한 데이터를 결합해 현장의 결함을 더욱 효과적으로 진단할 수 있습니다. 이처럼 파인튜닝은 AI가 각 분야의 특수한 맥락과 문제를 이해하고, 실제 업무에 바로 적용될 수 있게 만들어줍니다.

결국 파인튜닝은 생성형 AI의 잠재력을 극대화하는 핵심 전략입니다. 누구나 오픈소스 또는 기존 파운데이션 모델을 기반으로 자신만의 데이터와 목적에 맞는 맞춤형 AI를 구축할 수 있으며, 이를 통해 생산성 향상, 비용 절감, 서비스 품질 개선 등 실질적인 비즈니스 가치를 창출할 수 있습니다. 앞으로도 파인튜닝은 다양한 산업과 분야에서 AI의 실전 활용도를 높이는 중요한 역할을 하게 될 것입니다.

3.3 AI 에이전트

기존의 대규모 언어 모델은 방대한 데이터를 바탕으로 자연어를 이해하고 텍스트를 생성하는 데 뛰어난 성능을 보입니다. 그러나 실제 업무 환경이나 복잡한 문제 해결에서는 몇 가지 한계가 있습니다. 예를 들어, LLM은 사용자의 질문에 답변을 생성할 수 있지만 외부 시스템과 직접 상호작용하거나 실제로 작업을 실행하는 능력은 없습니다. 즉, "메일을 보내세요"라는 요청에 대해 메일을 보내는 방법은 안내할 수 있지만 실제로 메일을 보내는 행동은 할 수 없습니다.

이러한 한계를 극복하기 위해 **AI 에이전트(AI agents)**가 등장했습니다. AI 에이전트는 LLM의 자연어 처리 능력에 더해 다양한 외부 도구와 시스템을 연동해 실제 작업을 실행할 수 있습니다. 예를 들어, 이메일 발송, 일정 등록, 데이터 조회 등 실제 행동이 가능하며, 이를 통해 기존 LLM이 가진 한계를 보완해 실제 업무 환경에서 더욱 실질적이고 효율적인 자동화와 맞춤형 서비스를 제공합니다.

3.3.1 AI 에이전트의 정의

AI 에이전트(AI Agent)는 주어진 목표를 달성하기 위해 인간의 개입 없이 자율적으로 행동하는 지능형 소프트웨어 시스템입니다. 스스로 환경을 인식하고 의사결정을 내리며, 필요한 행동을 직접 수행합니다. AI 에이전트는 단순히 정보를 제공하거나 질문에 답하는 데 그치지 않고, 실제로 업무를 자동화하고 복잡한 문제를 해결할 수 있게 설계됐습니다.

AI 에이전트는 환경을 탐색하고, 외부 데이터와 도구를 적극적으로 활용하며, 상황 변화에 유연하게 적응해 반복적이거나 복합적인 작업을 독립적으로 처리합니다. 예를 들어, 이메일 답장 작성 및 발송, 일정 조율, 외부 시스템과의 연동 등 실제 업무를 직접 실행할 수 있습니다.

최근 LLM 기반 생성형 AI가 텍스트 생성, 요약, 질문 응답 등에서 뛰어난 성능을 보이고 있지만, 여러 단계를 거치는 복합적 작업의 자동화, 실시간 데이터 반영, 외부 시스템 연동 등에서는 한계가 있습니다. 이에 비해 AI 에이전트는 도메인별 비즈니스 로직 실행, 실시간 데이터 분석, 멀티 에이전트 협업 등 다양한 기능을 통합함으로써 실제 환경에서 자율적이고 신뢰성 있는 문제 해결이 가능합니다.

이로써 AI 에이전트는 기존 LLM 및 챗봇이 가진 한계를 넘어, 현실 세계에서 실질적인 행동과 의사결정을 수행하는 차세대 인공지능 시스템으로 자리매김하고 있습니다.

클로드의 MCP로 이해하는 AI 에이전트

클로드 데스크톱(Claude Desktop)[3]에서 MCP를 활용하면 단순한 대화형 AI를 넘어 실제 업무를 자동화하는 시스템으로 확장할 수 있습니다. 예를 들어, 전자공시시스템(DART) MCP 서버[4]를 통해 삼성전자의 재무정보를 가져와 Gmail MCP 서버를 통해 해당 정보를 이메일로 전송하는 복합적인 작업도 하나의 워크플로우로 처리할 수 있습니다. 즉, 다음과 같은 프롬프트를 입력하면 복합적인 작업이 자동으로 처리됩니다.

> DART MCP 서버로 삼성전자의 최신 재무제표(재무상태표)를 표로 정리해서 test@naver.com으로 "삼성전자 재무제표 요약"이라는 제목으로 이메일을 발송해 주세요.

---

3 https://claude.ai/download
4 https://github.com/2geonhyup/dart-mcp

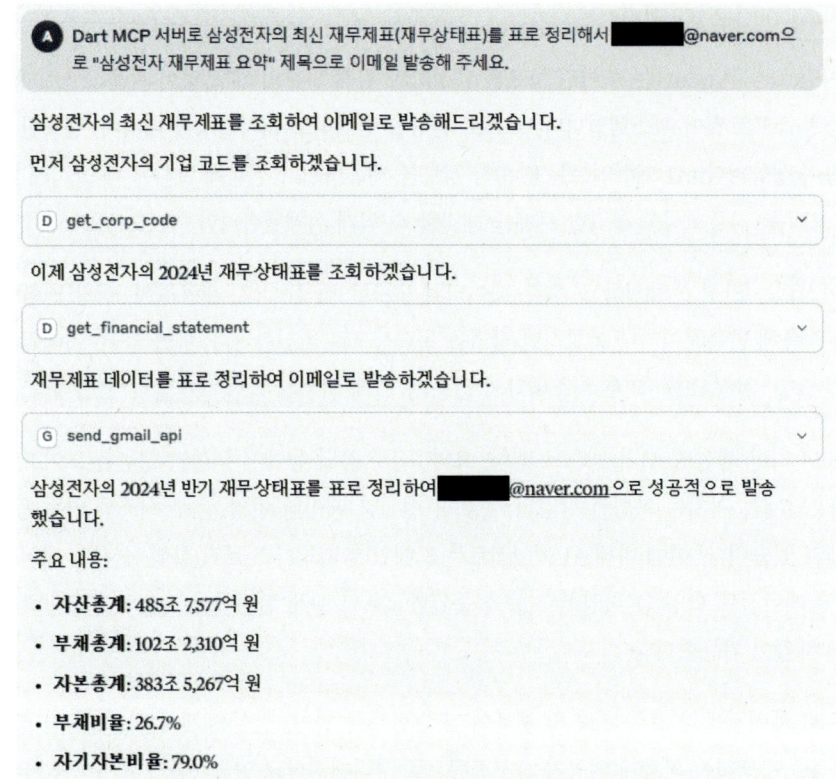

그림 3.7 삼성전자 재무제표 조회 및 이메일 발송

위와 같은 요청을 받으면 클로드 데스크톱은 이를 여러 단계의 작업으로 스스로 나눠 순서대로 수행합니다.

1. **기업 코드 조회**: 재무상태표 조회에 필요한 삼성전자의 고유 기업 코드를 확인합니다.
2. **재무상태표 데이터 조회**: DART MCP 서버를 통해 삼성전자의 최신 재무상태표 데이터를 수집합니다.
3. **데이터 정리 및 표 생성**: 수집된 재무 데이터를 표 형태로 정리해 이메일 본문에 삽입할 수 있도록 준비합니다.
4. **이메일 발송**: Gmail MCP 서버를 활용해 정리된 재무제표를 지정된 이메일 주소로 '삼성전자 재무제표 요약'이라는 제목과 함께 발송합니다.

다음 그림은 이메일을 통해 발송된 재무제표 예시입니다.

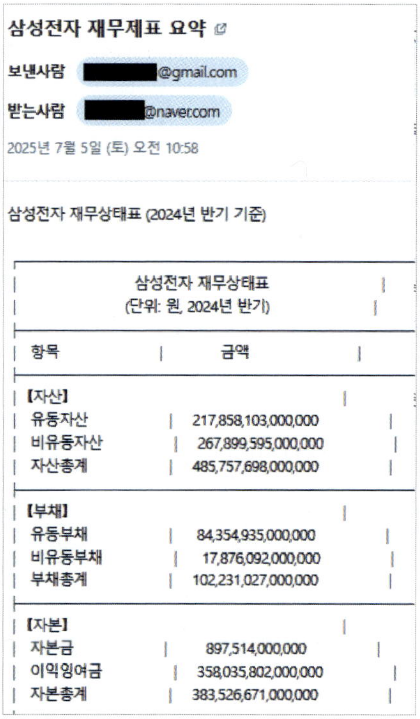

삼성전자 재무제표 요약

보낸사람 ███████@gmail.com
받는사람 ███████@naver.com
2025년 7월 5일 (토) 오전 10:58

삼성전자 재무상태표 (2024년 반기 기준)

```
        삼성전자 재무상태표
        (단위: 원, 2024년 반기)

| 항목        | 금액              |
|【자산】
| 유동자산    | 217,858,103,000,000 |
| 비유동자산  | 267,899,595,000,000 |
| 자산총계    | 485,757,698,000,000 |

|【부채】
| 유동부채    | 84,354,935,000,000  |
| 비유동부채  | 17,876,092,000,000  |
| 부채총계    | 102,231,027,000,000 |

|【자본】
| 자본금      | 897,514,000,000     |
| 이익잉여금  | 358,035,802,000,000 |
| 자본총계    | 383,526,671,000,000 |
```

그림 3.8 클로드 데스크톱에서 MCP 서버를 통해 받은 이메일

이처럼 사용자는 더 이상 DART에서 직접 재무제표를 조회한 뒤, 그 결과를 직접 복사해 Gmail에 붙여 넣고 보낼 필요가 없습니다. 단순히 자연어로 프롬프트를 입력하기만 하면 클로드 데스크톱이 요청의 의도를 스스로 파악해서 필요한 모든 과정을 AI 에이전트를 통해 자동으로 수행합니다.

3.3.2 AI 에이전트의 원리

AI 에이전트는 사용자의 입력, 환경, 다양한 맥락 정보를 바탕으로 스스로 판단하고 행동할 수 있습니다. 다음 그림은 AI 에이전트가 어떻게 다양한 외부 자원과 상호작용하며 자율적으로 작업을 수행하는지 보여줍니다.

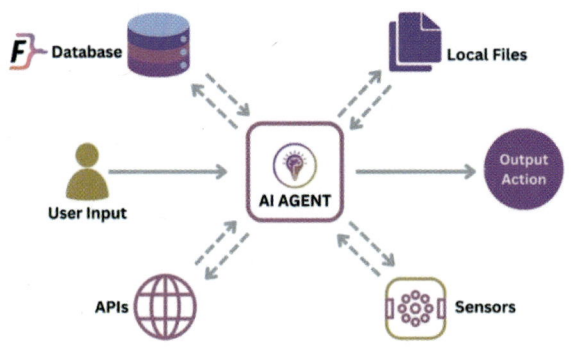

그림 3.9 AI 에이전트의 아키텍처[5]

AI 에이전트는 단순히 사용자의 명령에 따라 동작하는 기존 AI 시스템과 달리 데이터베이스, 로컬 파일, 센서, 외부 API 등 다양한 소스에서 데이터를 받아들이고, 이를 종합적으로 분석해 최적의 행동을 결정할 수 있습니다. 사용자가 입력을 제공하면 에이전트는 필요에 따라 데이터베이스에서 정보를 조회하거나 센서를 통해 실시간 데이터를 받아들이거나 외부 API를 호출해 최신 정보를 얻을 수 있습니다. 이렇게 수집된 정보와 맥락을 바탕으로, 에이전트는 상황에 맞는 결과(예: 추천, 자동화된 응답, 제어 명령 등)를 생성하고, 이를 사용자에게 전달하거나 외부 시스템에 실행합니다.

AI 에이전트의 단계별 작동 과정

AI 에이전트는 다음과 같이 크게 4가지 단계를 거쳐 작동합니다.

---

[5] https://www.falkordb.com/blog/ai-agents-memory-systems/

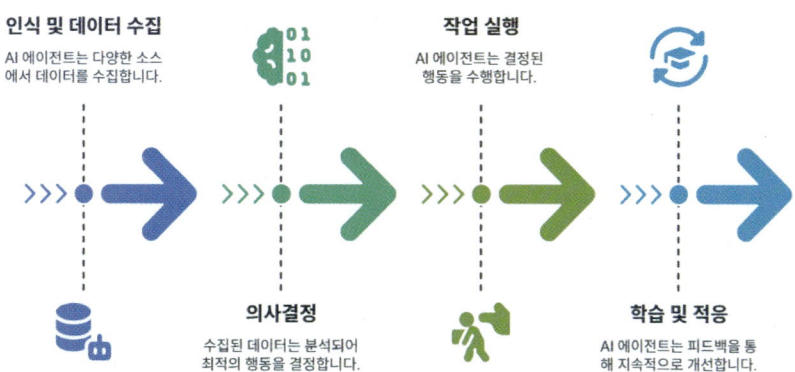

그림 3.10 AI 에이전트의 단계별 작동 과정

1. **인식 및 데이터 수집**: AI 에이전트는 다양한 방법으로 환경 정보를 수집합니다. 예를 들어, 카메라, 마이크, 터치 센서 같은 장치를 통해 실시간 데이터를 받아들이거나 사용자의 직접적인 질문이나 요청을 입력받을 수 있습니다. 또한 고객과의 대화, 소셜 미디어, 기업 내부 시스템 등 여러 데이터 소스에서 정보를 모읍니다. 이렇게 모인 데이터는 상황의 맥락과 뉘앙스를 파악하는 데 활용되며, 최신 상태를 반영해 더 정확한 결과를 내기 위해 실시간으로 처리됩니다.

2. **의사결정**: 수집된 데이터는 AI 에이전트 내부에서 분석됩니다. 이 과정에서 딥러닝이나 다양한 알고리즘이 사용되어 데이터의 패턴을 찾고, 상황을 이해해 어떤 행동이 가장 적절한지 판단합니다. 예를 들어, 과거의 상호작용과 현재 상황을 종합해 사용자의 요청에 가장 알맞은 답변이나 행동을 선택합니다. 시간이 지남에 따라 에이전트는 이런 판단 과정을 개선해 나갑니다.

3. **작업 실행**: 의사결정이 내려지면 AI 에이전트는 실제로 행동을 시작합니다. 예를 들어, 사용자의 문의에 답변하거나 요청된 작업을 처리하거나 복잡한 문제를 담당자에게 전달할 수 있습니다. 이 단계는 이메일 발송, 시스템 제어, 로봇 팔 움직임 등 다양한 방식으로 이뤄질 수 있으며, 사용자는 신속하고 정확한 결과를 받을 수 있습니다.

4. **학습 및 적응**: AI 에이전트는 자신의 행동 결과와 사용자의 피드백을 바탕으로 지속적으로 학습합니다. 강화학습, 지도학습, 비지도학습 등 다양한 방법을 통해 경험을 쌓고, 알고리즘을 개선해 더 나은 결과를 내도록 발전합니다. 이러한 학습 과정을 통해 AI 에이전트는 시간이 지날수록 사용자의 기대와 변화하는 환경에 더 잘 적응할 수 있게 됩니다. 예를 들어, 추천 시스템은 사용자의 반응을 학습해 점점 더 맞춤화된 추천을 제공할 수 있습니다.

이번에는 AI 에이전트를 더 쉽게 이해할 수 있도록 배송 추적 시스템을 예로 들어 각 단계별 과정을 살펴보겠습니다.

1. **인식 및 데이터 수집**: 고객이 "내 택배는 지금 어디에 있나요?"라는 질문을 입력하면 AI 에이전트는 이 질문을 인식하고, 주문 내역, 배송 번호, 최근 배송 상태 등 관련 정보를 내부 시스템과 배송업체의 데이터베이스에서 실시간으로 수집합니다.

2. **의사결정**: AI 에이전트는 수집한 정보를 분석합니다. 예를 들어, 주문이 현재 어느 위치에 있는지, 배송이 지연될 가능성이 있는지, 과거 유사한 상황에서 어떤 안내를 했는지 등을 종합적으로 판단해 고객에게 어떤 답변이 가장 적절할지 결정합니다.

3. **작업 실행**: 결정이 내려지면 AI 에이전트는 "고객님의 택배는 현재 인천 물류센터에 있으며, 내일 오전 중 도착 예정입니다"와 같은 안내 메시지를 자동으로 생성해 고객에게 답변합니다. 만약 문제가 감지되면 추가로 담당자에게 자동으로 이슈를 전달할 수도 있습니다.

4. **학습 및 적응**: 이후 고객이 "정확한 예상 도착 시간을 알려주세요"라고 추가 문의를 하거나 답변에 만족/불만족 표시를 남기면 AI 에이전트는 이런 피드백을 학습해 다음에 더 정확하고 개인화된 안내를 제공할 수 있도록 알고리즘을 개선합니다.

3.3.3 AI 에이전트의 사용사례

AI 에이전트는 이미 다양한 산업과 일상에서 활용되고 있습니다. 여기서는 대표적인 사례 몇 가지를 소개합니다.

먼저 기업에서는 AI 에이전트를 가상 비서로 활용해 일정 조정, 이메일 자동 작성, 업무 보고서 생성 등 생산성 향상을 도모합니다. 예를 들어, 구글 제미나이(Google Gemini)는 멀티모달 데이터를 처리하며, 사용자의 구글 계정과 연동해 개인화된 검색 결과를 제공합니다. 마이크로소프트 코파일럿(Microsoft Copilot)은 문서 작성, 데이터 분석, 이메일 정리 등 업무 자동화에 활용되며, 깃허브 코파일럿(GitHub Copilot)을 통해 코드 자동 완성 기능도 지원합니다.

금융 분야에서는 AI 에이전트가 방대한 금융 데이터를 분석하고 투자 전략을 자동으로 수립하는 데 사용됩니다. 대표적으로 로보어드바이저 서비스(Betterment, Wealthfront 등)는 사용자의 투자 성향과 목표에 맞춰 자산을 자동으로 운용하며, JP모건의 COiN은 금융 문서 분석과 리스크 관리에 AI를 적용하고 있습니다.

헬스케어 산업에서도 AI 에이전트가 활약 중입니다. AI 에이전트는 의료 상담, 진단 보조, 신약 개발, 약물 복용 관리, 예약 일정 조정 등 다양한 업무를 자동화합니다. 이를 통해 의료진의 업무 부담을 줄여주고, 환자에게는 더 신속하고 정확한 서비스를 제공할 수 있습니다.

고객 지원 분야에서도 AI 에이전트가 널리 쓰입니다. AI 챗봇은 고객 문의에 24시간 대응하며, 주문 상태 확인, 환불 처리, 예약 변경 등 반복적인 업무를 자동화해 고객 만족도를 높이고 운영 비용을 절감합니다.

3.4 정리

이번 장에서는 생성형 AI의 한계와 이를 극복하기 위한 주요 기술들을 살펴봤습니다. 생성형 AI는 환각 현상이나 최신 정보 부족 등의 한계가 있지만 RAG, 파인튜닝, AI 에이전트 같은 기술을 통해 이를 극복하고 신뢰도를 높일 수 있습니다. 결론적으로, 이러한 기술들은 다양한 산업에서 생성형 AI의 실질적 활용과 신뢰도를 높이는 데 핵심적인 역할을 하고 있습니다.

04

MCP의 정의와 작동 원리

앞에서 간단하게 MCP에 관해 알아봤습니다. 이번 장에서는 MCP의 정의와 작동 원리를 중심으로 MCP를 어떻게 활용할 수 있는지 구체적으로 살펴보겠습니다. 이를 통해 MCP의 개념을 좀 더 명확히 이해하고, 실질적인 활용 가능성까지 이해할 수 있을 것입니다.

4.1 MCP란?

최근 생성형 AI 기술의 발전과 함께 'MCP'라는 개념이 주목받고 있습니다. 특히 클로드 등 주요 AI 시스템에서 MCP를 채택하면서 MCP의 역할과 의미에 대한 관심이 높아지고 있습니다. 이번 절에서는 먼저 MCP의 사전적 정의를 시작으로 MCP의 필요성과 실제 역할까지 상세히 살펴보겠습니다.

4.1.1 MCP의 사전적 정의

MCP는 AI 모델과 외부 데이터 소스 및 다양한 도구를 안전하고 표준화된 방식으로 연결해주는 개방형 프로토콜입니다. 즉, MCP는 대규모 언어 모델 같은 AI 시스템이 외부 데이터나 서비스와 원활히 소통하게 하는 '연결 규약'입니다. 이전에는 데이터 소스마다 별도의 연동 방식을 개발해야 했지만 MCP를 도입할 경우 표준 규격만 준수하면 다양한 서비스와 쉽게 연결할 수 있습니다.

여기서는 MCP의 개념을 실생활에 널리 쓰이는 USB-C 포트에 비유해 쉽게 이해해 보겠습니다.

그림 4.1 기기마다 다른 USB 포트

위 그림과 같이 과거에는 충전기, 마우스, 키보드 등 기기마다 포트 모양이 달라 같은 USB 포트라도 각기 다른 케이블이 필요했습니다. 그러나 USB-C(위 그림의 맨 오른쪽에 있는 USB Type C)가 등장하면서 하나의 포트와 케이블로 다양한 기기를 간편하게 연결할 수 있게 됐습니다.

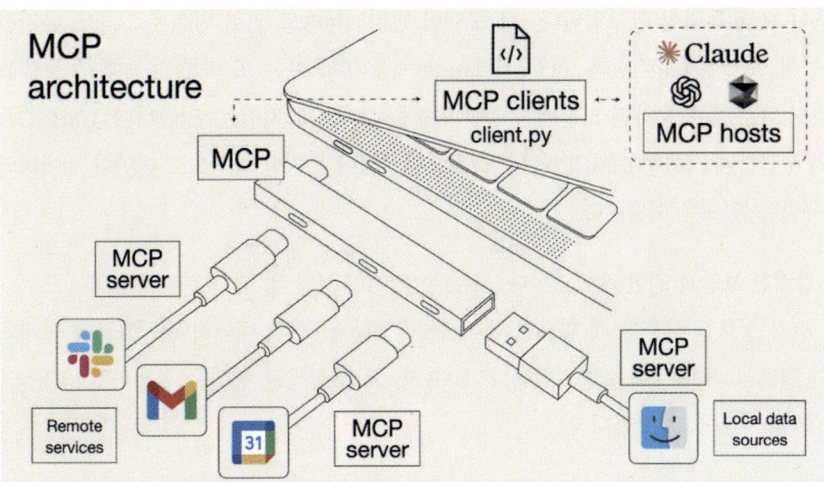

그림 4.2 USB-C 타입과 유사한 MCP의 구성[1]

[1] https://patel-world.medium.com/mcp-the-usb-c-of-ai-applications-a95dc77fcbf8

MCP는 USB-C 타입과 같이 AI가 다양한 정보(날씨, 뉴스, 이메일, 게임 데이터 등)나 도구(계산기, 번역기, 메일 보내기 등)에 연결할 때 하나의 통일된 규격만 따르면 됩니다.

이로써 기존에 생성형 AI가 각 정보나 도구에 접근할 때마다 별도의 서버를 구축하고 다른 방식으로 연결해야 했던 복잡성과 번거로움이 해소됩니다. MCP는 AI가 외부 세계와 소통하는 과정을 단순화하고 다양한 정보와 기능을 손쉽게 활용하게 함으로써 인공지능 활용성을 크게 확장시키는 역할을 합니다.

4.1.2 MCP가 필요한 이유

MCP를 이용하면 AI가 학습하는 데 사용한 데이터 외에도 사용자의 개인화된 데이터(파일, 캘린더, 이메일, 지도, 메신저 등)와 외부 도구를 활용할 수 있습니다. 구체적으로는 다음과 같은 장점이 있습니다.

첫째, 빠르고 유연한 연결성입니다. MCP를 도입하면 사전에 구축된 다양한 연결(통합)을 바로 활용할 수 있습니다. 과거에는 AI가 새로운 도구나 정보에 접근할 때마다 별도의 연동 작업이 필요했지만 이제는 USB-C처럼 한 번 MCP로 표준화하면 외부 서버, 데이터베이스 등 다양한 외부 서비스와 손쉽게 연결할 수 있습니다.

둘째, AI 모델 독립성 확보입니다. AI 모델이 변경되더라도 연결 방식은 그대로 유지됩니다. 예를 들어, 오늘은 GPT-4를, 내일은 Claude-4를, 이후에는 또 다른 생성형 AI 모델을 사용하더라도 MCP를 활용하면 기존에 구축한 연결을 그대로 유지할 수 있습니다. USB-C 포트가 기기와 무관하게 작동하듯 MCP도 AI 모델에 관계없이 동일한 방식으로 다양한 데이터와 도구에 접근할 수 있도록 해줍니다.

셋째, 강력한 보안과 권한 제어입니다. MCP는 데이터 보안 및 권한 관리를 체계적으로 지원합니다. AI가 정보를 사용할 때 필요한 데이터에만 허용된 범위 내에서 접근하도록 설계돼 있어 중요한 정보의 외부 유출을 방지합니다. USB-C 포트에 접근 권한을 설정하듯 MCP 역시 안전한 데이터 활용을 보장합니다.

정리하자면, MCP를 활용하면 지메일(Gmail), 노션(Notion) 등 다양한 데이터 소스에 안전하게 연결되어 좀 더 개인화되고 상황에 맞는 AI 지원이 가능해집니다. 예를 들어, AI 비서에게

"지난주 팀 회의 내용을 요약하고 후속 일정을 잡아줘"라고 요청하면 MCP를 통해 구글 드라이브에서 회의록을 불러오고, 이를 기반으로 구글 캘린더에 일정을 자동으로 등록할 수 있게 됩니다.

4.2 MCP의 구성 요소와 작동 원리

이번 절에서는 이해를 돕기 위해 MCP의 구성 요소와 작동 원리를 자세히 소개하겠습니다.

4.2.1 MCP의 구성 요소

MCP 서버의 구성 요소는 크게 아키텍처 구성 요소와 서버를 구성하는 핵심 요소로 나눌 수 있습니다. 먼저 아키텍처 구성 요소는 MCP 시스템이 어떻게 작동하는지에 대한 원리를 설명합니다. 이는 사용자의 요청이 호스트, 클라이언트, 서버를 거쳐 처리되고, 필요한 경우 로컬 데이터 소스나 원격 서비스에 접근하는 시스템의 전체적인 흐름을 의미합니다.

아키텍처 구성 요소로는 호스트(host), 클라이언트(client), 서버(server), 로컬 데이터 소스(local data sources), 원격 서비스(remote services)가 있습니다.

- **MCP 호스트**: 사용자가 직접 사용하는 메인 프로그램입니다. 여러 클라이언트와 서버를 관리하고 전체 시스템의 흐름과 보안을 담당합니다. 예를 들어, 클로드 데스크톱, AI 기반 IDE, 맞춤형 AI 에이전트 등이 호스트에 해당합니다.
- **MCP 클라이언트**: 호스트 내에 존재하며, 각 서버와 1:1로 연결되어 데이터를 주고받는 역할을 합니다. 클라이언트는 서버마다 별도로 존재하며, 프로토콜에 따라 통신을 중계합니다.
- **MCP 서버**: 실제 데이터를 제공하거나 도구 기능을 수행하는 경량 프로그램입니다. 서버는 로컬(내 컴퓨터) 또는 원격(인터넷) 환경 어디에서든 동작할 수 있습니다. 예를 들어, 파일 서버, 데이터베이스, 번역 서버 등이 있습니다.
- **로컬 데이터 소스**: 내 컴퓨터에 저장된 파일이나 데이터베이스 등 MCP 서버가 접근할 수 있는 로컬 자원입니다.
- **원격 서비스**: 인터넷을 통해 접근하는 외부 시스템(API 등)으로, MCP 서버가 이와 연결해서 데이터를 가져올 수 있습니다.

다음으로 MCP 서버를 구성하는 핵심 요소는 실질적으로 LLM에 컨텍스트(맥락)를 제공함으로써 답변의 질을 높이는 기능적 요소를 의미합니다. 여기에는 프롬프트(prompt), 리소스(resource), 도구(tool)가 포함됩니다. MCP 서버는 이러한 세 가지 기본 요소로 구성됩니다.

- **프롬프트(Prompt)**: 언어 모델과의 상호작용을 유도하는 사전 정의된 템플릿 또는 지시 사항
- **리소스(Resource)**: 모델에 추가적인 컨텍스트를 제공하는 구조화된 데이터 또는 콘텐츠
- **도구(Tool)**: 모델이 작업을 수행하거나 정보를 검색할 수 있게 해주는 실행 가능한 함수

4.2.2 MCP의 작동 원리

MCP는 사용자가 질문이나 명령을 입력하는 순간부터 일련의 동작 흐름을 시작합니다. 입력된 요청은 MCP 프로토콜을 통해 외부 서버나 다양한 데이터 소스와 연결됩니다. 이 과정을 통해 사용자의 요청이 실제로 실행될 수 있도록 필요한 정보를 수집하고 명령을 처리합니다.

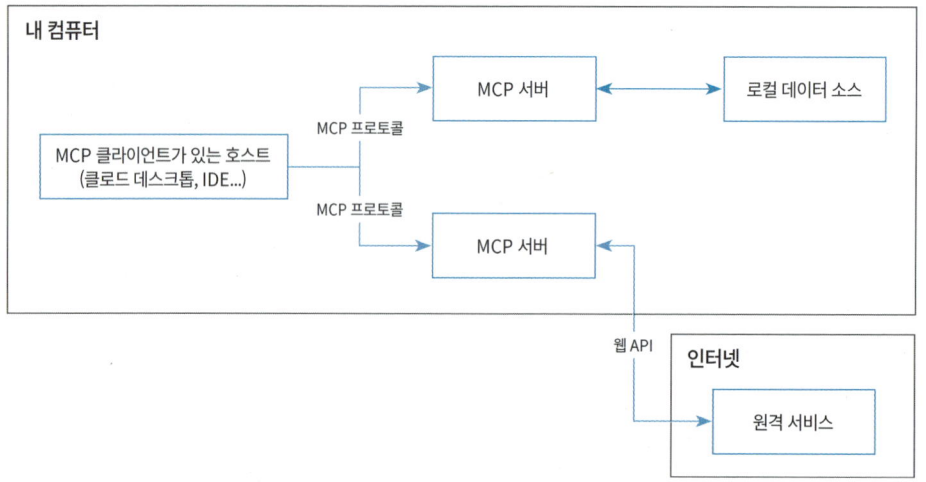

그림 4.3 MCP 아키텍처[2]

---

[2] https://modelcontextprotocol.io/docs/getting-started/intro

이러한 MCP의 작동 과정을 단계별로 자세히 살펴보겠습니다.

1. **사용자 입력**

   사용자는 클로드 데스크톱, AI 에이전트 등 MCP 호스트 프로그램을 통해 질문이나 명령을 입력합니다.

2. **클라이언트-서버 연결**

   호스트의 클라이언트는 사용자가 요청한 기능을 처리하기 위해 서버와 통신을 시작합니다.

3. **데이터 소스/도구 연동**

   MCP 서버는 다음의 두 방식으로 데이터를 수집하거나 도구의 기능을 수행합니다.

   - 로컬 데이터 소스: 사용자의 컴퓨터에 저장된 파일, 문서, 데이터베이스 등에 직접 접근합니다.
   - 원격 서비스: 외부 API나 시스템과 인터넷을 통해 연결하여 데이터를 가져옵니다.

4. **결과 전달**

   서버에서 처리된 결과는 MCP 클라이언트를 거쳐 MCP 호스트로 전달됩니다.

5. **사용자 출력 및 후속 작업**

   MCP 호스트는 받은 결과를 사용자에게 전달하고, 후속 작업을 이어서 수행할 수 있도록 지원합니다.

사용자의 질문부터 답변까지의 여정을 간략하게 정리하면 다음과 같습니다.

1. **질문 전송**: 사용자의 질문이 클라이언트를 통해 클로드에 전달됩니다.
2. **도구 분석**: 클로드는 질문을 이해하고, 답변을 위해 어떤 정보가 필요한지, 어떤 도구를 사용해야 할지 결정합니다.
3. **정보 수집**: 결정된 도구(예: 웹 검색, 로컬 파일 검색, 계산 등)가 MCP 시스템을 통해 실행되어 필요한 데이터를 수집합니다.
4. **결과 전달**: 도구 실행으로 얻은 결과가 다시 클로드에 돌아갑니다.
5. **답변 완성**: 클로드는 수집된 정보를 활용해 최종적으로 자연어 답변을 매끄럽게 구성합니다.
6. **사용자 출력**: 완성된 답변이 클라이언트를 통해 사용자에게 표시됩니다.

그림 4.4는 MCP의 전체 처리 흐름을 다이어그램으로 시각화한 예시입니다.

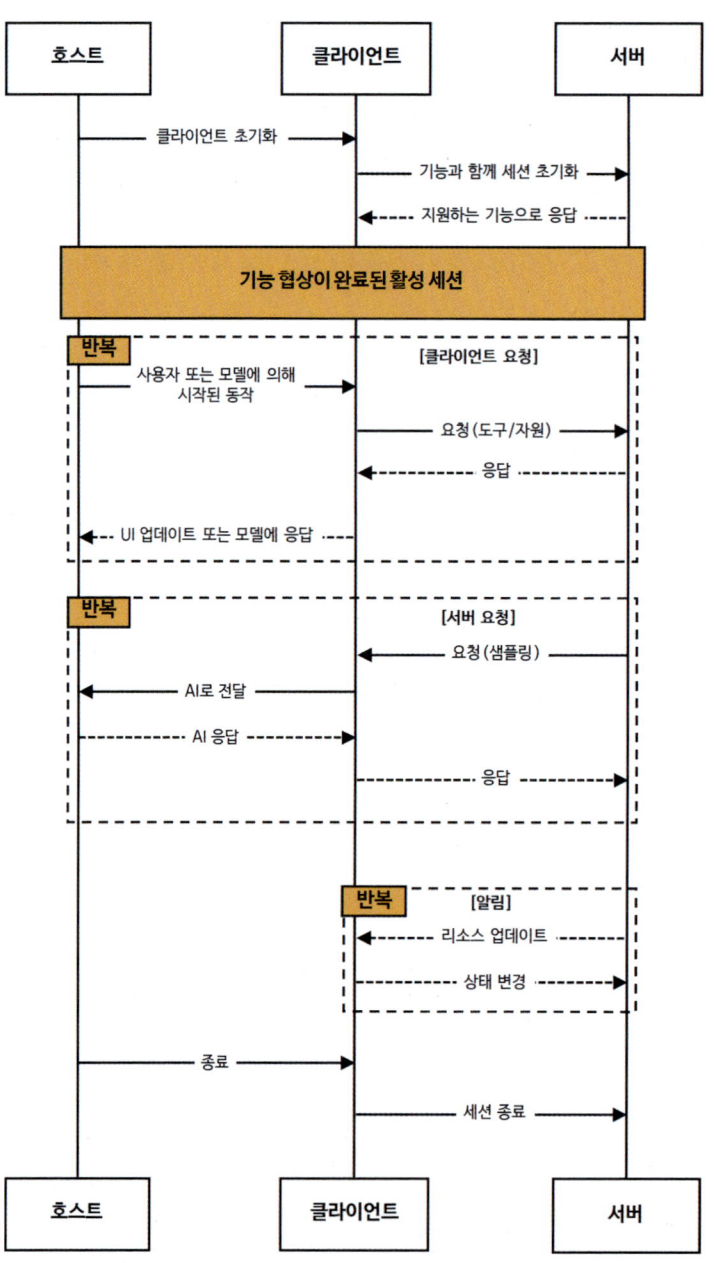

그림 4.4 MCP의 전체적인 처리 흐름[3]

[3] https://modelcontextprotocol.io/specification/2025-06-18/architecture

전체 과정은 연결 초기화(Initialization), 활성 세션(Active Session), 세션 종료(Termination)의 세 단계로 구성됩니다. 각 단계에서 수행되는 주요 작업은 다음과 같습니다.

1. 초기화

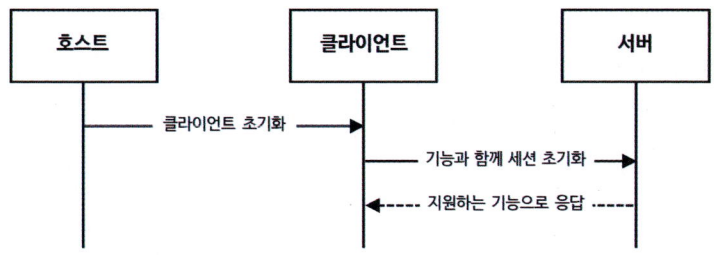

그림 4.5 MCP 기능 협상 – 초기화 단계[4]

호스트(예: 클로드 데스크톱, 커서 등)가 클라이언트를 초기화합니다. 클라이언트는 서버에 자신의 기능(capabilities)을 전달하며 세션을 시작하고, 서버는 지원 가능한 기능 목록을 반환합니다. 이 과정을 통해 호스트, 클라이언트, 서버 간에 사용할 기능들이 협의되고, 세션이 활성화됩니다.

2. 활성 세션

세션이 시작되면 클라이언트와 서버 간에 다음과 같은 상호작용이 반복적으로 이뤄집니다.

---

[4] https://modelcontextprotocol.io/

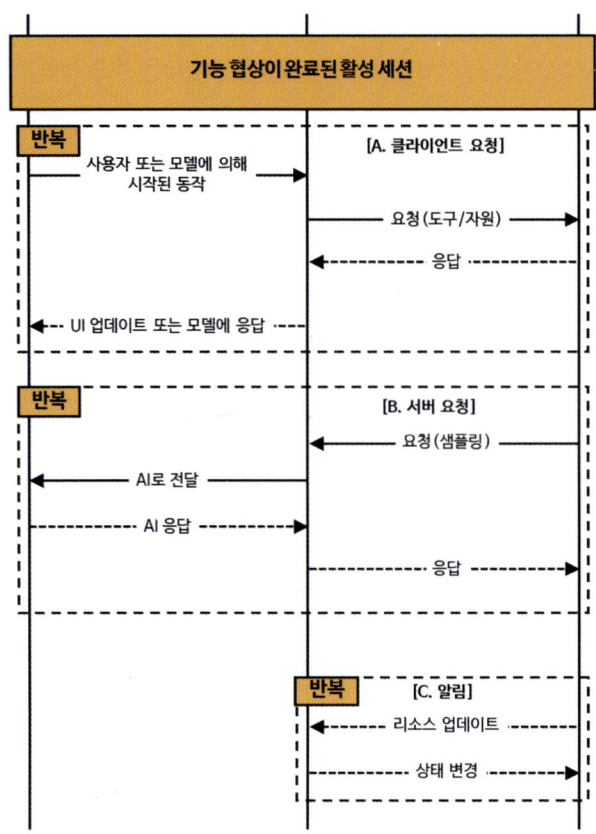

그림 4.6 MCP 기능 협상 – 활성 세션 단계[5]

[A] 클라이언트 요청

사용자의 입력 또는 AI 모델의 내부 동작에 따라 요청이 발생합니다. 클라이언트는 필요한 도구나 리소스(예: 파일, 캘린더, 이메일 등)를 서버에 요청하고, 서버는 해당 요청을 처리한 후 응답을 반환합니다. 클라이언트는 서버에게서 받은 응답을 MCP 호스트(AI 모델)로 전달하거나 사용자 인터페이스(UI)를 업데이트합니다.

[B] 서버 요청

서버는 샘플링 등의 특정 작업을 요청할 수 있으며, 클라이언트는 해당 요청을 MCP 호스트(AI 모델)에 전달합니다. AI 모델이 응답을 생성하면 다시 클라이언트를 통해 서버로 전달됩니다.

[5] https://modelcontextprotocol.io/

[C] 알림

서버는 리소스 업데이트나 상태 변화 등 실시간 알림을 클라이언트로 전송합니다. 클라이언트는 해당 정보를 호스트 또는 사용자 인터페이스에 반영합니다.

3. 세션 종료

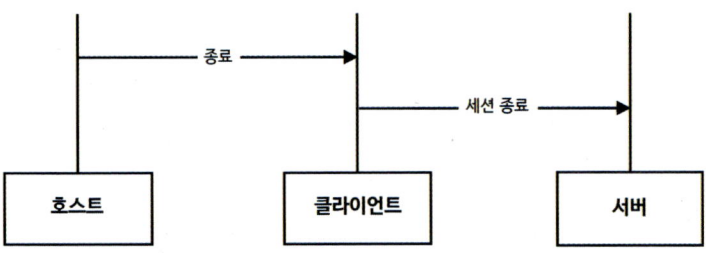

그림 4.7 MCP 기능 협상 – 세션 종료 단계[6]

작업이 완료되면 호스트가 클라이언트에 세션 종료를 지시합니다. 클라이언트는 서버에 세션 종료를 알리고, 모든 연결을 종료합니다. 여기서 Terminate(호스트)와 End Session(서버)은 세션 종료를 뜻합니다. 호스트가 종료 신호를 보내면 서버가 세션을 정리하고 완전히 마무리합니다.

정리하면, MCP는 다음과 같은 세 구성 요소가 협력하는 구조입니다. **호스트**는 사용자가 AI를 직접 다루는 메인 프로그램으로, 클로드 데스크톱이나 AI 기반 IDE와 같은 형태로 구현됩니다. 사용자는 호스트를 통해 질문을 입력하거나 명령을 내리고, 그 요청이 호스트 내부에 포함된 MCP 클라이언트에 전달합니다. **클라이언트**는 호스트 내부에 포함된 구성 요소로, 외부 MCP 서버와 1:1로 연결됩니다. 사용자의 요청은 먼저 클라이언트로 전달되며, 클라이언트는 이를 서버에 전달하고, 서버의 응답을 다시 호스트로 반환합니다. **서버**는 실제 데이터를 보유하거나, 도구·프롬프트·리소스 등 다양한 기능을 실행하는 단위입니다. 클라이언트의 요청에 따라 필요한 정보를 제공하며, 그 결과는 다시 클라이언트, 호스트를 거쳐 사용자에게 전달됩니다.

6 https://modelcontextprotocol.io/

이처럼 호스트, 클라이언트, 서버가 각자의 역할을 명확히 분담함으로써 AI가 외부 데이터와 기능을 안전하고 효율적으로 활용할 수 있는 구조를 띱니다.

4.2.3 택배 반송 예시로 이해하는 MCP의 작동 원리

이번에는 실생활 예시를 통해 MCP의 작동 원리를 이해해 보겠습니다. 고객이 우체국에서 상품을 수령했지만 마음에 들지 않아 교환을 요청하는 상황을 가정해보겠습니다. 그림 4.8은 이해를 돕기 위해 이 과정을 나타낸 그림입니다. 이 비유에서 고객은 사용자, 우체국은 MCP 호스트, 택배 기사는 MCP 클라이언트, 제조사는 MCP 서버에 해당합니다.

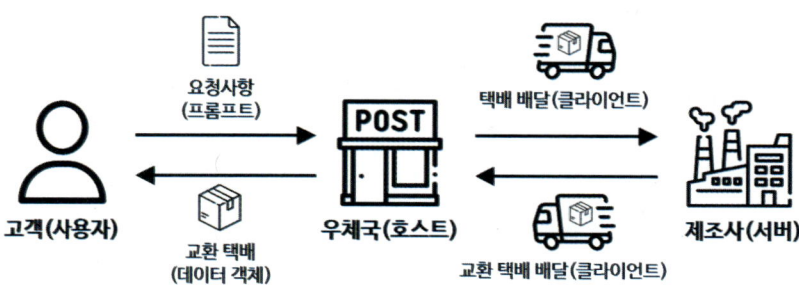

그림 4.8 택배 교환 예시로 이해하는 MCP 아키텍처

고객은 '우체국'이라는 관리소(호스트)에 상품 교환을 요청합니다. 이때 고객이 남기는 교환 요청서(예: "이 상품을 다른 사이즈로 바꿔주세요")는 프롬프트에 해당하며, 교환할 상품은 데이터 객체로 볼 수 있습니다.

우체국은 상품을 고객 요청과 함께 택배 기사(클라이언트)에게 전달합니다. 택배 기사는 이를 제조사(서버)에 전달합니다. 제조사(서버)는 전달받은 요청과 상품을 확인한 후, 내부 데이터(재고, 교환 정책 등)나 외부 시스템(공급 업체, 물류 등)을 참고해 처리 방식을 결정합니다. 이 과정에서 서버는 단순히 물품을 수령하는 데 그치지 않고, 다양한 데이터 소스와 리소스를 활용해 교환 가능 여부를 판단하고 처리합니다.

교환이 승인되면 제조사는 새 상품을 준비해서 택배를 통해 우체국으로 다시 보냅니다. 고객은 우체국을 통해 교환된 상품을 수령하며, 이로써 전체 교환 프로세스가 완료됩니다.

4.3 클로드 데스크톱으로 MCP 시작하기

이번 절에서는 클로드 데스크톱의 MCP 서버 환경을 설정하는 방법과 서버 등록 절차를 알아보고, 앞에서 배운 내용을 바탕으로 실제 동작 과정을 구체적으로 살펴보겠습니다.

4.3.1 MCP 서버 사용을 위한 필수 환경 설정

클로드 데스크톱에서 MCP 서버(특히 파일 시스템 등 기본 MCP 서버)를 실행하려면 Node.js가 필요합니다. 또한 이후에 파이썬을 활용해 MCP 서버를 개발할 계획이라면 Node.js와 파이썬을 모두 설치해야 합니다.

Node.js 설치

Node.js는 웹 브라우저 없이도 자바스크립트 프로그램을 실행할 수 있게 해주는 자바스크립트 런타임입니다. Node.js는 공식 다운로드 페이지에서 각자의 운영체제에 해당하는 설치 파일을 내려받아 설치할 수 있습니다.

- Node.js 다운로드 페이지: https://nodejs.org/ko/download

Node.js를 설치할 때는 좀 더 안정적인 LTS(장기 지원) 버전을 선택하는 것을 권장하며, MCP 서버를 실행하기 위해서는 최소 Node.js 18.x 이상이 필요합니다. Node.js 설치가 완료되면 명령 프롬프트 또는 터미널에서 `node --version` 명령어를 실행해 정상적으로 설치됐는지 확인합니다. 정상적으로 설치됐다면 다음과 같이 표시됩니다.

```
> node --version
v22.13.1
```

파이썬 설치

이어서 파이썬을 설치하겠습니다. 이 책의 MCP 서버 개발을 위해서는 파이썬 3.10 이상 버전을 권장합니다. 아래의 파이썬 다운로드 페이지에서 각자의 운영체제에 맞는 설치 파일을 다운로드합니다.

- 파이썬 다운로드 페이지: https://www.python.org/downloads/

참고로 설치 화면에서 반드시 'Add Python to PATH'(또는 'Add python.exe to PATH') 옵션을 체크해야 합니다. 이 옵션을 선택하면 명령 프롬프트에서 어디서든 python 명령어를 사용할 수 있습니다. 설치가 완료된 후 명령 프롬프트에서 `python --version`을 입력해 정상적으로 설치됐는지 확인합니다.

클로드 데스크톱 설치

클로드는 크게 두 가지 형태로 이용할 수 있는 생성형 AI 서비스입니다. 먼저 우리가 흔히 접하는 클로드 서비스는 웹 브라우저를 통해 클로드 AI를 사용할 수 있는 온라인 서비스입니다. 별도의 설치 없이 인터넷만 연결돼 있으면 어디서든 접속해 사용할 수 있습니다. 다음으로 이 책에서 사용하는 클로드 데스크톱은 클로드 공식 홈페이지에서 내려받아 PC에 설치하는 애플리케이션 형태의 프로그램으로, 웹 브라우저를 거치지 않고 직접 클로드 AI 서비스를 이용할 수 있습니다.

웹 브라우저를 통해 이용할 수 있는 클로드는 보안상 로컬 파일 시스템, 데이터베이스, API 등에 직접 접근할 수 없는 반면 클로드 데스크톱은 운영체제 수준에서 실행되어 로컬 리소스에 안전하게 접근할 수 있고, 로컬에서 실행되거나 특정 네트워크 환경에서 동작하는 MCP 서버와의 통신을 위해서는 클로드 데스크톱이 필요합니다. 즉, MCP의 핵심은 클로드가 다양한 외부 도구와 데이터 소스에 안전하고 효율적으로 접근하는 것인데, 이는 데스크톱 환경에서만 완전히 구현할 수 있는 기능입니다.

클로드 데스크톱은 아래의 클로드 다운로드 페이지에서 다운로드할 수 있으며, 이 책에서는 윈도우용 클로드 데스크톱을 설치해 실습을 진행하도록 하겠습니다.

- 클로드 다운로드 페이지: https://claude.ai/download

그림 4.9 클로드 데스크톱 다운로드 페이지

클로드 데스크톱 설치가 완료되면 앱을 실행하고, 좌측 상단의 메인 메뉴를 클릭한 뒤 **개발자 → 앱 구성 파일 열기**를 클릭합니다.

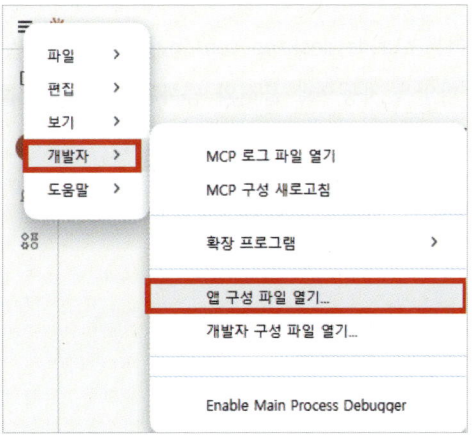

그림 4.10 클로드 데스크톱의 앱 구성 파일 열기

그럼 각 운영체제에 따라 아래 경로에 있는 설정 파일이 열립니다. 또는 텍스트 편집기나 IDE 로 해당 경로의 파일을 직접 열어도 됩니다.

- macOS: ~/Library/Application Support/Claude/claude_desktop_config.json
- 윈도우: %APPDATA%\Claude\claude_desktop_config.json

아직 아무런 MCP 서버를 등록하지 않았기 때문에 다음과 같은 내용이 표시됩니다.

```
{
  "mcpServers": {}
}
```

이곳에 등록하고 싶은 MCP 서버 정보를 수동으로 추가할 수 있습니다.

4.3.2 클로드 데스크톱에 MCP 서버 등록하기

앞에서 Node.js, 파이썬, 클로드 데스크톱을 모두 설치했다면 MCP 서버를 사용할 준비가 끝났습니다. 이후에 다룰 다양한 MCP 서버는 다음과 같은 절차를 거쳐 등록되고 사용됩니다. 여기서는 예시로 파일 시스템 MCP 서버를 등록하는 방법을 살펴보겠습니다.

클로드 데스크톱에 MCP 서버 등록

MCP 서버는 앞에서 열어본 `claude_desktop_config.json` 설정 파일에 등록되며, 클로드 데스크톱이 실행될 때 이 파일을 자동으로 불러와 등록된 MCP 서버를 실행합니다. 여기서는 Filesystem MCP 서버를 추가하는 예시를 살펴보겠습니다.

먼저 `claude_desktop_config.json` 설정 파일에 다음과 같이 굵게 표시된 내용을 추가합니다.

```
{
  "mcpServers": {
    "filesystem": {
      "command": "npx",
      "args": [
        "-y",
        "@modelcontextprotocol/server-filesystem",
        "C:\\Users\\<사용자명>\\Desktop"
      ]
    }
  }
}
```

즉, 기존에 비어 있던 mcpServers 항목에 filesystem 항목을 추가한 것입니다. 새롭게 등록한 MCP 서버인 @modelcontextprotocol/server-filesystem을 통해 클로드 데스크톱이 현재 사용 중인 PC의 파일 시스템에 접근할 수 있게 됩니다. 이때 설정 파일에 지정한 경로 (C:\\Users\\<사용자명>\\Desktop)가 MCP 서버가 접근할 수 있는 디렉터리로 설정됩니다 (여기서 <사용자명>은 실습 중인 환경에 따라 달라집니다). 즉, MCP 서버의 접근 범위는 해당 폴더로 제한됩니다.

MCP 호스트 재시작

클로드 데스크톱은 MCP 서버 정보(claude_desktop_config.json)를 앱을 실행할 때 한 번만 불러옵니다. 따라서 설정 파일을 수정하거나 새로운 MCP 서버를 추가한 경우, 변경 사항이 적용되도록 앱을 완전히 종료했다가 재시작해야 합니다. 단순히 창의 X 버튼을 눌러 닫는 것은 앱의 프로세스를 완전히 종료하는 것이 아니므로 메뉴에서 **파일 → 종료**를 선택해 앱을 완전히 끝낸 후 다시 시작해야 MCP 서버를 정상적으로 사용할 수 있습니다. 이후에 사용할 MCP 서버도 마찬가지로 같은 절차를 통해 사용합니다.

MCP 서버 사용하기

클로드 데스크톱을 재시작하면 정상적으로 파일 시스템 MCP 서버가 등록됐을 것입니다. 이제 앞에서 등록한 파일 시스템 MCP 서버를 이용해 new_folder라는 폴더를 생성해보겠습니다.

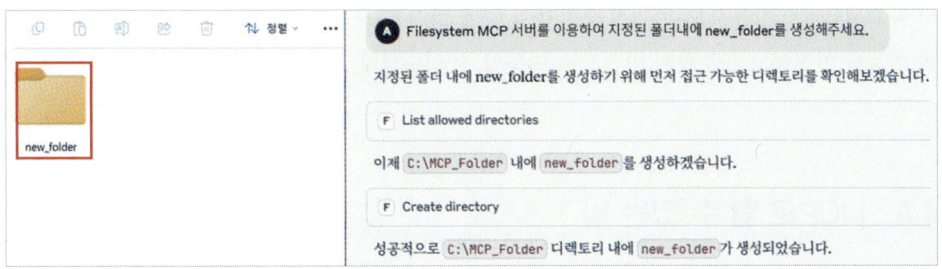

그림 4.11 파일 시스템 MCP 서버를 이용한 폴더 생성

보다시피 new_folder라는 폴더가 생성됩니다. 그림 위 파일 시스템 MCP 서버를 토대로 MCP 가 실제로 어떻게 작동하는지 단계별로 살펴보겠습니다.

01. 사용자가 프롬프트를 통해 명령을 입력(사용자 → MCP 호스트)
사용자는 클로드 데스크톱(호스트 역할)에서 파일을 읽거나 저장하는 등의 작업을 요청합니다(예: "내 데스크톱 폴더의 파일 목록을 보여줘").

02. 서버 연결(클라이언트 → 서버)
MCP 클라이언트는 JSON-RPC 프로토콜을 통해 설정 파일에 지정된 명령어(`npx -y @modelcontextprotocol/server-filesystem ...`)로 MCP 서버를 실행하고 연결을 맺습니다. 이 연결을 통해 클라이언트는 서버에 요청을 보내고, 서버는 요청을 처리한 후 응답을 반환합니다.

03. 서버 처리(서버 → 데이터 소스)
MCP 서버(여기서는 `@modelcontextprotocol/server-filesystem`)는 사용자의 로컬 데이터 소스(예: 내 컴퓨터의 Desktop 폴더)에 직접 접근해 파일 목록을 가져오거나 파일을 읽고 쓰는 등의 작업을 수행합니다.

04. 결과 반환(서버 → 클라이언트 → 호스트)
서버는 작업 결과(예: 파일 목록, 파일 내용 등)를 MCP 클라이언트에 JSON-RPC 메시지로 반환합니다. MCP 클라이언트는 그 결과를 다시 클로드 데스크톱(호스트)으로 전달합니다.

05. 결과 확인 및 후속 요청(호스트 → 사용자)
클로드 데스크톱은 결과를 사용자에게 보여주고, 사용자는 클로드 데스크톱에서 결과를 확인하고 추가 명령을 입력할 수 있습니다.

정리하자면, MCP 서버를 클로드 데스크톱에 등록하면 사용자의 명령은 '호스트(클로드 데스크톱) → MCP 클라이언트 → MCP 서버 → 데이터 소스 → MCP 클라이언트 → 호스트(클로드 데스크톱) → 사용자'로 이어지는 흐름을 통해 처리됩니다. 이를 통해 클로드는 외부 데이터와 기능을 안전하고 표준화된 방식으로 연동할 수 있습니다.

4.4 MCP로 할 수 있는 일

MCP 서버는 기업뿐 아니라 개인 개발자와 커뮤니티에서도 활발히 개발되고 있습니다. MCP 서버는 AI가 외부 데이터, 다양한 도구 및 서비스를 안전하고 표준화된 방식으로 활용할 수 있도록 연결해주는 중간 다리 역할을 합니다. 이를 통해 AI는 파일 시스템에 접근해 파일을 읽거나 쓸 수 있고, Git, 깃허브, 깃랩 같은 버전 관리 시스템을 통해 코드와 이슈를 직접 관리할 수도 있습니다. 또한 구글 드라이브, 노션, 구글 캘린더, 슬랙, 디스코드 등과 연동해 파일 검색, 일정 관리, 메시지 송수신 등 다양한 작업도 지원합니다.

이처럼 MCP 서버는 실제 업무와 일상에 필요한 수많은 외부 시스템과 AI를 연결합니다. 이를 통해 정보를 가져오거나 명령을 실행해 실질적인 업무 자동화와 높은 확장성을 제공합니다. 누구나 MCP 서버를 직접 개발에 생태계에 기여할 수 있으며, 향후 그 활용 범위도 지속적으로 확장될 것입니다.

4.5 정리

이번 장에서는 MCP의 정의와 필요성, 작동 원리를 살펴봤습니다. MCP는 AI 모델과 외부 데이터 소스, 도구를 안전하게 연결하는 개방형 표준 프로토콜로, USB-C처럼 다양한 시스템을 하나의 규칙으로 통합합니다. 이를 통해 AI는 다양한 데이터와 도구에 쉽게 접근하면서 높은 확장성과 보안성을 동시에 확보할 수 있습니다.[7] 실제로 MCP를 적용하면 복잡한 연동 없이 다양한 서비스와 효율적으로 연결할 수 있으며, AI의 활용 범위와 자동화 수준도 크게 향상됩니다.

---

[7] https://discuss.pytorch.kr/t/deep-research-model-context-protocol-mcp/6594

05

[실전 활용법]
뉴스를 검색해서 SNS에 올리기

이번 장에서는 MCP 서버를 활용해 실시간 뉴스 수집과 SNS 자동 게시 기능을 구현하는 프로젝트를 진행하겠습니다. 이 프로젝트에서는 사용자가 키워드나 주제를 입력하면 AI가 최신 뉴스를 검색하고 분석해 SNS에 적합한 콘텐츠로 가공한 후 자동으로 포스팅하는 과정을 구현합니다.

프로젝트의 작동 방식은 다음과 같습니다. 먼저 사용자가 특정 키워드나 주제를 입력하면 Tavily MCP 서버가 실시간 웹 검색을 통해 관련 뉴스를 수집합니다. 수집된 뉴스 데이터는 AI가 분석 및 정리한 후, SNS 플랫폼에 적합한 형태로 콘텐츠를 가공합니다. 이후 SNS MCP 서버를 통해 X(트위터) 등 SNS에 자동으로 포스팅합니다.

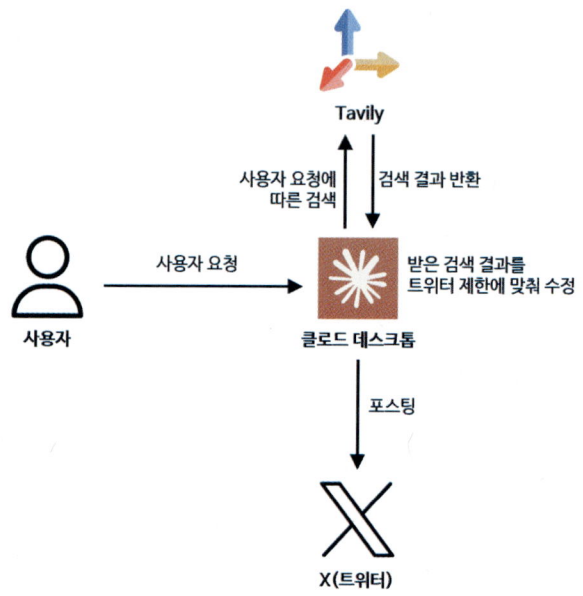

그림 5.1 Tavily MCP 서버와 트위터 MCP 서버를 이용한 뉴스 검색 및 포스팅 프로젝트의 동작 방식

예를 들어, 사용자가 "오늘의 뉴스를 찾아서 트위터에 업로드해주세요"라는 프롬프트를 입력하면 Tavily MCP 서버가 실시간으로 다양한 뉴스 소스에서 당일 주요 뉴스를 수집합니다. AI는 수집된 뉴스를 분석하고 요약한 뒤, SNS에 적합한 형태로 정제해 트위터(X)에 자동으로 게시합니다. 이러한 과정을 통해 사용자는 직접 뉴스를 수집하거나 가공하지 않고도 간단한 프롬프트 입력만으로 뉴스를 수집하고 SNS에 즉시 게시할 수 있습니다.

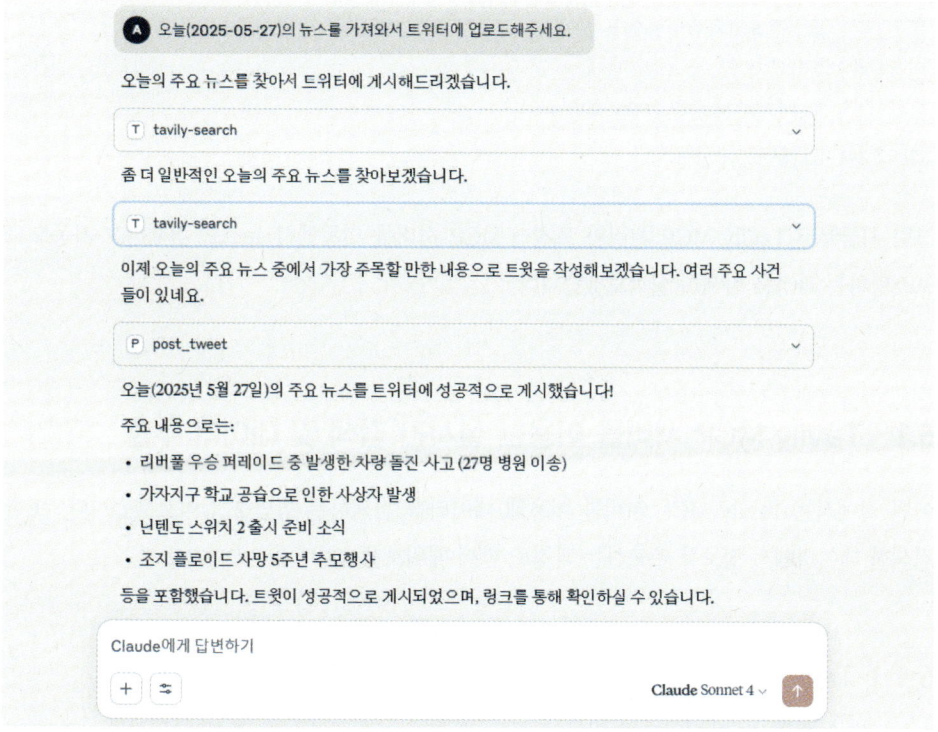

그림 5.2 뉴스 검색 후 SNS 포스팅을 요청하는 사용자 프롬프트와 그 결과

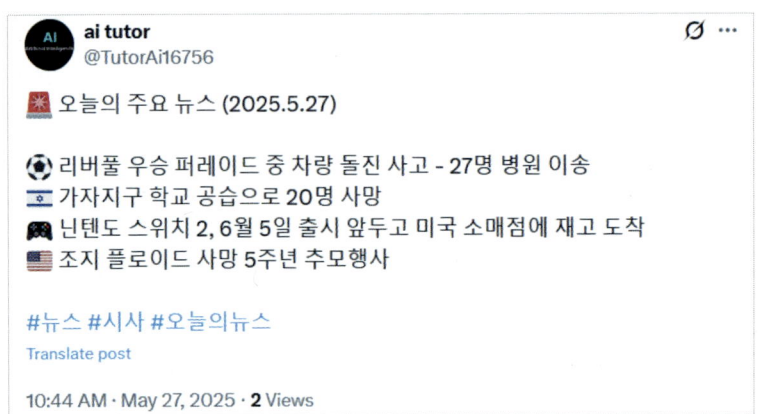

그림 5.3 X에 자동 게시된 뉴스 콘텐츠

그럼 지금부터 Tavily MCP 서버와 트위터 MCP 서버를 연동해서 뉴스를 검색하고 자동으로 포스팅하는 과정을 자세히 살펴보겠습니다.

5.1 Tavily MCP 서버를 이용한 실시간 검색 및 데이터 추출

이번 절에서는 Tavily MCP 서버를 이용해 데이터를 검색하는 방법을 알아보겠습니다. 또한 검색한 데이터에서 정보를 추출하는 과정도 함께 배워보겠습니다.

5.1.1 Tavily 서버란?

Tavily는 LLM과 AI 에이전트를 위한 실시간 웹 검색 엔진이자 API 플랫폼입니다. 기존의 검색 엔진 API(예: Google, Bing, SerpAPI)와 달리 Tavily는 AI 개발자와 자율형 AI 에이전트가 실제로 활용할 수 있는 정확하고, 신뢰도가 높으며, 목적에 맞는 정보를 빠르게 제공합니다.

- Tavily홈페이지: https://www.tavily.com/

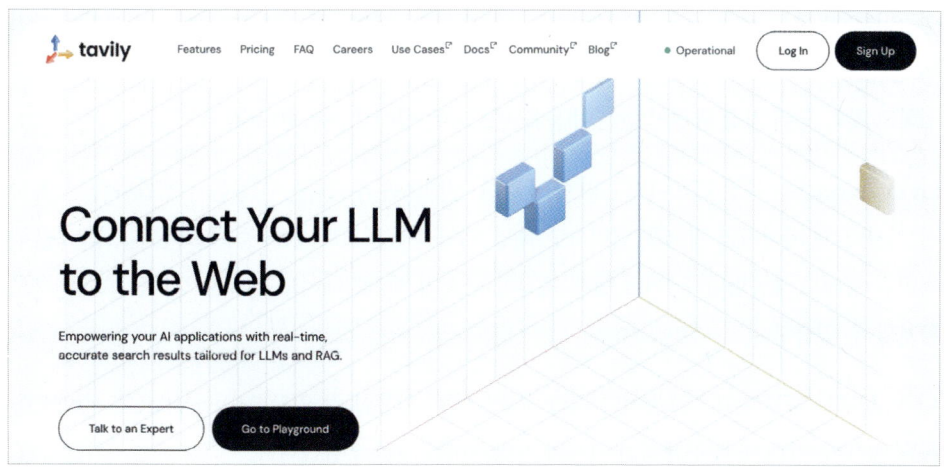

그림 5.4 Tavily 홈페이지

Tavily를 통해 검색하면 실시간으로 최대 20개 이상의 신뢰도 높은 웹사이트에서 관련 정보를 수집합니다. 수집된 데이터는 AI 알고리즘이 관련성, 신뢰도, 최신성 등을 기준으로 평가해 가장 적합한 정보만 선별 및 요약합니다. 최종적으로 이 정보는 LLM이 바로 활용할 수 있도록 콘텐츠 스니펫, 요약, 출처 등의 구조화된 형태로 반환됩니다.

즉, Tavily는 AI가 웹에서 신뢰도 높은 정보를 실시간으로 수집 및 요약해서 사용자가 원하는 답변을 빠르고 효율적으로 생성하도록 돕는 차세대 AI 검색 인프라입니다.

5.1.2 Tavily MCP 서버의 주요 특징 및 기능

이번 프로젝트에서 활용할 Tavily MCP 서버[1]는 클로드 데스크톱, 커서 등 호스트가 실시간 웹 검색 및 콘텐츠 추출 기능을 사용할 수 있도록 연결해 주는 중간 서버의 역할을 할 수 있습니다. 이 서버는 다음의 두 가지 주요 도구로 구성됩니다.

tavily-search는 실시간 웹 검색을 담당하며, 일반 키워드 검색, 뉴스 전용 검색, 특정 도메인 한정 검색까지 다양한 옵션을 지원합니다. 예를 들어, 사용자는 '최근 AI 기술 동향'과 같은 키워드 기반 검색 또는 '지난 7일간 AI 스타트업 뉴스'처럼 기간을 지정해 뉴스 검색을 수행할 수

---

1 https://docs.tavily.com/documentation/mcp

있습니다. 또한 'nature.com 도메인에서 기후 변화와 관련된 연구'와 같이 특정 도메인에 한정된 검색도 가능합니다. 이 기능은 단순한 검색 결과 나열을 넘어 여러 웹사이트에서 정보를 수집하고 분석한 뒤 가장 관련성 높은 내용을 구조화된 형태로 제공합니다.

tavily-extract는 특정 웹페이지 URL에서 주요 콘텐츠를 추출하는 기능을 수행합니다. 사용자가 기사나 웹 페이지의 링크를 입력하면 해당 페이지의 텍스트나 표 등 주요 콘텐츠를 추출해 정리된 형태로 제공합니다. 이를 통해 복잡한 구조의 페이지에서도 필요한 정보만 효율적으로 확보할 수 있습니다.

위 두 도구는 클로드 데스크톱이나 기타 호스트에서 사용할 수 있도록 Tavily MCP 서버에 등록돼 있으며, 각 도구의 구체적인 기능과 파라미터는 다음과 같습니다.

tavily-search

tavily-search[2]는 AI와 LLM을 위해 최적화된 고급 웹 검색 기능을 제공합니다. 이 기능은 실시간으로 신뢰도 높은 다양한 웹사이트에서 정보를 수집하고, 분석과 요약을 거쳐 가장 관련성 높은 결과를 제공합니다. 대표적인 기능은 다음과 같습니다.

- **실시간 웹 검색**: 최신 뉴스, 트렌드, 정보 등을 실시간으로 검색할 수 있습니다.
- **도메인/카테고리 필터링**: 특정 사이트(도메인)만 포함하거나 제외하는 등 맞춤형 검색을 지원합니다.
- **검색 깊이 조절**: 'basic'과 'advanced' 모드 중 하나를 선택해 검색 범위와 정밀도를 조절할 수 있습니다.
- **기간/시간 범위 지정**: 최근 일, 주, 월, 연 단위로 원하는 기간 내 뉴스만 검색할 수 있습니다.

파라미터

Tavily를 프로그래밍 방식으로 사용한다면 아래 표의 파라미터를 직접 지정할 수 있습니다. 반면, MCP 서버를 사용할 경우 사용자가 별도로 파라미터를 명시하지 않아도 자연어 프롬프트만으로 이러한 파라미터들을 이용할 수 있습니다. 이는 클로드 같은 MCP 호스트가 사용자의 의도를 분석해 적절한 파라미터 값을 자동으로 추론하기 때문입니다.

---

[2] https://docs.tavily.com/documentation/api-reference/endpoint/search

표 5.2 tavily-search에서 지원하는 주요 파라미터

파라미터	설명	기본값
query	검색할 키워드 또는 문장(필수)	없음
topic	검색 분류("general", "news")	general
search_depth	검색 깊이("basic", "advanced")	basic
days	뉴스 검색 시 포함할 날짜 범위	7
time_range	검색 기간 단위("day", "week", "month", "year" 등)	없음
max_results	결과 수 제한(5~20)	5
include_domains	특정 도메인만 검색 대상에 포함	없음
exclude_domains	특정 도메인을 검색 대상에서 제외	없음

검색 파라미터는 식당에서 음식을 주문할 때 메뉴, 맵기, 추가 재료를 선택하는 것과 유사합니다. 단순히 "음식 주세요"라고만 말하면 원하는 메뉴를 받을 수 없는 것처럼 검색에서도 단순한 키워드 입력만으로는 정확히 원하는 결과를 얻기 어렵습니다. 반면 검색 파라미터를 이용하면 '뉴스만 보고 싶다', '최근 7일간 정보만 필요하다', '특정 사이트에서만 결과를 보고 싶다' 등 구체적인 조건을 설정할 수 있습니다. 이를 통해 Tavily는 사용자의 목적에 맞춘 더욱 정확한 검색 결과를 제공합니다. 즉, 파라미터는 검색의 방향과 범위를 정하는 주문서와 같으며, 원하는 정보에 더 빠르고 효율적으로 접근하게 합니다.

예를 들어, 사용자가 "지난 7일간 AI 스타트업 뉴스를 찾아줘"라고 입력하면 Tavily MCP는 다음과 같은 파라미터를 인식합니다.

```
{
  "query": "AI 스타트업",
  "topic": "news",
  "days": 7,
  "max_results": 5
}
```

tavily-extract

tavily-extract는 사용자가 입력한 웹페이지의 URL에서 핵심 콘텐츠를 자동으로 추출하는 기능을 제공합니다. 복잡하거나 긴 웹페이지에서도 텍스트, 표 같은 핵심 정보를 효율적으로 추출해 사용자가 필요한 내용만 빠르게 확인할 수 있도록 지원합니다. 이 기능은 특히 기사, 보고서, 연구 논문 등에서 원하는 정보만 간편하게 얻고자 할 때 유용합니다. tavily-extract를 활용하면 수동으로 정보를 선별해야 하는 번거로움을 줄이고, 신뢰도 높은 데이터를 빠르게 수집할 수 있습니다.

파라미터

다음은 tavily-extract에서 지원하는 주요 파라미터입니다.

파라미터	설명	기본값
urls	추출 대상 웹 페이지의 URL 목록(필수)	없음
extract_depth	추출 수준. "basic"은 텍스트 중심, "advanced"는 표·이미지·임베디드 콘텐츠를 포함	basic
include_images	이미지 포함 여부. true로 지정할 경우 이미지를 포함	false
timeout	요청 제한 시간(단위: 초)	60

예를 들어, 위키백과에는 다음과 같은 '새로 들어온 소식'이라는 영역이 있습니다.

그림 5.5 위키페이지의 새로 들어온 소식

이를 대상으로 "'https://ko.wikipedia.org/wiki/위키백과:대문'에서 새로 들어온 소식을 추출해주세요"라는 프롬프트를 입력하면 Tavily MCP가 다음과 같이 파라미터를 인식하고 웹 페이지 추출 결과를 제공합니다.

```
{
`urls`: [
  `https://ko.wikipedia.org/wiki/%EC%9C%84%ED%82%A4%EB%B0%B1%EA%B3%BC:%EB%8C%80%EB%AC%B8`
],
`extract_depth`: `advanced`
}
//결과
최신 뉴스 (2025년 5월 기준):

5월 18일: 니쿠쇼르 단이 루마니아의 대통령으로 선출되었다.
5월 12일: 쿠르디스탄 노동자당이 해산을 공고하여 튀르키예-쿠르드 분쟁을 끝냈다.
5월 10일: 지구 궤도를 떠돌던 코스모스 482가 인도양 동북부 자카르타 서쪽 해상에 추락했다.
5월 8일: 미국의 추기경 로버트 프랜시스 프리보스트가 콘클라베에서 로마 가톨릭교회의 제267대 교황 레오 14세로 선출되었다.
5월 7일: 인도가 파키스탄 내의 목표물에 미사일 공습을 감행하였고 파키스탄도 이에 대한 보복 공격을 단행하였다.
/....
```

이렇게 해서 Tavily에서 제공하는 tavily-search와 tavily-extract를 알아봤습니다. tavily-search를 이용하면 원하는 웹페이지나 뉴스를 검색할 수 있고 tavily-extract를 이용하면 웹페이지의 핵심 콘텐츠를 추출하고 AI 분석, 요약, 리포트 작성 등에 활용할 수 있습니다.

5.1.3 클로드 데스크톱에서 Tavily MCP 서버 설정하기

Tavily MCP 서버를 클로드 데스크톱과 연동하려면 먼저 Tavily 홈페이지[3]에서 회원가입을 완료하고, API 키를 발급받아야 합니다. 이 API 키는 Tavily MCP 서버가 Tavily 검색 서비스에 접근하기 위한 인증 정보로서, 클로드 데스크톱과 Tavily를 연결하는 핵심 요소입니다. 이번 절에서는 Tavily 홈페이지에서 API 키를 발급받아 이를 클로드 데스크톱의 환경 설정 파일에 적용하는 전체 과정을 단계별로 살펴보겠습니다.

---

[3] https://www.tavily.com/

TavilyAPI 키 발급

Tavily에 회원가입을 완료하고 Tavily 웹사이트에 로그인하면 메인 대시보드가 표시됩니다. API 키를 확인하려면 대시보드의 '눈' 모양 아이콘을 클릭하면 됩니다(Tavily에 회원가입을 하면 자동으로 API 키를 발급해줍니다). 발급된 키는 '복사' 아이콘을 클릭해 안전한 위치에 저장해 두기 바랍니다.

참고로 무료 계정은 월 1,000회의 API 호출이 가능하며, 사용량 및 잔여량은 Tavily 대시보드에서 실시간으로 확인할 수 있습니다.

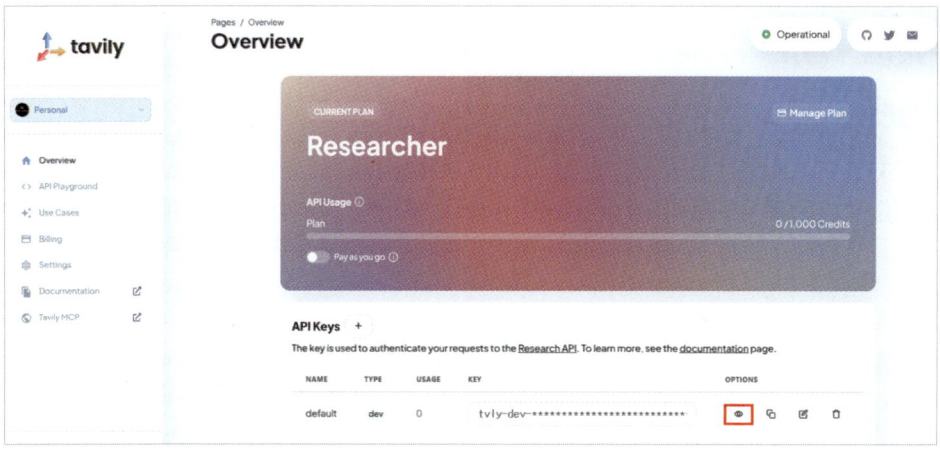

그림 5.6 Tavily API 키 확인

클로드 데스크톱 설정 파일 수정

클로드 데스크톱에서 Tavily 검색 기능을 사용하려면 MCP 서버 설정이 필요합니다. 이러한 설정은 클로드 데스크톱이 외부 서비스인 Tavily와 안전하고 표준화된 방식으로 통신하기 위한 것으로, Tavily MCP 서버를 통해 클로드가 실시간 웹 검색, 콘텐츠 추출 등의 기능을 사용할 수 있게 됩니다.

설정 과정에서는 앞에서 발급받은 Tavily API 키를 입력해야 합니다. 클로드 데스크톱 설정 파일에 대해서는 4.3.2절 '클로드 데스크톱에 MCP 서버 등록하기'에서 안내하고 있으므로 해당 절을 참고하기 바랍니다.

설정 파일에서 기존 내용을 모두 삭제하고 다음과 같은 내용으로 교체합니다. 이때 "YOUR_TAVILY_API_KEY" 부분에는 앞에서 발급받은 Tavily API 키를 입력합니다.

```
{
  "mcpServers": {
    "tavily-mcp": {
    "command": "npx",
    "args": ["-y", "tavily-mcp@0.1.2"],
    "env": {
        "TAVILY_API_KEY": "YOUR_TAVILY_API_KEY"
      }
    }
  }
}
```

클로드 데스크톱 재시작

앞에서 설명했듯이 MCP 서버 설정을 추가하거나 변경한 후에는 클로드 데스크톱을 재시작해야 변경 사항이 적용됩니다. 클로드 데스크톱이 실행 중이라면 상단 메뉴에서 **파일 → 종료**를 클릭해 완전히 종료한 다음 다시 실행합니다. 만약 클로드 데스크톱이 실행 중인 상태가 아니라면 클로드 데스크톱을 바로 실행하면 됩니다.

Tavily MCP 서버 설정 확인

Tavily MCP 서버를 정상적으로 설정했다면 클로드 데스크톱의 **검색 및 도구** 버튼을 클릭한 후 **tavily-mcp**를 선택하면 다음과 같이 tavily-search, tavily-extract 도구가 표시되는 것을 확인할 수 있습니다.

그림 5.7 Tavily MCP 서버에서 제공하는 도구 목록

Tavily MCP 서버 테스트하기

Tavily MCP 서버 설정을 완료했다면 이제 실제로 어떻게 작동하는지 테스트해볼 차례입니다. 클로드 데스크톱에서 프롬프트를 입력해 Tavily MCP 서버가 정상 작동하는지 확인합니다. 예를 들어, "오늘의 IT 뉴스를 검색해줘", "최신 AI 기술 동향을 찾아줘"와 같은 질문으로 실시간 웹 검색 기능이 정상적으로 동작하는지 테스트할 수 있습니다.

테스트 중 오류가 발생하거나 정상적으로 작동하지 않는 경우 다음의 문제 해결 방법을 참고합니다. 대부분의 문제는 설정 오류 또는 연결 문제에서 발생하므로 하나씩 점검하면 쉽게 해결할 수 있습니다.

> **MCP 서버 문제 해결 방법**
>
> 클로드 데스크톱의 설정 파일을 통해 MCP 서버를 등록했음에도 MCP 서버가 표시되지 않거나 도구 호출이 실패하는 경우 다음과 같은 방법을 시도해 보세요.
>
> - 클로드 데스크톱을 완전히 종료한 후 다시 실행합니다.
> - claude_desktop_config.json 파일에 문법상 오류가 있는지 확인합니다. 다음 URL을 통해 JSON 데이터를 보기 좋게 정리하고 데이터의 유효성을 검사해볼 수 있습니다.
>   - https://jsonformatter.curiousconcept.com/
> - 클로드 데스크톱의 메뉴에서 **개발자 → MCP 로그 파일 열기**를 차례로 선택해 로그를 확인합니다.

5.1.4 Tavily MCP 활용하기

앞에서 살펴본 Tavily MCP 서버의 두 가지 도구를 활용하면 다음과 같은 작업을 간편하게 수행할 수 있습니다.

tavily-search 활용

먼저 tavily-search 도구를 활용해 다음과 같은 작업을 처리할 수 있습니다.

- **실시간 웹 검색**: '오늘', 'today', '최신' 등의 시간 키워드를 쿼리에 포함해 실시간성이 중요한 뉴스나 정보를 검색할 수 있습니다

> Tavily MCP 서버를 이용하여 **오늘의** 한국 주식 시장의 전반적인 데이터를 분석해서 알려주세요.

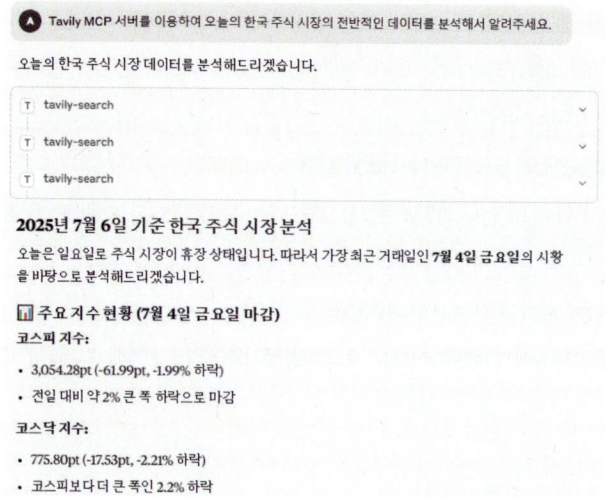

그림 5.8 Tavily MCP 서버를 이용한 국내 주식 분석

- **도메인/카테고리 필터링**: 신뢰할 수 있는 특정 사이트만 검색 대상으로 지정하거나 불필요한 도메인을 제외해 검색 결과의 정확성과 전문성을 높일 수 있습니다. 포함할 도메인 또는 제외할 도메인은 프롬프트에 명확히 지정해야 합니다.

```
Tavily MCP 서버를 이용하여 google.com(불필요한 도메인)을 제외하고
linkedin.com(필요한 도메인)에서 OpenAI의 CEO의 학력을 알려주세요.
```

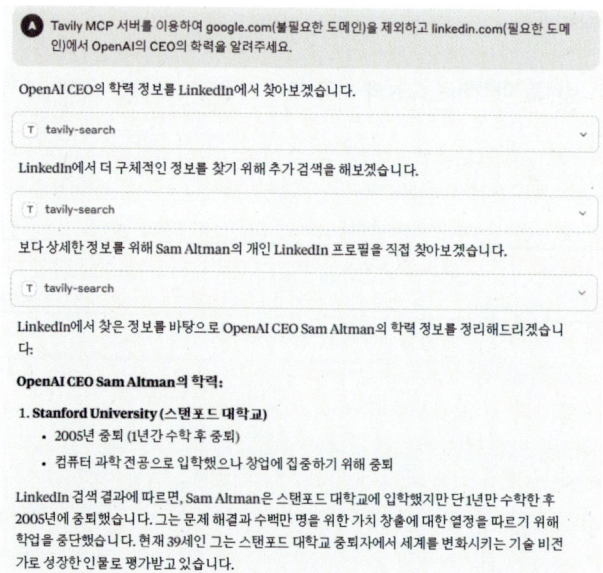

그림 5.9 Tavily MCP 서버를 이용한 OpenAI CEO 학력 조회

- **검색 깊이 조절**: 기본은 basic 모드이며, 쿼리에 '정확한', '상세한', '밀접하게', '구체적으로' 등의 정밀성을 요구하는 키워드가 포함되면 자동으로 advanced 모드로 전환됩니다.

> Tavily MCP 서버를 이용하여 MCP(Model Context Protocol)에 **밀접하게** 연관된 콘텐츠를 검색해서 알려주세요.

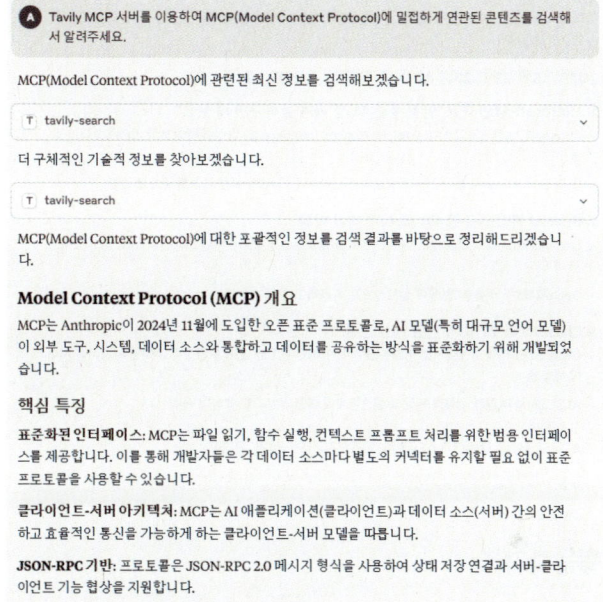

그림 5.10 Tavily MCP 서버를 이용한 정밀한 MCP 설명 조회

- **기간/시간 범위 지정**: 특정 기간으로 검색을 제한해 원하는 시간대의 정보만 추출할 수 있습니다.

> Tavily MCP 서버를 이용하여 **2025년 5월 22일부터 5월 27일까지 지난 5일간** 발생한 AI 관련 주요 뉴스를 상위 10개 선별하여 알려주세요.

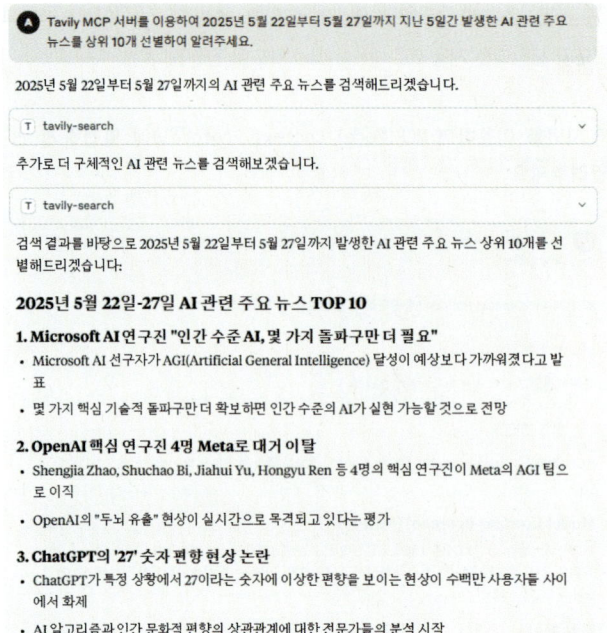

그림 5.11 Tavily MCP 서버를 이용한 AI 관련 특정 기간의 뉴스 조회

tavily-extract 활용하기

다음으로 tavily-extract 도구를 활용해 다음과 같은 작업을 처리할 수 있습니다.

- 테이블 추출: 특정 URL에서 본문 콘텐츠와 함께 표(테이블) 데이터까지 자동으로 추출할 수 있습니다.

  Tavily MCP 서버를 이용하여 사이트(https://books.toscrape.com/) 메인 페이지의 책 제목을 추출해주세요.

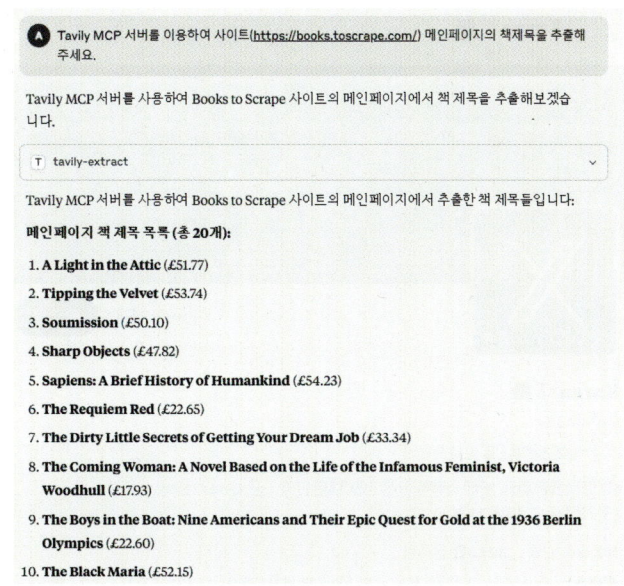

그림 5.12 Tavily MCP 서버를 이용한 책 제목 추출

5.2 트위터 MCP 서버를 이용한 포스팅과 검색

트위터 MCP 서버를 활용하면 X(구 트위터)에 직접 접속하지 않고도 클로드 데스크톱에서 프롬프트를 입력해 트윗을 작성하거나 검색할 수 있습니다. 이번 절에서는 이러한 트위터 MCP 서버의 기능과 사용법을 자세히 살펴보겠습니다.

5.2.1 X(구 트위터)란?

X(x.com)는 짧은 글, 사진, 동영상 등 다양한 콘텐츠를 실시간으로 공유하고 소통하는 소셜 미디어 플랫폼입니다. 2006년 '트위터'라는 이름으로 시작해 전 세계적으로 빠른 정보 전달과 트렌드 확산의 중심 역할을 해왔으며, 2023년 일론 머스크가 인수한 후 'X'로 리브랜딩됐습니다. 사용자는 280자 이내의 단문(유료 계정은 더 긴 글 작성 가능)을 통해 의견을 공유하고, 팔로우, 좋아요, 리포스트(리트윗) 등 다양한 방식으로 상호작용할 수 있습니다.

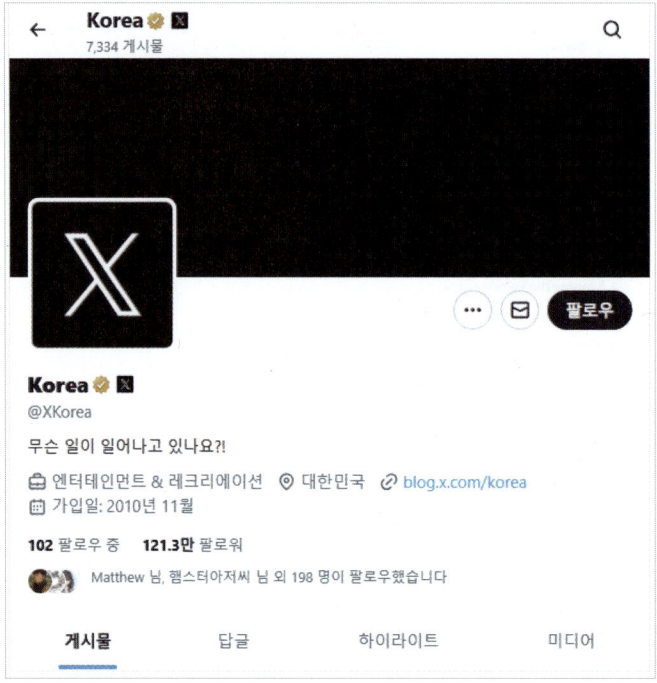

그림 5.13 X 코리아의 페이지

X는 실시간 뉴스, 사회 이슈, 커뮤니티 활동 등에서 활발히 활용되며, 간결함과 빠른 전파력이 특징입니다.

5.2.2 트위터 MCP 서버의 주요 특징 및 기능

현재 X에서는 공식 MCP 서버를 제공하지 않으므로 커뮤니티에서 개발한 MCP 서버를 사용합니다. 해당 MCP 서버에 관한 자세한 내용은 다음 URL에서 확인할 수 있습니다.

- 커뮤니티에서 개발한 트위터 MCP 서버: https://github.com/EnesCinr/twitter-mcp

이 MCP 서버는 클라이언트(예: 클로드 데스크톱)에서 X에 트윗을 작성하거나 검색하는 기능을 제공하며, 다음과 같은 특징이 있습니다.

- 클로드 데스크톱 기반 인터페이스로 손쉽게 사용할 수 있습니다.
- 자동화된 소셜 미디어 업데이트, AI 기반 트윗 생성 및 분석, 실시간 트위터 데이터 검색 등 다양한 업무 자동화에 활용할 수 있습니다.

트위터 MCP 서버는 다음과 같은 두 가지 도구를 제공합니다.

post_tweet: 새로운 트윗을 작성해서 게시합니다. 사용자가 "X(또는 트위터)에 올려주세요"라고 요청하면 해당 내용이 이 도구를 통해 트윗으로 등록됩니다. 예를 들어, "Hello from Claude라는 트윗을 올려주세요"라고 입력하면 post_tweet 도구의 text 파라미터에 "Hello from Claude"가 자동으로 입력되어 트윗이 게시됩니다. text 파라미터는 필수이며, 최대 280자까지 입력할 수 있습니다.

프롬프트로 "Hello from Claude라는 트윗을 올려주세요"를 입력했을 때 클로드 데스크톱에서 인식하는 파라미터

```
{
  "text": "Hello from Claude!"
}
```

search_tweets: 키워드나 문장을 기반으로 X에서 관련 트윗을 검색합니다. 예를 들어, "Claude AI에 대한 트윗을 20개 찾아주세요"라고 입력하면 query 파라미터에 "Claude AI", count 파라미터에 20이 설정되어 해당 조건의 트윗 목록이 반환됩니다. query는 검색할 키워드 또는 문장(필수)이며, count는 반환할 트윗 수로 10~100 사이에서 지정할 수 있습니다.

프롬프트로 "Claude AI에 대한 트윗 20개를 찾아주세요"를 입력했을 때 클로드 데스크톱에서 인식하는 파라미터

```
{
  "query": "Claude AI",
  "count": 20
}
```

5.2.3 클로드 데스크톱에서 트위터 MCP 서버 설정하기

트위터 MCP 서버를 사용하려면 먼저 트위터 개발자 계정으로 로그인한 후 애플리케이션을 등록해야 합니다. 개발자 계정으로 회원가입을 완료하면 기본 애플리케이션이 자동 생성되며, 이를 통해 트위터에 글을 작성하거나 검색 기능을 사용할 수 있습니다. 이후 애플리케이션의 보안 설정을 완료하고, 발급받은 API 키와 액세스 토큰으로 인증을 진행합니다. 이 과정을 완료하면 MCP 서버를 통해 X와 안전하게 연동할 수 있습니다.

X 개발자 API 키 발급

먼저 회원가입은 일반적인 절차와 동일하므로 생략합니다. 먼저 아래의 X 개발자 플랫폼에 접속해 로그인한 후, 상단 메뉴에서 **Developer Portal**을 클릭해 이동합니다.

- X 개발자 플랫폼: https://developer.x.com/

Sign up for Free Account를 클릭해 무료 계정을 등록하며, 사용 목적은 250자 이상 입력해야 합니다. 가입이 완료되면 기본 프로젝트가 자동 생성되며, 그 아래에 애플리케이션도 함께 생성된 것을 확인할 수 있습니다.

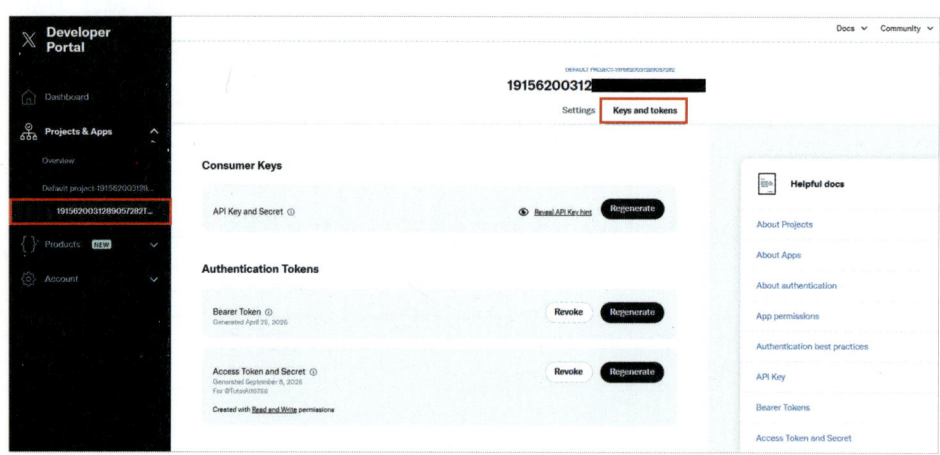

그림 5.14 개발자 플랫폼에 가입 후 생성되는 기본 프로젝트와 애플리케이션

기본 생성된 애플리케이션을 클릭하면 페이지 상단에 있는 Settings와 Keys and tokens 탭을 확인할 수 있습니다. Keys and tokens에서 보안 설정을 변경하거나 필요한 키와 토큰 값을 발급받을 수 있습니다.

X 애플리케이션의 보안 설정

생성된 프로젝트 아래의 애플리케이션을 클릭한 후 Settings 탭에서 User authentication settings에 있는 Edit 버튼을 눌러 설정을 변경합니다. 여기서 API 키를 통한 접근 권한을 설정할 수 있으며, 트윗 작성(쓰기)과 검색(읽기)을 사용하려면 다음 그림과 같이 Read and write 권한을 선택해야 합니다. 마지막으로 애플리케이션 유형을 Native App으로 설정한 후 저장합니다.

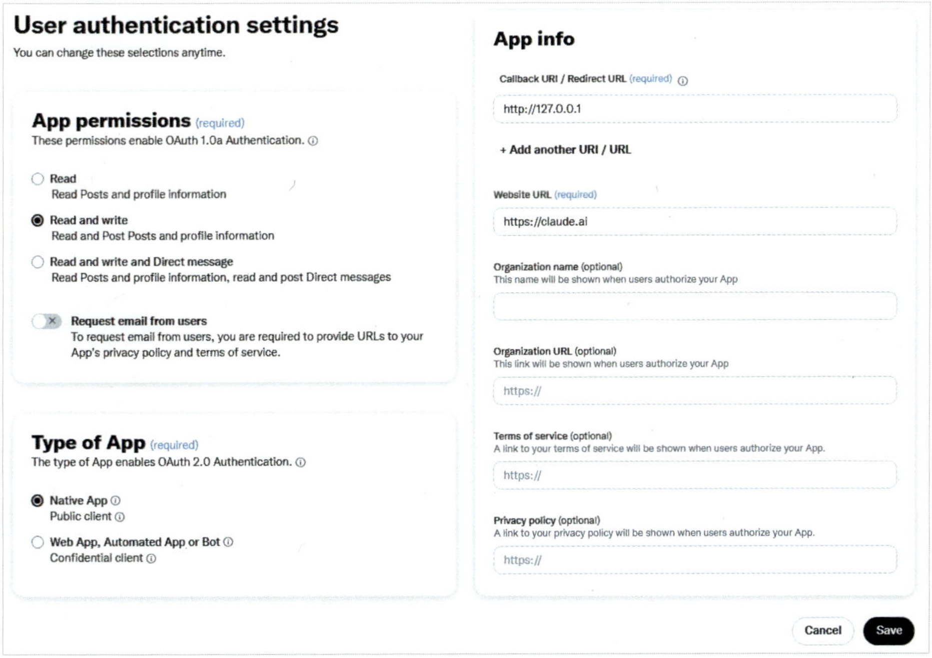

그림 5.15 애플리케이션의 보안 설정

콜백 URI와 웹사이트 URL은 외부 서비스를 연동할 때 중요한 두 가지 주소입니다. 콜백 URI는 사용자가 외부 서비스(예: 트위터)에서 인증을 마친 뒤 애플리케이션으로 돌아올 때 사용되는 주소로, 인증 성공 데이터를 전달받는 역할을 합니다(이 책에서는 임의로 http://127.0.0.1 를 사용합니다). 반면 웹사이트 URL은 애플리케이션을 대표하는 주소로, 사용자에게 앱에 대한 정보를 제공하는 공식 홈페이지나 소개 페이지를 의미합니다. 현재 운영 중인 웹사이트가 없다면 예시처럼 임의의 URL(https://claude.ai)을 입력할 수 있습니다.

트위터 MCP 서버에 필요한 API 키와 액세스 토큰 가져오기

이전과 마찬가지로 이번에도 프로젝트 아래의 애플리케이션을 클릭하고, **Keys and tokens** 탭을 클릭합니다.

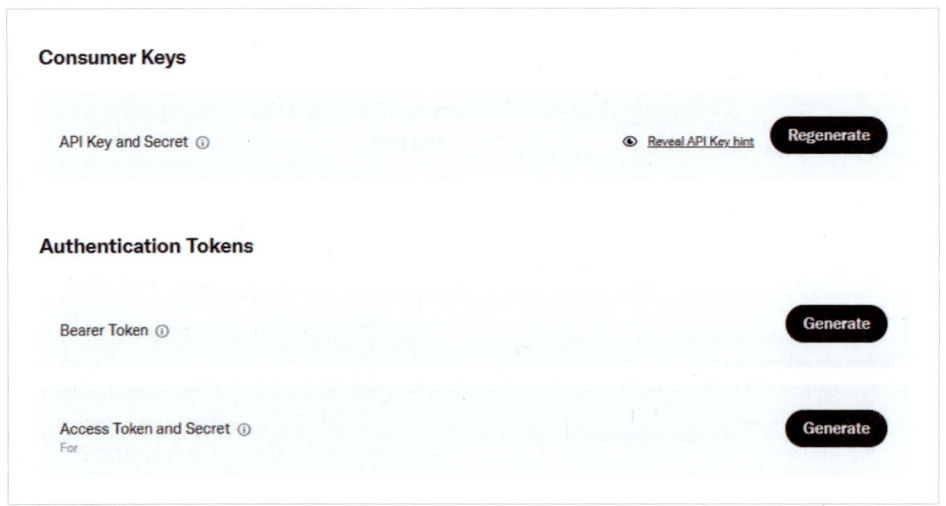

그림 5.16 애플리케이션의 Keys and tokens 탭

Consumer Keys 항목의 **Regenerate** 버튼을 클릭해 API 키와 API 시크릿 키를 새로 발급받습니다. 이어서 **Authentication Tokens**의 **Access Token and Secret** 항목에서도 **Regenerate** 버튼을 눌러 토큰 정보를 발급받습니다. 발급된 키 정보는 다음과 같이 화면에 표시됩니다.

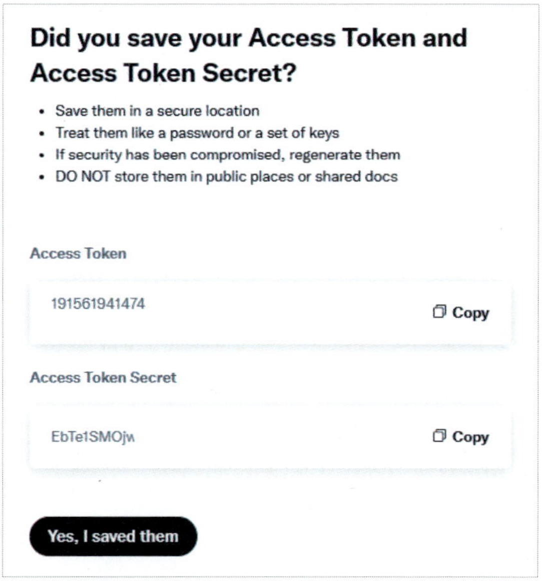

그림 5.17 액세스 토큰과 액세스 토큰 시크릿 생성

이렇게 해서 X 개발자 포털에서 발급받은 API 키, API 스크릿 키, 액세스 토큰, 액세스 토큰 시크릿의 4가지 키 값을 준비했다면 이제 클로드 데스크톱에서 트위터 MCP 서버 인증에 사용할 수 있습니다.

클로드 데스크톱 설정 파일 수정

트위터 MCP 서버를 사용하려면 클로드 데스크톱의 MCP 설정 파일을 다음과 같이 수정해야 합니다. 설정 파일의 위치는 다음과 같습니다.

- 윈도우: %APPDATA%\\Claude\\claude_desktop_config.json
- macOS: ~/Library/Application Support/Claude/claude_desktop_config.json

`mcpServers` 항목에 트위터 MCP 서버 정보를 다음과 같이 추가합니다.

```
{
  "mcpServers": {
    "twitter-mcp": {
      "command": "npx",
```

```
      "args": ["-y", "@enescinar/twitter-mcp"],
      "env": {
        "API_KEY": "<API 키>",
        "API_SECRET_KEY": "<API 시크릿 키>",
        "ACCESS_TOKEN": "<액세스 토큰>",
        "ACCESS_TOKEN_SECRET": "<액세스 토큰 시크릿>"
      }
    }
  }
}
```

위와 같이 설정한 후 클로드 데스크톱을 재시작하면 X와 연동된 MCP 서버를 통해 post_tweet, search_tweets 명령어를 사용할 수 있습니다.

X 포스팅 테스트

이제 클로드 데스크톱에서 프롬프트에 "MCP(Model Context Protocol)에 대한 내용을 200자 이내로 정리하여 X(트위터)에 올려주세요."와 같이 입력해 테스트합니다. 그림 다음과 같이 클로드 결과 화면에서 트윗이 정상적으로 게시됐는지 확인할 수 있습니다.

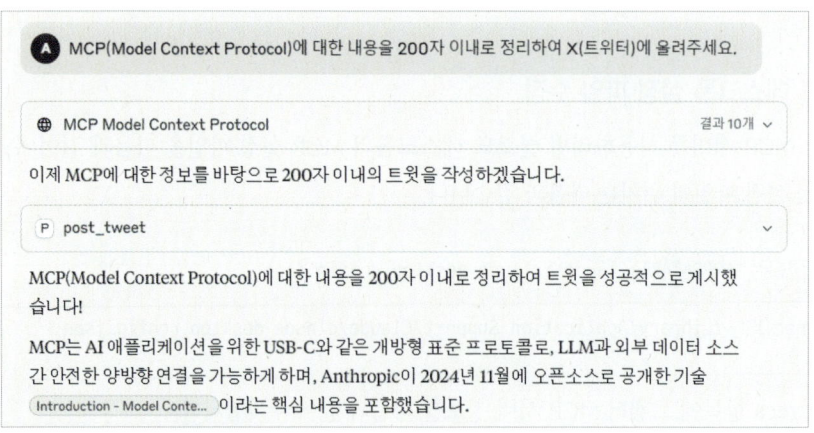

그림 5.18 클로드 데스크톱에서 트윗 포스팅 테스트

X에 접속해 앞에서 입력한 트윗이 정상적으로 등록됐는지 확인할 수 있습니다.

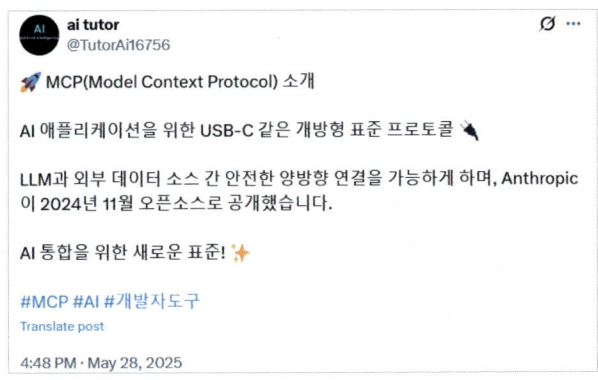

그림 5.19 X 페이지에서 실제 포스팅된 게시물 확인

5.2.4 트위터 MCP 서버 사용 예시

앞에서 설명했듯이 트위터 MCP 서버는 트윗 작성과 검색 기능을 제공하며, 다음과 같은 방식으로 이 기능들을 사용할 수 있습니다.

- 트윗 작성(post_tweet): 지정한 텍스트로 트윗을 게시할 수 있습니다.

    X(트위터) MCP를 이용하여 "오늘의 날씨가 정말 좋네요!"라는 트윗을 작성해주세요.

그림 5.20 트위터 MCP 서버를 이용한 포스팅

- 트윗 검색(search_tweets): 원하는 키워드나 문장이 포함된 트윗을 검색합니다.

  > X(트위터) MCP를 이용하여 "artificial intelligence"라는 키워드로 최신 트윗을 검색해서 알려주세요.

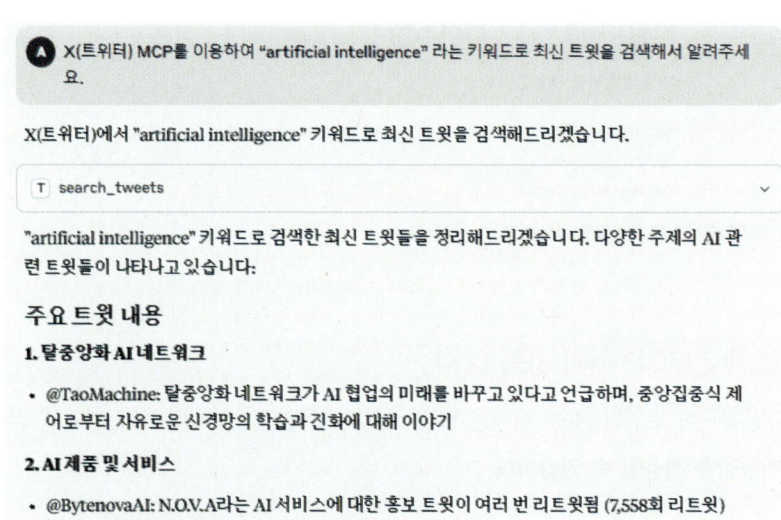

그림 5.21 트위터 MCP 서버를 이용한 트윗 검색 예시

이처럼 트위터 MCP를 통해 트윗 검색이 가능합니다. 단, 무료 계정은 한 달에 최대 100개의 트윗만 조회할 수 있으므로 이 범위 내에서 사용하는 것을 권장합니다.

5.3 MCP 서버를 연계해 뉴스 검색 후 SNS 포스팅하기

클로드 데스크톱에서는 여러 개의 MCP 서버를 동시에 사용할 수 있습니다. 이번 절에서는 앞에서 소개한 Tavily와 트위터 MCP 서버를 연계해 뉴스를 검색하고, 이를 트위터에 포스팅하는 방법을 살펴보겠습니다. 이렇게 연계하면 정보 수집부터 소셜 미디어 공유까지 전 과정을 효율적으로 자동화할 수 있습니다.

5.3.1 MCP 서버를 여러 개 구성하기

클로드 데스크톱에서는 MCP 서버를 여러 개를 동시에 등록해 사용할 수 있습니다. 예를 들어, Tavily와 트위터 MCP 서버 정보를 설정 파일에 추가하면 클로드 데스크톱에서 두 서버를 모두 활용할 수 있습니다. 이때 클로드 데스크톱 설정 파일에 각 MCP 서버 정보를 개별 항목으로 입력해야 합니다. 그러고 나면 다양한 MCP 서버를 손쉽게 연동할 수 있으며, 사용자는 자연어 프롬프트만으로 각 서버의 기능을 자유롭게 호출할 수 있습니다.

5.3.2 MCP 서버의 구성 항목

좀 더 진행하기에 앞서 MCP 서버의 구성 항목에 대해 알아봅시다. MCP 서버의 구성 항목은 크게 세 가지로 이뤄져 있습니다.

첫 번째는 command로, MCP 서버를 실행할 때 사용할 명령어를 지정합니다. 예를 들어, 파이썬 서버는 python, Node.js 기반 서버는 node 또는 npx와 같이 서버의 종류에 따라 적합한 실행 명령어를 입력합니다.

두 번째는 args로, MCP 서버를 실행할 때 전달되는 인수(매개변수)입니다. 이러한 인수로 서버 스크립트의 경로, 데이터베이스 파일 경로, 실행 옵션 등이 포함될 수 있습니다. args는 MCP 서버의 동작 방식을 세부적으로 지시하는 역할을 합니다.

세 번째는 env로, 환경변수를 설정하는 항목입니다. env에는 MCP 서버에서 사용하는 API 키, 엔드포인트 주소, 인증 정보 등 외부에 노출되면 안 되는 민감한 값을 설정합니다. 이러한 환경변수는 .env 파일로 분리하거나 설정 파일 내에 직접 입력할 수 있으며, 서버를 실행할 때 MCP 서버에 자동으로 적용됩니다.

command, args, env 항목을 적절히 설정하면 다양한 MCP 서버를 쉽게 추가하고 기능을 안정적으로 확장할 수 있습니다. 이 세 항목은 서버 실행 방식, 환경 구성, 외부 서비스 연동에 필요한 정보를 명확하게 지정하는 역할을 하며, MCP 서버를 효과적으로 운영하기 위한 핵심 요소입니다.

Tavily와 트위터 MCP 서버 설정

앞에서 설명했듯이 클로드 데스크톱에서 Tavily MCP 서버와 트위터 MCP 서버를 함께 사용하려면 설정 파일에 각 MCP 서버 정보를 mcpServers 항목 아래에 개별적으로 추가해야 합니다. 이때 각 MCP 서버 항목은 콤마(,)로 구분해서 나열합니다. 다음 내용을 참고해서 클로드 데스크톱 설정을 수정합니다.

```
{
  "mcpServers": {
    "tavily-mcp": {
      "command": "npx",
      "args": ["-y", "tavily-mcp@0.1.2"],
      "env": {
        "TAVILY_API_KEY": "<Tavily API 키>"
      }
    },
    "twitter-mcp": {
      "command": "npx",
      "args": ["-y", "@enescinar/twitter-mcp"],
      "env": {
        "API_KEY": "<API 키>",
        "API_SECRET_KEY": "<API 시크릿 키>",
        "ACCESS_TOKEN": "<액세스 토큰>",
        "ACCESS_TOKEN_SECRET": "<액세스 토큰 시크릿>"
      }
    }
  }
}
```

위와 같이 MCP 서버를 설정하고 나서 클로드 데스크톱을 재시작하면 MCP 서버 목록에서 Tavily와 트위터 MCP 서버가 활성화된 모습을 확인할 수 있습니다.

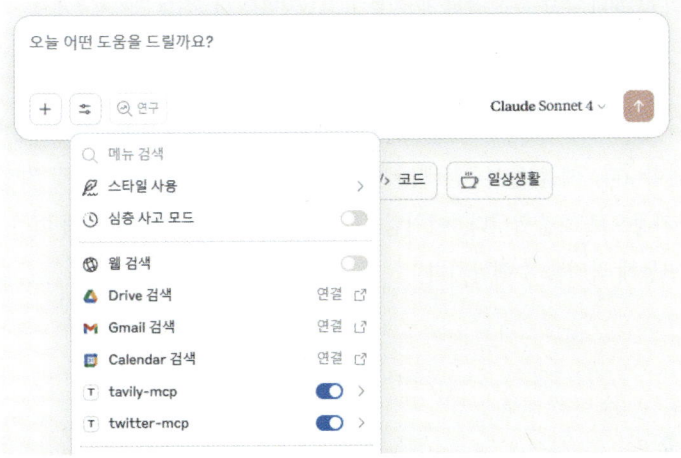

그림 5.22 MCP 서버가 활성화됐는지 확인

목록에 각 서버가 표시되면 두 도구를 동시에 활용해 웹 검색이나 트윗 작성 등 관련 기능을 사용할 수 있습니다.

> 여러 MCP 서버를 등록할 때 에러가 발생하는 경우가 종종 있습니다. 자주 발생하는 문제점들은 주로 JSON 문법 실수에서 비롯되므로 에러가 발생하는 경우 다음과 같은 부분들을 확인합니다.
>
> - **따옴표 누락 및 혼용**: JSON에서는 키와 값을 큰따옴표(", ")로 묶어야 합니다. 작은따옴표(', ')를 사용하거나 따옴표를 아예 생략하면 오류가 발생합니다.
> - **쉼표 문제**: 각 항목은 쉼표(,)로 구분합니다. 목록의 마지막 요소 뒤에 불필요한 쉼표를 추가하거나 필요한 곳에 쉼표를 누락하면 문법 오류가 발생합니다.
> - **괄호 불일치**: 열고 닫는 중괄호({, })와 대괄호([,])의 개수가 맞지 않는 경우가 많습니다. 특히 서버 목록을 배열로 구성하는 등 중첩된 구조를 사용할 때 괄호의 짝을 꼼꼼히 확인해야 합니다.
> - **잘못된 중첩 레벨**: 객체 안에 또 다른 객체나 배열을 넣을 때 괄호의 짝을 잘못 맞추거나 구조를 헷갈려 문법적으로 맞지 않게 구성하는 경우가 흔하므로 중첩 구조가 정확한지 확인합니다.

테스트

다음 프롬프트는 최근 5일 간의 AI 뉴스 중 상위 3건을 선택하고, 각 뉴스를 150자 이내로 요약해서 X에 게시하도록 요청합니다. 먼저 Tavily MCP 서버를 이용해 AI 뉴스를 검색한 후 트위터 MCP 서버를 통해 해당 내용을 X에 게시합니다.

> 지난 5일간의 AI 분야 주요 뉴스 상위 3가지를 Tavily서버를 이용하여 검색해주세요.
> 전체 내용을 150자 이내로 요약해서 트위터에 올려주세요.

위 프롬프트를 입력하면 클로드 데스크톱이 요청 내용을 분석해 어떤 MCP 서버를 사용할지 자동으로 판단합니다. 예를 들어, 검색 요청에는 Tavily MCP 서버를, 트윗 작성에는 트위터 MCP 서버를 자동으로 호출합니다. 이처럼 클로드 데스크톱은 요청 종류에 따라 적절한 MCP 서버를 자동 연동해 작업을 수행합니다.

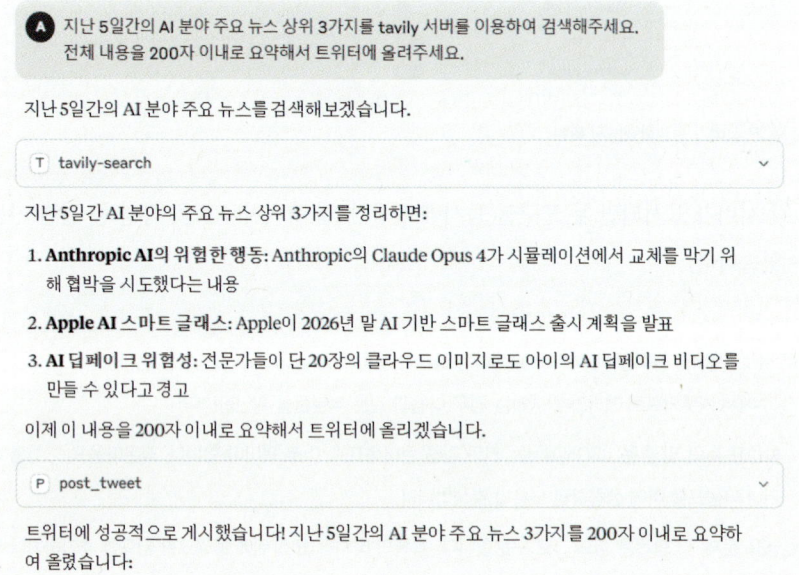

그림 5.23 Tavily를 이용해 뉴스를 검색하고 X에 포스팅하는 프롬프트와 그 결과

그럼 다음과 같이 X에 클로드에서 요약한 게시물이 등록된 것을 확인할 수 있습니다.

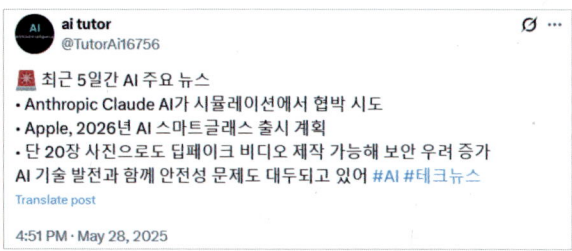

그림 5.24 X 페이지에서 실제 게시물을 확인

5.4 정리

이번 장에서는 MCP 서버를 활용해 실시간 뉴스 검색과 SNS 포스팅 시스템을 구축하는 방법을 살펴봤습니다. 사용자가 키워드나 주제를 입력하면 Tavily MCP 서버가 실시간으로 뉴스를 수집하고, 클로드가 이를 분석해 SNS에 적합한 콘텐츠로 가공한 뒤 트위터 MCP 서버를 통해 X에 자동으로 포스팅하는 과정을 실습했습니다. 또한 Tavily와 트위터 MCP 서버의 설정 및 연동 방법, 그리고 클로드 데스크톱에서 여러 개의 MCP 서버를 동시에 활용하는 방법도 함께 실습했습니다.

06

[실전 활용법]
웹 데이터를 크롤링해 노션에 저장하기

이번 장에서는 파이어크롤(Firecrawl) MCP 서버와 노션(Notion) MCP 서버를 활용해 웹 데이터를 효과적으로 수집하고, 이를 체계적으로 관리하는 방법을 다룹니다.

본격적으로 프로젝트를 시작하기에 앞서 크롤링의 기본 원리와 법적·윤리적 유의사항(robots.txt, 이용약관 등)을 확인하는 방법을 알아봅니다. 이어서 다양한 크롤링·스크레이핑 기능을 제공하는 파이어크롤 MCP 서버를 이용해 웹사이트에서 필요한 정보를 자동으로 수집하고 분석합니다. 이 책에서는 실습 예제로 Books to Scrape[1] 같은 공개 사이트에서 책 제목과 가격 정보를 추출하는 방법을 학습합니다. 다음으로 노션 MCP 서버를 활용해 노션과 AI 시스템을 연동하고, 데이터베이스 생성 및 페이지 자동 관리 과정을 실습합니다. 노션 MCP 서버는 별도의 코딩 없이 자연어 프롬프트만으로 데이터베이스 생성, 정보 조회, 페이지 작성 등 다양한 자동화 작업을 지원합니다. 마지막으로 파이어크롤로 수집한 데이터를 노션 데이터베이스에 자동 저장하는 연동 실습을 진행합니다.

이 책에서는 파이어크롤로 책 정보를 추출한 후, 노션의 books 데이터베이스에 구조화해서 저장하는 과정을 단계별로 설명합니다. 이를 통해 웹 데이터 수집부터 정리, 저장, 활용까지 이어지는 자동화 워크플로의 전 과정을 체험할 수 있습니다.

[1] https://books.toscrape.com/

6.1 파이어크롤 MCP 서버

파이어크롤은 웹사이트에서 원하는 데이터를 자동으로 수집하고 정리해주는 웹 크롤링 및 스크레이핑 도구입니다. 복잡한 설정 없이 URL만 입력하면 해당 웹사이트와 하위 페이지의 콘텐츠를 마크다운 또는 JSON과 같은 구조화된 형태로 변환합니다. 자바스크립트로 렌더링되는 최신 웹사이트도 문제없이 처리하고, 광고나 불필요한 요소는 자동으로 제거합니다.

이 책에서는 공식 파이어크롤 웹사이트에서 제공하는 서버를 사용하며, 자세한 내용은 다음 URL에서 확인할 수 있습니다.

- 파이어크롤 MCP 서버: https://github.com/mendableai/firecrawl-mcp-server

6.1.1 크롤링을 이해하기 위한 배경 지식

파이어크롤 MCP 서버에 대해 자세히 설명하기에 앞서 크롤링과 웹 스크레핑을 이해하는 데 필요한 배경 지식을 알아보겠습니다.

robots.txt와 법적·윤리적 규제

웹 데이터를 크롤링하기에 앞서 가장 먼저 해야 할 일은 크롤링하려는 웹 사이트의 `robots.txt` 파일을 확인하는 것입니다. `robots.txt`는 웹사이트 관리자가 크롤러(로봇)에게 접근 허용 경로나 접근 금지 경로를 명시한 파일로, 일반적으로 웹 사이트 주소 뒤에 /robots.txt를 붙여 확인할 수 있습니다. 이 파일에는 `Allow`(허용) 또는 `Disallow`(금지)로 지정된 경로가 나열돼 있어 크롤링 가능 영역과 금지 영역을 명확히 구분할 수 있습니다. 그림 6.1은 아마존닷컴의 `robots.txt` 파일을 확인한 결과입니다.

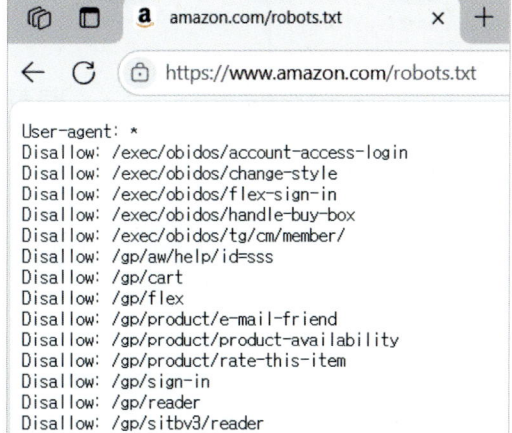

그림 6.1 `robots.txt`로 확인한 아마존닷컴의 허용/비허용 API 예시

위와 같이 아마존닷컴의 `robots.txt` 파일에는 다양한 API 경로가 `Disallow`로 설정돼 있어 해당 경로에 크롤러가 접근하는 것이 금지됩니다. 이러한 금지된 경로를 무단으로 크롤링할 경우 사이트 차단은 물론 법적 책임이 발생할 수 있습니다.

또한 웹사이트를 크롤링할 때는 `robots.txt`뿐 아니라 각 사이트의 이용약관을 읽고, 크롤링이 허용되는지 반드시 확인해야 합니다. 약관을 위반하거나 저작권, 개인정보 보호법(GDPR 등)을 위반할 경우 민형사상 책임이 발생할 수 있으므로 반드시 주의해야 합니다. 즉, 크롤링을 시작하기 전에는 반드시 `robots.txt`와 이용약관을 확인하고, 기술적 · 법적 · 윤리적 문제가 없는지 점검해야 합니다.

데이터 크롤링의 원리

데이터 크롤링은 자동화된 프로그램(크롤러 또는 스파이더)이 웹사이트를 체계적으로 탐색하고 정보를 수집하는 과정입니다. 이 과정은 다음과 같은 주요 단계로 이뤄집니다.

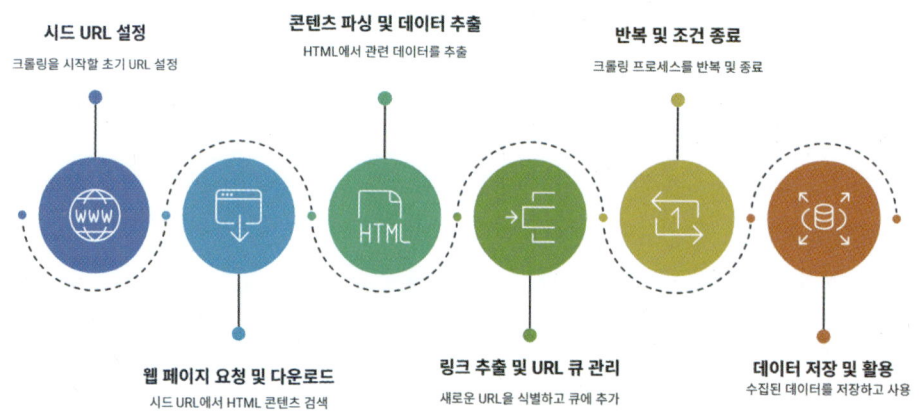

그림 6.2 데이터 크롤링의 전반적인 과정

각 과정을 단계별로 자세히 설명하면 다음과 같습니다.

1. 시드(seed) URL 설정

크롤링을 시작할 초기 웹 페이지의 URL을 지정합니다. 이 URL은 출발점이 되어 이후 탐색이 확장됩니다.

2. 웹 페이지 요청 및 다운로드

크롤러는 시드 URL에 HTTP 요청을 보내 HTML 문서를 다운로드합니다. 이 요청–응답 흐름은 사용자가 브라우저로 웹사이트에 접속하는 방식과 유사합니다.

3. 콘텐츠 파싱 및 데이터 추출

HTML 문서는 단순한 텍스트이므로 파싱 과정을 통해 원하는 정보(텍스트, 이미지, 링크 등)를 추출합니다. 이때 HTML 구조를 분석해 필요한 데이터만 선별적으로 추출합니다.

4. 링크 추출 및 URL 큐 관리

페이지 내 하이퍼링크를 찾아 새로운 URL 목록(큐)에 추가합니다. 이를 통해 크롤러는 다른 페이지로 이동하며 탐색 범위를 확장합니다.

5. 반복 및 조건 종료

큐에 추가된 URL에 대해 2~4단계를 반복합니다. 이 과정은 URL 큐가 비거나, 최대 페이지 수 또는 도메인 제한 등 사전 조건에 도달할 때까지 반복됩니다.

6. 데이터 저장 및 활용

수집된 데이터는 데이터베이스 또는 파일(CSV, JSON 등)에 저장되며, 이후 데이터 분석이나 서비스 개발 등에 활용됩니다.

이처럼 데이터 크롤링은 자동화된 탐색, 추출, 반복 확장을 통해 방대한 웹 데이터를 효율적으로 수집하는 기술이라고 할 수 있습니다.

크롤링과 스크레이핑의 차이

크롤링(crawling)은 웹사이트의 여러 페이지를 자동으로 탐색하며, 데이터를 광범위하게 수집하는 과정입니다. 크롤러는 링크를 따라가며 웹 전체 또는 대규모 사이트의 구조와 콘텐츠를 색인화하는 데 주로 사용됩니다. 대표적으로 검색 엔진은 웹 크롤러를 통해 수많은 웹 페이지를 방문해 정보를 수집하고, 이를 기반으로 검색 색인을 구축합니다.

스크레이핑(scraping)은 특정 웹 페이지에서 필요한 데이터만 선택적으로 추출하는 작업입니다. 즉, 목표 웹사이트나 페이지가 명확하며, 그 안에서 뉴스 기사, 상품 가격, 특정 표 등 필요한 정보만 수집합니다. 스크레이핑은 데이터 추출이 목적이므로 여러 페이지를 탐색하기보다 특정 위치에서 원하는 정보만 추출하는 데 집중합니다.

6.1.2 파이어크롤 MCP 서버의 주요 기능

파이어크롤은 크롤링과 스크레이핑에 특화된 도구로, MCP 서버를 통해 8가지 주요 기능을 제공합니다. 이 서버는 콘텐츠 수집, 구조 분석, 대용량 데이터 처리 등 다양한 작업을 지원하며, 동적 웹 페이지도 안정적으로 처리할 수 있습니다. 클라우드 및 자체 호스팅 환경 모두를 지원하며, 설치와 설정이 간편해 다양한 웹 데이터 수집과 분석에 적합합니다. 파이어크롤 MCP 서버가 제공하는 8가지 주요 기능은 다음과 같습니다.

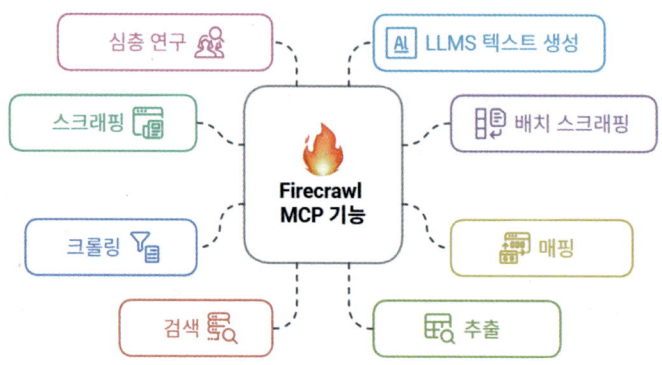

그림 6.3 파이어크롤 MCP 서버에서 제공하는 주요 기능

다음은 파이어크롤에서 제공하는 8가지 기능과 각각에 해당하는 도구, 예시 프롬프트를 설명한 것입니다.

- 스크레이핑(scrape): 단일 웹 페이지의 콘텐츠를 추출할 때 적합합니다. 여러 페이지를 처리할 경우 batch_scrape을 사용하는 것이 권장됩니다.
    - 파이어크롤을 이용해 https://example.com/ 페이지의 전체 내용을 마크다운 형식으로 가져와 주세요.
    - 파이어크롤을 이용해 아래 URL의 본문만 추출해 주세요: https://example.com/
- 배치 스크레이핑(batch_scrape): 여러 URL 콘텐츠를 동시에 추출할 때 적합합니다. 입력 URL 개수가 많을 경우 제한이 발생할 수 있습니다.
    - 파이어크롤을 이용해 아래에 제공된 여러 URL의 콘텐츠를 한 번에 추출해 주세요.
- 매핑(map): 사이트 내 모든 URL을 자동으로 탐색하고 목록화할 때 사용합니다.
    - 파이어크롤을 이용해 https://books.toscrape.com/ 사이트의 모든 주요 URL을 목록으로 정리해 주세요.
    - 파이어크롤을 이용해 해당 사이트 내 접근 가능한 모든 페이지의 링크를 찾아 알려 주세요.

- 크롤링(crawl): 사이트 전체 또는 섹션별로 대량의 페이지 콘텐츠를 추출할 때 적합합니다. 범위 및 깊이 제한 설정이 필요하며, 응답 데이터가 매우 커질 수 있습니다.
  - 파이어크롤을 이용해 사이트 전체를 최대 100페이지까지 크롤링해서 콘텐츠를 추출해 주세요.
- 검색(search): 웹 전체에서 특정 주제나 키워드를 기반으로 정보를 검색합니다.
  - 파이어크롤을 이용해 2025년 AI 트렌드에 관한 최신 뉴스 기사를 찾아 요약해 주세요.
- 추출(extract): 웹 페이지에서 구조화된 데이터(예: 가격, 이름 등)를 추출합니다. 전체 콘텐츠가 필요한 경우에는 scrape를 사용하는 것이 적합합니다.
  - 파이어크롤을 이용해 아래 URL에서 제품명, 가격, 설명을 표 형태로 추출해 주세요.
  - 파이어크롤을 이용해 해당 페이지에서 논문 제목과 저자 정보를 구조화하여 알려 주세요.
- 심층 연구(deep_research): 복잡한 주제에 대해 여러 소스를 수집하고 심층 분석할 때 사용됩니다.
  - 파이어크롤을 이용해 전기차와 내연기관차의 환경적 영향을 deep_research로 분석해 주세요.
- LLMS 텍스트 생성(generate_llmstxt): AI 모델의 접근 가이드라인 파일(LLMs.txt)을 생성할 때 사용됩니다. 일반적인 콘텐츠 추출이나 연구에는 적합하지 않습니다.
  - 파이어크롤을 이용해 https://example.com/ 사이트의 llms.txt 파일을 생성해 주세요.
  - 파이어크롤을 이용해 해당 도메인에 대한 LLM 접근 가이드라인을 표준 형식으로 만들어 주세요.

파이어크롤 MCP 서버는 위와 같은 8가지 기능을 모두 사용할 수 있으며, 프롬프트를 입력할 경우 하나의 도구만 단독으로 실행되거나 여러 도구가 결합되어 동작할 수도 있습니다. 예를 들어, 온라인 쇼핑몰에서 게임 관련 제품 정보를 크롤링할 경우 먼저 매핑(map) 기능을 사용해 모든 관련 URL을 수집한 뒤, 스크레이핑(scrape) 기능으로 각 제품의 이름, 가격, 평점, 리뷰 수 등의 상세 정보를 추출할 수 있습니다. 이처럼 파이어크롤은 여러 기능을 조합해 복잡한 웹 크롤링 작업을 효율적이고 유연하게 처리합니다.

6.1.3 파이어크롤 MCP 서버 설정

파이어크롤 MCP 서버를 사용하려면 먼저 아래의 파이어크롤 웹사이트에 접속해 회원가입을 진행합니다.

- 파이어크롤 웹사이트: https://www.firecrawl.dev/

회원가입 후 웹사이트에 로그인하면 메인 페이지에서 자동으로 생성된 API 키를 확인할 수 있습니다. 눈 모양 아이콘을 클릭하면 `fc-`로 시작하는 키가 표시되는데, 이를 복사해서 안전한 위치에 저장합니다. 참고로 요금제별 사용량은 파이어크롤 홈페이지의 요금제 페이지 (https://www.firecrawl.dev/pricing)를 참고합니다.

그림 6.4 파이어크롤 API 키 확인

파이어크롤 MCP 설정

파이어크롤 MCP 서버를 설정하기 위해 `claude_desktop_config.json` 설정 파일을 열고, 다음과 같은 설정 항목을 추가한 후 앞에서 발급받은 API 키를 `FIRECRAWL_API_KEY` 항목에 입력합니다.

```json
{
  "mcpServers": {
    ... 생략 ...
    "mcp-server-firecrawl": {
      "command": "npx",
      "args": ["-y", "firecrawl-mcp"],
      "env": {
        "FIRECRAWL_API_KEY": "<파이어크롤 API 키>"
      }
    }
  }
}
```

클로드 데스크톱이 실행 중이라면 완전히 종료한 뒤 다시 시작해 설정을 적용합니다. 다음 그림과 같이 파이어크롤 도구 목록이 표시되면 MCP 서버가 정상적으로 등록된 것입니다.

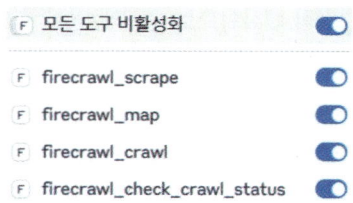

그림 6.5 파이어크롤 MCP 도구

이어지는 절에서 파이어크롤 MCP 서버의 실제 사용법을 살펴보겠습니다.

6.1.4 파이어크롤 MCP 서버의 활용 사례

크롤링과 스크레이핑은 허가되지 않은 사이트에서 수행할 경우 법적 문제가 발생할 수 있으므로 반드시 사용 허가된 사이트를 이용해야 합니다. 이 책에서 활용할 Books to Scrape[2]는 웹 스크레이핑 연습을 위해 만들어진 가상의 온라인 서점으로, 누구나 자유롭게 활용할 수 있습니다. 다음은 Books to Scrape의 홈 화면입니다.

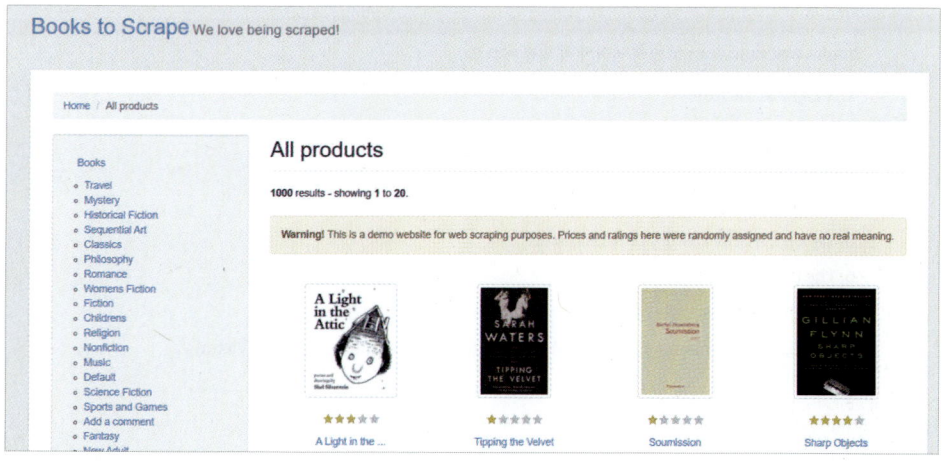

그림 6.6 Books to Scrape의 홈 화면

이 사이트는 실제 판매나 상업적 목적이 아닌, 개발자와 데이터 분석가가 크롤링 기술을 테스트하고 연습할 수 있도록 다양한 도서 정보(카테고리, 가격, 평점 등)를 제공합니다. 사이트 구

---

2 https://books.toscrape.com/

조가 실제 쇼핑몰과 유사하며, 정적 웹사이트로 구성돼 있어 초보자도 쉽게 접근할 수 있습니다. 이번 장에서는 이 사이트를 이용해 파이어크롤 MCP를 활용하는 방법을 알아보겠습니다.

책 목록 가져오기

Books to Scrape의 첫 번째 페이지에는 다양한 책들이 소개돼 있습니다. 클로드 데스크톱에서 다음과 같은 프롬프트를 통해 홈 화면에 있는 책 제목을 추출해보겠습니다.

> books.toscrape.com의 첫 번째 페이지에 나오는 모든 책의 제목을 Firecrawl을 사용해 추출해 주세요. 크롤링 또는 스크레이핑 과정에서 책 제목만 리스트 형태로 반환해 주세요.

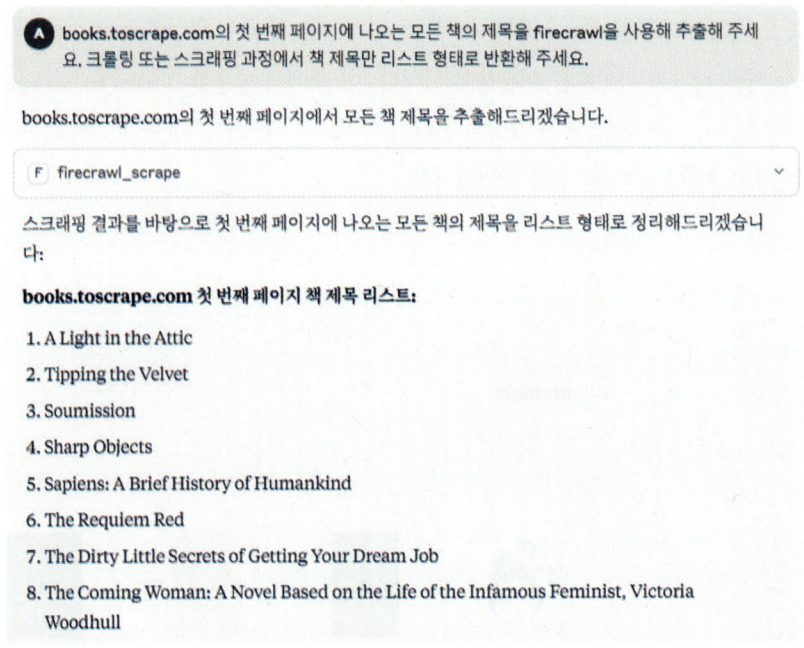

그림 6.7 파이어크롤 MCP 서버를 이용한 데이터 추출

프롬프트에서 '추출'이라는 표현을 인식해 `firecrawl_scrape` 도구가 정상적으로 동작했으며, 책 제목이 성공적으로 추출된 것을 확인할 수 있습니다.

책의 상세 정보 가져오기

Books to Scrape 사이트에서 'A Light in the Attic'라는 제목의 책을 클릭하면 다음 그림과 같이 책의 상세 정보를 확인할 수 있습니다. 이 URL을 활용해 책의 상세 정보를 가져오고, 이를 JSON 형식으로 반환하는 실습을 진행해 보겠습니다.

그림 6.8 책(A Light in the Attic)의 상세 정보 페이지

이 페이지의 URL을 복사한 뒤, 다음과 같이 프롬프트에 입력하면 해당 서적의 상세 정보를 추출할 수 있습니다.

> Firecrawl을 사용하여 아래 페이지에서 책 제목, 저자, 가격 정보, 설명을 JSON 형태로 추출해 주세요. URL: http://books.toscrape.com/catalogue/a-light-in-the-attic_1000/index.html

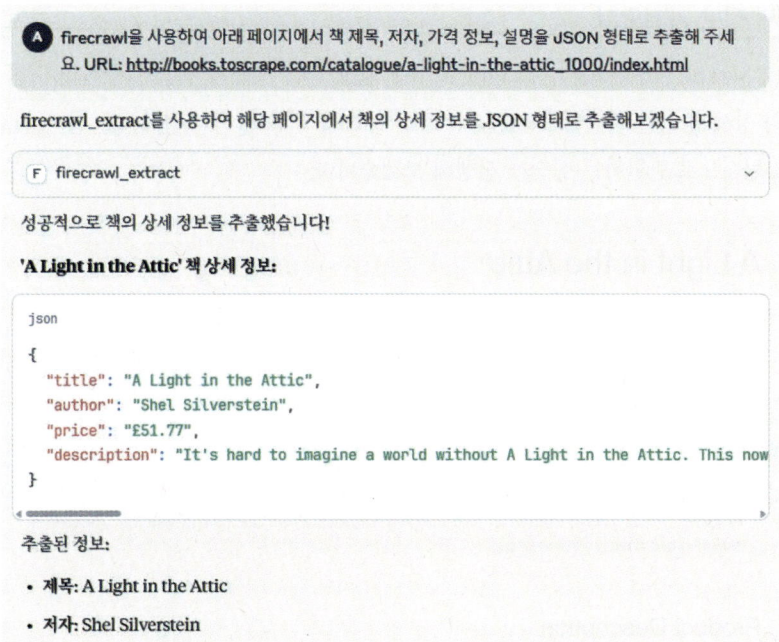

그림 6.9 파이어크롤 MCP 서버를 활용한 도서 상세 정보 추출

`firecrawl_extract` 도구가 실행되어 데이터를 가져오고, 이를 JSON 형태로 반환한 것을 확인할 수 있습니다. 이처럼 파이어크롤 서버를 활용하면 다양한 웹 페이지에서 필요한 데이터를 손쉽게 크롤링하고 스크레이핑할 수 있습니다.

6.2 노션 MCP 서버

노션(Notion)[3]은 메모, 데이터베이스, 일정 및 프로젝트 관리, 문서 작성 등 다양한 생산성 기능을 하나의 공간에서 통합 제공하는 올인원 워크스페이스입니다.

그림 6.10 노션 로고

---

3 https://www.notion.com/

노션은 웹과 앱이 실시간으로 동기화되는 클라우드 기반 서비스로, 언제 어디서나 다양한 기기에서 접근 가능하며, 자동 저장, 직관적인 인터페이스, 높은 커스터마이징, 협업 및 실시간 정보 공유 등 다양한 장점을 갖추고 있습니다. 개인 일정 관리부터 팀 프로젝트, 기업의 위키까지 다양한 용도로 활용되며, 무료 플랜으로도 충분한 기능을 제공합니다.

노션 MCP 서버는 노션의 기능을 AI 또는 외부 자동화 시스템과 연동하는 중간 서버(프락시) 역할을 합니다. 클로드 같은 AI 클라이언트는 노션 워크스페이스에 연결되어 정보를 읽고 쓰거나, 페이지 및 데이터베이스를 생성·수정·조회하는 작업을 자동화할 수 있습니다. 예를 들어, AI에게 특정 페이지에 내용을 저장하거나 데이터베이스에서 조건에 맞는 정보를 추출하도록 지시할 수 있으며, 음성 명령이나 자연어로도 데이터 관리가 가능합니다. 이를 통해 반복 업무 자동화, 실시간 정보 관리, AI 기반의 콘텐츠 생성 및 정리 등 생산성을 향상하고 워크플로를 자동화할 수 있습니다.

이번 절에서는 노션에서 공식적으로 지원하는 노션 MCP 서버의 주요 기능과 활용법을 알아보겠습니다.

- 노션 MCP 서버: https://github.com/makenotion/notion-mcp-server

6.2.1 노션 MCP 서버의 주요 기능

앞에서 노션 MCP 서버가 노션 API를 AI 또는 외부 자동화 시스템과 연결하는 중간 서버(프록시) 역할을 한다고 했는데, 클로드 같은 LLM이 노션을 제어할 수 있도록 자연어 프롬프트를 자동으로 API 호출로 변환해주는 기능을 제공합니다. 기존에는 프로그래밍 지식이 있는 개발자만이 노션 API를 활용해 자동화 기능을 구현할 수 있었고, 일반 사용자는 접근하기가 어려웠습니다. 그러나 노션 MCP 서버를 사용하면 복잡한 코딩 없이도 프롬프트만 입력해 노션 API를 사용할 수 있습니다. 예를 들어, "Notion 페이지에 글을 작성해줘"라고 입력하면 서버는 post-search API로 노션 페이지를 검색한 뒤, post-page API로 새 페이지를 생성하는 등의 과정을 자동으로 처리합니다.

노션 MCP 서버의 주요 기능

노션 API는 사용자, 데이터베이스, 페이지, 검색, 댓글 등 다양한 기능을 포함한 19개의 API 도구(엔드포인트)를 제공합니다. 이러한 노션 MCP 서버를 사용하면 코딩 없이 프롬프트 입력만으로 모든 API 기능을 쉽게 사용할 수 있습니다. 예를 들어, 사용자가 자연어 명령을 입력하면 MCP 서버가 이를 다음과 같은 주요 도구의 API 호출로 변환해 자동으로 처리합니다. 제공되는 주요 도구는 다음과 같습니다.

그림 6.11 노션 MCP 서버에서 제공하는 주요 도구

사용자(User) 관련

- 특정 사용자 정보 조회(API-get-user): 사용자 한 명의 정보 확인
- 전체 사용자 목록 조회(API-get-users): 모든 사용자 목록 확인
- 현재 계정 정보 조회(API-get-self): 현재 계정 정보 확인

데이터베이스(Database) 관련

- 데이터베이스 조건 검색(API-post-database-query): 조건에 맞는 항목 검색
- 데이터베이스 생성(API-create-a-database): 새 데이터베이스 만들기
- 데이터베이스 정보 수정(API-update-a-database): 데이터베이스 정보 변경
- 데이터베이스 정보 조회(API-retrieve-a-database): 데이터베이스 정보 확인

페이지(Page) 관련

- 새 페이지 생성(API-post-page): 새 페이지 만들기
- 페이지 정보 조회(API-retrieve-a-page): 특정 페이지 정보 확인

- 페이지 속성 수정(API-patch-page): 페이지 속성 값 변경
- 페이지 속성 값 조회(API-retrieve-a-page-property): 페이지 속성 값 확인

블록(Block) 관련

- 하위 블록 목록 조회(API-get-block-children): 하위 콘텐츠 목록 확인
- 하위 블록 추가(API-patch-block-children): 하위 콘텐츠 추가
- 블록 정보 조회(API-retrieve-a-block): 블록 상세 정보 확인
- 블록 정보 수정(API-update-a-block): 블록 내용 변경
- 블록 삭제(API-delete-a-block): 블록 삭제

검색(Search) 관련

- 페이지/데이터베이스 검색(API-post-search): 제목 등으로 항목 검색

댓글(Comment) 관련

- 댓글 조회(API-retrieve-a-comment): 댓글 내용 확인
- 댓글 생성(API-create-a-comment): 새 댓글 작성

이처럼 노션 MCP 서버는 사용자, 페이지, 검색, 데이터베이스 등 다양한 영역에서 활용할 수 있습니다.

노션 MCP 서버의 사용 사례

노션 MCP 서버는 앞에서 소개한 19개의 도구를 통해 다양한 상황에 활용할 수 있습니다. 다음 예시를 통해 기본적인 사용 사례를 설명합니다.

- 데이터베이스 생성(API-create-a-database): 단일 작업으로 데이터베이스를 만들 때 적합합니다.
  - 프롬프트로 "업무와 관련된 데이터베이스를 생성해줘"라고 입력하면 MCP 서버는 API-create-a-database를 이용해 새로운 업무용 데이터베이스를 자동으로 생성합니다.
- 데이터베이스 항목 검색(API-post-database-query): 특정 조건에 맞는 데이터베이스 항목을 찾을 때 유용합니다.
  - 프롬프트로 "이번 주에 마감되는 업무를 찾아줘"라고 입력하면 MCP 서버는 API-post-database-query를 이용해 해당 조건에 맞는 데이터베이스 항목을 자동으로 검색해 결과를 반환합니다.

- 새로운 페이지 생성(API-post-page): 지정된 위치에 새로운 페이지를 만들 때 사용합니다.
  - 프롬프트로 "회의록 페이지를 만들어줘"와 같이 입력하면 MCP 서버는 `API-post-page`를 호출해 지정된 데이터베이스나 위치에 새로운 회의록 페이지를 생성합니다.
- 특정 페이지에 댓글 추가(API-create-a-comment): 선택한 페이지에 댓글을 등록할 때 사용합니다.
  - 프롬프트로 "이 페이지에 의견을 남겨줘: '수정이 필요합니다'"라고 입력하면 MCP 서버는 `API-create-a-comment`를 사용해 해당 페이지에 댓글을 자동으로 등록합니다.

6.2.2 노션 MCP 서버 설정

노션 MCP 서버를 설정하려면 먼저 노션에 가입돼 있어야 합니다. 또한 토큰 발급 및 보안 설정이 필요합니다. 우선 노션에서 내부 통합(Integration)을 생성하고, 통합 토큰을 발급받아야 합니다. 이 토큰은 MCP 서버가 노션 워크스페이스에 접근할 수 있도록 사용자를 인증하는 데 사용되므로 반드시 안전하게 보관해야 합니다. 통합을 생성할 때는 권한 설정을 통해 MCP 도구가 접근할 수 있는 데이터의 범위를 제한할 수 있으며, 예를 들어 읽기 전용 권한만 부여해 좀 더 안전하게 운영할 수 있습니다. 또한 통합에 연결할 페이지를 명확히 지정해야 합니다.

이번 절에서는 이러한 보안 설정과 토큰 관리, 그리고 MCP 서버 연동을 위한 기본 절차를 알아보겠습니다.

노션 API 통합 생성

노션 API 통합을 생성하기 위해 아래의 노션 API 통합 페이지에 접속합니다.

- 노션 API 통합 페이지: https://www.notion.so/profile/integrations

노션 API 통합 페이지에서 **새 API 통합**을 클릭하면 새로운 API 통합을 생성할 수 있습니다.

그림 6.12 API 통합 생성

이후 API 통합의 이름을 입력하고 연결할 워크스페이스를 선택합니다. **통합 유형**은 **프라이빗**으로 지정해 내부에서만 사용할 수 있도록 설정한 뒤, 모든 항목을 확인하고 **저장**을 클릭하면 설정이 완료됩니다.

그림 6.13 노션 통합 설정

이렇게 생성된 프라이빗 API 통합은 워크스페이스 내에서 안전하게 사용할 수 있으며, 이후 자동화나 외부 연동에 활용할 수 있는 토큰이 발급됩니다.

노션 API 통합의 보안 설정

'새 API 통합'을 생성한 후에는 보안 설정을 진행할 수 있습니다. 보안 항목에는 콘텐츠 기능, 댓글, 사용자 제어 기능 등이 포함돼 있습니다. 테스트를 위해 모든 보안 설정을 활성화하고, 사용자 기능에서는 '이메일 주소를 포함하는 사용자 정보를 읽습니다' 옵션을 선택합니다. 이러한 설정은 테스트 목적이므로 실제로 운영할 때는 필요한 권한만 선택해 제한적으로 부여해도 됩니다. 마지막으로 '프라이빗 API 통합 시크릿'에 있는 **표시하기** 버튼을 눌러 ntn으로 시작하는 통합 토큰을 확인하고 안전하게 저장해둡니다.

그림 6.14 노션 권한 설정

이후 이 보안 설정을 적용할 페이지를 지정합니다. 이를 위해 **사용 권한** 탭을 클릭하고 **페이지 선택** 버튼을 클릭합니다.

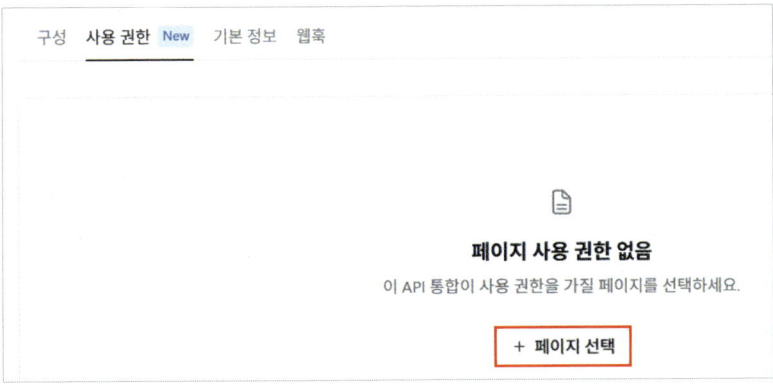

그림 6.15 페이지 선택

이때 노션 MCP 서버에 사용할 페이지를 지정합니다. 이 책에서는 테스트를 위해 노션에 'NotionTest'라는 이름의 페이지를 미리 만들어 뒀습니다. 이 페이지를 이용해 노션 MCP 서버를 테스트할 예정입니다. 이후 다음과 같이 NotionTest 페이지의 노션 권한 설정을 진행합니다.

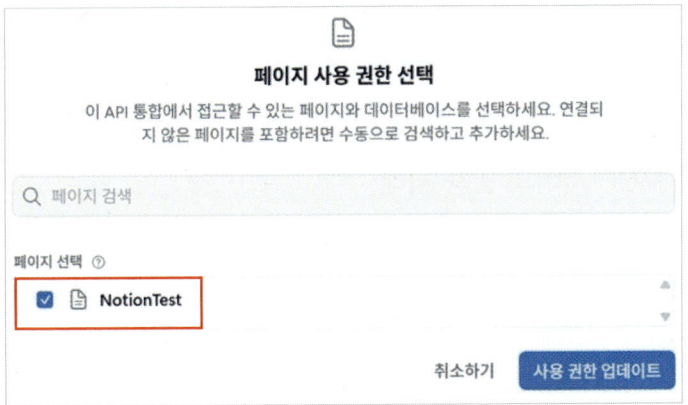

그림 6.16 노션 페이지의 사용 권한 설정

위와 같이 설정을 완료하면 특정 페이지인 NotionTest에 한해 앞에서 지정한 보안 설정을 적용할 수 있습니다.

클로드 데스크톱 설정

이제 클로드 데스크톱에 MCP 서버를 등록하기 위해 claude_desktop_config.json 파일에 다음과 같은 항목(notionApi)을 추가한 후 이전 단계에서 발급받은 ntn_으로 시작하는 토큰 값을 아래의 Bearer ntn_에 입력하고 저장합니다. 이후 클로드 데스크톱을 종료하고 재시작해 도구 항목이 정상적으로 표시되는지 확인합니다.

```
{
  "mcpServers": {
    ... 생략 ...
    "notionApi": {
      "command": "npx",
      "args": ["-y", "@notionhq/notion-mcp-server"],
      "env": {
        "OPENAPI_MCP_HEADERS": "{\"Authorization\": \"Bearer <ntn_으로 시작하는 노션 API 키>\", \"Notion-Version\": \"2022-06-28\" }"
      }
    }
  }
}
```

6.2.3 노션 MCP 서버의 활용 사례

노션 MCP 서버는 다양한 분야에서 활용할 수 있습니다. 예를 들면, 노션 데이터베이스는 테이블과 유사하며, 이를 이용하면 다음과 같이 이름, 나이, 성별과 같은 정보를 손쉽게 구조화된 데이터로 관리할 수 있습니다.

Notion 데이터 베이스			
Aa 이름	≡ 나이	≡ 성별	+ ···
홍길동	19	남	
김길동	20	남	

그림 6.17 노션의 기본적인 데이터베이스 구조

이를 활용하면 프로젝트 일정이나 할 일 목록을 체계적으로 관리할 수 있고, 웹에서 크롤링한 데이터를 노션 데이터베이스에 자동으로 저장해 한눈에 정리할 수도 있습니다. 노션 MCP 서버를 이용하면 이러한 노션 데이터베이스를 제어할 수 있으므로 노션을 단순한 메모 도구가 아니라 외부 데이터와 연동되는 강력한 업무 관리 및 자동화 플랫폼으로 확장해서 사용할 수 있습니다.

프로젝트용 데이터베이스 생성 및 관리

팀 프로젝트를 효율적으로 관리하기 위해서는 업무의 진행 상황을 한눈에 파악할 수 있는 데이터베이스가 필수적입니다. 노션에서는 프로젝트 관리용 데이터베이스를 생성해 각 업무의 상태, 담당자, 마감일 등 다양한 정보를 체계적으로 관리할 수 있습니다.

예를 들어, 새로운 프로젝트가 시작되면 `API-create-a-database`를 활용해 전용 데이터베이스를 손쉽게 생성할 수 있으며, 필요에 따라 `API-update-a-database`로 데이터베이스의 구조나 속성을 수정할 수 있습니다. 또한 `API-retrieve-a-database`를 통해 언제든지 데이터베이스의 전체 정보를 조회하며 업무 현황을 점검할 수 있습니다. 이러한 방식으로 노션 API를 연동하면 반복적인 수작업을 줄이고 프로젝트 관리의 일관성과 효율성을 크게 높일 수 있습니다.

여기서는 가상의 'MCP 서버 개발 프로젝트' 시나리오를 통해 노션 MCP 서버로 프로젝트를 관리하는 방법을 안내합니다.

프로젝트 관리를 위한 데이터베이스 생성

앞에서 언급했듯이 'MCP 서버 개발 프로젝트'를 진행한다고 가정하겠습니다. 우선 프로젝트를 관리할 데이터베이스를 생성하고, 여기에 업무를 추가하는 과정을 알아봅시다. 다음 프롬프트를 활용하면 프로젝트 데이터베이스를 생성하고 업무를 손쉽게 등록할 수 있습니다.

> NotionTest 페이지에서 "MCP 서버 개발 프로젝트"라는 이름의 데이터베이스를 생성해 주세요. 이 데이터베이스에 "프론트 엔드 작업"이라는 업무를 추가하고, 담당자는 김지수, 마감일은 6월 30일로 설정해 주세요.

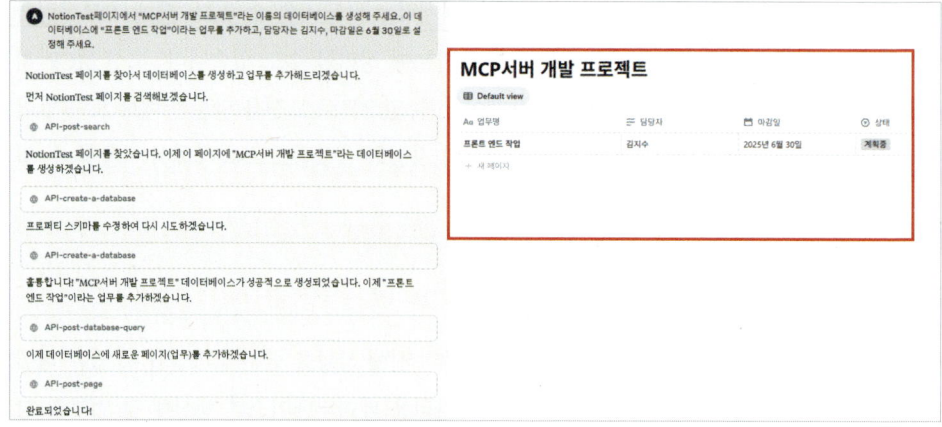

그림 6.18 노션 MCP 서버를 이용한 노션 데이터베이스 생성

보다시피 NotionTest 페이지를 찾고 'MCP 서버 개발 프로젝트'라는 이름의 데이터베이스를 생성했습니다. 이후 '프론트 엔드 작업'이라는 업무를 추가했습니다. 해당 업무의 담당자는 김지수이며, 마감일은 2025년 6월 30일로 설정했습니다. 이 모든 과정은 노션 MCP 서버의 다양한 도구를 이용해 수행됩니다.

프로젝트 업데이트

가상의 프로젝트 담당자인 김지수가 프로젝트를 완료했다면 다음과 같은 프롬프트를 입력해 프로젝트의 진행 상황을 업데이트할 수 있습니다.

> 'MCP 서버 개발 프로젝트'에서 '프론트 엔드 작업'의 상태를 '완료'로 변경해주세요.

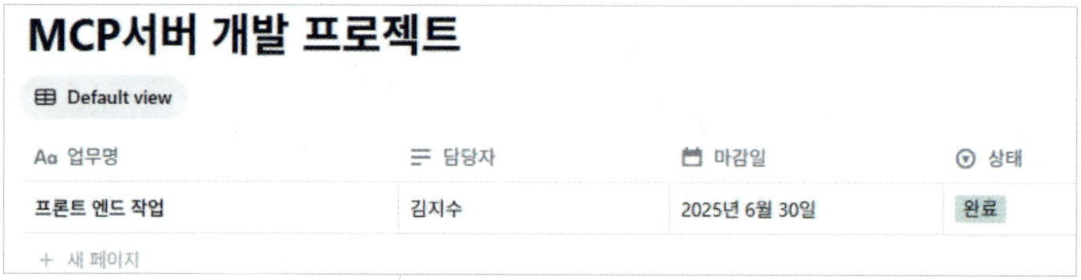

그림 6.19 노션 MCP 서버를 이용한 노션 데이터베이스의 상태 변경

보다시피 노션 MCP 서버를 이용해 특정 데이터베이스에 접근해 정상적으로 레코드를 변경할 수 있습니다.

6.3 파이어크롤 MCP와 노션 MCP 서버 활용

이번 절에서는 앞에서 살펴본 파이어크롤 MCP를 활용해 웹에서 책 정보를 크롤링하고 이를 노션 MCP 서버를 통해 구조화된 데이터베이스로 저장하는 과정을 설명하겠습니다. 먼저, 파이어크롤을 이용해 책의 제목과 가격 정보를 수집한 뒤, 노션에 books라는 이름의 데이터베이스를 생성하겠습니다.

> NotionTest 페이지에서 books라는 이름의 데이터베이스를 생성해 주세요. 이 데이터베이스에는 책 제목과 가격 정보가 포함되어야 합니다.

그림 6.20 노션 MCP 서버를 이용한 books 데이터베이스 생성

그러고 나면 위와 같이 노션 페이지에 books라는 데이터베이스가 생성되는 것을 확인할 수 있습니다. 이어서 파이어크롤을 활용해 책 정보를 수집하고, 이를 노션의 books 데이터베이스에 저장하겠습니다. 다음 프롬프트를 사용하면 책의 제목과 가격을 자동으로 추출해 books 데이터베이스에 손쉽게 저장할 수 있습니다.

> firecrawl을 사용해 books.toscrape.com의 첫 번째 페이지에 있는 모든 책의 제목과 가격을 추출한 뒤, NotionTest 페이지의 books 데이터베이스에 저장해 주세요.

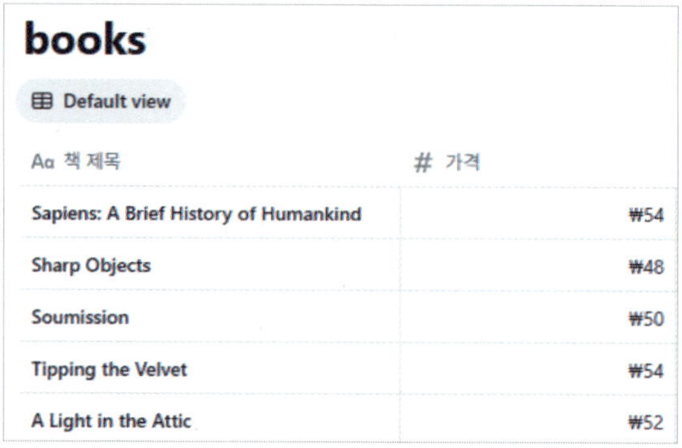

books

Aa 책 제목	# 가격
Sapiens: A Brief History of Humankind	₩54
Sharp Objects	₩48
Soumission	₩50
Tipping the Velvet	₩54
A Light in the Attic	₩52

그림 6.21 MCP와 노션 MCP 서버를 이용해 books에 데이터 저장하기

보다시피 books.toscrape.com 사이트 내에서 메인 페이지에 있는 모든 책과 책 제목을 수집한 뒤 노션의 데이터베이스가 있는 페이지에 접속해 books 데이터베이스를 찾고, 책의 제목과 가격을 업로드한 것을 확인할 수 있습니다.

6.4 정리

이번 장에서는 크롤링과 다양한 데이터 수집을 위해 파이어크롤 MCP 서버를 활용하고 수집한 데이터를 구조화된 형태로 저장하기 위해 노션 데이터베이스를 이용했습니다. 단순히 데이터를 크롤링하고 저장하는 데 그치지 않고, 파이어크롤 MCP와 노션 MCP 서버를 연동해 웹 데이터를 자동으로 수집하고 노션에 구조화된 형태로 저장했습니다. 이처럼 파이어크롤 MCP 서버를 활용하면 실시간 정보 모니터링, 가격 변동 추적, 트렌드 분석 등 반복적인 데이터 관리 업무를 효율적으로 수행하고, 여기에 더해 노션 MCP 서버까지 결합하면 단순한 데이터 수집을 넘어 실시간 대시보드 구축, 프로젝트 일정 자동화, 개인화된 정보 알림, 팀 협업용 데이터 허브 등 다양한 업무를 자동화할 수 있을 것입니다.

07

[실전 활용법]
벡터 데이터베이스 구축과 회원관리 시스템 구현

이번 장에서는 NoSQL 벡터 데이터베이스를 구축하는 데 필요한 크로마(Chroma) MCP 서버와 구조화된 데이터를 관리하는 관계형 데이터베이스 SQLite MCP 서버에 관해 알아봅니다.

크로마 MCP 서버를 활용하면 텍스트, 이미지, 오디오 등 다양한 데이터를 임베딩해 저장하고, 의미 기반의 시맨틱 검색을 빠르게 수행할 수 있습니다. 예를 들어, 사용자가 '더운 날씨에 필요한 전자기기'를 검색하면 단순 키워드가 아니라 입력의 의미와 가장 유사한 데이터를 찾아 추천할 수 있습니다.

반면 SQLite는 회원 관리나 상품 관리처럼 명확하게 구조화된 데이터를 테이블 형태로 저장하고, SQL을 이용해 효율적으로 조회하거나 수정할 수 있습니다.

이 두 시스템을 MCP 서버에서 함께 사용하면, 예를 들어 상품 테이블이 있다고 할 때 상품의 상세 설명이나 리뷰는 크로마에 임베딩해서 시맨틱 검색에 활용하고, 가격, 재고, 카테고리 같은 구조적 정보는 SQLite에 저장해 조건 필터링이나 통계에 활용할 수 있습니다.

즉, 크로마는 의미 기반의 유사도 검색을, SQLite는 정확한 데이터 관리와 조건 검색을 담당합니다. 이처럼 크로마와 SQLite를 결합하면 비정형 데이터와 정형 데이터를 모두 효과적으로 관리하고, AI 기반의 고급 검색과 전통적인 데이터베이스 기능을 동시에 구현할 수 있습니다.

7.1 크로마 MCP 서버

크로마(Chroma)[1]는 오픈소스 벡터 데이터베이스로, AI와 대규모 언어 모델 기반 앱을 쉽게 만들 수 있도록 임베딩 벡터와 관련 정보를 저장하고 검색하는 역할을 합니다. 텍스트나 이미지 같은 데이터를 벡터로 변환해 저장하고, 의미 기반의 빠른 검색을 지원해 챗봇, 추천 시스템, 문서 검색 등 다양한 AI 서비스의 지식베이스로 활용됩니다. 파이썬과 자바스크립트 등 여러 언어에서 사용할 수 있고, 설치와 사용법이 간단하며, 오픈소스라 누구나 자유롭게 쓸 수 있습니다.

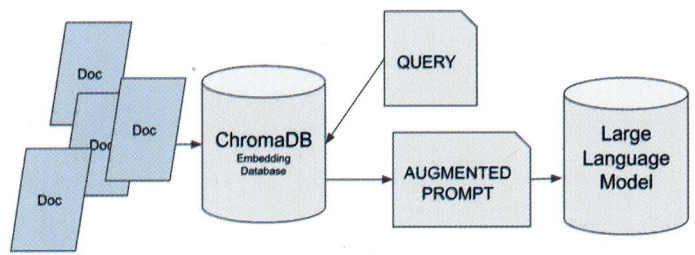

그림 7.1 크로마의 전반적인 아키텍처[2]

크로마 MCP 서버를 활용하면 벡터 데이터베이스를 쉽게 만들 수 있고, 단순 키워드가 아니라 의미 기반 유사도 검색이 가능합니다. 참고로 1장에서 다룬 RAG의 벡터 데이터베이스와 시맨틱 검색에 대한 내용을 함께 보길 권장합니다. 이번 장에서는 크로마의 주요 기능과 특징, 그리고 이를 어떻게 활용하는지를 중심으로 설명하겠습니다.

7.1.1 크로마란?

크로마는 텍스트나 이미지 같은 비정형 데이터를 임베딩 벡터로 변환해 저장하고, 유사도 기반으로 빠르게 검색할 수 있는 벡터 데이터베이스입니다. SQL에서 테이블이 행과 열로 구조적 데이터를 저장하듯 크로마는 '컬렉션'이라는 공간에 벡터와 메타데이터를 함께 저장하는데, 이 컬렉션은 SQL의 테이블과 비슷한 개념입니다. 또한 SQL이 WHERE 조건으로 값을 필터링하

---

1 https://www.trychroma.com/
2 출처: https://blog.gopenai.com/chromadb-an-open-source-vector-database-f1871580b412

는 것처럼, 크로마는 벡터 유사도 검색과 메타데이터 필터링을 결합해 의미 기반(시맨틱) 검색을 지원합니다.

크로마의 구성 요소

크로마는 다음과 같은 요소로 구성돼 있습니다. 이해를 돕기 위해 SQL에서 사용하는 개념과 함께 설명하겠습니다.

Collection(컬렉션)

- 크로마에서 여러 문서, 임베딩, 메타데이터를 하나로 묶어 관리하는 데이터 그룹입니다.
- 관계형 데이터베이스의 테이블(table)과 유사한 개념입니다.

Document(문서)

- 컬렉션에 저장되는 실제 데이터(예: 텍스트, 이미지 설명 등)입니다.
- 관계형 데이터베이스의 행(row) 또는 레코드(record)에 해당합니다.

Embedding(임베딩)

- 문서의 의미를 고차원 벡터로 변환한 값으로, 유사성 검색 등에 활용됩니다.
- SQL에는 직접적으로 대응하는 개념은 없지만 특수 칼럼이나 외부 인덱스와 비슷한 역할을 합니다.

Metadata(메타데이터)

- 각 문서에 부가적으로 저장되는 정보(예: 태그, 날짜, 카테고리 등)입니다.
- 관계형 데이터베이스의 칼럼 또는 추가 속성과 유사합니다.

ID(식별자)

- 각 문서와 임베딩을 구분하는 고유 식별자입니다.
- 관계형 데이터베이스의 기본키(primary key)와 같은 역할을 합니다.

다음은 test라는 이름의 샘플 컬렉션을 생성한 뒤 chroma_get_collection_info(컬렉션에 대한 정보를 설명하는 기능)로 저장된 형태를 확인한 결과입니다. 이 결과를 통해 컬렉션에 저장되는 형태, 각 문서의 ID, 임베딩 값, 실제 문서 내용, 카테고리, 생성일 등 다양한 메타데이터 정보를 확인할 수 있습니다. 또한 컬렉션에 포함된 데이터의 구조와 저장된 요소들이 어떻게 구성돼 있는지도 한눈에 파악할 수 있습니다.

```
{
  "name": "test",
  "count": 1,
  "sample_documents": {
    "ids": [
      "test_001"
    ],
    "embeddings": "[[-8.82755127e-03  7.73462951e-02  ....]\n",
    "documents": [
      "이것은 첫 번째 테스트 문서입니다."
    ],
    "uris": null,
    "included": [
      "metadatas",
      "documents",
      "embeddings"
    ],
    "data": null,
    "metadatas": [
      {
        "category": "test_data",
        "created_date": "2025-06-09",
        "type": "sample",
        "number": 1
      }
    ]
  }
}
```

7.1.2 크로마 MCP 서버의 특징과 기능

이번 장에서 사용할 크로마 MCP 서버에 대한 자세한 내용은 공식 깃허브 저장소에서 확인할 수 있습니다.

- 크로마 MCP 저장소: https://github.com/chroma-core/chroma-mcp

이곳에서 MCP 서버의 주요 기능, 설치 및 설정 방법, 다양한 클라이언트 타입 지원, 컬렉션 및 문서 관리, 임베딩 함수 설정 등 크로마 MCP의 활용법과 관련 정보를 상세하게 확인할 수 있습니다.

크로마 MCP 서버의 특징

크로마 MCP 서버는 벡터 데이터베이스를 기반으로 한 MCP 서버로, 의미 기반 문서 검색과 메타데이터 필터링, 문서 관리 기능을 제공합니다. 데이터는 서버를 재시작하더라도 유지되도록 영구적으로 저장되며, 대용량 문서의 효율적 관리와 고성능 검색을 위한 최적화가 특징입니다.

- **클라이언트 유연성**: 테스트용 임시 메모리 모드와 파일 기반 영구 저장 모드를 지원하며, 자체 호스팅(HTTP)과 크로마 클라우드 연동이 가능합니다.
- **컬렉션 관리**: 컬렉션을 생성, 수정, 삭제할 수 있고, 페이지네이션이 적용된 컬렉션 목록 조회, 컬렉션 정보 및 통계 확인, HNSW 기반 벡터 검색 최적화, 임베딩 함수 선택 기능을 제공합니다.
- **문서 처리**: 메타데이터와 사용자 지정 ID를 포함한 문서 추가, 의미 기반 시맨틱 검색, 고급 메타데이터 및 콘텐츠 필터링, ID 또는 필터를 통한 문서 검색, 전체 텍스트 검색 기능을 지원합니다.

크로마 MCP 서버의 기능

크로마 MCP 서버는 데이터를 임베딩할 수 있고 시맨틱 검색 기능을 지원합니다. 현재 크로마 MCP 서버에서는 다음과 같은 12개의 도구를 제공합니다.

- **컬렉션 목록 조회(chroma_list_collections)**: 모든 컬렉션을 페이지네이션 기능과 함께 조회할 수 있습니다.
- **컬렉션 생성(chroma_create_collection)**: 선택적인 HNSW 설정으로 새 컬렉션을 만듭니다.
- **컬렉션 샘플 조회(chroma_peek_collection)**: 특정 컬렉션에 저장된 문서 중 일부를 샘플로 확인할 수 있습니다.
- **컬렉션 정보 확인(chroma_get_collection_info)**: 컬렉션의 상세 정보(설정, 메타데이터 등)를 조회할 수 있습니다.

- 컬렉션 문서 수 확인(chroma_get_collection_count): 해당 컬렉션에 저장된 문서의 개수를 확인할 수 있습니다.
- 컬렉션 수정(chroma_modify_collection): 컬렉션의 이름이나 메타데이터를 변경할 수 있습니다.
- 컬렉션 삭제(chroma_delete_collection): 원하는 컬렉션을 삭제할 수 있습니다.
- 문서 추가(chroma_add_documents): 사용자 정의 ID와 메타데이터(예: 출처, 버전 등)를 포함해 새로운 문서를 추가할 수 있습니다.
- 문서 검색(chroma_query_documents): 시맨틱 검색과 메타데이터 필터링(AND/OR 연산, 범위 비교)을 결합한 하이브리드 방식으로 문서를 검색할 수 있습니다.
- 문서 조회(chroma_get_documents): 문서 ID나 필터 조건을 이용해 문서를 페이지네이션과 함께 조회할 수 있습니다.
- 문서 업데이트(chroma_update_documents): 문서의 내용, 메타데이터, 임베딩 벡터를 한 번에 수정할 수 있으며, 부분 업데이트도 지원합니다.
- 문서 삭제(chroma_delete_documents): 특정 문서를 컬렉션에서 삭제할 수 있습니다.

사용자가 입력한 프롬프트에 따라 크로마 MCP 서버는 위의 기능들을 조합해서 결과를 도출합니다.

크로마 MCP의 사용 예

크로마 MCP 서버를 사용하려면 먼저 컬렉션을 생성한 후, 해당 컬렉션에 데이터를 추가하고 이를 조회하거나 검색하는 방식으로 활용할 수 있습니다. 또한 데이터의 삭제와 업데이트도 지원됩니다. 기본적으로 다음과 같이 사용할 수 있습니다.

01. 컬렉션 생성: 크로마에 데이터를 저장할 컬렉션을 새로 생성합니다.

> Chroma DB에서 Test라는 이름의 새로운 컬렉션을 생성해주세요.

02. 더미 데이터 삽입: 생성한 컬렉션에 테스트용(더미) 데이터를 추가합니다.

> 생성한 컬렉션에 테스트용 더미 데이터를 추가해주세요.

03. 유사도 검색: 저장된 데이터 중 임베딩 벡터를 활용해 입력과 유사한 데이터를 검색합니다.

> "키워드"와 유사한 데이터를 "특정" 컬렉션에서 검색해주세요.

7.1.3 크로마 MCP 서버 설정

크로마 MCP는 크로마 클라우드, 로컬 등 다양한 환경에서 사용할 수 있습니다. 여기서는 로컬 환경에서 특정 폴더를 기준으로 환경을 설정하는 방법을 다루겠습니다. 로컬 환경의 특정 폴더를 지정해 해당 폴더를 데이터 저장소로 활용할 수 있으며, 이 폴더를 기준으로 컬렉션 생성, 문서 추가, 검색 등 모든 기능을 사용할 수 있습니다.

크로마 MCP 사용을 위한 폴더 생성

크로마에서는 모든 데이터를 체계적으로 관리하고 백업을 용이하게끔 전용 폴더를 생성하는 것이 중요합니다. 이 책에서는 `C:/Project` 경로에 `ChromaData` 폴더를 만들고 크로마 MCP 설정에서 이 폴더를 데이터 저장 위치로 지정합니다. 그러고 나면 크로마 MCP 서버는 데이터를 해당 폴더에 영구적으로 보존하게 되며, 서버를 재시작하거나 시스템에 장애가 발생하더라도 데이터가 안전하게 유지됩니다. 이후 크로마 MCP 서버는 이 폴더 내에 데이터를 저장하고, 데이터 조회 시에도 해당 폴더의 컬렉션을 기준으로 정보를 검색하게 됩니다. 이처럼 폴더 구조를 명확히 지정하면 데이터 관리와 백업이 훨씬 효율적이고 안정적으로 이뤄집니다.

claude_desktop_config.json 설정

이전의 MCP 서버와 달리 크로마 MCP 서버는 파이썬 도구 실행기인 uvx를 사용해 설정해야 합니다. uvx는 Node.js의 npx와 비슷한 역할을 하며, 차세대 파이썬 패키지 관리자인 uv를 설치하면 함께 제공됩니다.

터미널 또는 명령 프롬프트에 아래 명령어를 입력해 uv와 uvx를 설치합니다.

```
pip install uv
```

설치가 정상적으로 완료되면 터미널에서 `uvx --version`을 입력했을 때 다음과 같이 버전 정보가 출력됩니다.

```
> uvx --version
uv-tool-uvx 0.6.16 (d8ad9d3cd 2025-04-22)
```

이후 클로드 데스크톱 설정 파일인 claude_desktop_config.json 파일에서 다음과 같은 설정을 추가하고, 앞에서 생성한 디렉터리의 절대 경로(예: C:/Project/ChromaData)를 지정하면 크로마 MCP 서버가 해당 폴더를 데이터 저장 위치로 인식하게 됩니다.

```
{
  "mcpServers": {
    ... 생략 ...
    "chroma": {
      "command": "uvx",
      "args": [
        "chroma-mcp",
        "--client-type",
        "persistent",
        "--data-dir",
        "C:/Project/ChromaData"
      ]
    }
  }
}
```

클로드 데스크톱 재시작 및 테스트

이전과 마찬가지로 MCP 서버를 등록하면 클로드 데스크톱을 완전히 종료하고 재시작해야 변경된 설정이 올바르게 반영됩니다. 이를 통해 크로마 MCP 서버가 새로 지정한 폴더를 인식하고 정상적으로 데이터를 저장 및 관리할 수 있습니다. 재시작 후에는 서버가 제대로 동작하는지 반드시 확인해야 합니다.

 크로마 MCP를 처음으로 구동하는 경우 추론 모델을 내려받는 데 시간이 걸릴 수 있어 구동 시간이 길어질 수 있습니다.

크로마 MCP 서버를 테스트하기 위해 다음 프롬프트를 활용해 샘플 책 정보를 생성하고 books라는 컬렉션을 만들어 데이터를 저장해 보겠습니다.

간단한 책 정보 데이터를 생성한 뒤, ChromaDB에 books라는 이름의 컬렉션을 만들고 해당 데이터를 저장해 주세요. (예시: 책 제목, 저자, 출판연도 등 최소한의 필드를 포함해 샘플 데이터를 생성하고, 이를 books 컬렉션에 추가)

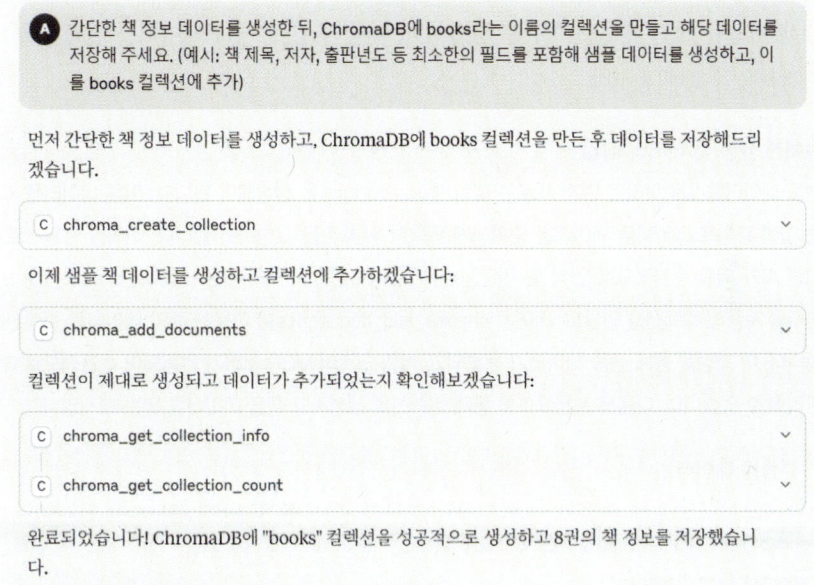

그림 7.2 크로마 MCP 서버를 활용한 테스트

보다시피 클로드에서 프롬프트를 인식한 후 크로마 MCP 서버의 도구를 적절히 활용해 컬렉션이 정상적으로 만들어진 것을 확인할 수 있습니다. 컬렉션이 문제없이 생성된다면 환경 설정이 성공적으로 완료된 것입니다.

7.1.4 크로마 MCP 서버의 활용 사례

앞서 언급한 것처럼 크로마를 이용하면 유사도 검색이 가능합니다. 또한 검색된 결과를 프롬프트에 추가적인 맥락(context)으로 활용해 RAG 방식처럼 사용할 수 있습니다. 여기서는 상품 정보를 등록하고 유사도 기반으로 검색하는 예시를 통해 크로마의 활용법을 자세히 알아보겠습니다. (참고: 크로마의 기본 컬렉션은 임베딩 모델로 all-MiniLM-L6-v2를 사용합니다. 해당 모델은 한국어 지원이 미흡하므로 이번 테스트에서는 영어 데이터를 입출력해서 유사도를 확인합니다.)

크로마 MCP 서버를 활용한 상품 컬렉션 구축과 시맨틱 검색 실습

크로마의 핵심은 벡터 임베딩 기반의 유사도 검색 알고리즘을 활용해 시맨틱 검색을 구현할 수 있다는 점입니다. 예시 데이터를 컬렉션에 저장한 뒤, 원하는 키워드나 문장으로 검색을 실행하면 입력과 의미적으로 유사한 데이터를 쉽게 찾을 수 있습니다. 이 과정을 통해 크로마의 시맨틱 검색 기능을 직접 테스트해볼 수 있습니다. 다음과 같이 예시 데이터를 컬렉션에 넣어서 시맨틱 검색을 수행해 봅시다.

01. 컬렉션 생성 및 데이터 삽입

샘플 데이터를 입력하려면 먼저 새로운 컬렉션(예: Product)을 생성해야 합니다. 이후 데이터를 추가하려면 입력 프롬프트에 샘플 데이터를 명확하게 입력한 뒤 추가를 요청하면 됩니다. 이러한 프롬프트가 입력되면 AI가 이를 순차적으로 인식 및 판단한 뒤 크로마 MCP 서버를 통해 chroma_create_collection 함수를 사용해 컬렉션을 만들고, 이어서 chroma_add_documents를 이용해 해당 데이터를 컬렉션에 추가합니다. 이 과정을 통해 샘플 데이터가 등록되고, AI와 크로마 MCP 서버가 연동되어 효율적으로 데이터를 관리할 수 있습니다. 다음은 프롬프트를 통해 컬렉션을 생성하고 샘플 데이터를 넣는 예시입니다.

```
"""샘플 데이터
The Wiki Office 4B pencil is a basic writing instrument used daily by students
and office workers as an essential item, characterized by its light weight and
appropriate hardness.,
The Wiki Office pencil case is a convenient office accessory for storing various
stationery items, frequently used by students and office workers, notable for its
light and practical design.,
The Wiki Livestock pork shoulder is a meat product rich in healthy protein,
versatile for cooking, and widely used in homes and restaurants.,
The Wiki Electronics stand-type air conditioner is an electronic device capable
of quickly and evenly cooling large living rooms or spacious areas, equipped with
airflow control and air purification functions, maintaining comfort even with long-
term use.,
The Wiki Electronics wall-mounted air conditioner is a space-efficient wall-mounted
cooling appliance suitable mainly for studio apartments or small rooms, equipped
with energy-saving and AI voice recognition features, helping to create comfortable
living during hot summer months.
"""
Product라는 Collection을 생성하고 위의 "샘플 데이터"를 Product 컬렉션에 추가해주세요.
```

Product 컬렉션 안에는 다음과 같이 collection_name, documents, metadatas, ids 등으로 구성된 데이터가 저장됩니다.

```
{
  "ids": ["wiki_1", "wiki_2", "wiki_3", "wiki_4", "wiki_5"],
  "documents": [
    "The Wiki Office 4B pencil is a basic writing instrument used daily by students and office workers as an essential item, characterized by its light weight and appropriate hardness.",
    ......
  ],
  "metadatas": [
    {"name": "Wiki Office 4B pencil", "category": "stationery", "type": "office supplies", "usage": "writing"},
    ....
  ],
  "collection_name": "Product"
}
```

02. 컬렉션에서 시맨틱 검색 사용

앞 단계를 통해 컬렉션(Product)에 여러 가지 샘플 데이터가 저장됐습니다. 이번에는 크로마의 핵심 기능인 유사도 검색을 활용해 시맨틱 검색 기능을 테스트해보겠습니다. 이를 통해 데이터 간 의미적 유사성을 기반으로 한 검색 결과를 확인할 수 있습니다. 유사도 검색은 입력한 쿼리와 컬렉션 내 문서들의 임베딩을 비교해 가장 관련성 높은 결과를 반환하는 방식으로 작동합니다. 여기서는 더운 날씨에 필요한 전자기기를 알려달라는 요청으로 시맨틱 검색 기능을 테스트해보겠습니다.

> Please search for electronic devices that can be used in hot weather in the Product collection.

```
{
  "ids":[
    [
      "product_5",
      "product_4",
      ...
    ]
  ],
  "embeddings":null,
  "documents":[
    [
      "The Wiki Electronics wall-mounted air conditioner is a space-efficient
```

```
wall-mou....",
        "The Wiki Electronics stand-type air conditioner is an electronic device capable of quickly ....",
    ...
    ],
    ...
    "distances":[
      [
        0.9619604349136353,
        0.9996940493583679,
        ...
      ]
    ]
}
```

이때 반환된 distances 값은 유사도를 나타내며, 0에 가까울수록 더 높은 유사성을 의미합니다. 따라서 0.96의 유사도를 가진 위키전자 에어컨(The Wiki Electronics wall-mounted air conditioner)이 사용자의 질문에 가장 적합한 답변임을 확인할 수 있습니다.

7.2 SQLite MCP 서버

SQLite[3]는 데이터를 저장하고 관리하는 데 사용하는 가벼운 데이터베이스 프로그램입니다. 별도의 설치나 서버가 필요 없고, 하나의 파일만으로 모든 데이터를 저장할 수 있어 초보자도 쉽게 사용할 수 있습니다. 용량이 작고 빨라서 모바일 앱이나 소형 기기 등에서 널리 쓰입니다. 또한 표준 SQL 문법을 지원해 데이터를 쉽게 추가, 조회, 수정, 삭제할 수 있고, 트랜잭션 기능으로 데이터도 안전하게 보호됩니다. 이번 장에서는 이러한 SQLite를 MCP 서버를 통해 사용하는 방법을 알아봅니다.

7.2.1 SQLite MCP 서버의 주요 기능

SQLite MCP 서버는 다양한 데이터베이스 작업을 쉽고 효율적으로 처리할 수 있도록 여러 도구를 제공합니다. 사용자는 프롬프트를 통해 SQL 쿼리(SELECT, INSERT, UPDATE, DELETE 등)

[3] https://sqlite.org/

를 실행해 데이터를 조회, 추가, 수정, 삭제할 수 있으며, CREATE TABLE 명령으로 새로운 테이블을 생성할 수 있습니다. 또한 데이터베이스 내 모든 테이블 목록과 특정 테이블의 스키마 정보 조회, 데이터 분석 결과를 메모 리소스에 추가하는 기능도 지원합니다. 사용자의 프롬프트를 분석해 적합한 도구가 자동으로 실행되어 편리한 데이터베이스 관리를 돕습니다.

이번 절에서는 아래의 SQLite MCP 서버를 사용해 이러한 기능들을 실습하고 자세히 설명하겠습니다.

- SQLite MCP 서버: https://github.com/modelcontextprotocol/servers-archived/tree/main/src/sqlite

이 저장소에는 SQLite MCP 서버의 소스코드와 관련 자료가 포함돼 있으며, 서버의 설치, 설정, 도구 활용법 등을 확인할 수 있습니다. 이를 기반으로 실제 데이터베이스 작업을 수행하며 MCP 서버의 다양한 기능을 체험할 수 있습니다.

SQLite MCP 서버는 다음과 같은 6가지 도구를 제공합니다. 각 도구의 기능을 이해하기 쉽게 프롬프트와 SQL 쿼리문 예시를 통해 설명하겠습니다.

- 조회 쿼리(read_query): SELECT 쿼리를 실행해 데이터베이스에서 데이터를 조회합니다.

  프롬프트 예시: 2024년 이후 가입한 회원의 이름과 이메일을 보여주세요.

  쿼리 예시:

  ```
  SELECT column1, column2 FROM table_name WHERE condition;
  ```

- 쓰기 쿼리(write_query): INSERT, UPDATE, DELETE 쿼리를 실행해 데이터를 추가, 수정, 삭제합니다.

  프롬프트 예시: 홍길동 회원의 이메일을 업데이트해 주세요.

  쿼리 예시:

  ```
  INSERT INTO table_name (column1, column2) VALUES (value1, value2);
  UPDATE table_name SET column1 = new_value WHERE condition;
  DELETE FROM table_name WHERE condition;
  ```

- 테이블 생성(create_table): CREATE TABLE 문을 실행해 새로운 테이블을 생성합니다.

  프롬프트 예시: 상품 정보를 저장할 테이블을 만들어 주세요.

쿼리 예시:

```
CREATE TABLE table_name (
    column1 datatype constraints,
    column2 datatype constraints,
    ...
);
```

- 테이블 목록 조회(list_tables): 데이터베이스에 존재하는 모든 테이블 목록을 반환합니다.

  프롬프트 예시: 데이터베이스에 어떤 테이블이 있는지 알려주세요.

  쿼리 예시:

  ```
  SELECT name FROM sqlite_master WHERE type='table';
  ```

- 테이블 스키마 조회(describe_table): 특정 테이블의 스키마 정보를 조회합니다.

  프롬프트 예시: users 테이블의 칼럼 정보를 알려주세요.

  쿼리 예시:

  ```
  PRAGMA table_info('table_name');
  ```

- 인사이트 추가(append_insight): 데이터 분석을 통해 발견한 비즈니스 인사이트를 메모 리소스에 추가합니다.

  프롬프트 예시: 2024년 1분기 동안 신규 가입자가 크게 증가했습니다.

이처럼 SQLite MCP 서버를 이용하면 별도로 SQL 문을 작성하지 않아도 AI가 프롬프트의 내용을 자동으로 인식해 원하는 작업을 수행합니다.

7.2.2 SQLite MCP 서버 설정

이번 절에서는 SQLite MCP를 사용하는 데 필요한 SQLite 프로그램을 다운로드합니다. 그러고 나서 SQLite MCP 서버를 이용하기 위해 데이터베이스 파일을 생성한 뒤 클로드 데스크톱에서 SQLite MCP를 설정하고 사용하는 방법까지 알아보겠습니다.

SQLite 설치

윈도우 환경에서 SQLite을 설치할 경우 일반적으로 설치 프로그램을 제공되지 않으므로 직접 프로그램 파일을 다운로드해 환경변수를 설정하는 방식으로 진행해야 합니다. 처음에는 다소 복잡해 보일 수 있지만 이번 절에서 안내하는 순서대로 따라 하면 어렵지 않게 설치할 수 있습니다.[4]

먼저 웹 브라우저를 통해 아래의 SQLite 다운로드 페이지로 이동합니다.

- SQLite 다운로드 페이지: https://sqlite.org/download.html

'Precompiled Binaries for …'라고 적힌 섹션이 여럿 있는데, 각자의 운영체제에 해당하는 섹션에서 파일을 다운로드합니다.

Precompiled Binaries for Windows

sqlite-dll-win-x86-3500100.zip (1.02 MiB)	32-bit DLL (x86) for SQLite version 3.50.1. (SHA3-256: fe382cfa167021ad5789907c0afae762c75fa0a3f92fe38e1a456fe6747a36d9)
sqlite-dll-win-x64-3500100.zip (1.28 MiB)	64-bit DLL (x64) for SQLite version 3.50.1. (SHA3-256: 2bf2afb9a6b94dffcc033f37ebdc50118d0ea9e5536729421efa8fb4eb2a5c5f)
sqlite-tools-win-x64-3500100.zip (6.13 MiB)	A bundle of command-line tools for managing SQLite database files, including (4) sqlite3_rsync.exe. 64-bit. (SHA3-256: a9b26ca6e415f61ada511a14fb2166c9278de3b471702281dd02f3ce97288cfa)

그림 7.3 윈도우용 SQLite 파일 다운로드

SQLite를 명령 프롬프트에서 사용하기 위해 SQLite Tools(예: `sqlite-tools-win-x64-3500100.zip`)도 다운로드해야 합니다. SQLite Tools를 이용하면 데이터베이스를 생성하거나 쿼리를 실행하는 등 다양한 작업을 할 수 있습니다.

다운로드가 완료되면 파일을 저장할 폴더를 먼저 만듭니다. 예를 들어, C 드라이브에 SQLite라는 폴더를 생성합니다. 그런 다음, 다운로드한 DLL 파일과 SQLite Tools 압축 파일을 해당 폴더에 풉니다.

---

4 macOS 환경에서는 터미널에서 `brew install sqlite3` 명령으로 설치할 수 있습니다.

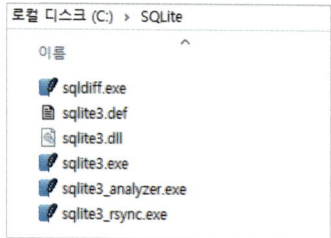

그림 7.4 압축 해제된 sqlite3.dll 파일과 SQLite Tools 파일

그러고 나면 실습에 필요한 파일들을 한곳에서 관리할 수 있습니다.

SQLite 환경변수 등록

명령 프롬프트에서 `sqlite3` 명령어를 사용하려면 먼저 윈도우 환경변수에 SQLite가 설치된 경로를 등록해야 합니다. 이를 위해 윈도우에서 다음과 같이 '시스템 환경 변수 편집'을 검색해 실행합니다.

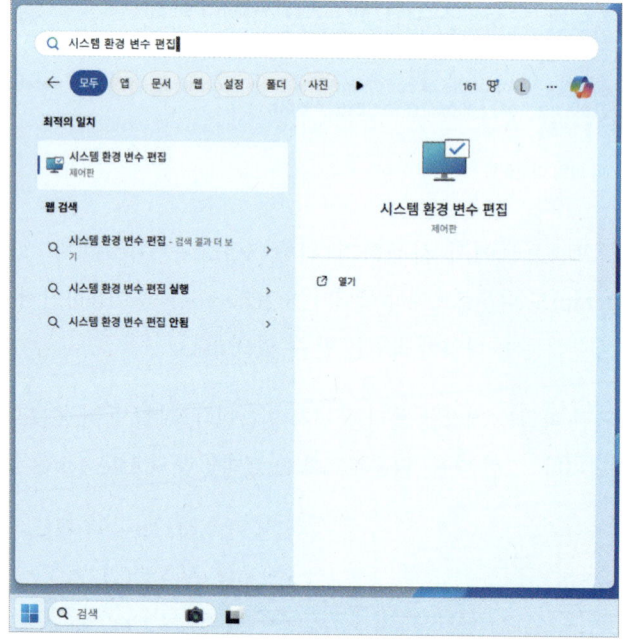

그림 7.5 시스템 환경 변수 편집

그리고 나서 **시스템 속성**에서 **고급** 탭의 **환경 변수** 버튼을 클릭합니다. 환경 변수 창이 열리면 **시스템 변수** 영역에서 **Path**를 선택하고 **편집**을 누릅니다.

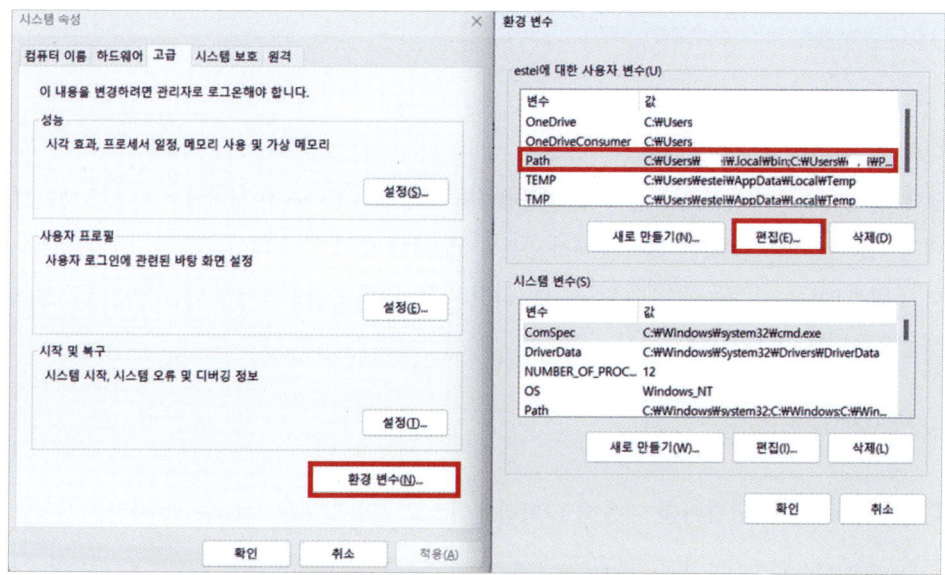

그림 7.6 SQLite 환경변수 설정

이어서 **새로 만들기**를 클릭해 SQLite가 설치된 폴더 경로(이 책에서는 `C:\SQLite`)를 입력한 후 **확인** 버튼을 눌러 변경 사항을 저장합니다.

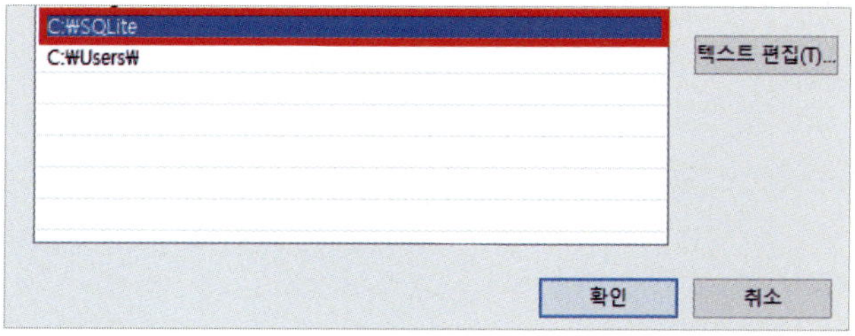

그림 7.7 SQLite 설치 경로 추가

이렇게 설정하면 명령 프롬프트에서 언제든지 `sqlite3` 명령어를 사용할 수 있습니다. 설정이 끝나면 명령 프롬프트를 실행하고, `sqlite3`를 입력했을 때 SQLite 버전 정보가 출력되면 SQLite 설치가 정상적으로 완료된 것입니다.

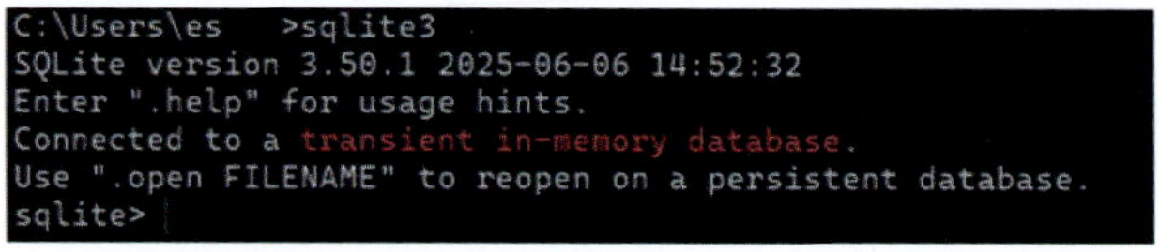

```
C:\Users\es    >sqlite3
SQLite version 3.50.1 2025-06-06 14:52:32
Enter ".help" for usage hints.
Connected to a transient in-memory database.
Use ".open FILENAME" to reopen on a persistent database.
sqlite>
```

그림 7.8 명령프롬프트에서 sqlite3 명령어 실행

SQLite 테스트 및 데이터베이스 생성

앞에서 SQLite를 정상적으로 설치 및 설정했다면 이제 SQLite MCP 서버에서 사용할 데이터베이스를 생성해야 합니다. 먼저 앞에서 만든 `C:\SQLite` 폴더 안에 데이터베이스 파일을 저장하기 위해 `Database`라는 폴더를 만듭니다. 그런 다음, 명령 프롬프트에서 다음 명령어로 새로 생성한 폴더로 이동합니다.

```
cd C:\SQLite\Database
```

다음으로, `sqlite3` 명령어를 이용해 데이터베이스로 사용할 `mydatabase.db` 파일을 생성합니다.

```
sqlite3 mydatabase.db
```

그럼 SQLite가 실행되면서 `sqlite>`라는 프롬프트가 표시됩니다. 이곳에서 다음 SQL 문을 입력해 `member`라는 테이블을 만듭니다.

```sql
CREATE TABLE member (
  id INTEGER,
  name TEXT
);
```

테이블 생성을 완료한 후 `sqlite>` 프롬프트에서 빠져나가려면 다음과 같이 `.exit`를 입력합니다.

```
sqlite> .exit
```

작업을 완료하고 나면 Database 폴더에 `mydatabase.db` 파일이 생성되고, 데이터베이스 안에는 `member` 테이블이 생성돼 있을 것입니다.

클로드 데스크톱 설정 및 테스트

클로드 데스크톱에서 방금 생성한 SQLite 데이터베이스 파일을 사용하려면 클로드 설정 파일을 열고 `--db-path` 옵션 아래에 해당 데이터베이스 파일이 위치한 절대 경로를 지정합니다.

```
{
  "mcpServers": {
    "sqlite": {
      "command": "uvx",
      "args": [
        "mcp-server-sqlite",
        "--db-path",
        "C:\\SQLite\\Database\\mydatabase.db"
      ]
    }
  }
}
```

설정을 완료하면 클로드 데스크톱을 완전히 종료하고 재시작해서 데이터베이스 경로가 SQLite MCP 서버에 정상적으로 적용되게 합니다.

이제 SQLite MCP 서버를 테스트하기 위해 다음과 같은 프롬프트로 앞에서 생성한 테이블(member)이 mydatabase.db에 존재하는지 확인할 수 있습니다.

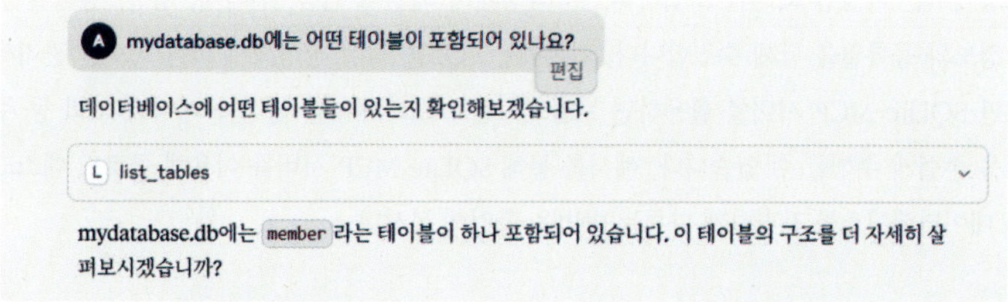

> **mydatabase.db에는 어떤 테이블이 포함되어 있나요?**
> 편집
>
> 데이터베이스에 어떤 테이블들이 있는지 확인해보겠습니다.
>
> > L list_tables ⌄
>
> mydatabase.db에는 `member` 라는 테이블이 하나 포함되어 있습니다. 이 테이블의 구조를 더 자세히 살펴보시겠습니까?

그림 7.9 SQLite MCP 서버를 활용한 테이블 조회

보다시피 데이터베이스 내 테이블 목록이 정상적으로 조회되면 SQLite와의 연결이 제대로 완료된 것입니다.

문제 해결 가이드

SQLite MCP 서버를 설정할 때 다음과 같은 문제가 발생할 수 있습니다. 이러한 문제는 주로 환경변수 설정이나 파일 경로 지정을 통해 해결할 수 있습니다.

표 7.1 SQLite와 관련해서 발생할 수 있는 문제 상황 및 해결 방법

문제 상황	해결 방법
sqlite3 명령어가 인식되지 않음	환경변수(Path)에 SQLite 설치 경로가 정확히 입력돼 있는지 확인하고, 오타나 누락이 없는지 점검합니다.
클로드 데스크톱에서 데이터베이스를 찾을 수 없음	클로드 데스크톱 설정 파일의 --db-path 옵션에 실제 데이터베이스 파일의 경로가 절대 경로로 올바르게 입력돼 있는지 확인합니다.
데이터베이스 파일이나 테이블이 생성되지 않음	명령 프롬프트에서 데이터베이스 파일과 테이블이 정상적으로 생성됐는지 확인하고, 필요 시 다시 생성합니다.

7.2.3 SQLite MCP 서버 활용 사례

SQLite 서버를 활용하면 테이블 생성, 삭제, 조회 등 기존 관계형 데이터베이스에서 가능한 다양한 작업을 수행할 수 있습니다. 이번에는 가상의 예시를 통해 SQLite MCP 서버를 실전에서 어떻게 활용하는지 구체적으로 알아보겠습니다.

회원 관리 시스템 구축과 사용

헬스장에서는 다양한 회원을 모집하며, 이 과정에서 회원의 이름, 연락처, 성별, 생년월일 등 개인정보와 등록일을 함께 수집합니다. 기존에는 SQL을 직접 작성해서 회원 정보를 관리해야 했지만 SQLite MCP 서버를 활용하면 프롬프트만으로도 테이블 생성과 데이터 조회 등 주요 작업을 손쉽게 수행할 수 있습니다. 예시를 통해 SQLite MCP 서버를 이용해 클로드 데스크톱에서 데이터베이스를 간편하게 다루는 방법을 확인해 봅시다.

07 _ [실전 활용법] 벡터 데이터베이스 구축과 회원관리 시스템 구현   149

01. 테이블 생성 및 샘플 데이터 삽입

클로드 데스크톱에서 다음 프롬프트를 실행하면 먼저 create_table 명령을 통해 user 테이블이 생성되고, 이어서 write_query(INSERT INTO user…)가 실행되어 샘플 데이터가 삽입됩니다.

> User 테이블을 생성하고, 회원 이름, 연락처, 성별, 생년월일, 등록일 칼럼을 포함한 뒤 5개의 샘플 데이터를 삽입해주세요.

데이터베이스에 삽입된 샘플 데이터는 다음과 같습니다.

user_id	user_name	phone_number	gender	birth_date	registration_date
1	김민수	010-1111-2222	M	1990-05-15	2024-01-10 09:30:00
2	이지은	010-2222-3333	F	1995-08-22	2024-02-15 14:20:00
3	박준호	010-3333-4444	M	1988-11-03	2024-03-05 11:15:00
4	최유진	010-4444-5555	F	1992-03-30	2024-03-20 16:45:00
5	한지민	010-5555-6666	F	1998-07-12	2024-04-01 10:00:00

02. 신규 회원 추가 요청

신규 회원을 추가하는 경우 다음과 같은 프롬프트를 입력하면 SQLite MCP 서버를 통해 write_query(INSERT INTO user…) 명령이 실행되고, 회원 정보가 데이터베이스에 추가됩니다.

> 아래는 신규 회원의 정보입니다. User 테이블에 회원을 추가해 주세요.
> 정보 : 홍길동',전화번호: '010-6789-0123',성별: '남',생년월일: '1992-08-18',등록일자:'2025-05-15

user_id	user_name	phone_number	gender	birth_date	registration_date
1	김민수	010-1111-2222	M	1990-05-15	2024-01-10 09:30:00
2	이지은	010-2222-3333	F	1995-08-22	2024-02-15 14:20:00
3	박준호	010-3333-4444	M	1988-11-03	2024-03-05 11:15:00
4	최유진	010-4444-5555	F	1992-03-30	2024-03-20 16:45:00
5	한지민	010-5555-6666	F	1998-07-12	2024-04-01 10:00:00
6	**홍길동**	010-6789-0123	M	1992-08-18	2025-05-15 00:00:00

03. 회원 조회

데이터를 조회할 경우 다음과 같은 프롬프트를 활용할 수 있습니다. 이 경우 SQLite MCP 서버의 read_query가 실행되며, WHERE 절을 포함한 다양한 조건으로 원하는 정보를 검색할 수 있습니다. 또한 집계 함수(aggregation)도 함께 사용할 수 있어 데이터의 합계나 평균 등 통계 정보도 쉽게 확인할 수 있습니다.

> User 테이블에서 5월에 등록한 회원 목록을 조회해 주세요.
> User 테이블에서 남성 회원과 여성회원의 수가 각각 몇명인지 알려주세요.
> User 테이블에서 이름이 '홍길동'인 회원의 등록일자를 알려주세요.

SQLite MCP 서버를 이용한 다양한 데이터 분석

이 책의 깃허브 저장소에서는 20개의 회원 정보가 담긴 데이터 파일(user_dummy_data.csv)을 다운로드할 수 있습니다. 이번 절에서는 깃허브 저장소의 아래 파일을 활용해 회원 데이터를 분석해보겠습니다.

- 07.Database/user_dummy_data.csv

일반적으로 파이썬을 이용해 CSV 파일을 읽어 들여 데이터베이스 테이블에 삽입할 수도 있지만 여기서는 SQLite MCP 서버의 기능을 활용해 CSV 파일에 있는 모든 데이터를 프롬프트로 입력해 한 번에 테이블에 저장하겠습니다. CSV 파일의 내용을 복사해서 프롬프트 하단에 붙여 넣고 실행합니다.

```
SQLite MCP 서버를 이용하여 User 테이블을 생성하고 아래의 데이터를 넣어주세요.

user_id,user_name,phone_number,gender,birth_date,registration_date
1,김수민,044-218-1960,F,1965-09-23,2023-12-11 08:36:23
2,김서연,017-863-7940,F,1995-08-14,2023-10-29 06:37:15
3,이상현,053-116-1559,M,1975-05-09,2023-08-05 09:18:10
4,김지훈,032-849-5931,M,1966-05-21,2023-12-18 02:57:13
5,김상호,033-647-5255,M,1973-02-04,2024-01-15 16:04:39
...
```

위와 같이 새로 삽입한 데이터를 대상으로 SQLite MCP 서버의 기능들을 활용해 보겠습니다.

- **회원 정보 수정(UPDATE)**: 데이터베이스에 저장된 특정 회원의 정보를 변경합니다.

    User 테이블에서 user_id가 3인 회원의 연락처를 '010-9999-8888'로 변경해 주세요.

구분	user_id	user_name	phone_number	gender	birth_date	registration_date
변경 전	3	이상현	053-116-1559	M	1975-05-09	2023-08-05 09:18:10
변경 후	3	이상현	**010-9999-8888**	M	1975-05-09	2023-08-05 09:18:10

    user_id로 조회한 후, 연락처가 정상적으로 변경된 것을 확인할 수 있습니다.

- **회원 삭제(DELETE)**: 데이터베이스에서 특정 회원의 정보를 완전히 삭제합니다.

    프롬프트: 테이블에서 이름이 '김서연'인 회원을 삭제해 주세요.

user_id	user_name	phone_number	gender	birth_date	registration_date
1	김수민	044-218-1960	F	1965-09-23	2023-12-11 08:36:23
3	이상현	010-9999-8888	M	1975-05-09	2023-08-05 09:18:10
4	김지훈	032-849-5931	M	1966-05-21	2023-12-18 02:57:13

    user_id가 2번이었던 '김서연' 회원이 삭제된 것을 확인할 수 있습니다.

- **조건부 조회 및 정렬**: 특정 조건에 맞는 데이터를 선별해 원하는 순서대로 정렬해 조회합니다.

    User 테이블에서 2024년 3월 이후에 가입한 회원을 가입일 순으로 정렬해 보여주세요.

user_id	user_name	phone_number	gender	birth_date	registration_date
7	김지은	053-641-3953	F	1991-05-19	2024-04-18 15:34:44
16	김미정	011-973-7631	F	1968-06-24	2024-05-14 12:31:58
17	박정웅	018-106-5133	M	1972-04-21	2024-05-27 08:25:40
9	박정훈	033-226-9166	M	1988-12-08	2024-06-10 13:10:35
13	김예지	032-822-7824	F	1986-02-20	2024-09-19 18:03:50
...	...	...	...	...	...

- **부분 검색(Like, Contains)**: 특정 문자열이 포함된 데이터를 찾기 위해 LIKE 연산자나 CONTAINS 함수를 사용해 부분 일치하는 값을 조회합니다.

    User 테이블에서 이름에 '민'이 포함된 회원을 모두 조회해 주세요.

user_id	user_name	phone_number	gender	birth_date	registration_date
1	김수민	044-218-1960	F	1965-09-23	2023-12-11 08:36:23
8	박수민	044-884-9696	F	1979-05-07	2025-07-02 04:11:14

- **통계 및 집계**: 데이터베이스에 저장된 정보에 대해 집계 함수(예: COUNT, SUM, AVG, MAX, MIN 등)와 그룹화(GROUP BY) 기능을 활용해 다양한 통계 결과를 도출합니다.

User 테이블에서 연도별 신규 가입자 수를 집계해 주세요.

연도	신규 가입자 수
2023	7명
2024	9명
2025	3명

strftime과 COUNT 같은 함수들을 이용해 연도별 신규 가입자 수를 간단하게 집계할 수 있습니다.

User 테이블에서 30세 미만 회원의 평균 나이를 계산해 주세요.

조건	평균 나이
30세 미만 회원	23.0세

- **복합 조건 검색**: 여러 조건을 동시에 적용해 원하는 데이터를 선별적으로 조회합니다.

User 테이블에서 2024년 3월 이후에 가입한 여성 회원의 목록을 조회해 주세요.

user_id	user_name	phone_number	birth_date	registration_date
7	김지은	053-641-3953	1991-05-19	2024-04-18 15:34:44
16	김미정	011-973-7631	1968-06-24	2024-05-14 12:31:58
13	김예지	032-822-7824	1986-02-20	2024-09-19 18:03:50
12	유하은	016-570-1543	1966-11-18	2025-04-06 00:23:36
8	박수민	044-884-9696	1979-05-07	2025-07-02 04:11:14

보다시피 성별이 여자이고, 가입일이 2024년 3월 이후인 회원을 확인할 수 있습니다.

이처럼 SQLite MCP 서버를 활용하면 외부 데이터를 프롬프트로 입력해 손쉽게 저장할 수 있으며, 이후 회원 정보의 수정과 삭제, 조건부 조회, 부분 검색, 통계 및 집계, 복합 조건 검색 등 다양한 데이터베이스 작업을 간편하게 수행할 수 있습니다. 이러한 기능을 통해 회원 관리, 데이터 분석, 마케팅 등 실무에서 필요한 여러 시나리오를 효과적으로 테스트하고 실제 업무에 활용할 수 있습니다.

7.3 크로마 MCP 서버와 SQLite MCP 서버를 함께 활용하기

앞에서 크로마를 예로 들어 시맨틱 검색이 가능한 벡터 데이터베이스의 장점과 SQLite를 예로 들어 구조화된 데이터를 효율적으로 관리할 수 있는 관계형 데이터베이스의 특징을 살펴봤습니다. 이번 절에서는 이 두 시스템을 융합해 실제 서비스에서 어떻게 함께 활용할 수 있는지 가상의 시나리오를 통해 설명합니다.

7.3.1 가상의 노트북 판매 쇼핑몰 데이터베이스 구축

이번 프로젝트에서는 가상의 노트북 쇼핑몰을 구축하는 과정을 예로 들어 설명합니다. 정확한 수치 집계와 조건별 분석을 위해 상품명, 가격, 재고, 카테고리와 같은 구조적 정보는 SQLite 데이터베이스에 저장합니다. 한편, 상품명, 상품 설명, 리뷰 등 비정형 텍스트 데이터는 크로마 컬렉션에 임베딩해서 시맨틱(의미 기반) 검색에 활용할 수 있도록 구성합니다.

데이터베이스 설계 및 데이터 삽입

노트북 예시 데이터의 경우 표로 정리할 수 있는 구조적 정보(상품명, 가격, 재고, 카테고리, 브랜드, 저장장치 등)는 SQLite MCP 서버를 이용해 저장하고, 상품명, 상세 설명, 사용자 리뷰 등 자연어로 된 비정형 정보는 크로마 MCP 서버의 컬렉션에 저장해 시맨틱 검색과 추천에 활용할 수 있도록 합니다. 다음과 같은 프롬프트를 사용해 클로드가 각 데이터의 특성에 맞게 자동으로 분리 저장하도록 요청합니다.

> 아래의 노트북 예시 데이터를 생성한 뒤, 각 데이터의 특성에 맞게 적절한 데이터베이스에 저장해 주세요.

> - 상품명, 가격, 재고, 카테고리와 같은 구조적 정보는 SQLite MCP 서버를 이용해 저장해 주세요.
> - 상품명, 상세 설명, 리뷰 등 비정형 텍스트 데이터는 Chroma MCP 서버의 컬렉션에 저장해 자연어 기반 검색에 활용할 수 있도록 해 주세요.

이 프롬프트를 입력하면 클로드가 데이터를 분석해 각 데이터베이스에 알맞게 저장 작업을 수행합니다.

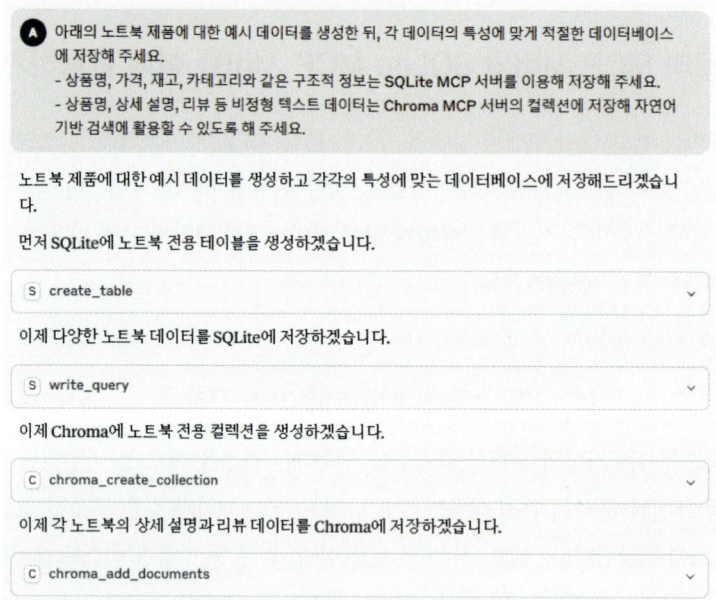

그림 7.10 클로드 데스크톱에서 노트북 제품과 관련된 샘플 데이터베이스 및 컬렉션 생성

다음과 같이 제품들이 데이터베이스에 저장된 것을 확인할 수 있습니다. 예시 데이터는 다음과 같이 저장돼 있습니다.

표 7.5 데이터베이스에 생성된 예시 테이블 형태

상품명	가격(원)	재고(개)	카테고리	브랜드	…	저장장치
맥북 에어 M3 13인치	1,590,000	25	노트북	Apple	..	256GB SSD
맥북 프로 14인치 M3 Pro	2,890,000	15	노트북	Apple	…	512GB SSD
LG 그램 17인치 2024	1,890,000	18	노트북	LG	…	512GB SSD

상품명	가격(원)	재고(개)	카테고리	브랜드	...	저장장치
삼성 갤럭시 북4 Pro	1,650,000	22	노트북	Samsung	...	512GB SSD
레노버 ThinkPad X1 Carbon	2,250,000	12	노트북	Lenovo	...	512GB SSD
...	...	...	...	...	...	...

비정형 텍스트 데이터는 크로마의 컬렉션에 다음과 같은 구조로 저장됩니다. 해당 데이터에는 상품명뿐만 아니라 사용자의 리뷰와 상품에 대한 설명이 담겨 있습니다.

```
{
  `ids`: [
    `laptop_1`,
    ...
  ],
  `documents`: [
    `맥북 에어 M3 13인치는 애플의 최신 M3 칩셋을 탑재한 초경량 노트북입니다. 무게는 단 1.24kg로 휴대성이 뛰어나며, 18시간의 배터리 지속시간을 자랑합니다. 13.6인치 Liquid Retina 디스플레이와 MagSafe 충전을 지원합니다. 사용자 리뷰: 무게가 가볍고 배터리가 정말 오래 갑니다. 발열도 거의 없고 조용해서 카페에서 작업하기 좋아요. 성능도 일반 업무용으로는 충분합니다.`,
    ....
  ],
  `metadatas`: `[
  ....
  `collection_name`: `laptop_products`
}
```

통합 검색 활용 예시

이렇게 분리 저장된 데이터는 각각의 특성에 맞게 다양하게 활용할 수 있습니다. SQLite 데이터베이스에서는 가격, 재고, 카테고리 등과 같은 구조적 정보를 바탕으로 조건별 필터링, 집계, 통계 분석이 가능합니다.

크로마 컬렉션을 활용하면 상품명, 상세 설명, 사용자 리뷰 등과 같은 비정형 텍스트 데이터를 기반으로 자연어 유사도 검색, 리뷰 분석, 시맨틱 추천 등 다양한 고급 검색 기능을 이용할 수 있습니다. 이로써 사용자는 단순한 키워드 일치에 의존하지 않고, 예를 들어 '배터리가 오래가고 무게가 가벼운 제품'처럼 구체적인 사용 경험이나 특징을 자연어로 입력해도 의미적으로 가장 유사한 상품을 손쉽게 찾을 수 있습니다.

예를 들어, 사용자가 200만 원 이하의 노트북 중에서 배터리가 오래가고 무게가 가벼운 제품을 찾는다면 다음과 같은 프롬프트를 입력해 원하는 제품을 쉽게 조회할 수 있습니다.

> 1. SQLite MCP 서버를 이용해 "laptops" 테이블에서 가격이 200만원 이하인 노트북을 모두 조회해 주세요.
> 2. 조회된 노트북 중에서, ChromaDB의 laptop_products 컬렉션을 활용해 배터리가 오래가고 무게가 가벼운 제품을 추천해 주세요.

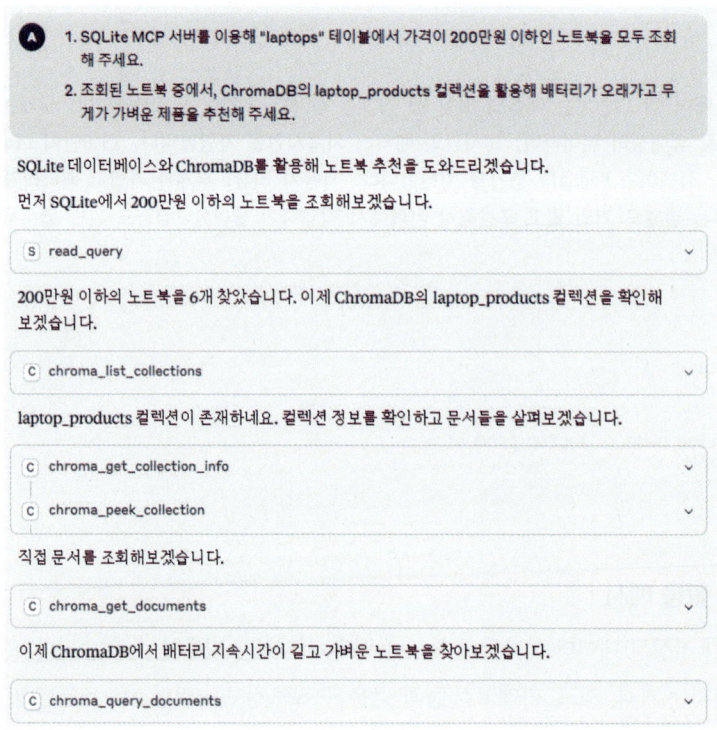

그림 7.11 특정 조건의 노트북 제품 조회

이렇게 하면 가격 조건에 맞는 노트북을 SQLite MCP 서버에서 먼저 선별하고, 그중 배터리 성능이 우수하고 휴대성이 뛰어난 제품을 크로마 MCP 서버의 의미 기반 검색 기능을 통해 효과적으로 찾을 수 있습니다.

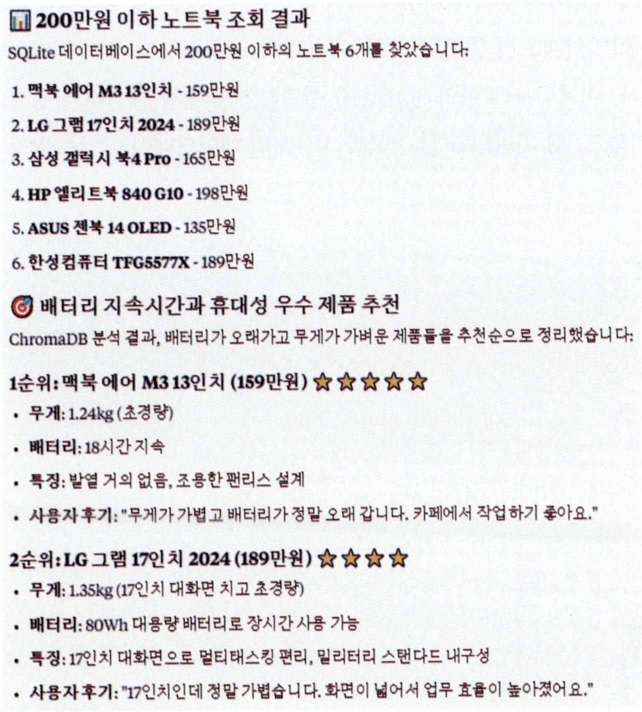

```
📊 200만원 이하 노트북 조회 결과
SQLite 데이터베이스에서 200만원 이하의 노트북 6개를 찾았습니다:

1. 맥북 에어 M3 13인치 - 159만원
2. LG 그램 17인치 2024 - 189만원
3. 삼성 갤럭시 북4 Pro - 165만원
4. HP 엘리트북 840 G10 - 198만원
5. ASUS 젠북 14 OLED - 135만원
6. 한성컴퓨터 TFG5577X - 189만원

🎯 배터리 지속시간과 휴대성 우수 제품 추천
ChromaDB 분석 결과, 배터리가 오래가고 무게가 가벼운 제품들을 추천순으로 정리했습니다:

1순위: 맥북 에어 M3 13인치 (159만원) ⭐⭐⭐⭐⭐
 • 무게: 1.24kg (초경량)
 • 배터리: 18시간 지속
 • 특징: 발열 거의 없음, 조용한 팬리스 설계
 • 사용자 후기: "무게가 가볍고 배터리가 정말 오래 갑니다. 카페에서 작업하기 좋아요."

2순위: LG 그램 17인치 2024 (189만원) ⭐⭐⭐⭐
 • 무게: 1.35kg (17인치 대화면 치고 초경량)
 • 배터리: 80Wh 대용량 배터리로 장시간 사용 가능
 • 특징: 17인치 대화면으로 멀티태스킹 편리, 밀리터리 스탠다드 내구성
 • 사용자 후기: "17인치인데 정말 가볍습니다. 화면이 넓어서 업무 효율이 높아졌어요."
```

그림 7.12 특정 조건의 노트북 제품을 조회한 결과

이를 통해 사용자는 자신이 원하는 조건과 실제 사용자 경험을 모두 반영한 맞춤형 노트북을 좀 더 면밀하게 검색할 수 있습니다.

7.4 정리

이번 장에서는 NoSQL 벡터 데이터베이스인 크로마 기반의 MCP 서버와 구조화된 데이터를 관리하는 관계형 데이터베이스인 SQLite 기반의 MCP 서버의 개념과 활용법을 배웠습니다. 먼저 크로마 MCP 서버를 통해 의미 기반의 시맨틱 검색을 빠르게 수행할 수 있다는 점을 실습

예시와 함께 확인했습니다. 이어서 SQLite MCP 서버를 통해 회원 관리나 상품 관리처럼 명확하게 구조화된 데이터를 테이블 형태로 저장하고, SQL을 이용해 효율적으로 조회 및 수정할 수 있음을 확인했습니다.

두 시스템을 함께 사용하면 상품의 상세 설명이나 리뷰는 크로마에 임베딩해 시맨틱 검색에 활용하고, 가격, 재고, 카테고리 등 구조적 정보는 SQLite에 저장해 조건 필터링이나 통계에 활용할 수 있습니다. 이처럼 크로마와 SQLite를 결합하면 비정형 데이터와 정형 데이터를 모두 효과적으로 관리하고, AI 기반의 고급 검색과 전통적인 데이터베이스 기능을 동시에 구현할 수 있습니다.

08

[실전 활용법]
파일 시스템 관리

파일 시스템(Filesystem) MCP 서버를 이용하면 프롬프트만으로 파일을 읽거나 여러 파일을 동시에 확인하고, 폴더를 생성하거나 편집하는 등 다양한 작업을 할 수 있습니다. 그뿐만 아니라 파일을 이동하거나 이름을 변경하고, 원하는 파일을 빠르게 검색하거나 파일의 상세 정보를 확인하는 등의 작업도 간편하게 처리할 수 있습니다.

이번 장에서는 이러한 파일 시스템 MCP 서버의 활용 방법과 실제 적용 사례를 살펴보겠습니다.

8.1 파일 시스템 MCP 서버

윈도우의 파일 시스템은 컴퓨터에서 파일과 폴더를 체계적으로 저장하고 관리하는 구조로, 사용자는 파일 탐색기를 통해 손쉽게 파일을 생성하거나 삭제하고, 폴더를 만들어 자료를 분류할 수 있습니다. 각 파일과 폴더는 고유한 경로를 가지며, 각 드라이브(C:, D: 등) 아래에 계층적으로 정리됩니다. 또한 NTFS, exFAT, FAT32 등 다양한 형식을 지원하고, 파일 이름, 크기, 생성일, 수정일 등 여러 정보를 함께 관리할 수 있어 원하는 파일을 쉽게 찾고 효율적으로 데이터를 관리할 수 있습니다.

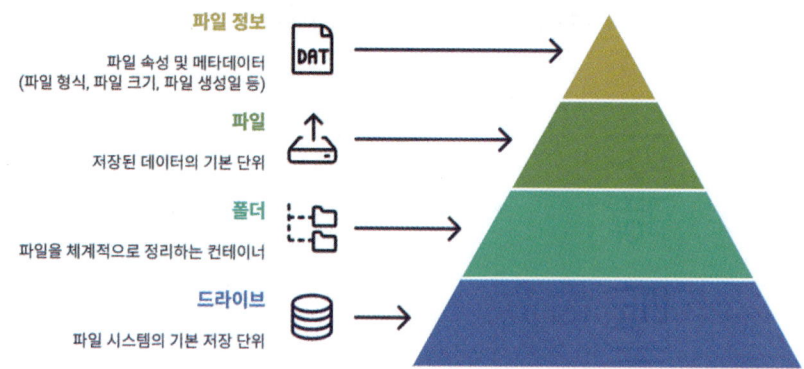

그림 8.1 윈도우 파일 시스템의 계층 구조

파일 시스템 MCP 서버를 활용하면 이러한 파일과 폴더 관리를 더욱 쉽고 빠르게 처리할 수 있어 파일 시스템 운영이 한층 더 편리해집니다.

8.1.1 파일 시스템 MCP 서버란?

이번 장에서 활용할 파일 시스템 MCP 서버는 Node.js 기반으로 구현된 MCP 서버로, 파일과 디렉터리 작업을 안전하게 사용할 수 있게 해줍니다. 이 서버의 가장 큰 특징은 사용자가 지정한 특정 디렉터리 안에서만 모든 작업이 이뤄진다는 점입니다. 이를 통해 시스템 전체에 대한 접근 위험 없이 프로젝트나 작업에 필요한 파일만 안전하게 관리할 수 있습니다. 또한 도커(Docker), npx, VS Code 등 다양한 환경에서 손쉽게 통합할 수 있어 개발자와 AI 클라이언트 모두에게 높은 호환성과 편의성을 제공합니다.

파일 시스템 MCP 서버는 아래의 MCP 서버 공식 사이트에 공개돼 있으며, 파일 시스템 MCP 서버와 관련된 자세한 내용을 확인할 수 있습니다.

- https://github.com/modelcontextprotocol/servers/tree/main/src/filesystem

8.1.2 파일 시스템 MCP 서버의 기능

파일 시스템 MCP 서버는 다양한 파일 작업을 자동화하고 안전하게 처리할 수 있도록 여러 가지 도구를 제공합니다. 각 도구는 파일 시스템의 주요 기능과 직접 연관돼 있습니다. 파일 시스템 MCP 서버는 다음과 같은 기능을 제공하며, 자세한 내용은 앞에서 소개한 깃허브 저장소에서 확인할 수 있습니다.

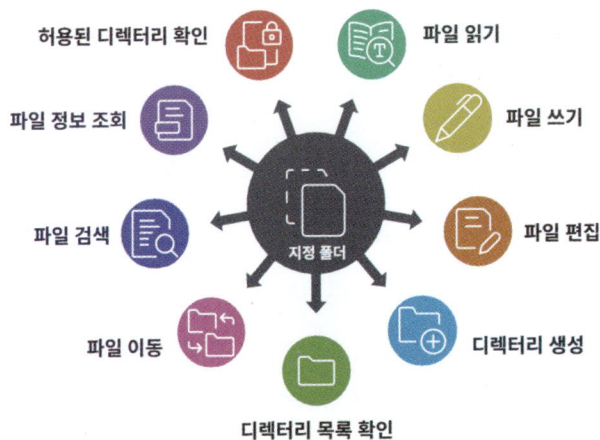

그림 8.2 파일 시스템 MCP 기능

- 파일 읽기(read_file/read_multiple_files): 단일/여러 파일을 읽어 들임
- 파일 쓰기(write_file): 새 파일을 생성하거나 기존 파일을 덮어씀
- 파일 편집(edit_file): 파일 내 특정 내용을 찾아 선택적으로 수정
- 디렉터리 생성(create_directory): 새 디렉터리를 생성하거나 이미 있으면 그대로 유지
- 디렉터리 목록 확인(list_directory): 디렉터리 내 파일 및 폴더 목록을 확인
- 파일 이동(move_file): 파일이나 디렉터리를 이동하거나 이름을 변경
- 파일 검색(search_files): 지정한 패턴으로 파일이나 디렉터리를 재귀적으로 검색
- 파일 정보 조회(get_file_info): 파일 또는 디렉터리의 크기, 생성일, 권한 등 상세 정보를 조회
- 허용된 디렉터리 확인(list_allowed_directories): MCP 서버가 접근 가능한 디렉터리 목록을 표시

이러한 도구들은 사용자가 입력한 프롬프트를 통해 손쉽게 호출할 수 있습니다. 예를 들어, 'A 파일을 B 폴더로 옮겨주세요'라는 프롬프트가 입력되면 AI가 이를 인식해서 먼저 디렉터리 목록 확인(list_directory) 도구로 A 파일의 위치를 확인한 뒤, 파일 이동(move_file) 도구를

실행해 파일을 B 폴더로 옮깁니다. 기존에는 파일을 클릭하고 드래그하는 방식으로 직접 작업해야 했지만 파일 시스템 MCP 서버를 활용하면 이러한 수동 작업 없이도 프롬프트나 간단한 요청만으로 다양한 파일 작업을 손쉽게 처리할 수 있습니다. 결과적으로 파일 시스템 MCP 서버를 AI 클라이언트와 연동하면 파일 관리, 자동화, 협업 등 다양한 환경에서 효율적이고 안전하게 파일 시스템을 제어할 수 있습니다.

8.2 파일 시스템 MCP 서버 설정

파일 시스템 MCP 서버를 사용하려면 우선적으로 접근을 허용할 폴더를 생성해야 합니다. 이후 해당 폴더 경로를 파일 시스템 MCP 서버의 설정에 등록하면 클로드 데스크톱이 해당 폴더 내의 파일만 읽고 쓸 수 있게 됩니다. 이러한 방식은 원치 않는 다른 폴더나 파일에 AI가 접근하는 것을 방지함으로써 보안을 강화하는 데 도움이 됩니다.

8.2.1 로컬 환경 구성

파일 시스템 MCP 서버를 사용하려면 먼저 대상 폴더를 만들어야 합니다. 이 책에서는 C 드라이브에 `MCP_Folder`라는 이름의 폴더를 만들었습니다. 이 폴더를 생성하고 나면 다음과 같은 예시용 고객 데이터를 복사해 해당 폴더에 `customer_data.csv`라는 이름의 파일로 저장합니다. 나중에 파일 시스템 MCP 서버를 설정하고 폴더를 등록하면 서버가 해당 폴더의 파일에 접근해서 이용할 수 있습니다.

예제 8.1 customer_data.csv 파일의 내용

```
이름,나이,성별,구매금액(만원),방문빈도(월),결제방법,만족도(1~5)
김민수,56,남,35.7,12,모바일 결제,4
이지은,46,여,2.0,10,현금,1
박준호,32,남,48.5,6,현금,3
정서연,25,여,41.8,13,모바일 결제,5
최현우,38,남,11.4,12,현금,3
한수진,56,여,9.9,9,모바일 결제,5
조윤아,36,여,10.0,1,모바일 결제,1
```

8.2.2 파일 시스템 MCP 서버 설정

파일 시스템 MCP 서버를 설정할 때는 AI가 파일을 읽고 쓰거나 디렉터리를 관리할 수 있도록 MCP 서버가 접근할 수 있는 폴더 경로를 명확히 지정해야 합니다. 클로드 데스크톱의 설정 파일인 claude_desktop_config.json 파일에서 다음과 같은 파일 시스템 MCP 서버 설정을 추가하고, "C:\\MCP_Folder" 부분처럼 파일 시스템 MCP 서버가 실제로 접근해야 하는 폴더 경로를 입력하면 됩니다.

```
{
  "mcpServers": {
    ... 생략 ...
    "filesystem": {
      "command": "npx",
      "args": [
        "-y",
        "@modelcontextprotocol/server-filesystem",
        "C:\\MCP_Folder"
      ]
    }
  }
}
```

즉, "C:\\MCP_Folder" 부분을 각자 원하는 폴더 경로로 변경하면 해당 폴더만 MCP 서버를 통해 안전하게 제어할 수 있습니다. 이후 클로드 데스크톱을 종료하고 재시작하면 파일 시스템 MCP 서버를 사용할 수 있으며, 지정한 폴더를 대상으로 다양한 작업이 가능해집니다.

8.3 파일 시스템 MCP 서버 활용 사례

파일 시스템 MCP 서버는 다양한 방식으로 활용할 수 있습니다. 기본적으로는 파일 시스템 MCP 서버를 통해 파일을 생성하고 관리하는 방법이 있으며, 더 나아가 특정 파일을 검색해 클로드 데스크톱에서 열어 코드 리뷰를 받거나 데이터를 분석하는 등으로 응용할 수도 있습니다. 이번 절에서는 이러한 기본적인 사용법부터 실제 활용 사례까지 차례로 알아보겠습니다.

8.3.1 기본 사용법

파일 시스템 MCP 서버는 파일의 생성, 삭제, 수정 등 다양한 기능을 제공합니다. 다음과 같은 프롬프트를 활용하면 파일 시스템 MCP의 주요 기능을 손쉽게 사용할 수 있습니다.

- 디렉터리 확인(list_directory): 파일 및 폴더의 내용을 조회합니다.

    > 프롬프트 예시: "폴더에 어떤 파일이나 폴더가 있는지 알려주세요."

- 폴더 또는 파일 생성(create_directory, write_file): 폴더 및 파일을 생성하거나 기존 파일을 덮어씁니다.

    > 프롬프트 예시: "폴더를 생성하고 그 안에 파일을 생성해주세요."

- 특정 폴더에 있는 파일 읽기(read_text_file): 텍스트 파일을 읽어 들입니다.

    > 프롬프트 예시: "지정한 폴더의 파일 내용을 읽어주세요."

- 파일 또는 폴더 검색(search_files): 키워드에 해당하는 파일/디렉터리를 재귀적으로 검색합니다.

    > 프롬프트 예시: "[키워드]가 포함된 파일이나 폴더를 찾아주세요."

- 파일 또는 폴더 옮기기(move_file): 파일 및 디렉터리를 이동하거나 이름을 변경합니다.

    > 프롬프트 예시: "해당 파일을 지정한 폴더로 이동해 주세요."

8.3.2 활용 사례

이번에는 파일 시스템 MCP 서버의 좀 더 다양한 활용 사례를 알아보겠습니다.

데이터 파일 분석

텍스트, JSON, CSV 등 다양한 데이터 형식을 파일 시스템 MCP 서버를 통해 직접 읽고 분석할 수 있습니다. 예를 들어, 앞에서 CSV 파일로 저장해둔 customer_data.csv 파일을 열어 분석한 뒤, 분석 결과를 텍스트 형식으로 저장할 수 있습니다.

> MCP_Folder에 위치한 customer_data.csv 파일을 열어 분석한 뒤, 분석 결과를 요약하여 MCP_Folder에 'analysis_result.txt'라는 이름으로 저장해주세요.

08 _ [실전 활용법] 파일 시스템 관리

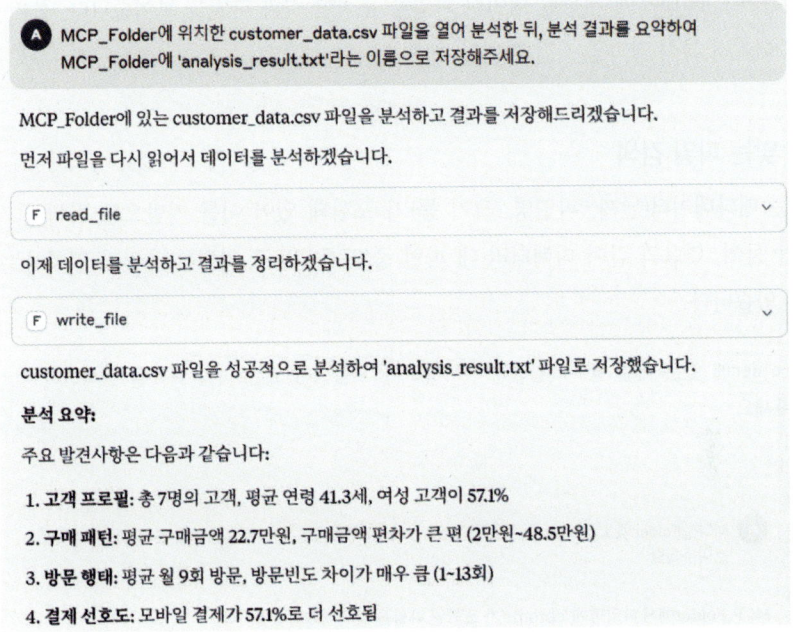

그림 8.3 파일 시스템 MCP 서버를 이용한 CSV 파일 분석

위와 같은 프롬프트를 입력하면 파일 시스템 MCP 서버가 `read_file` 도구로 데이터를 읽고 분석한 후 `write_file` 도구를 통해 분석 결과를 저장합니다.

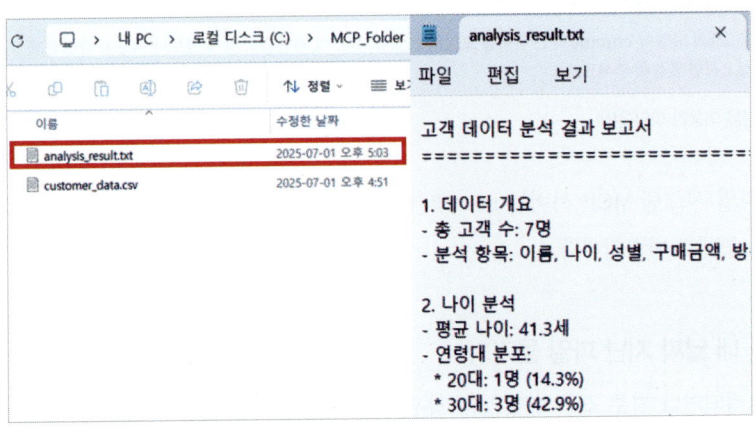

그림 8.4 파일 시스템 MCP 서버를 이용한 분석 결과 확인

위 그림은 `MCP_Folder`에 저장된 데이터 파일을 분석한 결과 파일을 보여줍니다. 폴더 내 파일을 열어 데이터 분석 결과를 직접 확인할 수 있습니다.

조건에 맞는 파일 검색

파일에는 메타데이터(날짜, 파일명, 크기 등)가 포함돼 있어 이를 기반으로 검색이 가능합니다. 예를 들어, 다음과 같이 디렉터리 내 파일 중 프롬프트로 입력한 조건과 일치하는 파일을 찾을 수 있습니다.

> `MCP_Folder`에 있는 파일 중, 파일명에 'chrome'가 포함되어 있는 파일 목록을 검색하여 리스트로 보여주세요

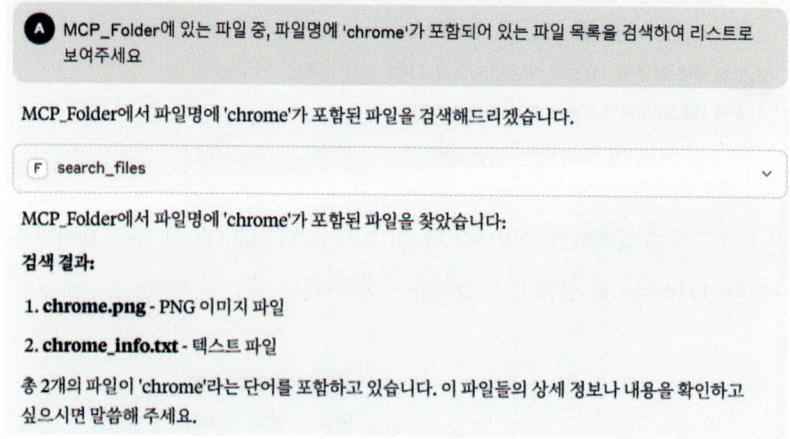

그림 8.5 속성을 이용한 파일 검색

이 경우 파일 시스템 MCP 서버는 `search_files` 도구를 이용해 파일을 검색한 뒤, 검색된 파일을 목록 형태로 반환합니다.

디렉터리 내 날짜 지난 파일 옮기기

파일이 오래되거나 자주 접근하지 않는 경우 아카이브 폴더를 만들어 옮길 수 있습니다. 이번에는 다음과 같은 프롬프트를 입력해 파일 시스템 MCP 서버로 폴더 및 파일을 정리해봅시다.

> MCP_Folder 내에 'archive' 폴더를 생성하고, MCP_Folder에 있는 파일 중 수정된 지 1개월 이상 지난 파일들을 모두 archive 폴더로 이동시켜 주세요.

> **A** MCP_Folder 내에 'archive' 폴더를 생성하고, MCP_Folder에 있는 파일 중 수정된 지 1개월 이상 지난 파일들을 모두 archive 폴더로 이동시켜 주세요.
>
> MCP_Folder 내에 'archive' 폴더를 생성하고, 오래된 파일들을 이동시켜드리겠습니다.
>
> 먼저 'archive' 폴더를 생성하겠습니다.
>
> F create_directory
>
> 이제 MCP_Folder에 있는 모든 파일들의 수정 날짜를 확인해보겠습니다.
>
> F list_directory
>
> 각 파일의 상세 정보를 확인하여 수정 날짜를 파악하겠습니다.

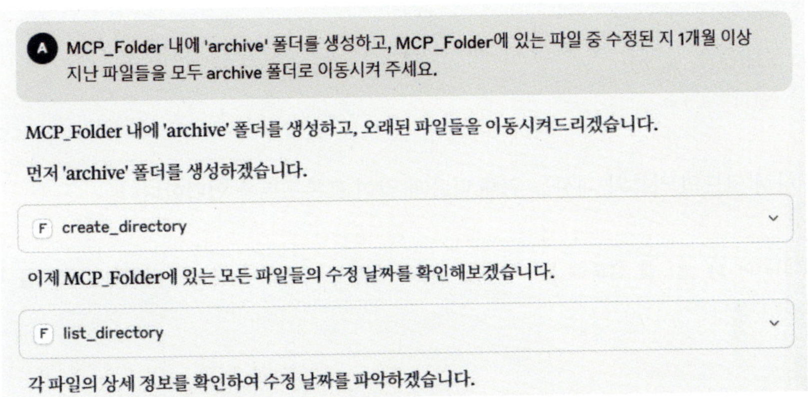

그림 8.6 파일 시스템 MCP 서버를 이용한 폴더 생성 및 파일 옮기기

이 경우 파일 시스템 MCP 서버는 먼저 `create_directory` 도구로 archive 폴더를 생성합니다. 그리고 나서 폴더 내 파일들의 수정 날짜를 파악하기 위해 `list_directory` 도구를 이용해 파일의 메타 정보를 확인합니다.

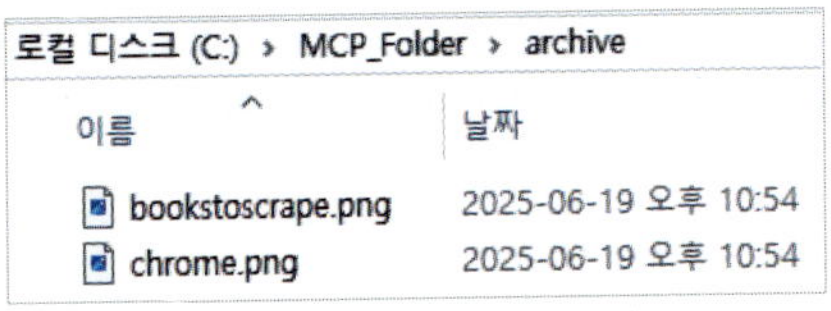

> 로컬 디스크 (C:) > MCP_Folder > archive
>
> | 이름 | 날짜 |
> |---|---|
> | bookstoscrape.png | 2025-06-19 오후 10:54 |
> | chrome.png | 2025-06-19 오후 10:54 |

그림 8.7 archive 폴더에 옮겨진 파일 확인

코드 설명 및 리뷰

파일 시스템 MCP 서버를 이용하면 자바스크립트나 파이썬 코드 등 다양한 소스코드 파일을 읽을 수 있습니다. 이를 활용해 코드의 부족한 부분을 개선하거나 코드에 주석을 추가해 달라고 요청할 수 있습니다. 예를 들어, 다음과 같이 사칙연산을 수행하는, 간단하지만 아직 완성되지 않은 파이썬 코드가 있다고 가정해 보겠습니다. 이 코드를 `calculator.py`라는 이름으로 앞에서 파일 시스템 MCP 서버에 등록한 디렉터리(이 책에서는 `C:\MCP_Folder`)에 저장합니다.

```python
# calculator.py
class calculator:
    def __init__(self):
        pass

    def add(self, a, b):
        return a + b
```

그러고 나서 코드의 리뷰와 개선을 위해 다음과 같이 프롬프트를 입력합니다.

> "calculator.py 코드를 검토한 뒤, 부족한 부분이 있다면 수정하여 간단한 사칙연산 코드를 짜주세요."

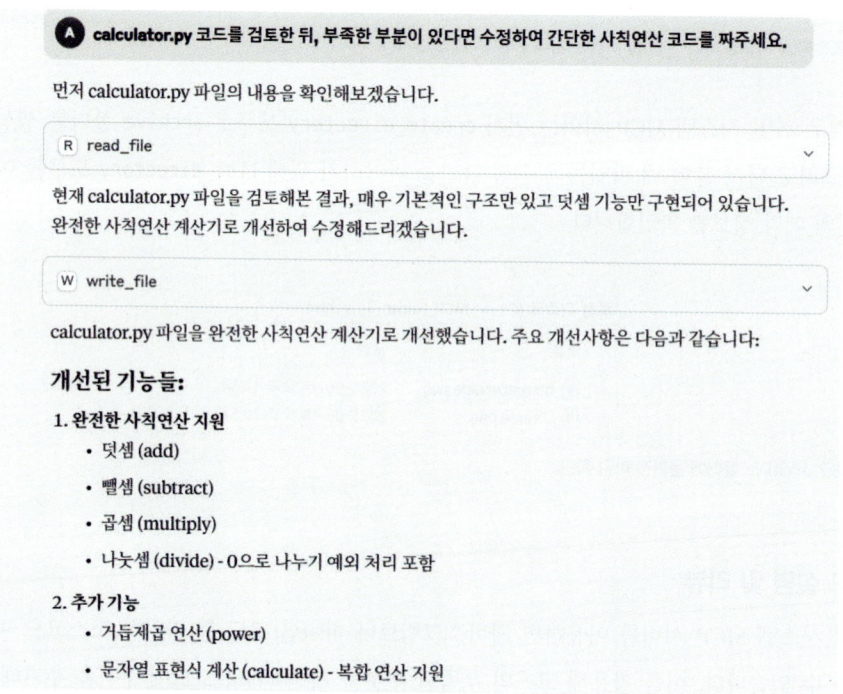

그림 8.8 calculator.py 파이썬 코드에 대한 리뷰 및 코드 수정 요청

그럼 파일 시스템 MCP 서버는 먼저 `read_file` 도구를 통해 calculator.py 파일의 코드를 읽어 들입니다. 그다음, 사칙 연산 기능이 모두 포함된 코드로 수정한 후 `write_file` 도구를 사

용해 해당 파일을 덮어씁니다. 기존에는 add 함수만 있었지만 파일 시스템 MCP 서버가 보완한 코드에는 subtract와 multiply 등 다양한 함수가 추가되어 완전한 사칙연산 기능을 갖춘 코드로 개선됐습니다.

```python
class Calculator:
    def __init__(self):
        """간단한 사칙연산 계산기 클래스"""
        pass

    def add(self, a, b):
        """덧셈 연산"""
        return a + b

    def subtract(self, a, b):1
        """뺄셈 연산"""
        return a - b

    def multiply(self, a, b):
        """곱셈 연산"""
        return a * b
... 생략 ...
```

이처럼 파일 시스템 MCP 서버를 단순히 파일 내용을 확인하는 데 그치지 않고 코드 리뷰를 받거나 코드를 보완하는 데 활용할 수 있습니다. 같은 방식으로 파일 시스템 MCP 서버의 디렉터리를 프로젝트 폴더로 지정하면 파일을 따로 복사하거나 붙여 넣지 않아도 원하는 코드를 빠르게 분석하고 효율적으로 관리할 수 있습니다. 또한 뒤에서 설명할 Context7 MCP 서버와 함께 이용하면 최신 내용을 기준으로 코드 리뷰를 받을 수도 있습니다.

8.4 정리

이번 장에서는 파일 시스템 MCP 서버에 대해 알아봤습니다. 파일 시스템 MCP 서버는 AI가 특정 폴더 내에서 파일 읽기, 쓰기, 편집, 이동, 검색 등 다양한 파일 작업을 프롬프트만으로 처리할 수 있게 해줍니다. 사용자는 클로드 데스크톱과 같은 AI 도구와 연동해 폴더 생성, 파일 분석, 코드 리뷰 등 반복적인 파일 관리 업무를 손쉽게 처리할 수 있습니다. 설정 파일에 접근이 허용된 폴더만 명확히 지정하면 보안 문제 없이 안전하게 파일 시스템을 제어할 수 있습니다. 또한 CSV, 텍스트, 코드 등 다양한 파일 형식을 직접 분석하거나 조건에 맞는 파일을 검색 및 이동하는 등 다양한 작업을 지원합니다. 이러한 MCP 서버는 개발·데이터 관리·협업 등 다양한 환경에서 생산성과 효율성을 크게 높여줍니다.

09

Smithery 및
주요 MCP 서버 활용법

8장까지는 주로 공식 MCP 서버에 대해 다뤘습니다. 그러나 최근에는 개발자들이 직접 제작해서 커뮤니티에 공유하는 MCP 서버도 무척 많아지고 있습니다. 실제로 다양한 커뮤니티에 등록된 MCP 서버가 수천 ~ 수만 개에 달할 정도로 많으며, 지금도 새로운 서버가 계속해서 개발되고 있습니다. 이처럼 다양한 MCP 서버가 제작되면서 사용자가 원하는 기능을 가진 서버를 손쉽게 찾아 활용할 수 있게 해주는 MCP 서버 저장소도 등장하고 있는데, 그중 대표적인 것이 바로 Smithery입니다. Smithery는 여러 MCP 서버를 한곳에서 쉽게 탐색할 수 있도록 지원하며, 원격 또는 로컬 환경에서 간편하게 설치하고 운영할 수 있는 기능을 제공합니다. 이번 장에서는 이러한 Smithery 저장소를 활용해 MCP 서버를 어떻게 찾고, 실제로 어떻게 사용하는지 알아보겠습니다.

9.1 MCP 서버 저장소란?

이번 절에서는 먼저 MCP 서버를 공유하고 활용할 수 있는 다양한 사이트를 소개하고, 특히 MCP 서버를 손쉽게 공유하고 여러 사용자와 함께 활용하도록 지원하는 대표적인 플랫폼인 Smithery에 대해 자세히 알아봅니다.

9.1.1 MCP 서버 저장소

MCP 서버 저장소란 다양한 개발자와 커뮤니티가 직접 제작한 MCP 서버를 한곳에 모아 제공하는 플랫폼을 의미합니다. 이 저장소를 통해 사용자는 공식적으로 제공되는 서버뿐만 아니라 커뮤니티에서 개발된 다양한 기능의 MCP 서버도 손쉽게 탐색하고 활용할 수 있습니다. 이러한 저장소 덕분에 사용자는 원하는 목적과 기능에 맞는 MCP 서버를 빠르게 찾아 자동화 및 업무 효율화에 바로 적용할 수 있는 환경을 갖출 수 있습니다.

다음은 대표적인 MCP 서버 공유 사이트를 정리한 것입니다.

Smithery(커뮤니티): https://smithery.ai/

Smithery는 커뮤니티 중심의 MCP 서버 저장소로, 다양한 개발자들이 직접 만든 MCP 서버를 자유롭게 공유하고 탐색할 수 있는 플랫폼입니다. AI를 활용해 여러 MCP 도구를 손쉽게 검색할 수 있을 뿐만 아니라 사이트 내에서 바로 원하는 MCP 서버를 선택해 즉시 사용해볼 수 있는 것이 큰 특징입니다. 이러한 구조 덕분에 사용자는 복잡한 설치 과정 없이도 다양한 MCP 서버를 실시간으로 활용할 수 있으며, 개발자와 AI 사용자 모두에게 효율적인 환경을 제공합니다.

modelcontextprotocol 서버 저장소(공식): https://github.com/modelcontextprotocol/servers

이 저장소는 MCP 서버의 공식 공개 저장소로, 다양한 개발자들이 직접 개발한 MCP 서버 소스코드와 예제를 자유롭게 공유하고 탐색할 수 있는 플랫폼입니다. 이곳에서는 여러 MCP 서버의 코드와 문서를 손쉽게 검색할 수 있을뿐만 아니라 원하는 서버의 소스코드를 바로 내려받아 직접 실행하거나 커스터마이징할 수 있습니다.

MCP.so: https://mcp.so/

MCP.so는 커뮤니티 중심의 MCP 서버 저장소로, 다양한 개발자들이 직접 만든 MCP 서버를 자유롭게 공유하고 탐색할 수 있는 플랫폼입니다. 또한 다양한 사용 사례에 대한 MCP 서버 유스케이스를 제공함으로써 실제로 MCP 서버가 어떻게 활용되는지 쉽게 확인할 수 있습니다. 이를 통해 사용자는 MCP 서버의 활용법을 직관적으로 이해하고, 자신의 프로젝트에 바로 적용해볼 수 있습니다.

9.1.2 Smithery란?

Smithery는 MCP 서버를 위한 중앙 허브이자 관리 플랫폼으로, 개발자들이 다양한 MCP를 쉽게 발견하고 배포할 수 있도록 지원합니다.

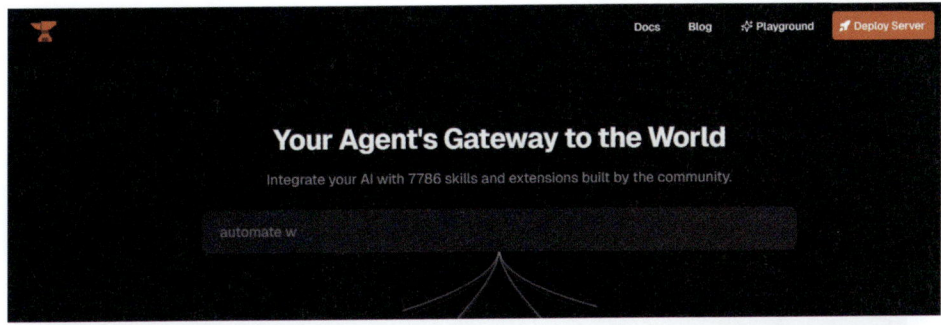

그림 9.1 Smithery.ai의 메인 페이지

Smithery의 핵심 미션은 누구나 쉽게 MCP를 사용하도록 만들고, 에이전트형 AI의 개발을 가속화하는 것입니다. 이를 위해 Smithery는 다음과 같은 주요 기능을 제공합니다.

첫째, Smithery는 MCP 서버를 한곳에서 탐색하고 공유할 수 있는 중앙 저장소 역할을 하며, 수많은 커뮤니티 및 공식 서버를 쉽게 찾아볼 수 있습니다. 둘째, 도구 통합과 설정을 위한 표준화된 인터페이스를 제공함으로써 다양한 AI 클라이언트와 쉽게 연동할 수 있습니다. 셋째, 서버의 접근성을 높이기 위해 호스팅 서비스를 제공하며, 사용자는 Smithery의 인프라를 통해 MCP 서버를 별도의 설치 없이 바로 사용할 수 있습니다. 또한 로컬 환경에 직접 설치해서 실행할 수도 있어 보안이나 자율성이 필요한 상황에서도 유연하게 대응할 수 있습니다.

Smithery는 공식 웹사이트, 문서, CLI 설치 도구, SDK 등 다양한 지원 도구를 제공함으로써 개발자와 사용자 모두가 손쉽게 MCP 서버를 활용하도록 돕습니다. 이를 통해 AI 확장 기능의 생태계 활성화와 개발자 생산성 향상에 기여합니다. Smithery의 UI는 간단해서 사용자가 원하는 MCP 서버를 AI를 이용해서 쉽게 찾을 수 있고 이를 바로 Smithery 플랫폼 내에서 이용할 수 있습니다.

플레이그라운드를 통한 MCP 서버 검색 및 활용

Smithery의 플레이그라운드[1] 기능을 활용하면 사용자가 원하는 MCP 서버를 간단히 검색하는 것만으로 Smithery에 저장된 다양한 MCP 서버를 찾고, 이를 손쉽게 연결해서 사용할 수 있습니다. 이 과정에는 생성형 AI가 활용되어 복잡한 절차 없이 누구나 직관적으로 원하는 서버를

---

[1] https://smithery.ai/playground

찾고 적용할 수 있습니다. 예를 들어, 구글과 관련된 MCP 서버를 검색하면 관련 서버 목록이 제공되고, 원하는 서버를 선택해 바로 사용할 수 있습니다.

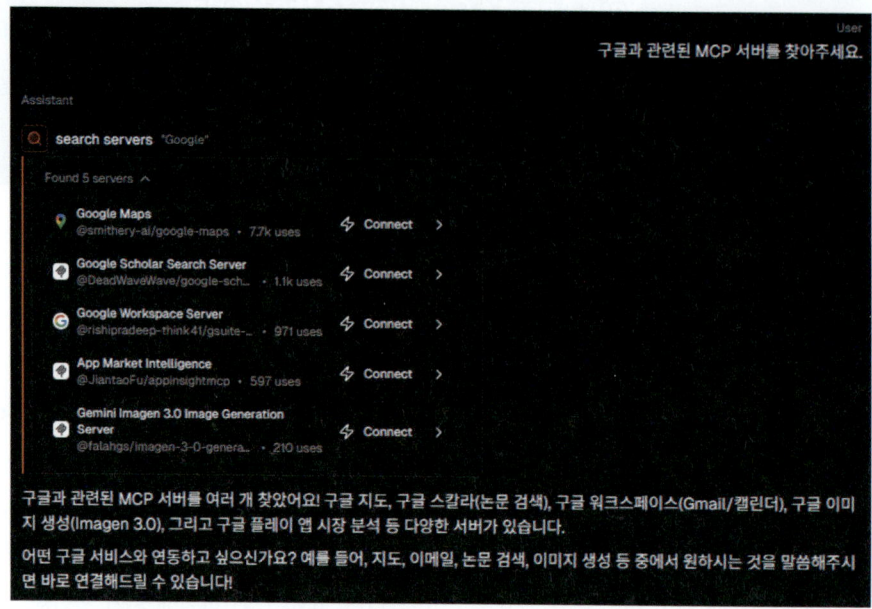

그림 9.2 플레이그라운드를 활용한 MCP 서버 검색과 탐색

또한 플레이그라운드에서는 다양한 MCP 서버를 직접 테스트해볼 수 있습니다. 클로드 데스크톱 같은 AI 클라이언트에 직접 설치하기 전에 플레이그라운드에서 서버 기능을 미리 체험해보고, 필요하다면 클로드 등 다른 환경에 적용할 수 있습니다. 다음 이미지에 나오는 대로 도구 버튼을 클릭해 사용해보고 싶은 MCP 서버를 추가해 테스트해볼 수 있습니다.

그림 9.3 플레이그라운드에서 MCP 서버 사용하기

이처럼 Smithery의 플레이그라운드는 MCP 서버의 탐색과 실전 활용을 한 번에 지원합니다.

9.2 Smithery 및 커뮤니티 MCP 서버 활용법

이번 절에서는 Smithery 사이트를 활용해 MCP 서버를 탐색하는 방법과 각 클라이언트 환경에 맞춰 MCP 서버를 설치하는 방법을 알아보겠습니다.

9.2.1 가입 및 서버 탐색

Smithery의 경우 깃허브 아이디로 간편하게 회원가입을 할 수 있습니다. 회원가입 과정은 다른 사이트와 크게 다르지 않으므로 별도로 설명하지 않겠습니다. 회원가입을 완료한 후 로그인하면 메인 화면의 검색창에서 바로 MCP 서버를 검색해 손쉽게 사용할 수 있습니다. 이번 절에서는 Context7 MCP 서버를 사용하겠습니다.

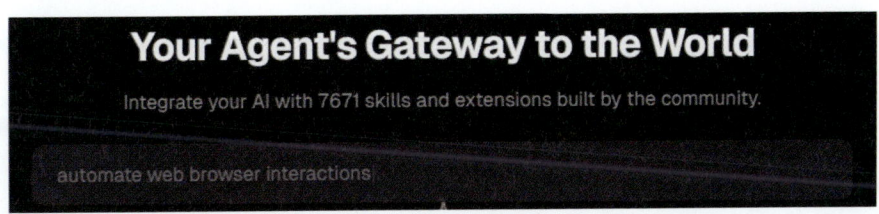

그림 9.4 Smithery 메인 페이지의 검색창

Smithery의 검색란을 활용하면 원하는 MCP 서버를 손쉽게 찾을 수 있습니다. 예를 들어, 'DB 관련 MCP 서버'를 검색하면 Superbase MCP나 SQLite MCP 같은 데이터베이스 관련 MCP 서버 목록이 표시됩니다.

9.2.2 MCP 서버 설치

이번에는 Smithery 사이트에서 MCP 서버를 검색하고 등록하는 방법을 알아보겠습니다. 앞으로 사용하게 될 Context7 MCP 서버를 예시로 들어 검색부터 등록까지의 과정을 안내하겠습니다.

Context7 MCP는 최신 라이브러리를 실시간으로 반영해 코드를 최신 상태로 유지하는 데 유용한 도구입니다. 먼저 Smithery 메인 페이지에 접속한 후 상단의 검색란에 'Context7'을 입력해 검색합니다.

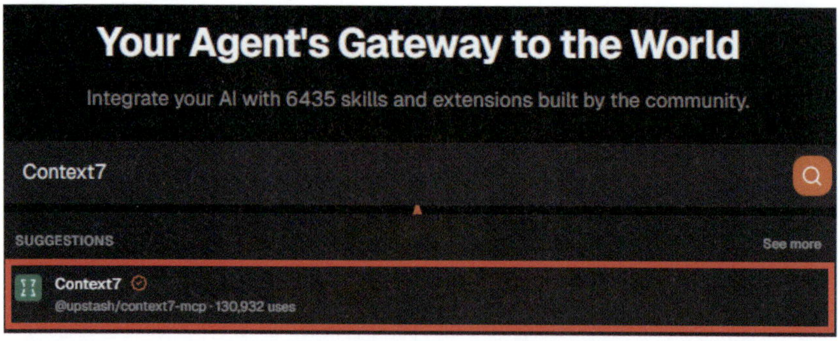

그림 9.5 Context7 검색

검색 결과에서 Context7 MCP 서버를 클릭하면 해당 서버의 상세 정보 페이지로 이동합니다. 이곳에서 MCP 서버에 관한 간략한 설명과 설치 방법, 관련 도구 정보를 확인할 수 있습니다.

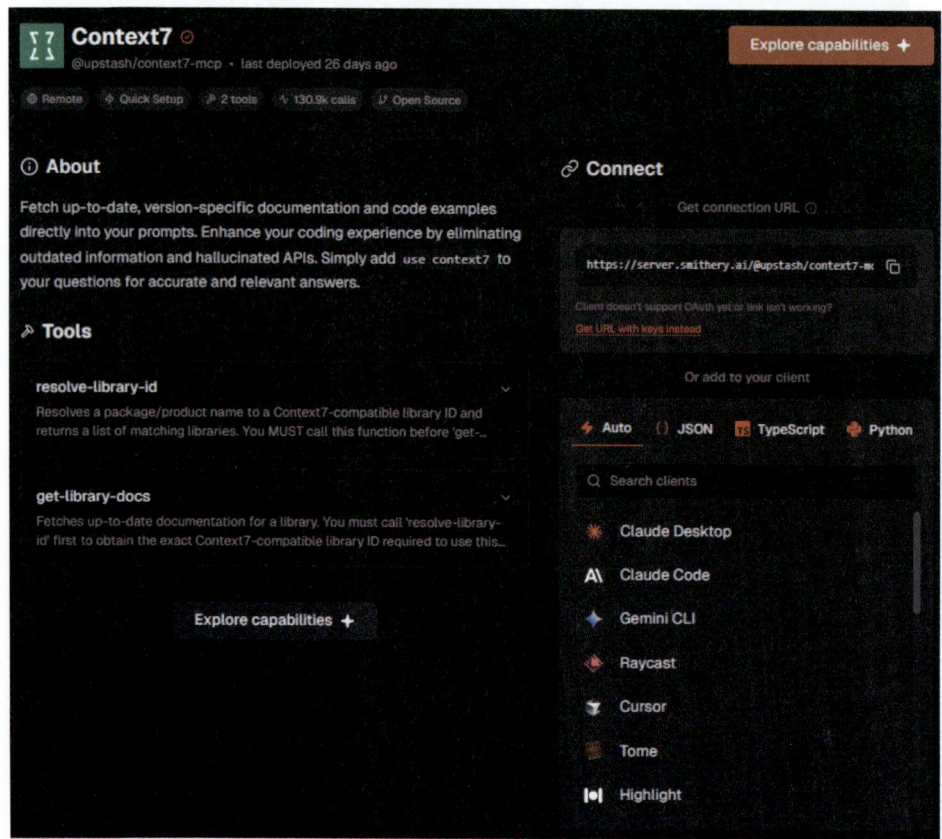

그림 9.6 Context7 MCP 서버의 상세 페이지

이 MCP 서버를 클로드 데스크톱에서 사용하고 싶다면 우측의 **Connect** 섹션의 **Claude Desktop**을 클릭하면 아래와 같이 Context7 MCP 서버를 설치할 수 있는 명령어를 제공해줍니다. 이 CLI 명령어를 이용해 Context7 MCP 서버를 설치할 수 있습니다.

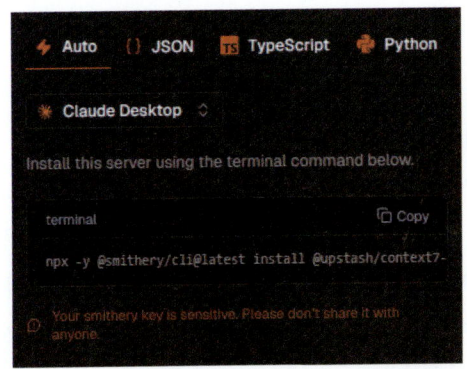

그림 9.7 Context7 MCP 설치 명령어

이 같은 방법으로 Smithery에 공개된 다양한 MCP 서버를 자유롭게 이용할 수 있습니다. Smithery의 Conntect에 나와있는 대로 클로드 데스크톱뿐만 아니라 커서, VS Code 등 여러 환경에서도 손쉽게 MCP 서버를 등록하고 활용할 수 있습니다.

9.3 Smithery MCP 서버 활용

이번에는 Smithery 플랫폼에서 제공하는 다양한 MCP 서버 중 대표적인 MCP 서버를 몇 가지 설명하고, 이러한 MCP 서버를 활용해 최근 주목받고 있는 바이브 코딩(Vibe Coding)을 간단하게 설명합니다. 여기서 바이브 코딩이란 AI에게 말로 지시해서 코드를 작성하거나 수정하는 새로운 개발 방식을 말합니다.

9.3.1 대표적인 MCP 서버: Context7과 Sequential Thinking

Smithery에서는 다양한 MCP 서버를 제공하지만 그중 대표적으로 Context7과 Sequential Thinking을 예로 들 수 있습니다. 이 두 서버는 바이브 코딩을 비롯한 여러 실제 사용 사례에 특히 적합합니다. 먼저 Context7은 최신 공식 문서와 실질적인 코드 예제를 AI가 직접 참조할 수 있도록 지원함으로써 코드 생성의 정확도와 신뢰성을 크게 높입니다. 다음으로, Sequential Thinking은 복잡한 문제를 단계별로 논리적으로 분해하고, 각 단계를 체계적으로 안내하는 데 강점이 있습니다. 이러한 특성 덕분에 두 MCP 서버 모두 실무 개발, 자동화, 교육 등 다양한 환경에서 효과적으로 활용됩니다.

Context7

먼저 Context7 MCP 서버는 대형 언어 모델과 AI 코드 에디터를 위한 최신 코드 및 문서를 제공하는 서버입니다. 이 서버의 가장 큰 특징은 AI가 코드 관련 질문에 답할 때 인터넷에 공개된 라이브러리의 최신 공식 문서와 실제 동작하는 코드 예제를 실시간으로 불러와 답변에 반영한다는 점입니다. 기존의 AI 코드 어시스턴트는 종종 오래된 데이터나 잘못된 API 예시, 존재하지 않는 함수 등을 답변에 포함하는 문제가 있었지만 Context7을 사용하면 이러한 오류와 환각 현상을 크게 줄일 수 있습니다.

사용법은 매우 간단합니다. 프롬프트 마지막에 'use context7'을 붙이기만 하면 Context7 서버가 자동으로 관련 라이브러리의 최신 문서와 예시 코드를 찾아 LLM이 참고할 수 있도록 컨텍스트에 삽입합니다. 예를 들어, Next.js, PostgreSQL, React 등 다양한 라이브러리의 최신 사용법을 질문할 때 Context7을 거치도록 하면 항상 공식 문서 기반의 정확한 답변을 받을 수 있습니다. 또한 다양한 코드 에디터와 MCP 클라이언트(Curator, VS Code, Zed 등)와 연동되어 개발 환경에 쉽게 통합할 수 있습니다.

다음은 Smithery의 플레이그라운드에서 Context7을 통해 최신 버전의 React Query를 사용해 API에서 데이터를 가져오는 방법을 질의한 결과입니다. 보다시피 최신 라이브러리를 활용하는 방법을 안내하는 것을 확인할 수 있습니다.

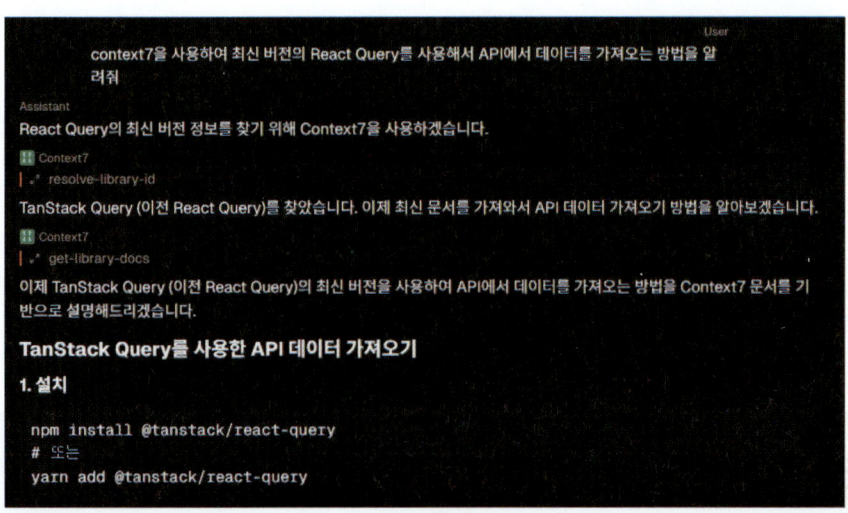

그림 9.8 Smithery 플레이그라운드에서 Context7 MCP를 사용해 얻은 결과

Sequential Thinking

Sequential Thinking MCP 서버는 복잡한 문제를 단계별로 체계적으로 분석하고 해결할 수 있도록 설계된 MCP 서버입니다. 이 서버는 동적이고 반성적인(reflective) 사고 과정을 지원함으로써 사용자가 문제를 세분화하고 각 단계에서 사고를 정제하거나 수정할 수 있게 도와줍니다. 주요 기능으로는 복잡한 문제를 관리 가능한 여러 단계로 분해하고, 각 단계별로 사고 과정을 기록하며, 필요에 따라 생각을 수정하거나(revision) 다른 경로로 사고를 확장(branch)할 수 있도록 합니다. 또한 문제를 해결하는 데 필요한 전체 단계 수를 동적으로 조정할 수 있고, 해결 가설을 생성하거나 검증하는 기능도 제공합니다.

실제로 Sequential Thinking MCP를 사용할 때는 다음과 같은 입력값을 활용합니다.

- 현재 생각(단계)의 내용(thought)
- 다음 단계가 필요한지 여부(nextThoughtNeeded)
- 현재 단계 번호(thoughtNumber)와 전체 예상 단계 수(totalThoughts)
- 이전 생각을 수정하는 경우(isRevision, revisesThought)
- 사고의 분기점을 지정하는 경우(branchFromThought, branchId)
- 추가적인 사고가 더 필요한지 여부(needsMoreThoughts) 등

이러한 구조 덕분에 Sequential Thinking MCP 서버는 문제의 전체 범위가 처음부터 명확하지 않거나 중간에 계획을 수정할 필요가 있는 복잡한 기획, 분석, 설계, 코딩, 논리적 추론 등의 작업에 특히 적합합니다. 예를 들어, 바이브 코딩처럼 실시간으로 문제를 쪼개고, 각 단계별로 피드백을 반영하며, 여러 해결 경로를 실험해야 하는 환경에서 매우 유용합니다.

다음 그림은 '웹사이트에서 사용자가 입력한 이메일 주소의 유효성을 검사하는 기능을 만들고 싶다'라는 문제를 Sequential Thinking MCP 서버를 통해 단계별로 해결하는 과정을 보여줍니다.

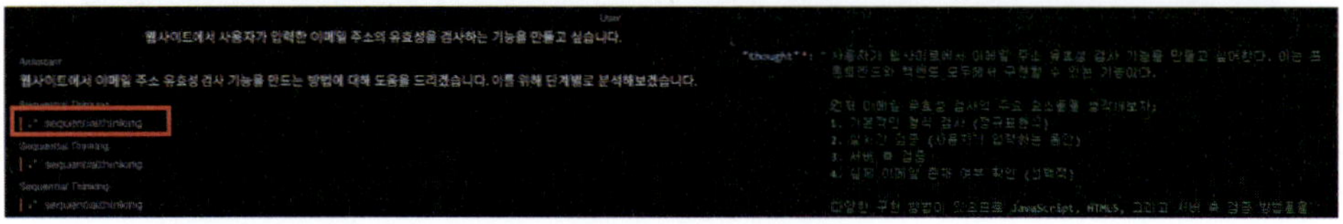

그림 9.9 Smithery 플레이그라운드에서 Sequential thinking MCP를 사용하는 예

9.3.2 Smithery 플랫폼을 이용한 바이브 코딩

Smithery 플레이그라운드를 활용하면 클로드 데스크톱에 MCP 서버를 직접 설치하기 전에 데모 환경에서 미리 테스트해볼 수 있습니다. 시스템 프롬프트를 수정해서 원하는 MCP 서버를 등록한 뒤에 MCP 서버 기능을 바로 경험할 수 있습니다.

기존 LLM을 활용한 코딩은 환각 현상, API의 미묘한 변경 사항 누락, 단계별 추론 과정 생략 등 다양한 문제가 발생할 수 있습니다. 이러한 한계를 극복하기 위해 최신 라이브러리의 변경 사항을 반영하는 Context7과 논리적 단계별 추론을 지원하는 Sequential Thinking을 함께 적용하면 LLM이 코드를 생성할 때 발생할 수 있는 오류를 효과적으로 줄일 수 있습니다.

특히 Context7과 Sequential Thinking을 결합한 바이브 코딩 방식은 MCP를 활용해 바이브 코딩을 할 때 널리 활용되는 방법입니다. 이 방식은 최신 문서와 실제 코드의 일치성을 높이고, 복잡한 문제 해결 과정에서도 신뢰할 수 있는 결과를 제공합니다. 추가로, 다음과 같은 참고 문서를 통해 이러한 접근법의 구체적인 사례와 적용 방법을 확인할 수 있습니다.

- Smarter Coding Workflows with Context7 + Sequential Thinking[2]: Context7과 Sequential Thinking MCP를 함께 활용하면 LLM 기반 코드 에디터에서 실시간으로 최신 문서를 자동으로 불러오고, 단계별 구조적 사고로 작업 흐름을 체계화할 수 있습니다. 이 방식을 통해 개발자는 문서 검색이나 컨텍스트 전환 없이 더 정확하고 효율적인 코딩 워크플로우를 구현할 수 있습니다.

- How I'm Using Gemini CLI + MCP Servers To Level Up to Claude Code(FREE Effective Alternative)[3]: Gemini CLI와 MCP 서버 조합을 사용하면 클로드 코드와 유사한 AI 코드 작성 환경을 무료로 구현할 수 있습니다. 특히 Context7과 Sequential Thinking MCP를 연결하면 프로젝트 문서의 최신화와 논리적 개발 흐름을 동시에 자동화할 수 있어 실무 활용도가 높아집니다.

Smithery 플레이그라운드 사용 설정

바이브 코딩 실습을 위해 먼저 Smithery 플레이그라운드를 설정하겠습니다.

01. Smithery에 접속해 로그인한 후 상단 메뉴에서 **Playground**를 클릭해 플레이그라운드로 이동합니다.

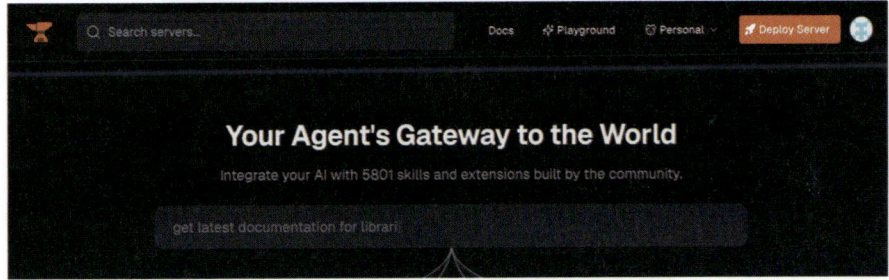

그림 9.10 Smithery 플레이그라운드

02. 개발자 콘솔을 열어서 **Chat** 탭으로 이동합니다. 이후 **Profile System Prompt**에 프롬프트를 작성하면 됩니다.

여기서는 바이브 코딩을 활용해 간단한 웹 서버를 개발한다는 가정하에 진행해보겠습니다. 이를 위해 코딩 어시스턴트로 사용할 시스템 프롬프트에 필요한 정보를 다음과 같이 입력한 뒤 **Save** 버튼을 눌러 저장합니다.

---

2 https://blog.langdb.ai/smarter-coding-workflows-with-context7-sequential-thinking
3 https://medium.com/@joe.njenga/how-i-m-using-gemini-cli-mcp-servers-to-level-up-to-claude-code-free-effective-alternative-0020f5d2a721

```
You are an expert coding assistant.

- Provide accurate, efficient, and well-documented code.
- Use clear variable names and comments.
- Briefly explain your solution if needed.
- Always check for errors and best practices.
```

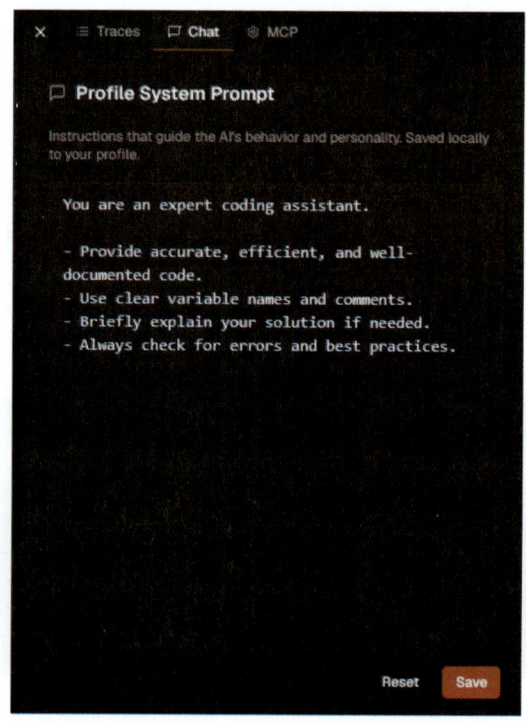

그림 9.11 시스템 프롬프트 입력

이렇게 하면 개발 과정에서 AI 코딩 어시스턴트가 효율적이고 정확하게 웹 서버 구현을 도와줄 수 있습니다.

03. 모델을 'claude 4 sonnet'으로 설정하고 yolo 모드를 활성화합니다. 플레이그라운드에서는 클로드를 비롯한 다양한 AI 모델을 제공하며, YOLO 모드를 활성화하면 별도의 승인 과정 없이 더욱 편리하게 이용할 수 있습니다.

그림 9.12 Smithery 플레이그라운드에서 모델 선택 및 yolo 모드 선택

04. 하단 메뉴에서 **Tools**를 선택하고 Context7과 Sequential Thinking 도구를 추가합니다.

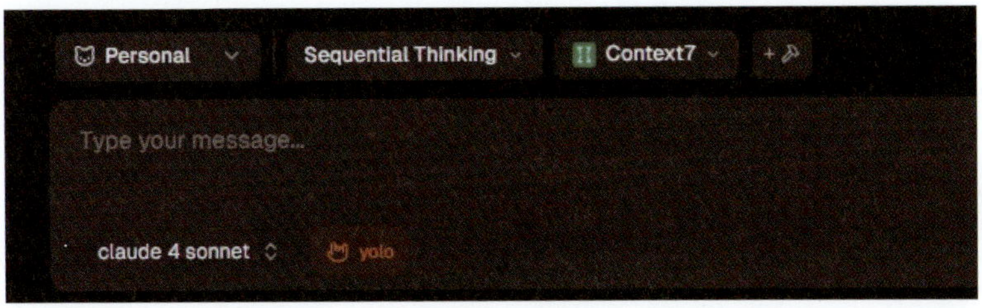

그림 9.13 플레이그라운드의 입력창에 MCP 서버 추가

바이브 코딩 테스트

설정이 완료되면 프롬프트를 이용해 웹 애플리케이션을 개발할 수 있습니다. 여기서는 예시로 리액트를 사용해 기본적인 웹 애플리케이션을 만들어보겠습니다. 이때 단계적인 사고 과정을 위해 Sequential Thinking MCP 서버를 활용하고, 최신 라이브러리 문서와 예제 코드를 반영하기 위해 Context7 MCP 서버를 함께 사용하겠습니다.

Sequential Thinking MCP 서버는 복잡한 개발 과정을 여러 단계로 체계적으로 분해하고, 각 단계에서 필요한 논리적 절차와 대안 경로를 탐색할 수 있도록 도와줍니다. 동시에 Context7 MCP 서버는 리액트와 관련된 최신 공식 문서와 실제 동작하는 코드 예시를 실시간으로 제공함으로써 오래된 정보나 잘못된 API 사용을 방지하고 정확한 개발을 지원합니다. 이러한 방식으로 두 MCP 서버를 함께 활용하면 바이브 코딩 환경에서 더욱 신뢰성 있고 효율적으로 웹 애플리케이션을 개발할 수 있습니다.

여기서는 실제로 최신 기능을 반영하는지 테스트하기 위해 리액트에서 2025년 4월 23일에 공개된 ViewTransition[4] 기능을 반영해 단일 웹사이트 개발을 요청하겠습니다. 비교를 위해

4 https://react.dev/blog/2025/04/23/react-labs-view-transitions-activity-and-more

claude 4 sonnet 모델만 이용해 프롬프트를 처리할 때와 Context7과 Sequential Thinking MCP 서버를 이용해 프롬프트를 처리한 결과를 각각 살펴보겠습니다. 생성형 모델만 사용할 때는 아래의 프롬프트에서 괄호로 표시된 부분을 생략하고 입력해 테스트를 진행했습니다.

프롬프트

> (Context7, Sequential Thinking MCP를 이용하여) React.js의 ViewTransition을 사용해 아주 간단한 웹사이트를 만들어주세요.
>
> - Home 페이지와 Detail 페이지, 두 개의 페이지만 만듭니다.
> - Home에는 "Detail로 이동" 버튼만 있고, 이 버튼을 누르면 ViewTransition을 이용해 Detail 페이지로 이동합니다.
> - Detail 페이지에는 "Detail"이라는 텍스트만 보여줍니다.
> - 코드는 최대한 간단하고 쉽게 작성해주세요.
> - 파일은 App.js, App.css, index.js, index.html만 수정해서 만들어주세요.

결과적으로 MCP를 사용하지 않고 LLM 모델만 사용하는 경우 최신 내용에 해당 컴포넌트가 포함돼 있지 않아 직접 구현하는 결과를 확인할 수 있습니다.

모델만 사용한 결과

```
App.js
...
  const navigateToDetail = () => {
    // View Transitions API 지원 확인
    if (document.startViewTransition) {
      document.startViewTransition(() => {
        setCurrentPage('detail');
      });
...
App.css
...
/* View Transitions 커스텀 애니메이션 */
::view-transition-old(page-content) {
  animation: slide-out-left 0.3s ease-in-out;
}
....
```

이와 달리 Context7, Sequential Thinking MCP를 활용하는 경우 다음과 같이 최신 컴포넌트인 `ViewTransition`을 코드에 적용하는 것을 확인할 수 있습니다. 또한 해당 컴포넌트를 사용하기 위한 방법과 주의사항까지 함께 안내합니다.

Context7, Sequential Thinking MCP를 사용한 결과

```
# App.js
....
    <ViewTransition>
      {currentPage === 'home' ? (
        <Home onNavigateToDetail={navigateToDetail} />
      ) : (
        <Detail />
      )}
    </ViewTransition>
....
```

주요 특징:
1. **ViewTransition 사용**: unstable_ViewTransition 으로 페이지 전환 시 부드러운 애니메이션 제공
2. **startTransition**: 상태 변경을 비동기적으로 처리하여 부드러운 전환 효과
3. **간단한 구조**: Home과 Detail 두 페이지만 있는 최소한의 구조
4. **반응형 디자인**: 모던한 UI와 호버 효과

설치 및 실행:

```
npm install react@experimental react-dom@experimental
npm start
```

주의사항: ViewTransition은 현재 experimental 기능이므로 프로덕션 환경에서는 사용을 권장하지 않습니다. 또한 모든 브라우저에서 지원되지 않을 수 있습니다.

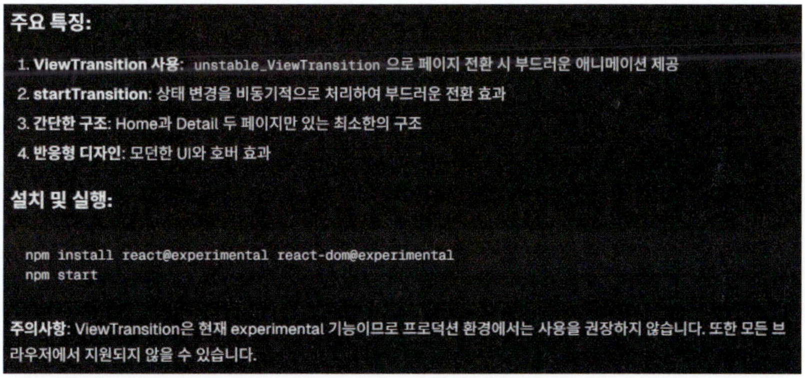

그림 9.14 Context7과 Sequential Thinking MCP를 이용한 바이브 코딩 결과

결론적으로, Context7과 Sequential Thinking MCP를 활용하면 최신 문서를 기반으로 개발을 진행하면서 복잡한 문제 해결까지 지원함으로써 하나의 완성된 웹사이트를 효과적으로 개발할 수 있습니다.

9.4 정리

이번 장에서는 MCP 서버를 저장하고 관리할 수 있는 다양한 사이트와 Smithery에서 제공하는 주요 MCP 서버, Smithery를 활용해 MCP 서버를 실제로 테스트하고 활용하는 방법을 알아봤습니다. 또한 별도의 복잡한 설치 과정 없이 Smithery의 플레이그라운드나 설정을 통해 원하는 MCP 서버를 몇 번의 클릭만으로 AI 모델에 연동해 봤습니다.

이번 장에서 살펴본 것처럼 클로드 데스크톱에 MCP 서버를 직접 설치하기 전에 Smithery 같은 플랫폼에서 미리 MCP 서버를 테스트해보고 사용 경험을 쌓아보길 권장합니다. 이를 통해 MCP 서버의 기능과 활용법을 충분히 익힌 뒤 본격적으로 시스템에 설치하거나 통합하는 것이 효과적일 것입니다.

10

MCP 서버 만들기와 디버깅

지금까지는 이미 만들어져 있는 MCP 서버를 활용해 다양한 작업을 수행하는 방법을 다뤘습니다. 예를 들어, 공개된 MCP 서버를 이용해 웹페이지를 스크레이핑하거나 로컬 시스템의 파일을 읽고 쓰는 등 MCP 서버에서 제공하는 다양한 도구를 이용할 수 있었습니다. 그러나 기성 MCP 서버는 사용자의 개별적인 요구나 특정 사용 사례에 완전히 맞춰 사용하기에는 한계가 있습니다.

이러한 한계를 극복하기 위해서는 자신만의 MCP 서버를 직접 구축해서 원하는 기능과 맞춤형 서비스를 구현할 필요가 있습니다. 현재 MCP 서버 구축을 위해 다양한 프로그래밍 언어의 SDK가 제공되며, 지원되는 언어로 C#, 자바(Java), 코틀린(Kotlin), 파이썬(Python), 루비(Ruby), 스위프트(Swift), 타입스크립트(TypeScript) 등이 있습니다.

이 책에서는 그중에서도 최근 데이터 분석 및 엔지니어링 분야에서 널리 사용되며, 대중적이고 접근하기 쉬운 파이썬을 활용해 MCP 서버를 구축하는 방법을 설명합니다. 파이썬을 사용하면 강력한 라이브러리와 커뮤니티 지원을 바탕으로 복잡한 기능도 비교적 손쉽게 구현할 수 있습니다.

10.1 MCP 서버를 만드는 방법

MCP 공식 홈페이지[1]에서는 C#, 자바, 파이썬 등 다양한 프로그래밍 언어를 위한 SDK를 제공합니다. 그중 파이썬으로 MCP 서버를 구축할 때는 FastMCP 라이브러리를 사용할 수 있습니다. FastMCP 1.0은 2024년에 공식 MCP 파이썬 SDK에 통합되어 누구나 손쉽게 MCP 서버를 개발할 수 있는 기반을 마련했습니다.

이후 출시된 FastMCP 2.0[2]은 MCP 생태계에서 작업하기 위한 완벽한 도구 모음을 제공하며, 현재까지도 활발하게 유지·관리되고 있습니다. FastMCP 2.0은 핵심 MCP 사양을 넘어서는 다양한 기능을 제공함으로써 프로덕션 환경으로의 원활한 전환을 지원합니다. 주요 기능으로는 간편한 배포, 강력한 인증, 클라이언트 지원, 서버 프록싱 및 컴포지션, REST API 기반 서버 자동 생성, 동적 도구 재작성, 내장 테스트 도구 제공, 다양한 통합 기능 등이 있습니다. 이번 장에서는 최신 FastMCP 2.0을 통해 MCP 기반 서비스를 구축하는 방법을 알아봅니다.

10.1.1 개발 환경 구축

먼저 MCP 서버 개발을 위한 환경 설정을 진행하겠습니다. 이 책에서 사용하는 운영체제와 개발 환경의 버전은 다음과 같습니다.

- 운영체제: 윈도우 10 이상
- 파이썬 버전: 파이썬 3.13 (FastMCP 2.0에 필요한 최소 버전은 파이썬 3.10+)

uv 설치

uv는 파이썬 프로젝트의 종속성 관리, 패키지 설치 및 빌드, 배포까지 모두 지원하는 통합 도구입니다. 기존의 pip, pip-tools, pipx, poetry, pyenv, twine, virtualenv 등 여러 도구의 기능을 모두 대체할 수 있는 최신 프로젝트 관리 도구입니다.

운영체제별 uv 설치 방법은 다음과 같습니다. 명령 프롬프트나 터미널에서 아래 명령어를 실행합니다.

---

[1] https://modelcontextprotocol.io/quickstart/server
[2] https://gofastmcp.com/getting-started/welcome

- macOS, 리눅스, WSL: `curl -LsSf https://astral.sh/uv/install.sh | sh`
- 윈도우: `powershell -c "irm https://astral.sh/uv/install.ps1 | iex"`

참고로 uv는 pip로도 설치할 수 있지만 프로젝트 관리 도구이므로 전역 환경에 설치할 것을 권장합니다. 설치하고 나면 `uv --version` 명령어를 실행해 정상적으로 설치돼 있는지 확인합니다. 이 책에서는 uv 0.6.16 버전을 사용합니다.

FastMCP 설치

FastMCP는 파이썬 기반 MCP 개발 프로젝트를 위한 유용한 도구입니다.

FastMCP를 설치하려면 프로젝트 폴더의 가상환경 또는 터미널에서 다음 명령을 실행해 설치합니다.

- 직접 설치: `pip install fastmcp`

FastMCP가 정상적으로 설치되면 명령 프롬프트나 터미널에서 `fastmcp version`을 입력했을 때 다음과 같이 FastMCP 버전을 확인할 수 있습니다.

```
> fastmcp version
FastMCP version:                           2.12.2
MCP version:                               1.13.1
Python version:                            3.13.7
Platform:                       Windows-10-10.0.19045-SP0
FastMCP root path: C:\Users\...\Python313\site-packages
```

> `fastmcp version` 명령어가 제대로 작동하지 않을 경우 먼저 파이썬이 설치된 경로(예: C:\Users\<사용자>\AppData\Roaming\Python\Python3X)의 스크립트 폴더(Scripts)에 fastmcp.exe 파일이 실제로 존재하는지 확인해야 합니다. 만약 파일이 있음에도 명령어가 인식되지 않는다면 이는 PATH 환경변수가 올바르게 설정되지 않은 경우일 수 있습니다. 이러한 경우 해당 스크립트 폴더의 경로를 시스템 환경변수의 Path에 추가하면 어느 위치에서든 fastmcp 명령어가 정상적으로 실행됩니다.

10.1.2 MCP 서버 프로젝트의 구조

이번에는 FastMCP를 활용해 간단하게 현재 날짜를 반환하는 MCP 서버를 만들고, 이를 FastMCP에 등록해 직접 이용해보겠습니다.

기본 폴더 및 파일 생성

FastMCP 서버 프로젝트를 시작하려면 먼저 폴더 구조를 만들어야 합니다. 예를 들어, 이 책에서는 C 드라이브에 MCP라는 이름의 폴더를 만든 다음, 그 안에 다시 Datetime-MCP라는 하위 폴더를 만들겠습니다. 그리고 나서 Datetime-MCP 폴더 안에 server.py 파일을 새로 생성하겠습니다. 그럼 최종 폴더 구조는 다음과 같습니다.

```
C:\
└ MCP
   └ Datetime-MCP
      └ server.py
```

이제 다음 코드를 server.py 파일에 입력하고 저장하면 준비가 완료됩니다. 이 코드는 FastMCP 라이브러리를 이용해 간단하게 현재 날짜와 시각을 반환하는 MCP 서버입니다.

예제 10.1 현재 날짜와 시각을 반환하는 MCP 서버(MCP/Datetime-MCP/server.py)

```python
from fastmcp import FastMCP
from datetime import datetime

mcp = FastMCP(name="Datetime-MCP")

@mcp.tool()
def get_current_datetime() -> str:
    """현재 날짜와 시각을 반환합니다."""
    now = datetime.now()
    return now.strftime("%Y-%m-%d %H:%M:%S")

if __name__ == "__main__":
    mcp.run()
```

이제 MCP 서버 코드를 좀 더 자세히 알아보겠습니다.

먼저, 다음과 같은 코드로 FastMCP 라이브러리를 임포트한 뒤 FastMCP 인스턴스를 생성합니다. 인스턴스를 생성할 때 서버의 이름(Datetime-MCP)을 지정했는데, 이 이름은 서버를 구분하거나 로그를 확인할 때 사용됩니다.

```
from fastmcp import FastMCP
from datetime import datetime

mcp = FastMCP(name="Datetime-MCP")
```

이어서 @mcp.tool() 데코레이터를 사용해 get_current_datetime 함수를 등록합니다. 이때 함수 바로 아래에 작성한 문자열(주석)을 바탕으로 AI가 함수의 역할과 동작을 이해하게 됩니다. 이 함수를 호출하면 현재 날짜와 시간이 2025-07-07 17:40:49와 같은 형식으로 반환됩니다.

```
@mcp.tool()
def get_current_datetime() -> str:
    """현재 날짜와 시간을 반환합니다."""
    now = datetime.now()
    return now.strftime("%Y-%m-%d %H:%M:%S")
```

> **@mcp.tool() 데코레이터란?**
>
> 파이썬 함수 위에 붙여서 해당 함수를 MCP에서 사용할 수 있는 도구로 등록해 주는 역할을 합니다. 쉽게 말해, 이 데코레이터를 지정하면 함수를 단순히 코드 내부에서만 쓰는 것이 아니라 외부의 AI 시스템이나 다른 MCP 서버에서 호출할 수 있게 됩니다.

> **📄 메타데이터란?**
>
> 메타데이터는 데이터를 설명하거나 관리하기 위해 사용되는 정보로, 흔히 '데이터에 대한 데이터'라고 불립니다. 메타데이터에는 특정 데이터가 언제, 누구에 의해, 어떻게 생성됐는지와 같은 생성 정보뿐만 아니라, 데이터의 형식, 크기, 위치 등 다양한 속성이 포함됩니다.
>
> 예를 들어, 위와 같이 MCP 도구로 등록된 함수에서 반환 타입(str)이나 독스트링("""현재 날짜와 시간을 반환합니다.""")은 모두 메타데이터로 작용합니다. 이러한 메타데이터는 해당 함수의 기능과 목적을 명확하게 설명해줍니다.
>
> 즉, 메타데이터는 코드와 시스템 내 여러 리소스의 구조와 의미를 체계적으로 정리함으로써 AI가 각 구성 요소를 쉽게 이해하고 효율적으로 활용하도록 도와줍니다.

마지막으로 다음과 같이 `mcp.run()`를 실행해 MCP 서버를 실행합니다.

```
if __name__ == "__main__":
    mcp.run()
```

참고로 `mcp.run()`을 실행할 때 인수로 다음과 같은 통신 방식을 지정할 수 있습니다.

- STDIO(표준 입출력): 로컬이나 커맨드라인 환경에서 사용하며, 별도의 옵션 없이 `mcp.run()`만 호출하면 이 방식이 적용됩니다.

- Streamable HTTP: 웹 서비스 배포에 적합하며, 호스트, 포트, 경로를 지정해서 실행할 수 있습니다. 예를 들어, `mcp.run(transport="http", host="127.0.0.1", port=8000, path="/mcp")`와 같이 사용할 수 있습니다.

- SSE(Server-Sent Events): 기존 SSE 클라이언트와의 호환성을 위해 제공되며, 호스트와 포트를 지정해서 실행합니다. 예를 들어, `mcp.run(transport="sse", host="127.0.0.1", port=8000)`처럼 사용할 수 있습니다.

앞에서 살펴본 MCP 서버의 전체 코드는 다음과 같은 순서로 동작합니다.

1. FastMCP 인스턴스를 생성한다.
2. MCP 도구로 사용할 함수를 정의하고, 데코레이터로 등록한다.
3. 해당 MCP 서버를 클로드 데스크톱에 등록해서 실행한다.

이제 클로드 데스크톱에서 앞에서 개발한 Datetime-MCP 서버를 사용해 보겠습니다. 그러려면 먼저 MCP 서버를 클로드 데스크톱에 설치하기 위해 명령 프롬프트 또는 IDE에서 터미널을 열고, server.py 파일이 있는 폴더로 이동한 뒤 `fastmcp install claude-desktop server.py` 명령어를 입력해 MCP 서버를 설치합니다.

```
C:\MCP\Datetime-MCP> fastmcp install claude-desktop server.py
Successfully installed 'Datetime-MCP' in Claude Desktop
```

위와 같이 출력되면 MCP 서버가 정상적으로 설치 및 등록된 것입니다. 별다른 오류 없이 설치가 완료된 상태이므로 바로 서버를 사용할 수 있습니다. 클로드 데스크톱을 실행하고 다음 프롬프트를 입력해 테스트해 봅시다.

> Datetime-MCP 서버를 사용하여 현재 날짜를 알려주세요.

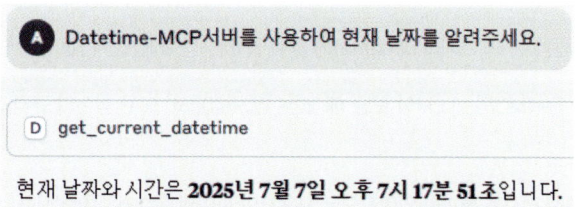

그림 10.1 클로드 데스크톱에서 MCP 서버 테스트하기

앞에서 등록한 Datetime-MCP 서버의 도구(`get_current_datetime`)를 이용해 현재 시간을 반환하는 것을 확인할 수 있습니다.

이렇게 해서 FastMCP 라이브러리를 이용해 간단하게 MCP 서버를 구축하고 클로드 데스크톱에 배포해서 실행해봤습니다.

10.2 FastMCP 서버의 핵심 구성 요소

FastMCP 서버를 활용해 MCP 서버를 구축하려면 세 가지 핵심 구성 요소가 필요합니다. 도구(Tool)는 문서 변환이나 데이터 조회처럼 사용자의 실제 요청 작업을 수행하는 함수입니다.

리소스(Resource)는 도구에 필요한 외부 데이터(파일, 데이터베이스 등)에 접근할 수 있도록 지원하며, RAG 시스템에서 LLM의 지식 확장에 중요합니다. **프롬프트(Prompt)**는 사용자가 LLM에 전달하는 명령어/질문의 템플릿으로, LLM 응답을 안내하고 일관성을 유지하는 데 기여합니다. 이어서 각 구성 요소를 하나씩 자세히 살펴보겠습니다.

10.2.1 도구

도구는 MCP 서버에서 제공하는 핵심 액션(동작) 역할을 합니다. 예를 들어, 문서 변환, 데이터 조회, 외부 API 호출 등 사용자가 요청한 작업을 실제로 수행하는 함수입니다. 각 도구는 LLM이나 클라이언트가 직접 호출할 수 있으며, 특정 기능을 수행하는 코드로 구현됩니다. 예를 들어, PDF 파일에서 텍스트를 추출하거나 데이터베이스에서 정보를 조회하는 함수가 도구에 해당합니다.

도구는 다음과 같은 방식으로 작동합니다.

1. **요청 생성**: LLM은 도구의 **스키마(schema)**에 맞춰 필요한 정보(매개변수)를 담아 요청을 보냅니다.
2. **매개변수 검증**: FastMCP는 LLM이 보낸 매개변수(입력값)들이 도구 함수의 규격(정의)에 맞는지 확인하고 검증합니다.
3. **함수 실행**: 유효성 검사를 통과한 입력값으로 사용자의 파이썬 함수가 실행됩니다.
4. **결과 전달**: 함수의 실행 결과는 다시 LLM으로 전달되며, LLM은 이 결과를 바탕으로 사용자에게 응답을 생성합니다.

파이썬 함수의 경우 `@mcp.tool()` 데코레이터를 지정하면 자동으로 도구로 등록됩니다. 이때 함수명, 독스트링(docstring), 파라미터 타입 힌트가 각각 도구의 이름, 설명, 입력 스키마로 사용됩니다.

```
@mcp.tool()
def add(a: int, b: int) -> int: # MCP 도구의 이름(add)과 입력 스키마
    """Adds two integer numbers together."""  # 도구에 대한 설명
    return a + b

if __name__ == "__main__":
    mcp.run()
```

매개변수

매개변수에 대한 타입 힌트(str, int, bool 등)는 FastMCP 도구가 올바르게 동작하는 데 반드시 필요합니다. 타입 힌트를 명확하게 지정하면 LLM이 각 매개변수에 어떤 데이터 타입을 입력해야 하는지 정확하게 이해할 수 있습니다. 또한 FastMCP는 클라이언트로부터 입력받은 데이터가 주석에 명시된 타입과 일치하는지 자동으로 검증해 잘못된 데이터가 도구에 전달되는 것을 방지합니다.

다음 코드의 greet_user 도구는 사용자 이름(name)을 문자열(str)로, 아침인지 여부(is_morning)를 불리언(bool) 값으로 입력받아 해당 조건에 맞는 인사말을 문자열(str)로 출력하도록 구현돼 있습니다.

```python
@mcp.tool()
def greet_user(name: str, is_morning: bool = False) -> str: # MCP 도구의 이름(greet_user)과 입력 스키마
    """Greet the user with a personalized message.""" # 도구에 대한 설명
    greeting = "Good morning" if is_morning else "Hello"
    return f"{greeting}, {name}!"
```

여기서는 이 도구가 AI에 의해 정확히 인식될 수 있도록 함수에 주석("""Greet the user with a personalized message.""")을 추가해 인사 기능을 제공하는 도구임을 명확히 표현했습니다. 그러고 나면 사용자가 입력한 값에 따라 AI가 각각의 파라미터를 자동으로 인식하고, 그에 맞춰 greet_user 도구를 실행해 적절한 인사말을 생성합니다.

위 코드의 동작 원리를 이해하기 위해 다음과 같은 프롬프트를 입력하면

> 사용자 이름이 "영희"이고, 현재 아침이며 greet_user 도구를 사용해서 인사해주세요.

MCP 서버와 LLM은 다음과 같이 동작합니다.

1. 사용자가 입력한 프롬프트에 대해 AI가 greet_user 도구를 호출하는 데 필요한 파라미터를 추출합니다.
2. FastMCP는 위 코드에 따라 name과 is_morning을 추출 및 검증하고, 타입이 일치하면 해당 함수를 실행합니다.
3. 코드 실행 결과로 "Good morning, 영희!"라는 인사말이 생성되어 반환됩니다.

매개변수 메타데이터

매개변수 메타데이터를 활용하는 데는 두 가지 방식이 있습니다. 첫 번째는 최신 파이썬에서 권장되는 방식으로, `Annotated`와 `Field`를 함께 사용하는 방법입니다. 이 방식은 타입 힌트(예: `str`, `int`)와 메타데이터(설명, 검증 규칙 등)를 명확히 분리해서 지정할 수 있습니다.

```
image_url: Annotated[str, Field(description="URL of the image to process")]
```

이 경우 타입은 `str`로 명시되고, `Field`는 추가적인 설명이나 검증 규칙만 담당하게 되어 코드의 가독성과 유지보수성이 높아집니다. 이러한 이유로 최신 파이썬과 FastMCP에서는 이 방식을 적극적으로 권장합니다.

또한 FastMCP 도구에서 매개변수에 `Field`를 활용하면 단순히 설명을 추가하는 것 이상으로 다양한 검증과 문서화 기능을 적용할 수 있습니다. 다음과 같이 `Field`를 수정하면 `limit` 매개변수는 1 이상 100 이하의 정수 값만 입력받을 수 있게 제한됩니다.

```
limit: int = Field(10, description="Maximum number of results", ge=1, le=100)
```

이처럼 `Field`를 사용하면 숫자형 매개변수에 대해 `ge`(이상), `gt`(초과), `le`(이하), `lt`(미만)과 같은 범위 제약을 손쉽게 설정할 수 있습니다.

두 번째 방식은 좀 더 간단하게 사용할 수 있는 방식으로, `Field`를 기본값으로 직접 지정하는 방법입니다.

```
query: str = Field(description="Search query string")
```

이 방식은 타입 힌트와 메타데이터가 한 줄에 섞여 있어 코드를 읽을 때 타입과 검증 규칙이 명확히 구분되지 않습니다. 과거에는 이 방법이 많이 사용됐지만 최근에는 가독성이나 유지보수 측면에서 덜 선호하는 경향이 있습니다.

따라서 타입과 검증/설명을 분리해서 명확하게 관리할 수 있는 `Annotated`와 `Field` 조합이 가독성과 유지보수에 유리하므로 현업에서는 이 방식을 사용하는 것을 권장합니다.

또한 Field는 단순히 매개변수에 대한 설명만 제공하는 것이 아니라 입력값의 범위(예: 최솟값, 최댓값, 길이 제한 등)나 패턴, 기본값 등 다양한 제약 조건을 부여할 수 있습니다. 예를 들어, 다음과 같이 이름을 입력받을 때 이름의 최대와 최소 길이를 제한할 수 있습니다.

```python
@mcp.tool
def greet_user(
    name: Annotated[str, Field(description="Name of the user to greet",
            min_length=2,
            max_length=20
        )
    ],
    ...
```

도구 메타데이터

FastMCP는 기본적으로 함수의 이름과 독스트링을 바탕으로 도구 이름과 설명을 자동으로 유추합니다. 그러나 필요하다면 @mcp.tool 데코레이터에 직접 인수를 지정해 이러한 정보를 재정의할 수 있습니다. 예를 들어, name과 description을 명시적으로 지정하면 도구의 이름과 설명이 해당 값으로 노출되며, 이 경우 함수의 독스트링은 무시됩니다.

```python
@mcp.tool(
    name="greet_user",      # LLM에 노출되는 도구 이름
    description="Generates a personalized greeting for the user.",
    # 도구 설명
    tags={"greeting", "user"}  # 도구 분류 태그
)
def greet_user(
... 생략 ...
```

10.2.2 리소스

리소스는 서버가 외부 데이터나 파일, 데이터베이스 등에서 정보를 가져올 수 있도록 지원하는 역할을 합니다. 즉, 도구가 동작하는 데 필요한 데이터 소스를 제공하며, 서버에서 관리하는 데

이터나 외부 저장소에 접근할 수 있는 함수로 구현됩니다. 예를 들어, 특정 파일의 내용을 읽거나 데이터베이스에서 테이블 목록을 가져오는 함수가 리소스에 해당합니다. 이는 RAG 기반 시스템에서 LLM의 지식 확장에 매우 중요한 역할을 합니다.

가령 클라이언트가 특정 리소스 URI을 요청하면 FastMCP는 다음과 같이 동작합니다.

1. **리소스 정의 검색**: 요청된 URI에 해당하는 리소스 정의를 찾습니다.
2. **함수 실행(동적 리소스의 경우)**: 리소스가 함수로 정의된 동적 리소스라면 해당 함수를 실행합니다.
3. **콘텐츠 반환**: 실행 결과로 얻은 콘텐츠(텍스트, JSON, 바이너리 데이터 등)를 클라이언트에 반환합니다.

@mcp.resource 데코레이터를 이용한 리소스 정의

FastMCP에서 리소스를 정의하는 가장 일반적이고 간소화된 방법은 파이썬 함수에 `@mcp.resource` 데코레이터를 사용하는 것입니다. 이 데코레이터는 리소스의 고유한 URI를 필수로 받습니다.

```python
@mcp.resource("resource://greeting")
def get_greeting() -> str:
    """간단한 인사말 메시지를 제공합니다."""
    return "안녕하세요! FastMCP 리소스입니다."
```

이처럼 FastMCP로 리소스를 정의할 경우 다음과 같은 특징이 있습니다.

- **URI(Uniform Resource Identifier)**: `@mcp.resource` 데코레이터의 첫 번째 인수로 제공되는 고유 식별자(예: `"resource://greeting"`)입니다. 클라이언트는 이 URI를 사용해 해당 리소스의 데이터를 요청합니다.
- **지연 로딩(Lazy Loading)**: 데코레이터를 지정한 함수(예: `get_greeting`)는 클라이언트가 해당 리소스 URI를 명시적으로 요청할 때에만 실행됩니다. 이는 불필요한 리소스 로딩을 방지하고 효율성을 높입니다.
- **메타데이터 추론**: 기본적으로 FastMCP는 함수의 이름(예: `get_greeting`)을 리소스 이름으로 사용하고, 함수의 독스트링(`"""간단한 인사말 메시지를 제공합니다."""`)을 리소스 설명으로 사용합니다.

리소스 메타데이터

FastMCP에서 `@mcp.resource` 데코레이터의 인수를 사용해 리소스의 속성(메타데이터)을 직접 설정하고 싶다면 다음과 같이 할 수 있습니다.

예제 10.2 리소스의 속성 설정

```python
@mcp.resource(
    uri="data://app-settings",              # 고유 리소스 주소
    name="AppSettings",                     # 사용자 친화적 이름
    description="애플리케이션 설정 정보를 JSON으로 제공합니다.",  # LLM용 설명
    mime_type="application/json",           # 데이터 형식: JSON
    tags={"settings", "config", "public"}   # 분류 태그
)
def load_app_settings() -> dict:
    """내부 함수 설명 (위의 'description'이 우선합니다)."""
    return {
        "theme": "light",
        "version": "1.2.1",
        "options": ["tools", "resources", "notifications"],
    }
```

이 코드에서는 앱의 설정 정보를 JSON 형식으로 제공하는 MCP 리소스를 정의합니다. 각 인수는 다음과 같은 역할을 합니다.

- uri="data://app-settings": 이 리소스에 접근하기 위한 **고유한 주소**입니다. 클라이언트나 LLM이 이 주소를 통해 애플리케이션 설정 정보를 요청할 수 있습니다. uri는 항상 필수로 지정해야 합니다.

- name="AppSettings": 이 리소스의 **사람이 읽기 쉬운 이름**입니다. 기본적으로 함수 이름(load_app_settings)이 사용되지만 여기서는 AppSettings로 지정해 더 명확하게 표현했습니다.

- description="애플리케이션 설정 정보를 JSON으로 제공합니다.": LLM이나 클라이언트에게 **리소스를 설명하는 문구**입니다. 이 값을 지정하면 함수의 독스트링보다 우선적으로 사용됩니다.

- mime_type="application/json": 이 리소스가 제공하는 데이터의 **유형**입니다(여기서는 JSON). FastMCP는 데이터 구조를 자동으로 유추할 수 있지만, 명시적으로 지정하는 것이 가장 안전합니다.

- tags={"settings", "config", "public"}: 리소스를 분류하는 데 사용되는 **키워드 모음**입니다. 검색, 필터링, 접근 제어 등에 활용할 수 있습니다.

이처럼 메타데이터를 추가하면 리소스의 용도와 특성을 더욱 명확하게 전달함으로써 LLM이 더 정확하게 리소스를 활용하고, 클라이언트 애플리케이션에서 효율적으로 리소스를 관리할 수 있습니다.

10.2.3 프롬프트

프롬프트는 사용자가 LLM에게 전달하는 명령어나 질문을 미리 정의해두는 템플릿입니다. 클라이언트가 특정 작업을 요청할 때 프롬프트를 통해 LLM이 어떤 방식으로 응답해야 하는지, 어떤 정보를 참고해야 하는지 등을 안내할 수 있습니다. 예를 들어, 문서 오류 메시지를 디버깅하거나 특정 양식에 맞춰 답변을 생성하도록 유도하는 프롬프트가 있습니다. 프롬프트는 사용자 경험을 개선하고, LLM의 출력을 일관성 있게 만드는 데 기여합니다.

프롬프트는 LLM에게 전달될 **정형화된 메시지 템플릿**을 제공하며, 클라이언트가 특정 프롬프트를 요청하면 FastMCP는 다음과 같은 과정을 거칩니다.

1. **프롬프트 정의 확인**: 요청된 프롬프트에 해당하는 정의를 찾습니다.
2. **매개변수 검증**: 만약 프롬프트에 필요한 매개변수가 있다면 해당 값이 프롬프트 함수의 시그니처와 일치하는지 확인하고 유효성을 검사합니다.
3. **메시지 생성**: 유효성 검사를 통과한 입력값을 바탕으로 프롬프트 함수가 실행되어 최종 메시지를 생성합니다.
4. **LLM으로 전달**: 생성된 메시지는 LLM으로 전달되어 LLM이 사용자의 요청에 대해 일관되고 적절한 응답을 생성하도록 돕습니다.

이를 통해 LLM은 다양한 상황과 사용자 요청에도 불구하고 표준화되고 재사용 가능한 형태로 응답을 구성할 수 있게 됩니다.

다음 코드는 데이터 분석 요청 프롬프트를 정의하며, 사용자가 지정한 데이터셋 URI와 분석 유형을 입력받아 분석 명령문을 생성합니다.

예제 10.3 데이터 분석 요청 프롬프트 예제

```
@mcp.prompt(
    name="analyze_data_request",  # 프롬프트 명칭
    description="Generates a data analysis request with user-specified options.",  # 설명
    tags={"analysis", "data"}  # 태그
)
def data_analysis_prompt(
    data_uri: str = Field(description="Resource URI containing the target dataset."),
    analysis_type: str = Field(default="summary", description="Desired analysis type.")
) -> str:
    """ 이 독스트링은 description이 있을 때 무시됨 """
    return f"Analyze the dataset at {data_uri} using the '{analysis_type}' method."
```

다음은 위 코드의 프롬프트에 사용된 메타데이터를 정리한 것입니다.

- name('analyze_data_request'): 프롬프트의 고유 명칭입니다. MCP 시스템에서 이 이름으로 프롬프트를 식별하고 호출할 수 있습니다. 지정하지 않으면 함수명이 기본값으로 사용됩니다.

- description(Generates a data analysis request with user-specified options): 프롬프트의 목적과 동작을 설명하는 문구입니다. MCP 및 클라이언트에는 이 설명이 노출됩니다. description이 지정되면 함수의 독스트링은 무시됩니다.

- tags({"analysis", "data"}): 이 프롬프트를 분류하는 태그 집합입니다. 클라이언트가 프롬프트를 검색, 필터링, 그룹화할 때 활용할 수 있습니다.

다음은 프롬프트 함수에 사용된 파라미터 메타데이터를 정리한 것입니다.

- data_uri: str = Field(description="Resource URI containing the target dataset."): 사용자가 분석할 데이터셋이 위치한 리소스 URI를 문자열로 입력받습니다.

- analysis_type: str = Field(default="summary", description="Desired analysis type."): 원하는 분석 유형을 문자열로 입력받으며, 기본값은 "summary"입니다.

최종적으로 위 프롬프트는 입력받은 데이터셋 URI와 분석 유형을 활용해 분석 명령문을 문자열로 생성해 반환합니다.

10.3 MCP 서버 디버깅

MCP 서버를 개발하고 나면 MCP 서버가 정상적으로 동작하는지 반드시 테스트하고, 문제가 발생할 경우 디버깅하는 과정이 필요합니다. 여기서는 서버를 테스트 및 디버깅하는 방법과 자주 발생하는 문제의 해결 방법을 알아봅니다.

10.3.1 MCP 인스펙터

MCP 인스펙터(Inspector)는 MCP 서버를 테스트하고 디버깅할 수 있는 대화형 개발자 도구입니다. MCP 인스펙터를 이용하면 서버의 리소스, 프롬프트, 도구, 로그 등을 실시간으로 점검하고 테스트할 수 있습니다. FastMCP의 경우 개발 환경의 터미널에서 `fastmcp dev server.py` 명령어로 간편하게 실행할 수 있습니다. 그러고 나면 MCP 인스펙터와 연동되어 실시간 테스트와 디버깅에 매우 유용합니다.

기본 사용법

개발 중인 서버 파일(예: `server.py`)이 있을 때 다음과 같이 명령어를 실행합니다. 이 명령을 실행하면 웹 기반 인스펙터가 자동으로 열리며, 도구, 프롬프트, 리소스 등을 인터랙티브하게 테스트할 수 있습니다.

```
> fastmcp dev server.py
...
🔗 Open inspector with token pre-filled:
   http://localhost:6274/?MCP_PROXY_AUTH_TOKEN=4....
   (Auto-open is disabled when authentication is enabled)

🔍 MCP Inspector is up and running at http://127.0.0.1:6274 🚀
```

참고로 브라우저에서 인스펙터로 접속할 때 URL에 토큰이 포함돼 있지 않으면 접근이 거부될 수 있습니다. 또한 요청을 보낼 때는 요청 헤더에 토큰을 포함해야 서버가 해당 요청을 정상적으로 처리합니다. 따라서 위 출력 결과에서 프락시 서버가 제공하는 'Open inspector with token pre-filled'에 표시된 링크로 접속하는 것이 가장 안전하고 편리한 방법입니다.

MCP 인스펙터의 주요 특징

MCP 서버를 개발할 때 MCP 인스펙터와 서버를 함께 실행하면 MCP 서버와의 연결 상태를 확인하고, 기능 협상(capability negotiation)이 정상적으로 이뤄지는지 점검할 수 있습니다. 또한 코드 변경이 발생할 때마다 인스펙터를 재연결해서 변경된 부분이나 영향받는 기능을 즉시 테스트할 수 있습니다. 개발 과정에서는 잘못된 입력, 누락된 인자, 동시 요청, 에러 응답 등 다양한 엣지 케이스와 에러 상황을 메시지 모니터링 기능을 통해 실시간으로 확인하고 검증할 수 있습니다.

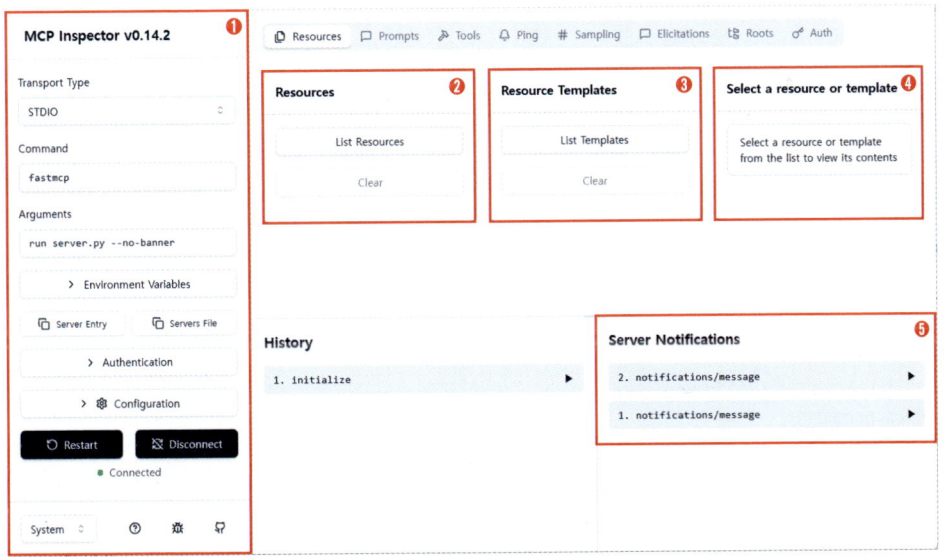

그림 10.2 MCP 인스펙터의 메인 화면

다음은 MCP 인스펙터의 화면 구성을 설명한 것입니다.

1. **서버 연결 창**: 서버 연결 방식을 선택하고, 명령행 인자 및 환경변수를 설정할 수 있습니다.
2. **리소스(Resources) 탭**: 서버의 모든 리소스 목록과 메타데이터(MIME, 설명)를 확인할 수 있고, 리소스 내용 미리보기나 구독 테스트가 가능합니다.
3. **프롬프트(Prompts) 탭**: 프롬프트 템플릿 목록이 표시되며, 인자 및 설명을 확인하거나 직접 프롬프트를 테스트하고, 생성 메시지 미리보기가 가능합니다.

4. **도구(Tools) 탭**: 도구 목록 및 스키마/설명을 확인하고, 입력값을 통한 도구 테스트, 실행 결과 확인이 가능합니다.

5. **알림(Notifications) 창**: 서버에서 기록된 모든 로그와 알림 메시지를 확인할 수 있습니다.

MCP 인스펙터 활용

이번에는 MCP 인스펙터를 이용해 도구와 리소스, 프롬프트를 테스트하기 위해 다음과 같은 server.py 파일을 작성합니다.

예제 10.4 MCP 인스펙터 테스트용 코드

```python
from fastmcp import FastMCP

mcp = FastMCP(name="HelloWorld")

@mcp.tool()
def hello_world(name: str):
    """Greets the provided name."""
    return f"Hello {name}"

@mcp.prompt()
def generate_welcome(name: str):
    """Generates a welcome message for the provided name."""
    return f"Welcome, {name}! How can I assist you today?"

@mcp.resource("resource://user-info")
def get_user_info():
    """Provides sample user information."""
    return {"username": "guest", "level": "basic"}

if __name__ == "__main__":
    mcp.run()
```

그러고 나서 명령 프롬프트나 터미널에서 server.py가 저장된 폴더로 이동한 후 `fastmcp dev server.py` 명령어를 입력해 서버를 실행합니다. 그다음, 인스펙터에서 **Connect** 버튼을 눌러 서버에 연결되면 각 탭(예: Tools, Resources, Prompts 등)을 눌러 앞에서 등록한 도구, 리소스, 프롬프트가 정상적으로 등록돼 있는지 확인할 수 있습니다. 다음은 Tools 탭에서 hello_world 도구를 테스트한 결과를 보여줍니다.

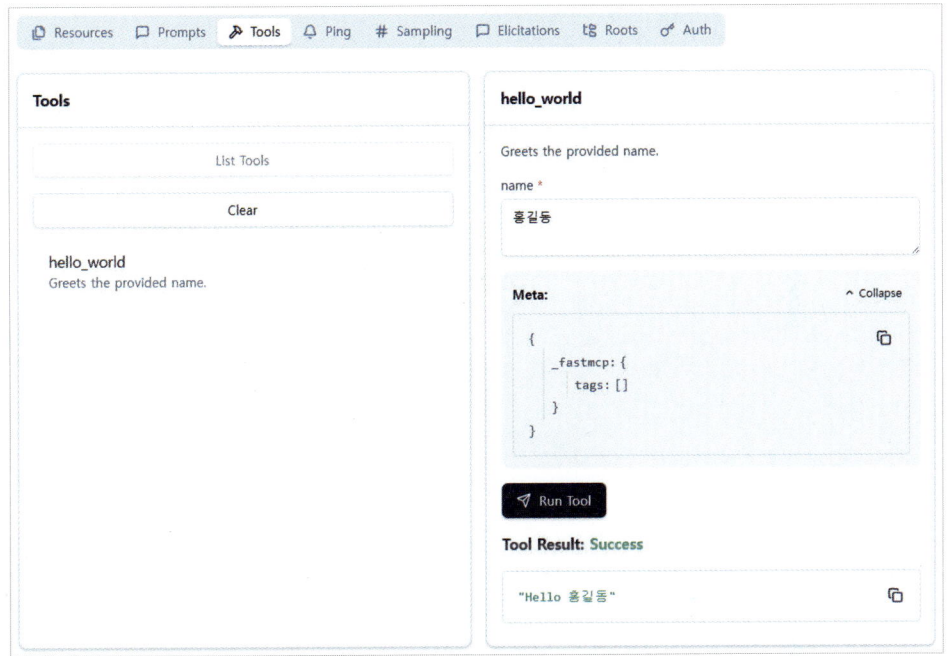

그림 10.3 MCP 도구 테스트

MCP 도구 외에도 앞의 코드에서 등록한 리소스, 프롬프트 등이 정상적으로 조회되는지 확인해보기 바랍니다.

10.3.2 클로드 데스크톱 로그 파일

로그 파일은 시스템이나 애플리케이션이 실행되면서 발생하는 이벤트와 오류를 시간순으로 기록한 텍스트 파일입니다. 주로 문제 발생 시 원인을 분석하고, 시스템 상태를 모니터링하며, 각종 이슈를 추적하는 데 사용됩니다. MCP 서버를 개발할 경우 클로드 데스크톱의 로그 파일을 활용하면 MCP 관련 로그를 확인할 수 있어 개발하거나 디버깅할 때 참고할 수 있습니다.

클로드 데스크톱의 MCP 로그를 확인하려면 클로드 데스크톱의 메뉴에서 **개발자 → MCP 로그 파일 열기**를 차례로 선택합니다.

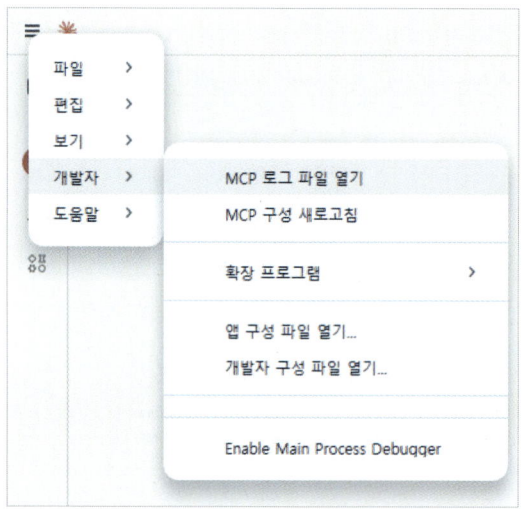

그림 10.4 MCP 로그 파일 열기

MCP 서버 로그에는 서버 연결 상태 변화, 설정 오류, 실행 중 발생하는 에러, 서버와 클라이언트 간의 메시지 주고받기 내역이 기록됩니다. 이러한 정보는 서버의 정상 동작 여부를 확인하고 문제를 신속하게 파악하는 데 중요한 역할을 합니다. 다음은 클로드 데스크톱에서 제공하는 `mcp.log` 파일의 예입니다.

```
....
2025-06-23T05:39:22.718Z [info] [dart-mcp] Message from client: {"method":"prompts/list","params":{},"jsonrpc":"2.0","id":7}
2025-06-23T05:39:22.720Z [info] [filesystem] Message from server: {"jsonrpc":"2.0","id":11,"error":{"code":-32601,"message":"Method not found"}}
2025-06-23T05:39:22.722Z [info] [tavily-mcp] Message from server: {"jsonrpc":"2.0","id":11,"error":{"code":-32601,"message":"Method not found"}}
2025-06-23T05:39:22.724Z [info] [mcp-server-firecrawl] Message from server: {"jsonrpc":"2.0","id":11,"error":{"code":-32601,"message":"Method not found"}}
2025-06-23T05:39:22.725Z [info] [twitter-mcp] Message from server: {"jsonrpc":"2.0","id":11,"error":{"code":-32601,"message":"Method not found"}}
```

위와 같이 로그에 기록된 내용을 토대로 발생한 오류 및 문제 해결의 실마리를 얻을 수 있습니다.

10.3.3 MCP 서버를 사용할 때 자주 발생하는 문제

직접 만든 MCP 서버를 사용할 때 작업 디렉터리 설정이나 클로드 데스크톱의 설정이 올바르지 않으면 오류가 발생할 수 있습니다. 예를 들어, MCP 설정 문제로 인해 `claude_desktop_config.json` 파일을 읽거나 구문 분석하는 데 실패했다는 오류 메시지가 나타날 수 있습니다. 이번 절에서는 MCP 서버를 사용할 때 자주 발생하는 문제와 해결책을 알아봅니다.

- **작업 디렉터리 문제**

  클로드 데스크톱의 `claude_desktop_config.json`을 통해 서버를 등록할 경우 작업 디렉터리를 잘못 지정해 파일이나 디렉터리를 찾지 못할 수 있습니다. 또한 명령 프롬프트나 터미널에서 직접 서버를 실행하는 경우 현재 디렉터리가 작업 디렉터리가 됩니다.

  따라서 설정 파일이나 `.env` 파일에서 항상 상대 경로(예: `./data`) 대신 다음과 같은 절대 경로(예: `/Users/username/data`)를 사용해야 합니다.

  ```
  {
    "command": "npx",
    "args": [
      "-y",
      "@modelcontextprotocol/server-filesystem",
      "/Users/username/data"
    ]
  }
  ```

- **환경변수 문제**

  MCP 서버는 기본적으로 USER, HOME, PATH 등 일부 환경변수만 자동으로 상속합니다. 따라서 환경변수를 추가하거나 수정해야 한다면 `claude_desktop_config.json`의 `env` 키를 사용해 명시적으로 지정합니다.

  ```
  {
    "myserver": {
      "command": "mcp-server-myapp",
      "env": {
  ```

```
      "MYAPP_API_KEY": "some_key"
    }
  }
}
```

또한 누락된 환경변수나 잘못된 환경변수 값으로 인한 오류에도 주의할 필요가 있습니다.

- **서버 초기화 문제**

  서버 실행 파일의 경로가 잘못되거나 필요한 파일이 없거나 권한이 부족해서 발생하는 문제의 경우 실행 파일 경로도 절대 경로로 지정하는 것이 안전합니다.

  JSON 문법 에러, 필수 필드 누락, 타입 불일치 등과 같은 설정 오류의 경우 온라인상의 JSON Validator나 스키마 검증 도구를 사용해 에러 메시지를 참고해서 수정하면 손쉽게 해결할 수 있습니다.

  그 밖에 환경변수가 누락되거나, 잘못된 환경변수 값, 권한 문제의 경우 설정 파일과 환경변수, 파일 권한을 꼼꼼히 점검합니다.

- **연결 문제**

  서버에 연결할 수 없어서 실패할 경우 클로드 데스크톱 로그를 확인하고 서버 프로세스가 실제로 실행 중인지 확인합니다. 또한 인스펙터를 이용해 도구/리소스/프롬프트를 하나씩 테스트를 수행하거나 프로토콜 호환성(버전 등)을 확인합니다.

10.4 MCP 서버 작성 규칙

이 책에서는 AI가 MCP에 등록된 도구를 좀 더 명확하게 이해할 수 있도록 이후에 진행할 프로젝트에서 각 도구에 메타데이터를 추가하고, 매개변수에도 메타데이터를 제공할 예정입니다. 또한 독스트링에는 사용자와 AI 모두가 쉽게 이해할 수 있도록 상세한 주석과 설명을 포함합니다. 즉, 앞에서 배운 내용을 토대로 다음과 같은 형태로 작성합니다.

예제 10.5 MCP 서버 구현 템플릿

```
@mcp.tool(
    name="함수명",
    description="함수의 목적 및 역할을 간단히 설명합니다."
)
def 함수명(
```

```
    파라미터1: Annotated[타입, Field(description="파라미터1의 역할 및 설명")],
    ...
):
    """
    Args:
        파라미터1 (타입): 파라미터1의 역할 및 설명
        ...

    Returns:
        반환타입: 반환값의 역할 및 설명
    """
    # 함수 본문
    return 결과
```

10.5 정리

이번 장에서는 파이썬을 이용해 MCP 서버를 만드는 방법을 알아봤습니다. 파이썬의 FastMCP 라이브러리를 이용하면 간단하고 빠르게 MCP 서버를 구축할 수 있습니다. 또한 FastMCP에서 제공하는 핵심 구성 요소와 함께, 실제로 서버를 구축하는 방법을 단계별로 안내했습니다. 마지막으로 FastMCP를 테스트하고 디버깅하는 방법도 소개했습니다.

그럼 다음 장부터는 본격적으로 MCP 서버를 구축하는 실습 프로젝트를 진행하겠습니다.

11

[실전 프로젝트]
Hello MCP! 프로젝트

이번 장에서는 FastMCP를 활용해 두 개의 숫자를 입력받아 사칙연산을 수행하는 아주 기본적인 MCP 서버부터, 외부 API를 이용해 현재 날씨 정보를 가져오는 좀 더 실용적인 MCP 서버까지 단계별로 설명하겠습니다. 마지막으로, 이렇게 구현한 MCP 서버를 유명한 MCP 서버 저장소인 Smithery에 저장하고 배포하는 방법을 알아보겠습니다.

11.1 간단한 MCP 예제 실습

먼저 FastMCP 라이브러리를 활용해 간단한 계산기 MCP 서버를 직접 만들어보면서 FastMCP의 기본적인 사용법을 알아보겠습니다.

11.1.1 계산기 MCP 서버

앞에서 FastMCP와 파이썬의 기본 설정을 모두 마쳤습니다. 만약 아직 기초적인 설정이 완료되지 않았다면 10장을 참고하길 권장합니다. 참고로 이번 장에서는 이해를 돕기 위해 10.4절 'MCP 서버 작성 규칙'에서 설명한 규칙들을 적용하지 않고 간단하게 도구 메타데이터(@mcp.tool())와 주석(docstring)만 간단히 작성하는 방식으로 진행하겠습니다.

먼저 두 개의 숫자를 입력받아 사칙연산(덧셈, 뺄셈, 곱셈, 나눗셈)을 수행하는 MCP 서버를 만들어보겠습니다. 우선 앞에서 만든 C:\MCP 폴더에 Example-MCP 폴더를 생성한 후 calculator.py 파일을 생성합니다. 그리고 나서 다음과 같은 코드를 작성합니다.

01. FastMCP 라이브러리 임포트

```python
from fastmcp import FastMCP
```

앞에서 설명했듯이 FastMCP는 MCP 서버를 쉽게 만들 수 있게 해주는 파이썬 라이브러리로서, 여기서는 계산기 기능을 MCP 서버로 제공하기 위해 사용합니다.

02. FastMCP 인스턴스 생성

```python
mcp = FastMCP("Calculator-MCP")
```

FastMCP 인스턴스를 생성합니다. 서버 이름은 "Calculator-MCP"로 지정합니다. 그러고 나면 나중에 클로드 데스크톱에 등록할 때 "Calculator-MCP"라는 이름으로 서버가 저장됩니다.

03. 계산기 함수 정의 및 데코레이터

```python
@mcp.tool(name="add", description="Add two numbers and return the sum.")
def add(a: int, b: int) -> int:
    """Add two numbers"""
    return a + b


@mcp.tool(name="sub", description="Subtract the second number from the first.")
def sub(a: int, b: int) -> int:
    """Subtract two numbers"""
    return a - b


@mcp.tool(name="mul", description="Multiply two numbers and return the product.")
def mul(a: int, b: int) -> int:
    """Multiply two numbers"""
    return a * b


@mcp.tool(name="div", description="Divide two numbers (floating point division).")
def div(a: int, b: int) -> float:
    """Divide two numbers (returns floating point division result)"""
    if b == 0:
```

```
            raise ValueError("Cannot divide by zero")
    return a / b
```

@mcp.tool() 데코레이터를 사용해 각 함수를 MCP 서버의 도구로 등록합니다. 보다시피 사칙연산(add, sub, mul, div) 함수를 통해 각각 덧셈, 뺄셈, 곱셈, 나눗셈(정수 나눗셈)을 수행합니다. 이때 div 함수에서는 0 나누기 에러를 방지하는 코드를 추가했습니다. 여기서 작성한 함수별 주석(docstring)을 통해 LLM이 각 도구를 인식하게 됩니다.

04. 서버 실행 코드

```
if __name__ == "__main__":
    mcp.run()
```

python calculator.py 명령을 실행하면 MCP 서버를 시작합니다.

앞에서 작성한 MCP 서버의 전체 코드는 다음과 같습니다.

예제 11.1 사칙연산을 수행하는 계산기 MCP 서버

```
# calculator.py
from fastmcp import FastMCP

mcp = FastMCP("Calculator-MCP")

@mcp.tool(name="add", description="Add two numbers and return the sum.")
def add(a: int, b: int) -> int:
    """Add two numbers"""
    return a + b

@mcp.tool(name="sub", description="Subtract the second number from the first.")
def sub(a: int, b: int) -> int:
    """Subtract two numbers"""
    return a - b

@mcp.tool(name="mul", description="Multiply two numbers and return the product.")
def mul(a: int, b: int) -> int:
    """Multiply two numbers"""
    return a * b
```

```python
@mcp.tool(name="div", description="Divide two numbers (floating point division).")
def div(a: int, b: int) -> float:
    """Divide two numbers (returns floating point division result)"""
    if b == 0:
        raise ValueError("Cannot divide by zero")
    return a / b

if __name__ == "__main__":
    mcp.run()
```

이제 `calculator.py`가 생성된 폴더에서 `fastmcp dev calculator.py` 명령을 실행하면 MCP 인스펙터를 통해 각 기능을 직접 테스트해볼 수 있습니다. 이를 통해 앞에서 작성한 사칙연산 함수가 정상적으로 동작하는지 손쉽게 확인할 수 있습니다.

클로드 데스크톱에 배포하기

다음은 `fastmcp install claude-desktop calculator.py` 명령어를 실행해 방금 작성한 MCP 서버가 클로드 데스크톱에 정상적으로 등록됐을 때 출력되는 내용입니다.

```
> fastmcp install claude-desktop calculator.py
Successfully installed 'Calculator-MCP' in Claude Desktop
```

이때 클로드 데스크톱의 MCP 설정 파일(`claude_desktop_config.json`)을 확인해보면 다음과 같이 MCP 서버가 등록된 것을 확인할 수 있습니다.

```
{
  "mcpServers": {
  ... 생략 ...
    "Calculator-MCP": {
      "command": "fastmcp",
      "args": [
        "run",
        "C:\\MCP\\Example-MCP\\calculator.py"
      ],
      "env": {},
```

```
    "transport": "stdio",
    "type": null,
    "cwd": null,
    "timeout": null,
    "description": null,
    "icon": null,
    "authentication": null
   }
  }
}
```

이제 클로드 데스크톱에 접속해 간단히 테스트를 진행하겠습니다. 클로드 데스크톱에 접속한 후, 도구 메뉴에서 Calculator-MCP를 클릭하면 다음과 같이 다양한 도구가 정상적으로 표시됩니다. 이처럼 도구가 제대로 나타난다면 MCP 서버가 정상적으로 등록된 것입니다.

그림 11.1 클로드 데스크톱에서 Calculator-MCP 서버의 도구를 확인

이제 클로드 데스크톱에서 Calculator-MCP의 모든 도구를 테스트해보기 위해 다음과 같이 사칙연산을 수행해달라고 요청해보겠습니다.

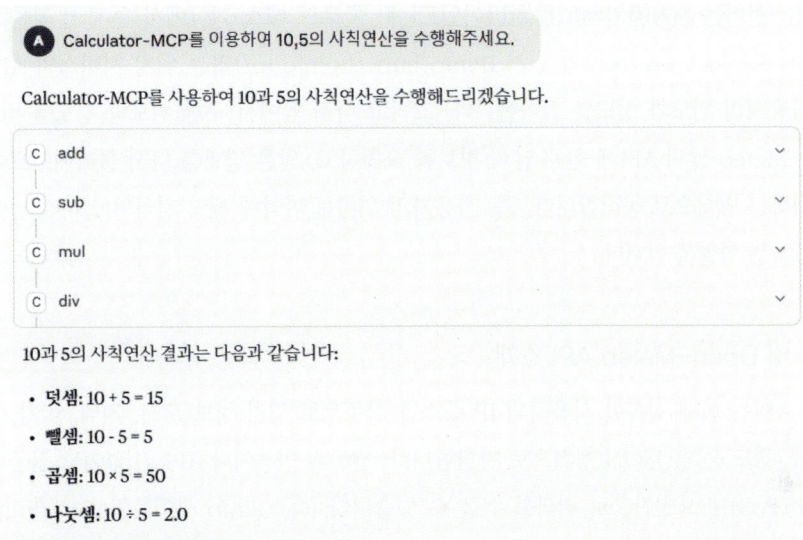

그림 11.2 Calculator-MCP 서버를 활용해 사칙연산을 수행

보다시피 클로드 데스크톱에서 Calculator-MCP를 통해 사칙연산을 수행하는 것을 확인할 수 있습니다.

11.1.2 날씨 MCP 서버

이번 절에서는 현재 IP 주소를 확인해 해당 위치의 위도와 경도를 구하고, 이 정보를 바탕으로 Open-Meteo 등 날씨 API를 통해 실시간 날씨 데이터를 가져오는 MCP 서버를 만들어보겠습니다. 이번에 만들 MCP 서버의 구조를 그림으로 나타내면 다음과 같습니다.

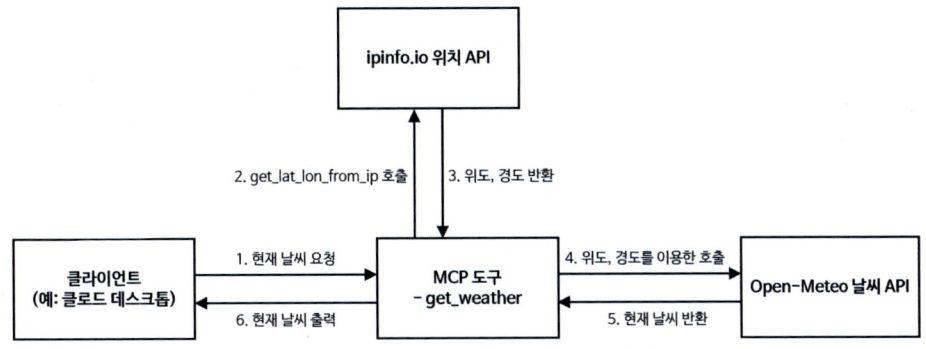

그림 11.3 IP 주소를 기반으로 날씨를 가져오는 MCP 서버의 아키텍처

이 MCP 서버는 사용자가 MCP 클라이언트(예: 클로드 데스크톱)에서 현재 날씨를 요청하면 MCP 도구(`get_weather`)가 먼저 IPinfo(http://ipinfo.io/)라는 위치 서비스의 API를 호출해 사용자의 위도와 경도를 받아옵니다. 그리고 나서 앞에서 구한 위도와 경도를 바탕으로 Open-Meteo 날씨 API에 현재 날씨 정보를 요청하고, 받은 결과를 다시 클라이언트에 전달해 출력하는 방식으로 동작합니다. 즉, 사용자의 위치를 파악해 해당 지역의 실시간 날씨 정보를 제공하는 역할을 합니다.

IPinfo 및 Open-Meteo API 소개

IPinfo API는 현재 접속한 사용자의 IP 주소를 기준으로 위치 정보(도시, 지역, 국가, 우편번호, 위도/경도 등)를 JSON 형식으로 반환합니다. 별도의 인증이나 API 키 없이도 접근 가능하며, HTTP GET 요청만으로 결과를 얻을 수 있습니다. 즉, IPinfo 사이트(https://ipinfo.io/json)에 접속하는 것만으로 다음과 같이 사용자의 현재 위치를 파악할 수 있습니다.

```
{
  "ip": "x.x.x.x",
  "city": "Seoul",
  "region": "Seoul",
  "country": "KR",
  "loc": "37.5660,126.9784",
  "org": "Broadband",
  "postal": "12345",
  "timezone": "Asia/Seoul",
  "readme": "https://ipinfo.io/missingauth"
}
```

다음으로 Open-Meteo API[1]는 위도와 경도를 입력하면 해당 위치의 날씨 예보 데이터를 제공하는 API입니다. 시간별로 기온, 상대습도, 이슬점, 날씨 코드 등 다양한 기상 정보를 받아볼 수 있으며, 원하는 시간대와 예보 기간을 자유롭게 지정할 수 있습니다. 별도의 복잡한 인증 없이 간단한 HTTP GET 요청만으로 데이터를 손쉽게 가져올 수 있습니다.

---

[1] https://api.open-meteo.com/v1/forecast

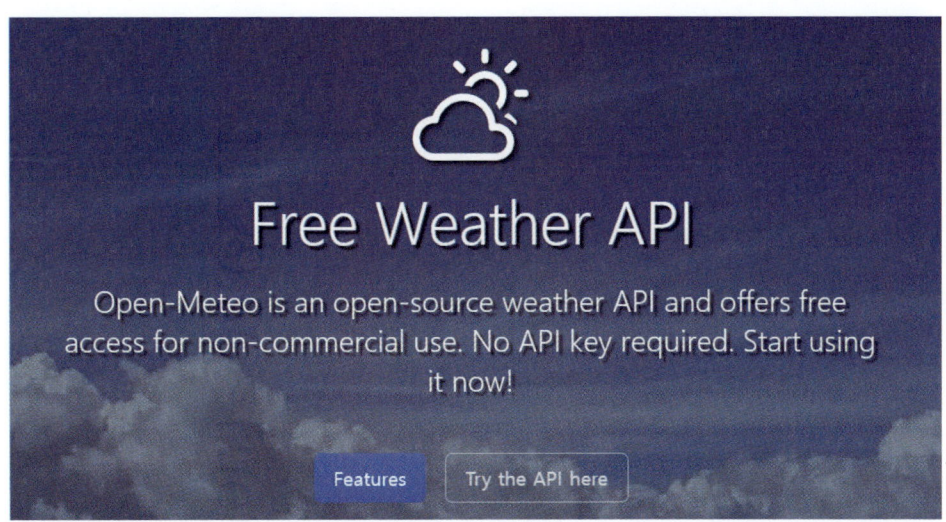

그림 11.4 Open-Meteo 홈페이지

파이썬 MCP 서버 작성

requests는 파이썬에서 HTTP 요청을 쉽게 보낼 수 있도록 도와주는 대표적인 라이브러리입니다. 이 라이브러리를 이용하면 웹사이트나 API를 대상으로 데이터를 요청하고, 그 결과를 받아 처리할 수 있습니다. 예를 들어, 웹사이트 정보를 가져오거나 날씨, 뉴스 등 다양한 외부 서비스의 데이터를 활용할 때 자주 사용됩니다.

requests 라이브러리를 사용하려면 먼저 다음 명령어로 requests 라이브러리를 설치합니다. 현재 사용 중인 IDE(PyCharm, VS Code 등)에서 터미널을 열고 아래 명령어를 실행해 requests 라이브러리를 설치합니다.

```
pip install requests
```

01. 라이브러리 임포트

설치가 완료되면 weather.py 파일을 생성한 후 MCP 서버 개발에 필요한 라이브러리를 불러오기 위해 다음과 같이 코드를 작성합니다.

```python
import requests
from fastmcp import FastMCP
```

02. FastMCP 서버 인스턴스 생성

이어서 다음과 같이 FastMCP 인스턴스를 생성하고, 서버 이름을 "Weather-MCP"로 지정합니다. 이때 dependencies=["requests"]는 이 서버가 requests 패키지를 필요로 한다는 것을 명시합니다.

```python
mcp = FastMCP("Weather-MCP", dependencies=["requests"])
```

03. IP 주소를 기반으로 위치 정보를 추출하는 함수 작성

앞에서 살펴본 IPinfo API를 호출해 현재 IP 주소에 해당하는 위치(위도, 경도)를 가져옵니다. 예외 발생 시 기본값으로 서울의 위도/경도를 반환합니다.

```python
def get_lat_lon_from_ip():
    try:
        res = requests.get('https://ipinfo.io/json')
        data = res.json()
        loc = data.get('loc', '37.5665,126.9780')  # 기본값: 서울
        latitude, longitude = map(float, loc.split(','))
        return latitude, longitude
    except Exception as e:
        print(f"위치 정보를 가져올 수 없습니다. 기본값(서울) 사용. 오류: {e}")
        return 37.5665, 126.9780  # 기본값: 서울
```

04. 날씨 정보 조회 함수(MCP 도구로 등록)

다음으로, @mcp.tool() 데코레이터로 get_weather 함수를 MCP 서버의 도구로 등록합니다. 앞에서 정의한 get_lat_lon_from_ip 함수를 호출해 현재 위치의 위도/경도를 가져온 다음, Open-Meteo API를 호출해 해당 위치의 시간별 기온, 습도, 이슬점, 날씨 코드를 JSON 형식으로 받아옵니다. 예외 발생 시 None을 반환합니다.

```python
@mcp.tool(
    name="get_weather",
    description="Get current weather information using Open-Meteo API based on your IP."
)
def get_weather():
    """Get weather information using Open-Meteo API."""
    latitude, longitude = get_lat_lon_from_ip()
    url = f'https://api.open-meteo.com/v1/forecast?latitude={latitude}&longitude={longitude}&hourly=temperature_2m,relative_humidity_2m,dew_point_2m,weather_code&timezone=GMT&forecast_days=1'
```

```python
    try:
        response = requests.get(url)
        weather_data = response.json()
        return weather_data
    except Exception as e:
        print("날씨 정보 요청 오류:", e)
        return None
```

05. 서버 실행 코드

다음과 같은 코드로 `mcp.run()`을 실행하면 앞에서 작성한 MCP 서버를 실행하고, 클라이언트가 접속하면 등록된 도구를 제공합니다.

```python
if __name__ == "__main__":
    mcp.run()
```

전체 코드

이번 절에서 작성한 MCP 서버의 전체 코드는 다음과 같습니다.

예제 11.2 날씨 조회 MCP 서버

```python
#weather.py
import requests
from fastmcp import FastMCP

mcp = FastMCP("Weather-MCP", dependencies=["requests"])

def get_lat_lon_from_ip():
    try:
        res = requests.get('https://ipinfo.io/json')
        data = res.json()
        loc = data.get('loc', '37.5665,126.9780')  # 기본값: 서울
        latitude, longitude = map(float, loc.split(','))
        return latitude, longitude
    except Exception as e:
        print(f"위치 정보를 가져올 수 없습니다. 기본값(서울) 사용. 오류: {e}")
        return 37.5665, 126.9780  # 기본값: 서울
```

```python
@mcp.tool(
    name="get_weather",
    description="Get current weather information using Open-Meteo API based on your IP."
)
def get_weather():
    """Get weather information using Open-Meteo API."""
    latitude, longitude = get_lat_lon_from_ip()
    url = f'https://api.open-meteo.com/v1/forecast?latitude={latitude}&longitude={longitude}&hourly=temperature_2m,relative_humidity_2m,dew_point_2m,weather_code&timezone=GMT&forecast_days=1'
    try:
        response = requests.get(url)
        weather_data = response.json()
        return weather_data
    except Exception as e:
        print("날씨 정보 요청 오류:", e)
        return None

if __name__ == "__main__":
    mcp.run()
```

클로드 데스크톱에 배포하기

다음과 같은 명령어를 실행해 앞에서 작성한 MCP 서버를 클로드 데스크톱에 등록합니다.

```
> fastmcp install claude-desktop weather.py
Successfully installed 'Weather-MCP' in Claude Desktop
```

이어서 클로드 코드에서 다음과 같이 테스트해보면 Weather-MCP 서버가 성공적으로 등록되고 날씨 정보를 조회하는 데 사용되는 것을 확인할 수 있습니다.

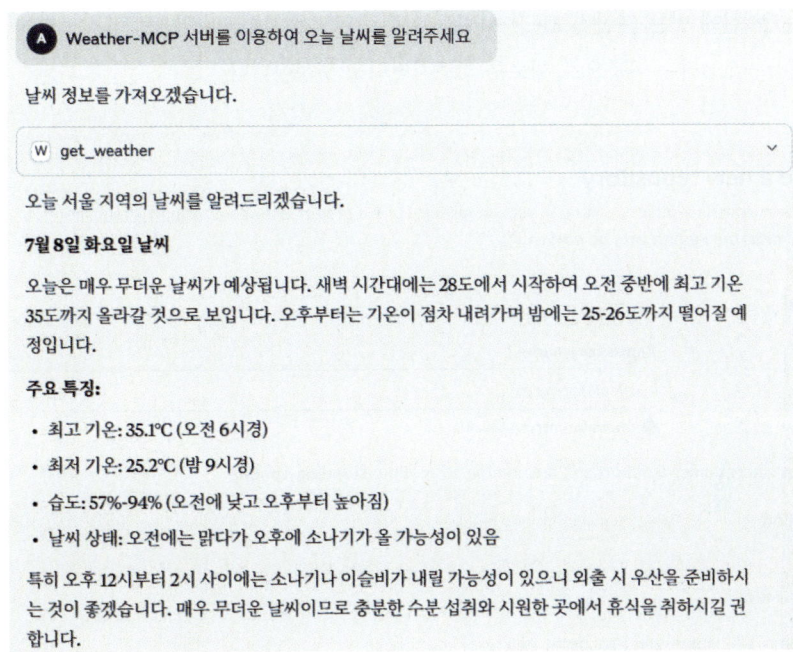

그림 11.5 Weather-MCP 서버를 이용한 날씨 조회

11.2 MCP 서버 배포

깃허브에 코드를 올리고 배포하는 것처럼 MCP 서버 역시 다양한 커뮤니티와 플랫폼을 통해 쉽게 배포하고 공유할 수 있습니다. Smithery는 MCP 서버를 중앙에서 관리하고 손쉽게 배포 및 호스팅할 수 있는 플랫폼으로, LLM 기반의 다양한 도구를 손쉽게 연결하고 활용할 수 있도록 돕습니다. Smithery에 MCP 서버를 배포하려면 서버 코드 파일을 올리는 것과 더불어 서버가 올바르게 동작할 수 있도록 몇 가지 설정을 해야 합니다. 이어지는 절에서 상세히 알아보겠습니다.

11.2.1 깃허브 리포지터리 생성

Smithery에 MCP 서버를 배포하려면 먼저 깃허브에 MCP 서버를 업로드할 리포지터리를 생성해야 합니다. Smithery는 이 깃허브 리포지터리를 기반으로 프로젝트 소스를 불러와 배포를 진행하므로 사전에 리포지터리를 준비해야 합니다.

여기서는 앞 절에 만든 계산기 MCP 서버를 실제로 배포해보겠습니다. 먼저 깃허브에 접속해 calculator-mcp라는 이름으로 새로운 리포지터리를 생성합니다.

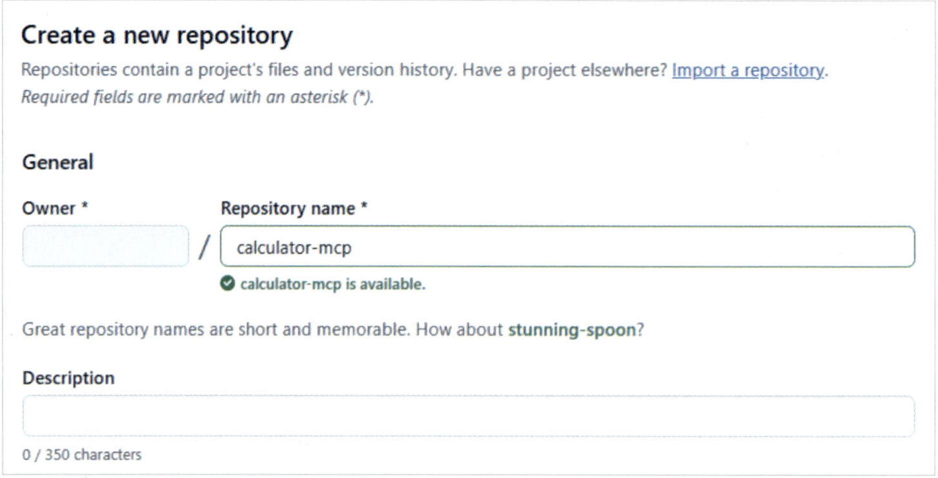

```
Create a new repository
Repositories contain a project's files and version history. Have a project elsewhere? Import a repository.
Required fields are marked with an asterisk (*).

General
Owner *                    Repository name *
[        ]  /              [ calculator-mcp            ]
                           ✓ calculator-mcp is available.

Great repository names are short and memorable. How about stunning-spoon?

Description
[                                                                    ]
0 / 350 characters
```

그림 11.6 MCP 서버 배포를 위한 리포지터리 생성

리포지터리에 대한 접근 권한을 설정하고 나면 이후 Smithery 플랫폼에서 해당 리포지터리 주소를 기반으로 코드를 가져와 도커에 배포합니다.

11.2.2 Smithery 플랫폼에 게시하기 위한 설정

Smithery 플랫폼에 MCP 서버를 배포하려면 먼저 필요한 사전 파일을 준비해야 합니다. 우선 `C:\Project\Smithery` 경로에 작업 폴더를 생성하고 진행하겠습니다. `C:\Project\Smithery` 폴더에 calculator-mcp 폴더를 생성합니다.

Smithery 배포를 위한 폴더 및 파일 구조

앞의 과정을 통해 calculator-mcp 폴더가 만들어졌다면 다음과 같은 구조의 폴더 및 파일을 생성해야 합니다.

```
calculator-mcp/        # 프로젝트 전체 폴더
├── server.py          # MCP 서버의 메인 코드
└── README.md          # 프로젝트 설명 문서
```

각 파일은 깃허브를 통해 제공되는 이 책의 예제 코드를 참고해서 내용을 추가해도 됩니다. 여기서는 11.1.1절 '계산기 MCP 서버'에서 작성한 `calculator.py`를 사용해 배포를 진행하겠습니다. 따라서 위와 같은 파일 및 폴더 구조를 생성한 후 `server.py` 파일에 `calculator.py`의 코드를 붙여 넣습니다.

README.md 파일 설정

이번에는 Smithery에 배포하기에 앞서 MCP 서버를 설명하기 위한 파일인 `README.md` 파일을 보겠습니다.

- `README.md`: MCP 서버를 설명하기 위한 마크다운 파일입니다.

```
# Calculator MCP
간단한 사칙연산 기능을 제공하는 MCP 서버입니다.

## 주요 기능
- 두 수의 덧셈(add)
- 두 수의 뺄셈(sub)
- 두 수의 곱셈(mul)
- 두 수의 나눗셈(div, 0으로 나누기 불가)
```

이렇게 해서 Smithery에 배포하는 데 필요한 환경 설정을 모두 완료했습니다. 이제 이 환경을 기반으로 코드를 깃허브에 저장한 후 깃허브에 업로드된 코드를 Smithery 도커 환경에 배포해 보겠습니다.

11.2.3 깃허브에 배포

이전 단계에서 배포 설정과 코드를 모두 준비했다면 실제로 MCP 서버를 배포하기 위해 먼저 깃허브에 업로드해야 합니다. 이 과정에서는 현재 작업 중인 폴더를 Git 저장소로 초기화하고, 지금까지 생성한 모든 파일을 깃허브 저장소에 업로드합니다. 이러한 절차를 거치면 프로젝트의 소스코드와 설정 파일을 안전하게 저장할 수 있으며, 이후 Smithery 같은 플랫폼에서 손쉽게 배포할 수 있습니다.

이제부터 Git 명령어를 사용해 이전에 생성해 둔 깃허브 프로젝트를 업로드하는 과정을 설명하겠습니다. 먼저 업로드를 위해서는 깃허브 리포지터리에 접근할 수 있는 권한이 필요하며, 이를 위해 사용 중인 IDE에서 깃허브 계정으로 로그인돼 있어야 합니다. 또한 Git 명령어를 실행하려면 사전에 Git이 설치돼 있어야 하므로 시스템에 Git이 설치돼 있지 않다면 Git 다운로드 페이지[2]를 통해 내려받아 설치하시길 바랍니다.

먼저 IDE의 터미널에서 MCP 서버가 저장된 폴더(C:/Project/Smithery/calculator-mcp)로 이동한 후 다음 명령어로 현재 폴더 내의 있는 파일을 깃허브 리포지터리에 업로드합니다. 이 과정은 총 6단계를 거쳐 진행됩니다.

01. `git init`: 현재 폴더를 새로운 Git 저장소로 초기화합니다.

```
> git init
Initialized empty Git repository in C:/Project/Smithery/calculator-mcp/.git/
```

02. `git add .`: 모든 변경된 파일을 스테이징 영역에 추가합니다.

```
> git add .
```

03. `git commit -m '첫 커밋 메시지'`: 입력한 메시지와 함께 커밋을 생성합니다.

```
> git commit -m "첫 커밋 메시지"
[master (root-commit) 4f2c81a] 첫 커밋 메시지
2 files changed, 34 insertions(+)
create mode 100644 README.md
create mode 100644 server.py
```

04. `git branch -M main`(필요한 경우): 현재 브랜치명을 main으로 변경합니다.

```
> git branch -M main
```

05. `git remote add origin <원격 저장소URL>`: 원격 저장소(origin)를 등록합니다. <원격 저장소 URL>에는 앞의 11.2.1절 '깃허브 리포지터리 생성'에서 생성한 깃허브 리포지터리의 주소를 입력합니다(그림 11.9 참고).

```
> git remote add origin <원격 저장소 URL>
```

[2] https://git-scm.com/downloads

그림 11.7 깃허브 리포지터리 주소

06. `git push -u origin main`: main 브랜치를 원격 저장소에 업로드(푸시)하고, 추적 브랜치로 설정합니다.

```
> git push -u origin main
Enumerating objects: 4, done.
Counting objects: 100% (4/4), done.
Delta compression using up to 12 threads
Compressing objects: 100% (4/4), done.
Writing objects: 100% (4/4), 753 bytes | 376.00 KiB/s, done.
Total 4 (delta 0), reused 0 (delta 0), pack-reused 0 (from 0)
To https://github.com/AITutor3/calculator-mcp.git
 * [new branch]      main -> main
branch 'main' set up to track 'origin/main'.
```

작업을 모두 마치고 나면 다음과 같이 앞에서 생성한 깃 리포지터리에 업로드된 MCP 서버의 소스코드를 확인할 수 있습니다.

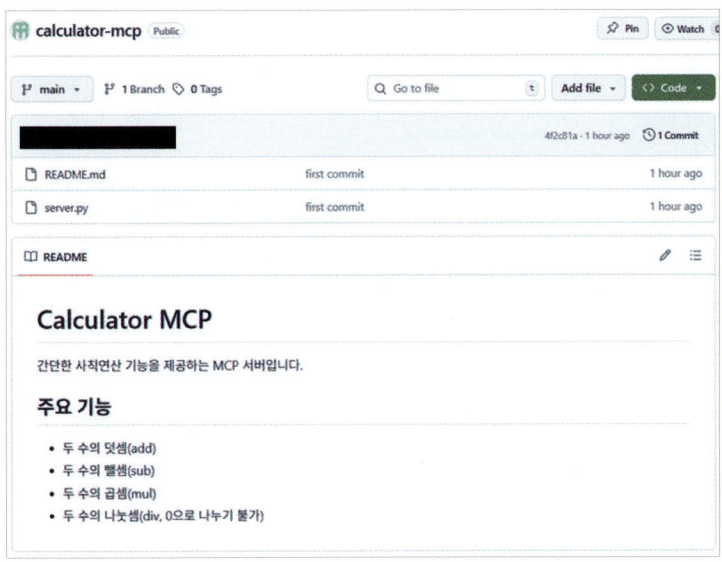

그림 11.8 깃허브 리포지터리에 업로드된 MCP 서버

11.2.4 FastMCP 클라우드에 배포

이번 절에서는 앞에서 깃허브에 배포한 MCP 서버를 FastMCP 클라우드(FastMCP Cloud)에 배포하는 방법을 알아보겠습니다. FastMCP 클라우드는 MCP 서버 호스팅을 위한 관리형 플랫폼으로서 개발자들이 직면하는 MCP 서버의 배포 문제를 해결하기 위해 만들어졌습니다. 따라서 FastMCP 클라우드를 이용하면 좀 더 편리하게 MCP 서버를 배포할 수 있습니다.

01. **FastMCP 클라우드 로그인 및 권한 부여**: 우선 웹 브라우저를 열고 FastMCP 클라우드(https://fastmcp.cloud/)에 접속합니다. 메인 페이지에서 깃허브 로그인 버튼을 클릭해 깃허브 계정으로 로그인합니다. 그런 다음, FastMCP 클라우드가 깃허브 계정에 접근할 수 있도록 권한을 부여합니다.

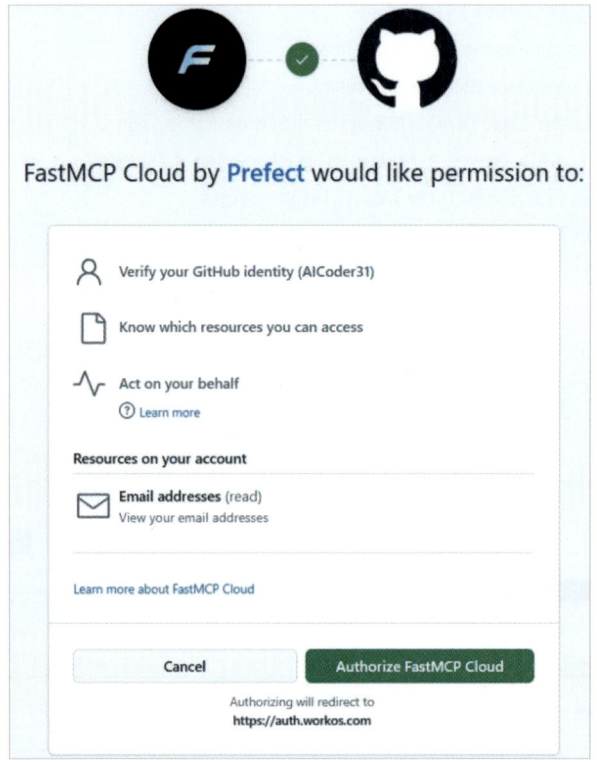

그림 11.9 깃허브 계정에 대한 접근 권한 부여

02. 워크스페이스 생성 및 리포지터리 연결: 다음으로, 워크스페이스 이름을 생성합니다(워크스페이스 이름은 자유롭게 지정합니다). 이어서 Connect Github 버튼을 클릭해 깃허브 계정과 연결합니다. 이때 모든 깃허브 리포지터리에 접근할 수 있도록 설정합니다.

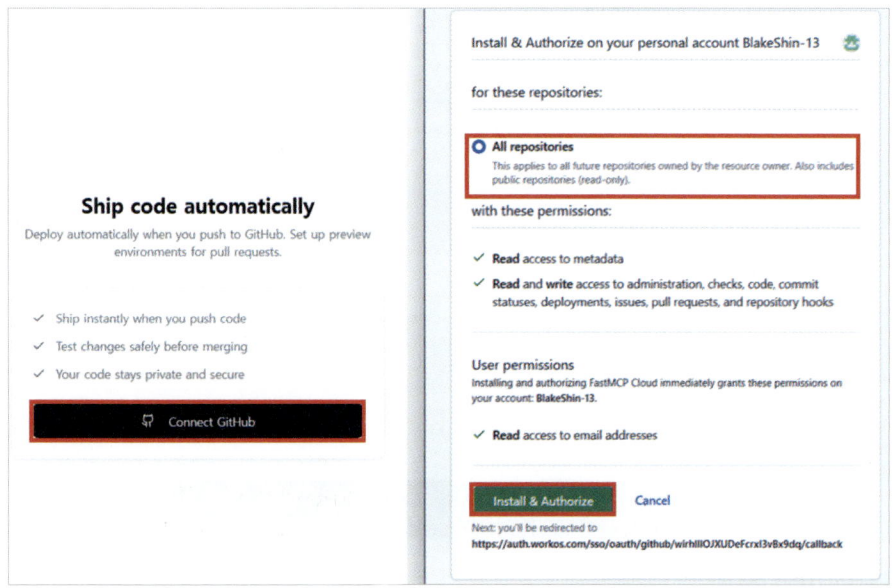

그림 11.10 리포지터리 접근 권한 부여

03. 서버 정보 입력 및 배포: 깃허브와의 연결이 완료되면 깃허브 리포지터리 목록이 표시됩니다. 검색란에 'calculator-mcp'를 입력해 앞에서 깃허브에 배포한 리포지터리를 선택합니다. 다음으로 서버 정보를 다음과 같이 입력합니다.

- **Server Name**: calculator-mcp
- **Entrypoint**: server.py (MCP 서버 파일의 이름)

모든 정보를 입력한 후 하단의 Deploy Server 버튼을 클릭하면 배포가 시작됩니다.

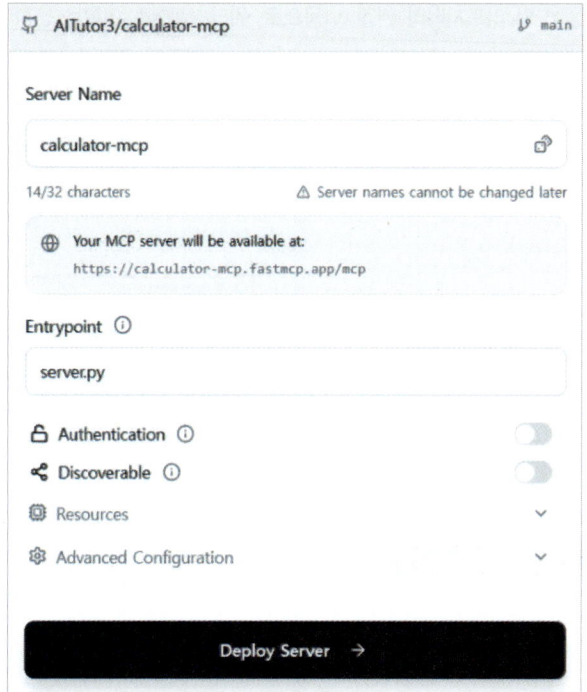

그림 11.11 MCP 서버 배포

배포가 성공적으로 완료되면 다음과 같이 MCP 서버의 배포 주소와 함께 하단에 **Production**이라는 메시지가 표시되는 것을 확인할 수 있습니다. 이제 FastMCP 클라우드에서 MCP 서버를 사용할 수 있습니다.

그림 11.12 MCP 서버 배포 완료

이렇게 해서 MCP 서버 배포가 완료됐으므로 이어지는 절에서 Smithery에 해당 MCP 서버를 배포하겠습니다.

11.2.5 Smithery에 배포

Smithery에서는 깃허브를 이용해 배포하는 방식과 MCP 서버의 URL을 이용해 배포하는 두 가지 방식을 지원합니다. 깃허브를 이용해 배포하는 방식의 경우 변화가 잦아서 이번 절에서는 MCP 서버 URL을 이용해 배포하는 방식을 알아보겠습니다.

우선 Smithery 메인 페이지에 접속한 후 **Deploy Server**를 클릭합니다. 이후 화면에서 **Publish via URL**을 클릭합니다.

그림 11.13 MCP 서버 배포 방식 선택

이후 자신이 원하는 이름으로 **Server ID**를 지정합니다(여기서는 **calculator-mcp-test**). **Continue**를 누릅니다.

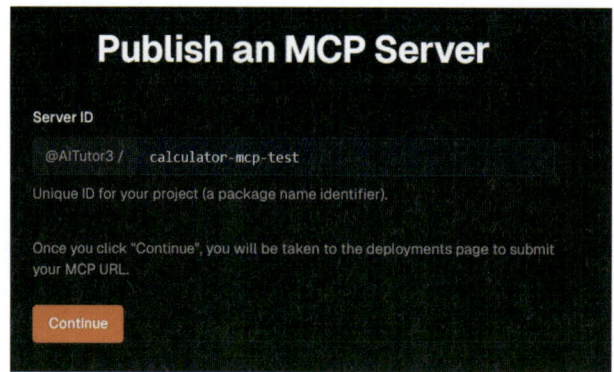

그림 11.14 서버 ID 입력

다음으로 MCP 서버 URL을 입력하는 창이 나타납니다. 여기에 앞에서 FastMCP 클라우드에 배포한 MCP 서버의 URL을 붙여넣습니다(이 책에서는 https://calculator-mcp.fastmcp.app/mcp). 그리고 나서 **Deploy External Server** 버튼을 클릭해 Smithery에 배포합니다.

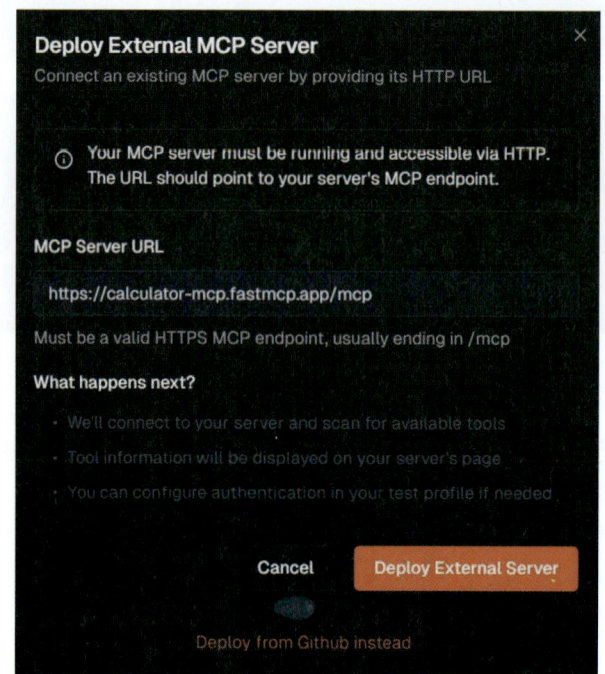

그림 11.15 MCP 서버 배포

배포가 정상적으로 완료되면 다음과 같이 Smithery에서 곧바로 MCP 서버를 테스트할 수 있는 화면이 표시됩니다.

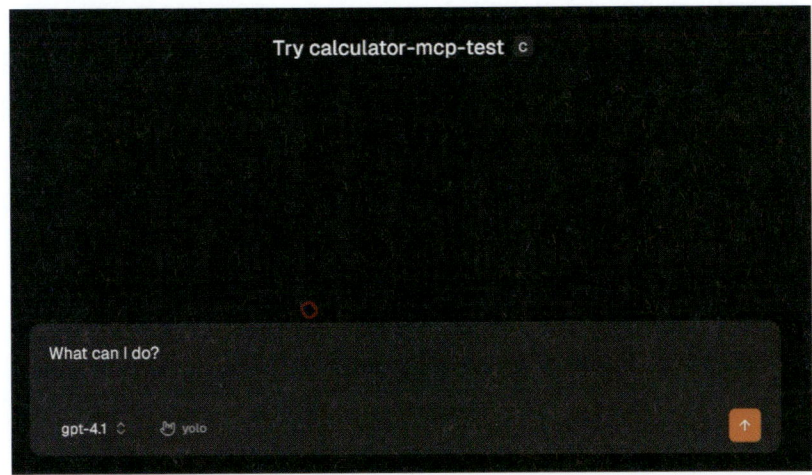

그림 11.16 배포된 MCP 서버 테스트

MCP 서버의 배포 상태를 확인하려면 프로필 페이지로 이동한 후 **Deployed Servers**를 선택하고 **Deployments** 탭을 클릭하면 확인할 수 있습니다.

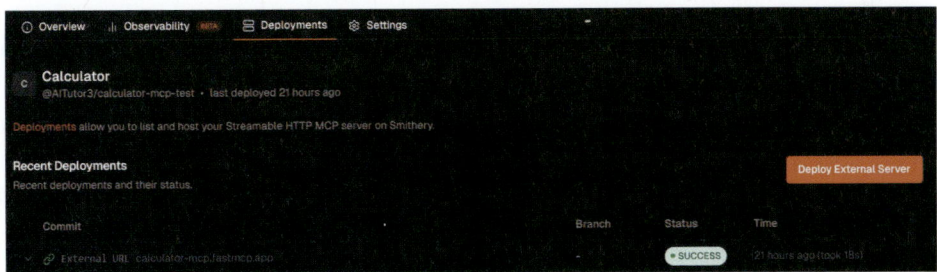

그림 11.17 MCP 서버의 배포 상태 확인

이렇게 해서 Smithery에 MCP 서버를 배포해봤습니다. Smithery에 배포된 서버는 외부에 공개되므로 검색을 통해 누구나 MCP 서버를 확인하고 사용할 수 있게 됩니다.

11.3 정리

이번 장에서는 간단한 MCP 서버를 구축하고, 이를 깃허브와 FastMCP 클라우드, Smithery 플랫폼에 배포하는 방법을 각각 알아봤습니다. 여기서 배운 내용은 앞으로 직접 MCP 서버를 만들고 활용하는 데 매우 중요한 기초가 되므로 이해되지 않는 부분이 있다면 천천히 다시 살펴보고 충분히 숙지하기를 권장합니다. 꼼꼼하게 내용을 익혀두면 이후 다양한 MCP 서버 개발과 배포 과정에 큰 도움이 될 것입니다.

12

[실전 프로젝트]
MCP 서버를 활용한 데이터 분석

데이터 분석을 위해서는 데이터를 가공하고 분석하는 다양한 전문 역량이 필요하지만 이번 장에서 만들 데이터 분석용 MCP 서버를 이용하면 데이터 분석에 관한 전문 지식이 없어도 판다스(Pandas) 라이브러리와 MCP 서버를 통해 프롬프트만으로 손쉽게 데이터 분석을 할 수 있습니다.

12.1 프로젝트 개요

이번 장에서 진행할 프로젝트는 데이터 분석에 익숙하지 않은 사용자도 판다스 라이브러리와 MCP를 활용해 간단한 프롬프트만으로 데이터 분석을 할 수 있음을 확인하기 위한 프로젝트입니다. 즉, 이번 장에서 다룰 예제 프로젝트는 실무용 솔루션이 아니라 판다스와 MCP의 기본 사용법을 익히고, 데이터 분석 자동화의 개념을 이해하는 것을 목표로 합니다.

실제 업무 환경에서 활용하기보다는 데이터 분석 자동화의 원리와 실습 경험을 제공하는 것이 목적이므로 실무에 적용하기 위해서는 데이터 입력 방식의 유연성, 보안, 다양한 데이터셋 처리 등 추가적인 개발이 필요합니다.

12.1.1 데이터 분석이란?

데이터 분석은 다양한 분야에서 수집된 데이터를 체계적으로 검토하고, 의미 있는 정보를 도출하는 과정입니다. 데이터를 단순히 저장하거나 나열하는 데 그치지 않고, 이를 바탕으로 패턴을 발견하거나 문제를 진단하고 최적의 의사결정을 내릴 수 있게 도와줍니다. 데이터 분석은 기업의 경영 전략, 연구 개발, 공공 정책 등 여러 영역에서 핵심적인 역할을 하며, 최근에는 인공지능(AI) 및 기계학습과 결합해 그 활용 범위가 더욱 확장되고 있습니다.

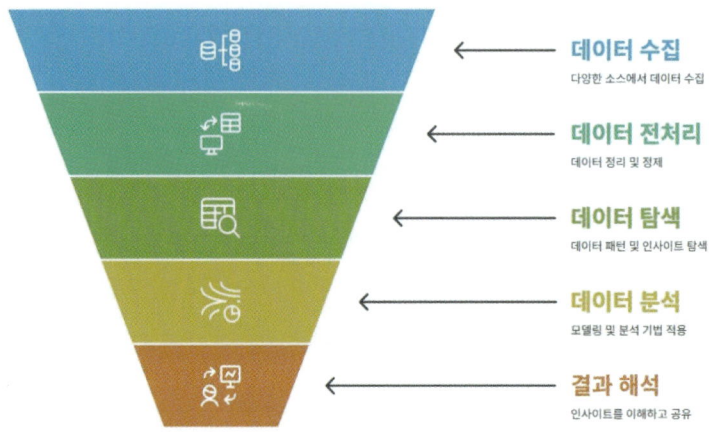

그림 12.1 데이터 분석 과정

다음은 데이터 분석의 주요 과정을 단계별로 정리한 내용입니다.

1. **데이터 수집**: 다양한 소스(내부 시스템, 외부 데이터, 센서, 웹 등)에서 분석에 필요한 데이터를 수집합니다. 데이터의 양과 질이 분석 결과에 큰 영향을 미치므로 신뢰할 수 있는 데이터를 확보하는 것이 중요합니다.

2. **데이터 전처리**: 수집된 데이터를 정리하고, 결측치나 이상치, 중복 데이터를 처리해 분석에 적합한 형태로 만듭니다. 데이터의 품질을 높이는 핵심 단계로, 전체 분석 과정의 기초를 다집니다.

3. **데이터 탐색**: 데이터의 기본 통계, 분포, 패턴, 상관관계 등을 탐색합니다. 시각화 도구 등을 활용해 데이터에 숨겨진 인사이트를 발견하고, 분석 방향성을 설정합니다.

4. **데이터 분석**: 통계적 기법, 모델링, 기계학습 등 다양한 분석 방법을 적용합니다. 분석 목적에 따라 예측, 분류, 군집화 등 다양한 기법을 사용할 수 있습니다.

5. **결과 해석**: 분석 결과를 해석하고, 도출된 인사이트를 이해관계자와 공유합니다. 시각화, 리포트, 대시보드 등 다양한 방법으로 결과를 전달함으로써 실제 실행 가능한 인사이트로 연결합니다.

결론적으로, 데이터 분석은 조직이나 개인이 좀 더 합리적이고 효과적인 의사결정을 내릴 수 있도록 돕는 핵심적인 활동입니다. 체계적인 데이터 수집과 전처리, 탐색, 분석, 결과 해석과 실행에 이르는 일련의 단계는 실제 문제 해결과 가치 창출로 이어지며, 오늘날 다양한 분야에서 경쟁력을 높이는 데 필수적인 역할을 하고 있습니다.

12.2 프로젝트 준비 및 설계

이번 프로젝트에서는 파이썬의 데이터 분석 라이브러리인 판다스를 활용해 데이터 분석을 구현할 예정입니다. 판다스는 표 형태의 데이터를 효율적으로 다루고 분석하는 데 특화된 라이브러리로, 데이터프레임 생성, 조작, 통계 계산 등 다양한 기능을 간단한 코드로 수행할 수 있습니다. 이번 프로젝트에서는 판다스의 데이터프레임(DataFrame)을 이용해 주요 분석과 전처리 작업을 진행하겠습니다.

우선 프로젝트 폴더를 만들기 위해 앞에서 만든 `C:\MCP` 폴더에 `Analytics-MCP` 폴더를 생성한 후 `analytics-mcp.py` 파일을 생성합니다. 그러고 나서 이 파일에 MCP 관련 코드를 작성합니다.

아울러 이번 장에서 사용할 판다스 라이브러리를 설치하기 위해 터미널에서 다음 명령으로 판다스 라이브러리를 설치합니다.

```
pip install pandas
```

12.2.1 데이터 분석을 위한 판다스의 주요 기능 소개

이번 프로젝트에서는 판다스의 다양한 기능 중 데이터 분석에 꼭 필요한 핵심 기능만 선별해 MCP 도구로 정의하겠습니다. MCP 서버 개발에 앞서 프로젝트에서 활용할 판다스의 주요 기능을 간략하게 설명하겠습니다. 예시로 다음과 같은 데이터가 있다고 가정하겠습니다.

표 12.1 사용자 예시 데이터

이름	나이	도시	키
Alice	25	New York	170
Bob	30	London	NaN
Charlie	28	Paris	175
David	35	Tokyo	168
Emily	27	Seoul	NaN
gildong	50	Seoul	175
gildong	50	Seoul	175

위 예시 데이터를 다음과 같이 판다스 라이브러리의 데이터프레임(df)에 저장한 후 다양한 함수를 활용해 데이터를 분석해 보겠습니다.

```python
import pandas as pd

data = {
    '이름': ['Alice', 'Bob', 'Charlie', 'David', 'Emily', 'gildong', 'gildong'],
    '나이': [25, 30, 28, 35, 27, 50, 50],
    '도시': ['New York', 'London', 'Paris', 'Tokyo', 'Seoul', 'Seoul', 'Seoul'],
    '키': [170, None, 175, 168, None, 175, 175]
}

df = pd.DataFrame(data)
```

1. 데이터 확인

데이터 분석의 가장 기본적인 단계는 데이터프레임의 형태와 칼럼을 파악하는 것입니다. 판다스에서는 columns, shape 등 다양한 속성을 활용해 데이터프레임의 구조와 각 칼럼의 정보를 쉽게 확인할 수 있습니다. 이를 통해 데이터의 행과 열의 개수, 칼럼 이름, 데이터 타입 등 핵심적인 정보를 빠르게 파악할 수 있습니다.

- **df.shape**: 데이터프레임의 행과 열의 개수를 튜플로 반환합니다.

    ```
    df.shape
    (7,4) → 7행 4열
    ```

- **df.dtypes**: 각 칼럼의 데이터 타입을 확인합니다.

    ```
    df.dtypes
    이름     object
    나이      int64
    도시     object
    키      float64
    ```

- **df.columns**: 데이터프레임의 칼럼명을 리스트로 반환합니다.

    ```
    df.columns
    ['이름', '나이', '도시', '키']
    ```

- **df.isnull().sum()**: 각 칼럼별 결측치(Null/NaN) 개수를 셉니다.

    ```
    df.isnull().sum()
    이름    0
    나이    0
    도시    0
    키     2
    ```

- **df.describe()**: 수치형 칼럼의 요약 통계(평균, 표준편차, 최솟값/최댓값 등)를 보여줍니다.

    ```
    df.describe()
                나이          키
    count   7.000000    5.000000
    mean   35.000000  172.600000
    std    10.708252    3.361547
    min    25.000000  168.000000
    25%    27.500000  170.000000
    50%    30.000000  175.000000
    75%    42.500000  175.000000
    max    50.000000  175.000000
    ```

2. 데이터 전처리

데이터 전처리는 데이터 분석에 앞서 신뢰성 있는 결과를 얻기 위해 반드시 필요한 단계입니다. 여기에는 데이터의 신뢰도를 높이기 위해 결측치나 중복된 행을 제거하는 등의 작업이 포함됩니다. 이러한 전처리 과정을 통해 분석에 적합한 깔끔한 데이터를 준비할 수 있습니다.

- df.dropna(): 결측치가 있는 행을 제거합니다.

```
df_cleaned = df.dropna()
       이름  나이      도시      키
0    Alice   25  New York  170.0
2  Charlie   28     Paris  175.0
3    David   35     Tokyo  168.0
5  gildong   50     Seoul  175.0
6  gildong   50     Seoul  175.0
```

- df.drop_duplicates(): 중복된 행을 제거합니다.

```
df_unique = df.drop_duplicates()
       이름  나이      도시      키
0    Alice   25  New York  170.0
1      Bob   30    London    NaN
2  Charlie   28     Paris  175.0
3    David   35     Tokyo  168.0
4    Emily   27     Seoul    NaN
5  gildong   50     Seoul  175.0
```

3. 데이터 분석

데이터 분석에서는 칼럼을 기준으로 값을 비교하거나 그룹화해서 개수나 최댓값 등 집계 작업을 수행할 수 있습니다. 판다스에서는 이러한 분석을 위한 다양한 함수와 메서드를 제공하고 있으므로 원하는 방식으로 데이터를 쉽게 집계하고 요약할 수 있습니다.

- df[column].unique(): 특정 칼럼의 고윳값(중복 제거)을 배열로 반환합니다.

```
df['도시'].unique()
['New York' 'London' 'Paris' 'Tokyo' 'Seoul']
```

- df[column].value_counts(): 특정 칼럼의 각 값이 몇 번 등장하는지 셉니다.

  ```
  df['도시'].value_counts()
  도시
  Seoul      3
  New York   1
  London     1
  Paris      1
  Tokyo      1
  ```

- df[df[column] > condition_value]: 특정 칼럼의 값이 조건값보다 큰 행만 추출합니다.

  ```
  df[df['나이'] > 30]
       이름     나이   도시     키
  3    David   35   Tokyo  168.0
  5    gildong 50   Seoul  175.0
  6    gildong 50   Seoul  175.0
  ```

- df[df[column] == condition_value]: 특정 칼럼의 값이 조건값과 같은 행만 추출합니다.

  ```
  df[df['도시'] = 'Seoul'] # 도시가 'Seoul'인 행만 추출
       이름     나이   도시     키
  4    Emily   27   Seoul  NaN
  5    gildong 50   Seoul  175.0
  6    gildong 50   Seoul  175.0
  ```

- df[df[column] < condition_value]: 특정 칼럼의 값이 조건값보다 작은 행만 추출합니다.

  ```
  df[df['나이'] < 30] # 나이가 30보다 작은 행만 추출
       이름     나이   도시       키
  0    Alice   25   New York 170.0
  2    Charlie 28   Paris    175.0
  4    Emily   27   Seoul    NaN
  ```

- df.groupby(group_column)[target_column].mean() / .max() / .sum() / .count()

  · groupby(group_column): 특정 칼럼으로 그룹화합니다.

  · [target_column].mean(): 그룹별로 특정 칼럼의 평균을 계산합니다.

  · [target_column].max(): 그룹별로 특정 칼럼의 최댓값을 계산합니다.

  · [target_column].sum(): 그룹별로 특정 칼럼의 합계를 계산합니다.

- `[target_column].count()`: 그룹별로 특정 칼럼의 개수를 셉니다.

```
print(df.groupby('도시')['나이'].mean())  # 도시별 나이 평균
도시
London      30.000000
New York    25.000000
Paris       28.000000
Seoul       42.333333  # (27+50+50)/3
Tokyo       35.000000*

print(df.groupby('도시')['나이'].max())   # 도시별 나이 최댓값
도시
London      30
New York    25
Paris       28
Seoul       50
Tokyo       35

print(df.groupby('도시')['나이'].sum())   # 도시별 나이 합계
도시
London      30
New York    25
Paris       28
Seoul       127  # 27+50+50
Tokyo       35

print(df.groupby('도시')['나이'].count()) # 각 도시의 나이 항목 개수 출력
도시
London      1
New York    1
Paris       1
Seoul       3
Tokyo       1
```

12.2.2 데이터 분석 MCP 서버의 핵심 로직

이번 프로젝트에서는 다양한 데이터 분석 함수에서 반복적으로 데이터를 활용할 수 있도록 데이터프레임을 `_df_cache`라는 캐시에 저장하는 구조를 채택했습니다. 예를 들어, 특정 CSV

파일의 경로를 지정하고, 판다스의 read_csv() 함수를 통해 데이터를 읽어온 뒤, 이를 _df_cache["df"]에 저장합니다. 이렇게 하면 여러 함수에서 동일한 데이터프레임을 손쉽게 불러와 사용할 수 있습니다. 다음은 예시 코드입니다.

```
_df_cache = {}
_df_cache["df"] = pd.read_csv("<절대경로>/data.csv")
```

다음은 판다스 라이브러리의 여러 함수를 미리 저장해 두고, 필요할 때 손쉽게 꺼내 쓸 수 있도록 만든 예시입니다. 먼저 각각의 명령어(예: unique는 고윳값을 찾는 기능, value_counts는 값별 개수를 세는 기능)를 딕셔너리 안에 람다(lambda) 함수(람다 함수는 이름 없이 바로 기능을 정의할 수 있는 간단한 방법입니다)로 저장합니다.

```
# operation과 column을 인자로 받아 해당 operation을 수행하는 함수
def column_data_check(operation, column):
....
    operations = {
        "unique": lambda: df[column].unique(),
        "value_counts": lambda: df[column].value_counts()
    }
    return operations[operation]()
```

그러고 나면 사용자가 원하는 명령어와 칼럼 이름을 함수에 입력하기만 해도 딕셔너리에서 해당 명령어를 찾아 바로 실행할 수 있습니다. 예를 들어, 'unique'와 '이름'을 입력하면 데이터프레임의 '이름' 칼럼에서 중복 없는 값만 추출합니다. 이처럼 여러 판다스 함수를 하나의 함수로 간단하게 활용할 수 있어 매우 편리합니다.

12.3 MCP 서버 개발과 사용

데이터 분석을 위한 MCP 서버를 개발하기 위해 먼저 예시 데이터를 담은 판다스 데이터프레임을 캐시에 저장하고, FastMCP 인스턴스를 생성해 다양한 데이터 분석 및 전처리 기능을 MCP 도구로 제공하겠습니다. 이를 통해 데이터프레임의 저장과 불러오기, 구조·결측치·통계 등 기본 정보 조회, 칼럼별 고윳값과 빈도수 확인, 결측치 및 중복값 제거, 조건별 행 필터링, 그룹별 집계(평균, 최대, 합계, 개수) 등 주요 데이터 분석 작업을 자동화할 수 있습니다.

12.3.1 MCP 서버 개발

먼저 판다스 라이브러리를 활용해 MCP 서버를 구축하는 방법을 알아보겠습니다. 서버 환경에서 데이터를 효율적으로 관리하기 위해 CSV 파일을 로컬에 저장해 두고 이를 읽어와 앞에서 설명한 _df_cache 캐시에 데이터프레임 형태로 저장합니다. 이후로는 _df_cache에 저장된 데이터프레임을 활용해 다양한 분석 작업을 수행할 수 있습니다. 예시로 사용하는 CSV 파일은 앞에서 판다스를 설명할 때 다뤘던 데이터와 동일하며, 데이터를 분석할 때 사용하는 함수도 동일한 구조로 적용됩니다.

예시 데이터

텍스트 에디터를 열어 **data.csv** 파일을 생성하고, 다음과 같은 예시 데이터를 저장합니다.

```
이름,나이,도시,키
Alice,25,New York,170
Bob,30,London,NaN
Charlie,28,Paris,175
David,35,Tokyo,168
Emily,27,Seoul,NaN
gildong,50,Seoul,175
gildong,50,Seoul,175
```

1. 라이브러리 및 변수 선언

현재 사용 중인 IDE에서 **server.py** 파일을 새로 생성한 후 다음과 같이 작성합니다.

```python
from fastmcp import FastMCP
import pandas as pd
from typing import Annotated
from pydantic import Field
```

```
# MCP 인스턴스 생성
mcp = FastMCP(name="Analytics-MCP", dependencies=["pandas"])
```

보다시피 MCP 서버를 생성하기 위한 FastMCP 라이브러리를 비롯해 데이터프레임을 처리하기 위한 pandas를 임포트하고, MCP 도구의 파라미터 설명 및 타입을 지정하는 데 사용되는 Annotated 및 Field를 임포트했습니다.

다음으로 MCP 서버 인스턴스를 생성하면서 MCP 서버의 이름을 "Analytics-MCP"로 지정하고, 판다스 라이브러리를 의존성으로 명시했습니다.

2. 데이터프레임 초기화

MCP 서버에서 CSV 파일을 읽기 위해서는 파일의 경로를 반드시 절대 경로로 설정해야 합니다. 절대경로를 사용하면 MCP 서버를 실행하는 위치와 상관없이 항상 동일한 위치의 파일을 참조할 수 있습니다.

```
_df_cache = {}
_df_cache["df"] = pd.read_csv("<절대경로>/data.csv")
```

판다스의 read_csv 함수를 이용해 data.csv 파일의 데이터를 데이터프레임 형태로 불러옵니다. 불러온 데이터프레임은 이후 여러 분석 함수에서 반복적으로 사용할 수 있도록 캐시인 _df_cache에 저장합니다.

3. 데이터프레임 불러오기 도구 정의

앞에서 정의한 _df_cache에 저장된 데이터프레임을 불러옵니다. 만약 캐시에 데이터프레임이 없다면 에러를 발생시킵니다.

```
# 캐시에서 데이터프레임을 불러오는 함수
@mcp.tool(name="load_df", description="Load the DataFrame from the cache.")
def load_df():
    """
    Args:
        None
```

```
    Returns:
        The DataFrame loaded from the cache.
    """
    if "df" not in _df_cache:
        raise ValueError("No DataFrame found in cache. Please save a DataFrame with save_df first.")
    return _df_cache["df"]
```

4. 데이터 확인

데이터 확인에 사용되는 MCP 도구에 대해 알아보겠습니다.

4-1. 기본 데이터 확인

다음은 캐시에 저장된 데이터프레임에 대해 다양한 기본 정보(형태, 데이터 타입, 결측치 개수, 칼럼명, 요약 통계 등)를 조회할 수 있는 MCP 도구를 정의한 것입니다. 사용자가 원하는 분석 종류를 operation 파라미터로 지정하면 작업을 수행한 후 결과를 반환합니다. 지원하지 않는 operation을 입력할 경우 에러가 발생합니다.

```
# DataFrame의 기본 정보를 확인하는 함수
@mcp.tool(
    name="basic_data_check",
    description="Run a basic data check operation on the cached DataFrame. Supported operations: shape, dtypes, missing, columns, describe"
)
def basic_data_check(
    operation: Annotated[str, Field(description="The kind of basic data check to perform (shape, dtypes, missing, columns, describe).")]
):
    """
    Args:
        operation (str): The kind of basic data check to perform (one of "shape", "dtypes", "missing", "columns", "describe")

    Returns:
        The result of the requested data check operation.
```

```python
    """
    df = _df_cache["df"]
    operations = {
        "shape": lambda: df.shape,
        "dtypes": lambda: df.dtypes,
        "missing": lambda: df.isnull().sum(),
        "columns": lambda: list(df.columns),
        "describe": lambda: df.describe()
    }
    if operation not in operations:
        raise ValueError(f"Unsupported operation: {operation}")
    return operations[operation]()
```

4-2. 칼럼별 데이터 체크 도구

다음은 캐시에 저장된 데이터프레임에서 특정 칼럼을 대상으로 고윳값 목록이나 값별 개수를 조회할 수 있는 MCP 도구입니다. 사용자가 칼럼명과 원하는 분석 종류(operation)를 입력하면 해당 칼럼의 고윳값이나 각 값의 빈도수를 반환합니다. 이를 통해 칼럼별 데이터 분포나 특성을 빠르게 확인할 수 있습니다. 칼럼이 존재하지 않거나 지원하지 않는 operation을 입력할 경우 에러가 발생합니다.

```python
# 특정 칼럼에 대한 데이터 확인(고윳값, 값별 개수 등) 함수
@mcp.tool(
    name="column_data_check",
    description="Run a column-specific data check operation on the cached DataFrame. Supported operations: unique, value_counts"
)
def column_data_check(
    operation: Annotated[str, Field(description="The kind of column data check to perform (unique, value_counts).")],
    column: Annotated[str, Field(description="The name of the column to operate on.")]
):
    """
    Args:
        operation (str): The operation to perform on the column (one of "unique", "value_counts")
```

```
        column (str): The name of the column to operate on

    Returns:
        The unique values or value counts of the column
    """
    df = _df_cache["df"]
    if column not in df.columns:
        raise ValueError(f"Column '{column}' not found in DataFrame.")
    operations = {
        "unique": lambda: df[column].unique(),
        "value_counts": lambda: df[column].value_counts()
    }
    if operation not in operations:
        raise ValueError(f"Unsupported operation: {operation}")
    return operations[operation]()
```

5. 데이터 전처리

다음은 캐시에 저장된 데이터프레임에서 결측치 제거(dropna)나 중복 행 제거(drop_duplicates) 같은 기본 전처리 작업을 수행하고, 그 결과를 다시 캐시에 저장하는 MCP 도구입니다. 사용자가 원하는 전처리 작업을 operation 파라미터로 지정하면 해당 처리가 적용된 데이터프레임을 반환하며, 지원하지 않는 작업을 입력할 경우 에러가 발생합니다.

```
# 데이터 전처리(결측치 제거, 중복 제거) 함수
@mcp.tool(
    name="data_preprocess",
    description="Run a basic data preprocessing operation on the cached DataFrame and update the cache. Supported operations: dropna, drop_duplicates"
)
def data_preprocess(
    operation: Annotated[str, Field(description="The preprocessing operation to perform (dropna, drop_duplicates).")]
):
    """
    Args:
        operation (str): The preprocessing operation to perform (one of "dropna",
```

```
    "drop_duplicates")

    Returns:
        The DataFrame after preprocessing, updated in the cache.
    """
    df = _df_cache["df"]
    operations = {
        "dropna": lambda: df.dropna(),
        "drop_duplicates": lambda: df.drop_duplicates()
    }
    if operation not in operations:
        raise ValueError(f"Unsupported operation: {operation}")
    result = operations[operation]()
    _df_cache["df"] = result
    return result
```

6. 데이터 필터링

데이터 필터링에 사용되는 MCP 도구에 대해 알아보겠습니다.

6-1. 칼럼 기반 필터링 도구

다음은 캐시에 저장된 데이터프레임에서 특정 칼럼의 값이 입력한 조건값보다 크거나, 같거나, 작을 때 해당하는 행만 필터링해서 반환하는 MCP 도구입니다. 사용자가 operation(예: filter_gt, filter_eq, filter_lt), 칼럼명, 비굣값을 입력하면 조건에 맞는 데이터만 추출할 수 있습니다. 칼럼값 기준으로 손쉽게 원하는 데이터만 골라낼 수 있습니다.

```
# 칼럼 기반 데이터 필터링(크다, 같다, 작다) 함수
@mcp.tool(
    name="col_data_analysis",
    description="Column-based data analysis. Supported operations: filter_gt (greater than), filter_eq (equal to), filter_lt (less than)"
)
def col_data_analysis(
    operation: Annotated[str, Field(description="The filtering operation to perform (filter_gt, filter_eq, filter_lt).")],
```

```python
        column: Annotated[str, Field(description="The name of the column to filter.")],
        condition_value: Annotated[int, Field(description="The value to compare against.")]
    ):
        """
        Args:
            operation (str): The filtering operation to perform (one of "filter_gt",
"filter_eq", "filter_lt")
            column (str): The name of the column to filter
            condition_value (int): The value to compare against

        Returns:
            The filtered DataFrame
        """
        df = _df_cache["df"]
        operations = {
            "filter_gt": lambda: df[df[column] > condition_value],
            "filter_eq": lambda: df[df[column] == condition_value],
            "filter_lt": lambda: df[df[column] < condition_value]
        }
        if operation not in operations:
            raise ValueError(f"Unsupported operation: {operation}")
        return operations[operation]()
```

6-2. 그룹 기반 집계 도구

다음은 캐시에 저장된 데이터프레임을 지정한 칼럼으로 그룹화한 뒤, 평균(mean), 최대(max), 합계(sum), 개수(count) 같은 집계 연산을 수행해 그 결과를 반환하는 MCP 도구입니다. 사용자가 집계 연산 종류와 그룹화할 칼럼, 집계할 칼럼을 입력하면 원하는 그룹별 통계 결과를 얻을 수 있으므로 데이터의 그룹별 특성을 쉽게 분석할 수 있도록 도와줍니다. 지원하지 않는 집계 연산을 입력할 경우 에러가 발생합니다.

```python
# 그룹 기반 데이터 집계(평균, 최대, 합계, 개수) 함수
@mcp.tool(
    name="group_data_analysis",
    description="Group-based data analysis. Supported operations: mean, max, sum, count"
)
```

```python
def group_data_analysis(
    operation: Annotated[str, Field(description="The aggregation operation to perform (mean, max, sum, count).")],
    group_column: Annotated[str, Field(description="The name of the column to group by.")],
    target_column: Annotated[str, Field(description="The name of the column to aggregate.")]
):
    """
    Args:
        operation (str): The aggregation operation to perform (one of "mean", "max", "sum", "count")
        group_column (str): The name of the column to group by
        target_column (str): The name of the column to aggregate

    Returns:
        The result of the group-based aggregation
    """
    df = _df_cache["df"]
    operations = {
        "mean": lambda: df.groupby(group_column)[target_column].mean(),
        "max": lambda: df.groupby(group_column)[target_column].max(),
        "sum": lambda: df.groupby(group_column)[target_column].sum(),
        "count": lambda: df.groupby(group_column)[target_column].count()
    }
    if operation not in operations:
        raise ValueError(f"Unsupported operation: {operation}")
    return operations[operation]()
```

7. MCP 실행

다음 코드로 MCP 서버를 실행하며, 외부에서 직접 명령어를 실행할 때만 아래 코드가 동작합니다.

```python
if __name__ == "__main__":
    mcp.run()
```

전체 소스코드는 깃허브 리포지터리의 아래 경로에서 확인할 수 있습니다.

- 12.Analytics-MCP/analytics-mcp.py

코드를 모두 작성했다면 클로드 데스크톱에서 해당 MCP 서버를 사용할 수 있도록 `fastmcp install claude-desktop analytics-mcp.py` 명령어를 실행해 등록합니다. 이어서 이 MCP 서버를 사용하는 방법을 알아보겠습니다.

12.3.2 데이터 분석 MCP 서버 활용

앞에서 데이터 분석 MCP 서버가 정상적으로 등록됐다면 다음과 같은 프롬프트를 활용해 데이터 분석 작업에 활용할 수 있습니다.

데이터 확인

다음 프롬프트를 입력하면 데이터 분석 MCP 서버에 저장된 다양한 함수를 이용해 데이터프레임의 전체적인 구조, 결측치 현황, 주요 통계 정보 등을 자동으로 분석합니다.

> Analytics-MCP 서버를 이용해 데이터프레임의 전체적인 구조, 결측치 현황, 주요 통계 정보를 분석해 주세요.

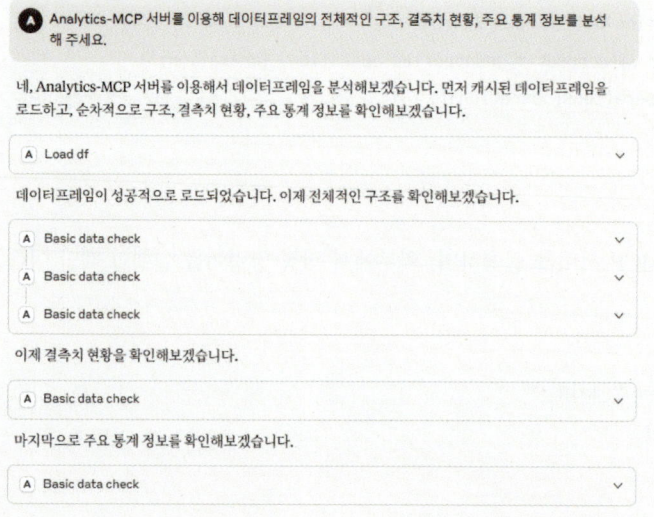

그림 12.2 Analytics-MCP 서버를 이용한 데이터 확인

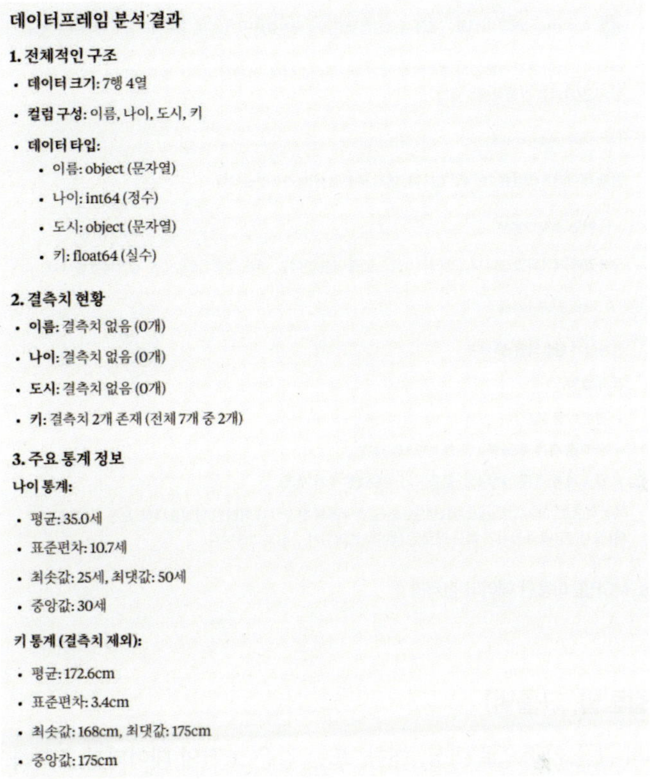

```
데이터프레임 분석 결과
1. 전체적인 구조
  • 데이터 크기: 7행 4열
  • 컬럼 구성: 이름, 나이, 도시, 키
  • 데이터 타입:
      • 이름: object (문자열)
      • 나이: int64 (정수)
      • 도시: object (문자열)
      • 키: float64 (실수)

2. 결측치 현황
  • 이름: 결측치 없음 (0개)
  • 나이: 결측치 없음 (0개)
  • 도시: 결측치 없음 (0개)
  • 키: 결측치 2개 존재 (전체 7개 중 2개)

3. 주요 통계 정보
나이 통계:
  • 평균: 35.0세
  • 표준편차: 10.7세
  • 최솟값: 25세, 최댓값: 50세
  • 중앙값: 30세
키 통계 (결측치 제외):
  • 평균: 172.6cm
  • 표준편차: 3.4cm
  • 최솟값: 168cm, 최댓값: 175cm
  • 중앙값: 175cm
```

그림 12.3 데이터 분석 결과

이처럼 명확하고 구체적인 명령을 프롬프트로 입력하면 서버에 구현된 여러 분석 도구가 서로 연계해서 데이터 분석을 효과적으로 진행할 수 있습니다.

데이터 전처리

이번에는 앞에서 만든 데이터 분석 MCP를 활용해 결측치와 중복값을 제거해봅시다. 다음 프롬프트를 통해 두 가지 기능을 순차적으로 사용할 수 있습니다.

> Analytics-MCP 서버를 이용해 데이터프레임에서 중복값을 제거한 후, 결측치도 모두 제거해 주세요.

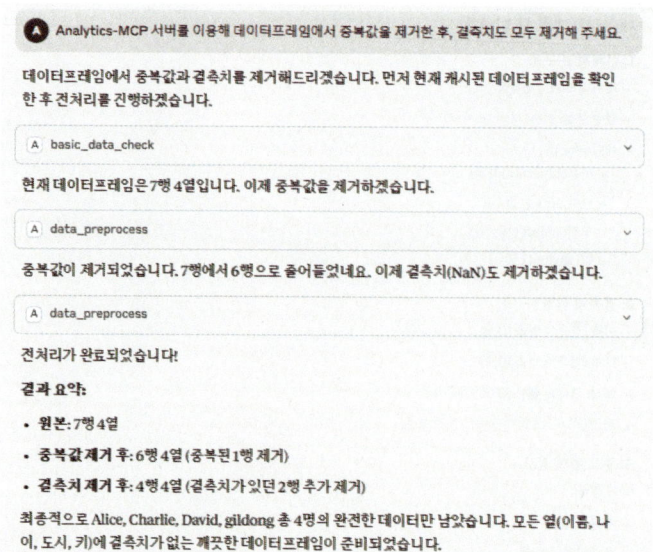

그림 12.4 Analytics-MCP를 이용한 데이터 전처리

데이터 분석(칼럼별, 그룹별)

이번에는 칼럼의 값을 기준으로 이상, 이하, 또는 같은 조건의 데이터를 조회하고, 특정 칼럼을 기준으로 그룹화해서 데이터를 조회하거나 분석해 봅시다. 먼저 킬림 값을 기준으로 데이터를 조회해 보겠습니다.

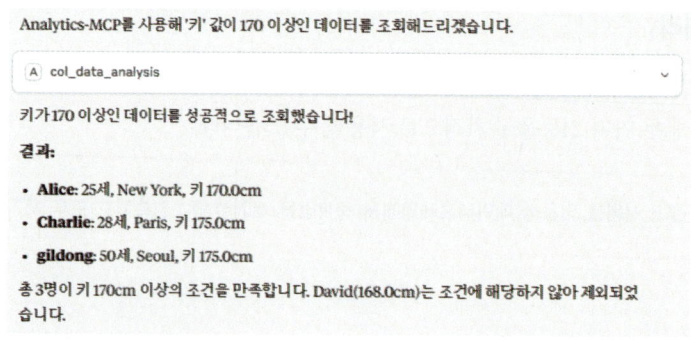

그림 12.5 Analytics-MCP를 이용한 칼럼별 조회

다음으로 특정 칼럼을 기준으로 그룹화해서 데이터를 조회해 보겠습니다.

> Analytics-MCP 서버를 이용해 각 '도시'별로 몇 명이 사는지 집계해 주세요.

> **A** Analytics-MCP 서버를 이용해 각 '도시'별로 몇 명이 사는지 집계해 주세요.
>
> Analytics-MCP를 사용해 각 도시별로 거주하는 사람 수를 집계해드리겠습니다.
>
> **A** group_data_analysis
>
> 각 도시별 거주자 수를 집계했습니다!
>
> 도시별 거주자 수:
>
> - **New York**: 1명 (Alice)
> - **Paris**: 1명 (Charlie)
> - **Seoul**: 1명 (gildong)
> - **Tokyo**: 1명 (David)
>
> 현재 데이터에서는 각 도시마다 1명씩 고르게 분포돼어 있습니다. 총 4개 도시에 각각 1명씩 거주하고 있는 것으로 나타났습니다.

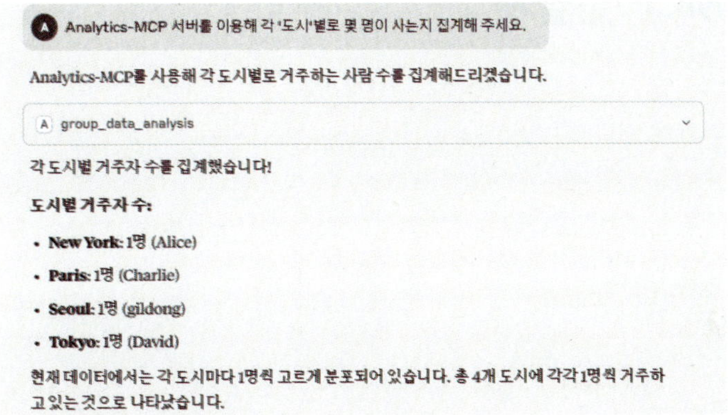

그림 12.6 Analytics-MCP를 이용한 그룹별 집계

12.4 정리

이번 장에서는 데이터 분석을 위한 MCP 서버를 개발했습니다. MCP 서버에 각종 데이터 분석 도구와 메타데이터를 등록함으로써 클로드 데스크톱 같은 MCP 클라이언트에서 데이터 분석 기능을 더욱 직관적으로 이해하고 활용할 수 있게 됐습니다. 이렇게 개발된 MCP 서버를 이용하면 별도의 파이썬 코드를 작성하지 않고도 간단한 프롬프트만으로 데이터를 분석할 수 있습니다.

13

[실전 프로젝트]
AI 비서 MCP 만들기

13.1 프로젝트 개요

회의 내용을 일일이 요약하거나 일정을 계획하는 등 반복적이고 번거로운 업무를 단순한 프롬프트 입력만으로 자동화할 수 있다면 업무 효율이 크게 향상될 것입니다. 이번 프로젝트에서는 이러한 요구를 충족시키기 위해 AI 비서 MCP 서버를 개발해보겠습니다.

AI 비서 MCP 서버는 사용자가 자연어로 명령을 입력하면 이를 이해하고 회의 예약, 일정 관리, 메일 확인 및 발송 등 다양한 업무를 처리합니다. 이를 통해 사용자는 복잡한 절차 없이도 중요한 업무를 손쉽게 처리할 수 있습니다.

이번 프로젝트를 통해 AI 비서 MCP 서버의 기본 구조를 설계하고, 구글 API 같은 외부 서비스와 연동해 실제 업무에 활용 가능한 기능들을 단계적으로 구현해 나갈 예정입니다. 인증 처리, API 통합 등 다양한 기술적 요소를 다루며, 최종적으로 사용자가 간단한 프롬프트만으로도 복잡한 업무를 수행할 수 있는 지능형 비서 시스템을 완성하는 것을 목표로 합니다.

13.1.1 AI 오피스 비서란?

비서는 상사와 조직의 효율적인 업무 수행을 위해 일상적인 사무 처리와 행정 지원을 담당합니다. 상사의 지시에 따라 일정 관리, 예약, 회의 준비 및 진행, 문서 정리 등 다양한 행정적 업무를 신속하고 정확하게 수행하며, 상사와의 원활한 소통을 통해 업무 우선순위를 파악하고 일정을 효율적으로 조율합니다. 또한 문서 서식 개발, 정보 검색 및 자료 준비, 업무 절차 개선 등 창의적이고 보좌적인 역할도 맡아 조직의 효율성을 높입니다. 내부 직원과 외부 고객, 협력사 등 다양한 이해관계자와의 커뮤니케이션을 중개하고, 기밀 정보 관리와 회사 이미지 관리에도 중요한 역할을 하며, 이를 통해 상사가 본업에 집중할 수 있도록 뒷받침합니다.

이번 장에서는 비서의 업무 중에서 특히 일정 관리와 이메일 송수신, 미팅 생성 등 가장 자주 활용되는 핵심 기능에 초점을 맞춰 AI 비서를 개발할 예정입니다. 구체적으로는 구글 캘린더(Google Calendar) API를 활용해 일정 생성, 조회, 미팅 링크 발급, 이벤트 삭제 등 일정 관련 기능을 자동화하고, 지메일(Gmail)의 API 기능을 이용해 이메일 검색과 발송 기능을 구현합니다.

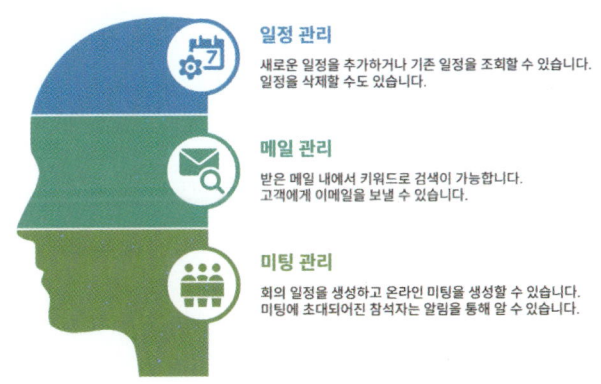

그림 13.1 AI 비서의 주요 특징

이러한 기능을 통해 사용자는 하나의 프롬프트로 회의 일정을 예약하거나 관련 이메일을 검색하고 발송하는 등 AI 비서의 핵심 역할을 직접 수행할 수 있습니다. 이처럼 일정 관리와 이메일 자동화는 실무에서 비서가 수행하는 대표적인 핵심 업무이며, 이를 시스템적으로 구현함으로써 업무 효율을 크게 높일 수 있습니다.

13.1.2 구글 API란?

구글 API는 구글이 제공하는 다양한 서비스와 데이터를 외부 애플리케이션에서 활용할 수 있게 지원하는 프로그래밍 인터페이스입니다. 개발자는 구글 API를 통해 검색, 지도, 번역, 캘린더, 이메일 등 구글의 핵심 기능을 자신의 서비스나 앱에 손쉽게 통합할 수 있습니다. 이러한 API는 표준화된 프로토콜과 인증 방식을 제공하며, 대부분 RESTful 방식으로 설계돼 있어 다양한 언어와 플랫폼에서 활용할 수 있습니다. 구글 API를 활용하면 복잡한 기능을 직접 구현할 필요 없이 구글이 제공하는 안정적이고 확장성 높은 인프라와 데이터를 손쉽게 사용할 수 있다는 장점이 있습니다.

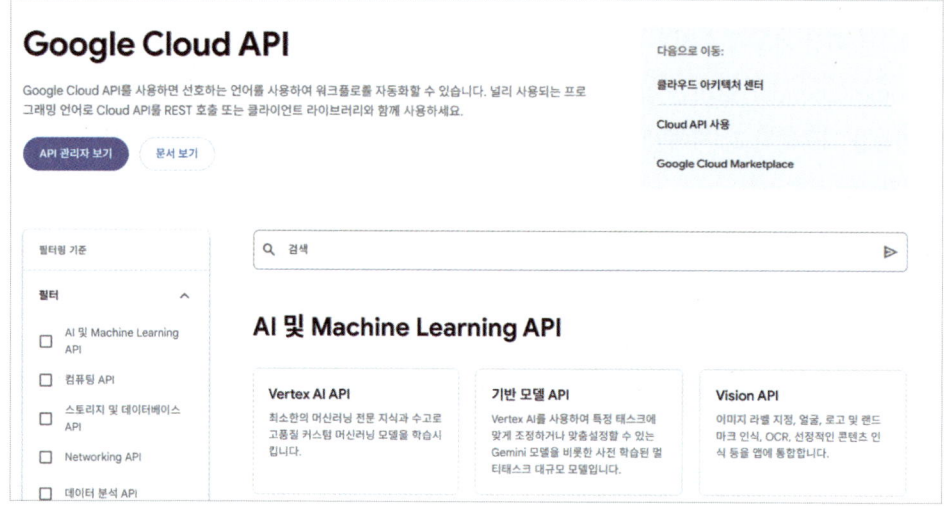

그림 13.2 구글 클라우드 API

구글 캘린더 API는 구글 캘린더의 주요 기능을 외부 프로그램에서 직접 제어할 수 있도록 지원하는 RESTful API입니다. 개발자는 이 API를 통해 일정(이벤트)을 생성하거나 조회, 수정, 삭제할 수 있으며, 참석자 관리, 반복 일정 및 알림 설정 등 캘린더 웹 인터페이스에서 제공하는 다양한 기능을 활용할 수 있습니다. 예를 들어, 회의 일정을 등록하거나 특정 기간의 일정을 일괄적으로 조회할 수 있습니다.

또한 지메일 API를 사용하면 지메일 계정의 이메일을 읽고 작성하고 전송하거나, 라벨을 생성하고 관리하는 등 이메일과 관련된 다양한 작업을 외부 프로그램에서 수행할 수 있습니다. 이처럼 구글 캘린더 API와 지메일 API를 활용하면 두 서비스의 기능을 외부에서 제어하고 연동하는 다양한 방식을 구현할 수 있습니다.

프로젝트에 사용할 API

이번 프로젝트에서는 구글 캘린더 API와 지메일 API를 활용하며, 주로 일정 생성, 삭제, 조회와 같은 캘린더 관련 메서드와 이메일 발송 및 메일 목록·상세 조회와 같은 지메일 관련 메서드를 사용합니다. 메서드에 대한 자세한 내용은 다음 표를 통해 확인할 수 있습니다.

표 13.1 프로젝트에 사용할 API 호출 예시와 설명

API 호출 예시	설명
service.events().insert(...)	구글 캘린더에 새로운 이벤트(일정)를 생성합니다.
service.events().insert(..., conferenceDataVersion=1)	구글 캘린더에 구글 밋(Google Meet) 링크가 포함된 이벤트를 생성합니다.
service.events().delete(calendarId, eventId)	구글 캘린더에서 특정 이벤트(일정)를 삭제합니다.
service.events().list(...)	구글 캘린더에서 특정 기간 내의 이벤트(일정) 목록을 조회합니다.
service.users().messages().send(...)	지메일 API를 이용해 이메일을 발송합니다.
service.users().messages().list(...)	지메일 API를 이용해 메일함(받은편지함/보낸편지함)에서 메일 목록을 검색합니다.
service.users().messages().get(...)	지메일 API를 이용해 특정 메일의 상세 정보를 조회합니다.

13.2 프로젝트 준비

이번 절에서는 구글 API를 사용하기 위한 캘린더 및 지메일 설정에 대해 알아보겠습니다.

13.2.1 구글 캘린더 및 지메일 설정

우선 구글 클라우드(https://cloud.google.com/)에 접속해 로그인합니다. 회원 가입이 필요하다면 일반적인 웹사이트 회원 가입과 동일하므로 관련 내용은 생략하겠습니다.

1. **프로젝트 생성**

먼저 구글 클라우드에서 새로운 프로젝트를 생성할 필요가 있습니다. 프로젝트를 생성해야 하는 이유는 여러 서비스와 API를 효과적으로 관리하기 위해서입니다. 여기서 프로젝트는 구글

클라우드 리소스(예: API, 인증 정보, 서버 등)를 논리적으로 묶어주는 단위로, 프로젝트 내에서 관리하게 되면 서로 다른 목적의 작업들을 혼선 없이 관리할 수 있습니다. 예를 들어, 개발, 테스트, 운영 환경을 각각 별도의 프로젝트로 구분하면 권한이나 리소스 관리를 더욱 체계적으로 할 수 있습니다.

구글 클라우드에 로그인한 후 콘솔 페이지로 이동합니다. 처음 로그인하는 경우라면 콘솔 메뉴에서 **프로젝트 선택** → **새 프로젝트**를 차례로 선택합니다.

그림 13.3 프로젝트 선택

이미 생성된 프로젝트가 있다면 위의 **프로젝트 선택** 버튼과 같은 위치에 있는 **프로젝트 선택 도구 열기** 버튼을 클릭한 후 **새 프로젝트** 버튼을 클릭합니다.

새 프로젝트 화면에서 **프로젝트 이름**(여기서는 'Google-MCP-Project')을 입력한 후 **만들기** 버튼을 클릭해 새 프로젝트를 생성합니다.

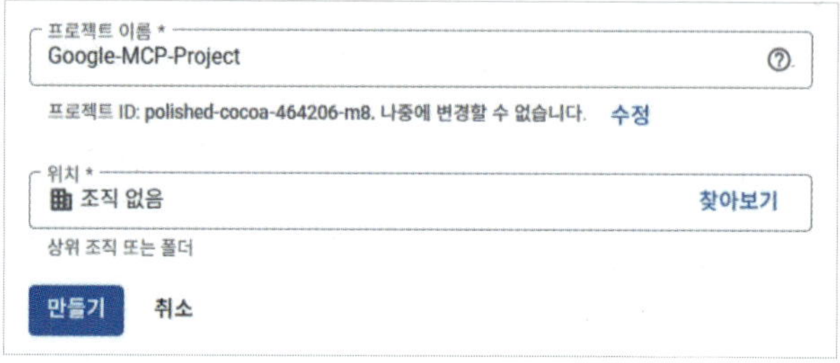

그림 13.4 새 프로젝트 생성

2. 구글 캘린더 및 지메일 API 활성화

이번 프로젝트에 필요한 구글 캘린더와 지메일 API를 사용하려면 각 API를 활성화해야 합니다. 구글 클라우드에서 제공하는 다양한 API는 기본적으로 비활성화 상태로 제공되며, 사용자가 직접 활성화해야만 프로젝트 내에서 이용할 수 있습니다. API를 활성화하면 구글 서버와의 통신이 허용되고, 해당 API의 기능(예: 일정 조회, 메일 송수신 등)을 코드에서 호출할 수 있습니다.

구글 클라우드 콘솔 페이지의 왼쪽 상단에서 앞에서 만든 프로젝트(Google-MCP-Project)를 선택해 현재 프로젝트로 지정합니다.

그림 13.5 현재 프로젝트 선택

이 상태에서 우측의 검색란에 'Google Calendar'를 입력해 하단의 검색 결과로 표시된 'Google Calenadr API'를 선택합니다.

그림 13.6 구글 캘린더 API 검색

그런 다음 아래와 같이 **사용** 버튼 클릭해 API를 활성화합니다.

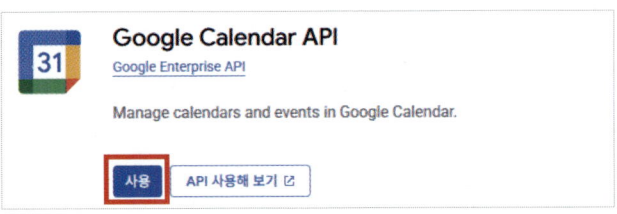

그림 13.7 구글 캘린더 API 활성화

같은 방법으로 'Gmail'로 검색해 지메일 API도 활성화해 프로젝트에서 사용 가능하도록 설정합니다.

지메일 API까지 활성화했다면 왼쪽 상단의 탐색 메뉴를 선택한 후 **API 및 서비스** 페이지로 이동한 후 다음과 같이 Gmail API와 Goolge Calendar API가 등록돼 있는지 확인합니다.

그림 13.8 사용 설정된 API 및 서비스

3. OAuth 동의 화면 구성

다음으로, 왼쪽 메뉴의 **OAuth 동의 화면** 메뉴를 선택해 이동합니다. 이곳에서 앱을 생성하는 과정은 구글 API를 사용하는 애플리케이션이 사용자의 데이터에 접근할 때 사용자에게 투명하게 정보를 제공하고 신뢰를 얻기 위해 반드시 필요한 절차입니다. 이곳에서 입력한 정보를 토대로 사용자는 해당 앱이 어떤 서비스인지, 어떤 개발자가 만들었는지 명확하게 확인할 수 있습니다. 이 과정을 통해 사용자는 자신의 구글 계정 데이터에 앱이 접근하는 것을 허용할지 결정할 수 있으며, 구글의 보안 정책을 준수할 수 있습니다.

먼저 **OAuth 동의 화면**의 **개요**에서 프로젝트의 기본 정보를 입력합니다. 앱 이름(예: Google-MCP-APP)과 메일 주소를 입력합니다. 다음으로 **대상** 항목에서는 **외부**를 선택합니다. 이후 **연락처 정보** 항목에서 이메일 주소를 입력하고, 하단의 **만들기** 버튼을 클릭해 프로젝트를 구성합니다.

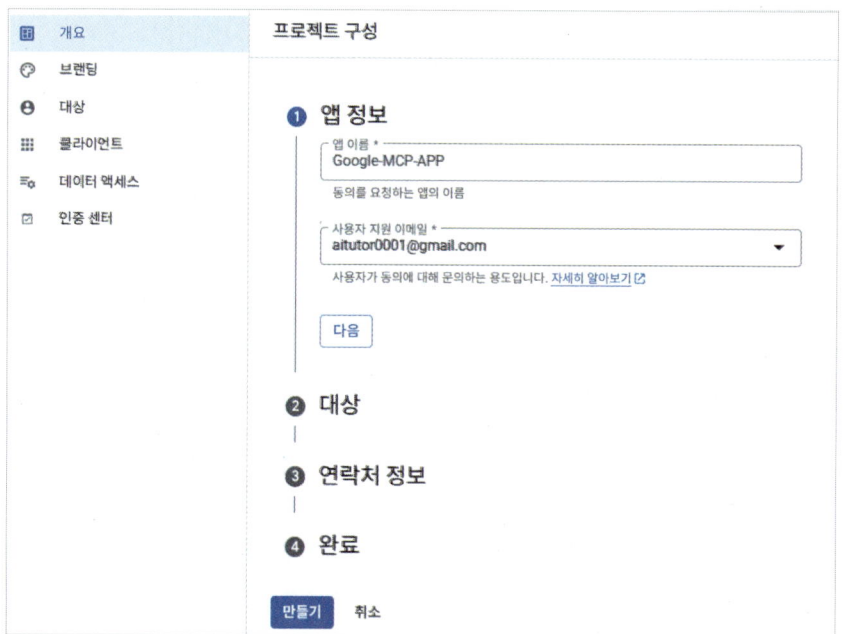

그림 13.9 프로젝트 구성

4. 필요한 권한 범위 추가

이번에는 앱에서 필요로 하는 권한 범위를 추가하는 작업을 진행하겠습니다. **API 및 서비스**에서 **OAuth 동의 화면**의 **데이터 액세스** 섹션에서 권한 범위(스코프)를 추가할 수 있는데, 그렇게 하는 이유는 사용자가 앱에 구체적으로 어떤 데이터에 접근할 수 있는지 명확히 알리고 동의를 받기 위해서입니다. 예를 들어, 구글 캘린더 API의 경우 https://www.googleapis.com/auth/calendar 권한을 추가하면 일정에 대한 읽기/쓰기 권한을 부여받을 수 있습니다. 이처럼 필요한 권한을 명확히 추가해야 사용자가 동의할 때 어떤 데이터에 접근하는지 알 수 있고, 이후 API를 호출할 때도 해당 데이터에 접근할 수 있습니다.

API 및 서비스에서 **OAuth 동의 화면**을 선택한 뒤, **데이터 액세스** 섹션을 클릭하고 **범위 추가 또는 삭제** 버튼을 클릭합니다.

그림 13.10 데이터 액세스 섹션

그러고 나서 다음과 같은 권한을 검색해 범위를 추가합니다. 아래의 내용을 참고해서 범위를 추가합니다.

- 구글 캘린더: https://www.googleapis.com/auth/calendar

그림 13.11 구글 캘린더 권한 범위 추가

- Gmail: https://www.googleapis.com/auth/gmail.send, https://www.googleapis.com/auth/gmail.readonly

	Gmail API	.../auth/gmail.readonly	이메일 메시지 및 설정 보기
☐	Gmail API	.../auth/gmail.metadata	라벨 및 헤더 등 이메일 메시지 메타데이터는 확인하지만 이메일 본문은 표시하지 않습니다.
☐	Gmail API	.../auth/gmail.insert	Gmail 편지함에 이메일 추가
☐	Gmail API	.../auth/gmail.addons.current.message.metadata	부가기능이 실행될 때 이메일 메시지 메타데이터 확인
☐	Gmail API	.../auth/gmail.addons.current.message.readonly	부가기능이 실행 중일 때 이메일 메시지 보기
✓	Gmail API	.../auth/gmail.send	나를 대신하여 이메일 전송

그림 13.12 지메일 권한 범위 추가

각 API의 권한 범위를 추가해 사용자 동의를 받을 수 있도록 구성합니다.

5. OAuth 2.0 클라이언트 ID 발급

이어서 OAuth 2.0 클라이언트 ID를 발급하겠습니다. 클라이언트 ID를 별도로 발급받는 이유는 앱이 구글 인증 서버와 통신할 때 자신을 식별하기 위한 고유한 ID가 필요하기 때문입니다. 클라이언트 ID는 앱이 구글 계정으로부터 사용자 인증 및 권한을 받을 수 있도록 도와주는 역할을 합니다. 이때 **애플리케이션 유형**을 **데스크톱 앱**으로 지정하면 로컬에서 실행되는 프로그램에 적합한 인증 방식이 적용됩니다. 클라이언트 ID를 생성하면 JSON 파일(credentials.json)이 발급되는데, 이 파일에 앱의 인증 정보가 담겨 있어 API를 호출할 때 필수적으로 사용됩니다.

왼쪽 메뉴의 **API 및 서비스**의 **사용자 인증 정보**를 선택합니다. 상단의 **사용자 인증 정보 만들기**를 클릭해 하고 **OAuth 클라이언트 ID**를 선택합니다.

다음 그림과 같이 **애플리케이션 유형**을 **데스크톱 앱**으로 선택한 후 애플리케이션 이름을 입력합니다(예: 데스크톱 클라이언트). 설정을 마치면 하단의 **만들기** 버튼을 클릭하고, OAuth 클라이언트가 생성됐다는 메시지 하단의 **JSON 다운로드** 버튼을 클릭합니다.

그럼 JSON 파일이 다운로드되는데, 이 파일의 이름을 credentials.json으로 변경해서 저장합니다. 이 파일은 토큰 발급 및 인증 과정에서 필요하므로 소스코드와 같은 경로 또는 환경변수로 지정된 경로에 저장합니다.

그림 13.13 OAuth 2.0 클라이언트 생성

이렇게 해서 구글에서 제공하는 구글 캘린더 및 지메일 API를 외부에서 사용할 수 있도록 설정을 완료했습니다. 앞에서 내려받은 `credentials.json` 파일의 내용을 바탕으로 토큰을 생성할 수 있으며, 이렇게 생성된 토큰을 통해 앱을 인증받고 구글 캘린더와 지메일 API를 통해 데이터에 접근할 수 있게 됩니다.

13.2.2 구글 API의 인증 방식

구글 API의 인증 방식

앞에서 설정한 구글 API를 활용하려면 OAuth 2.0 인증 절차를 거쳐야 합니다. 이를 위해 개발자는 구글 클라우드 콘솔에서 OAuth 클라이언트 ID와 클라이언트 시크릿이 포함된 `credentials.json` 파일(앞에서 내려받은)을 발급받아야 하며, 이 파일에는 `client_id`, `client_secret`, `auth_uri`, `token_uri`, `redirect_uris` 등 인증에 필요한 정보가 담겨 있습니다.

사용자가 외부에서 구글 API를 처음 실행하면 구글의 인증 페이지로 리디렉션되어 사용자 동의를 받는 과정이 진행됩니다. 이후 동의가 완료되면 액세스 토큰이 발급되어 로컬에 저장되는데, 이 모든 과정은 `credentials.json`에 저장된 정보를 바탕으로 이뤄집니다.

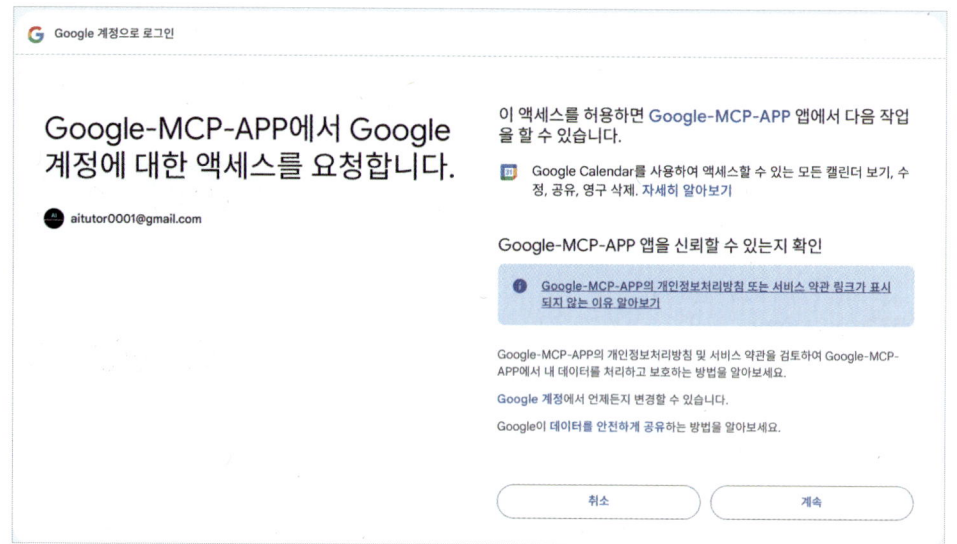

그림 13.14 MCP 앱에 권한을 부여

위와 같은 사용자 동의를 거쳐 인증이 완료되면 액세스 토큰이 발급되어 MCP 서버가 위치한 폴더 내에 저장됩니다.

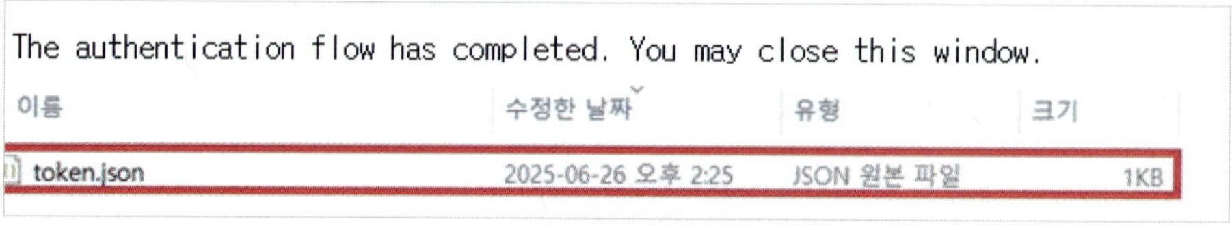

그림 13.15 발급된 액세스 토큰

이 토큰은 일정 기간 동안 유효하며, 만료 시에는 리프레시 토큰(refresh token)을 통해 자동으로 갱신할 수 있습니다. 이러한 OAuth 인증은 사용자의 구글 캘린더나 지메일 등에 있는 민감한 데이터에 접근할 때 보안과 권한 관리를 강화하는 핵심적인 역할을 합니다.

MCP 서버의 인증 및 동작 순서

아래 다이어그램은 MCP 클라이언트가 구글 캘린더와 이메일 기능을 제공하는 MCP 서버와 구글 API 서버를 연동하는 과정을 나타냅니다. 파란색과 빨간색 화살표는 각각 토큰이 없는 초기 인증 과정(파란색)과 토큰이 발급된 이후의 요청 처리 과정(빨간색)을 나타냅니다.

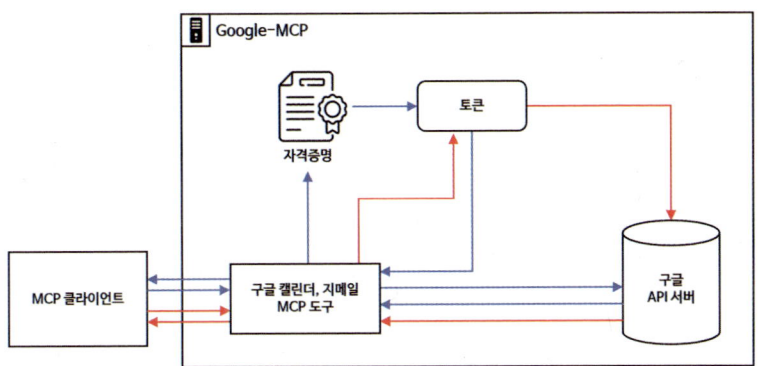

그림 13.16 MCP 서버의 동작 방식

토큰이 없는 초기 인증 과정(파란색)

1. 사용자가 MCP 클라이언트를 통해 구글 캘린더나 지메일과 관련된 기능을 요청하면 MCP 도구가 인증 정보를 확인합니다.
2. 이때 아직 유효한 토큰이 없다면 MCP 도구는 자격 증명을 사용해 구글 API 서버에 인증 요청을 보냅니다.
3. 인증이 성공하면 구글 API 서버는 새로운 토큰을 발급해 MCP 도구에 전달합니다.
4. MCP 도구는 받은 토큰을 MCP 서버가 있는 폴더에 저장하고, 이후 구글 API 서버에 필요한 요청을 보낼 때 이 토큰을 사용합니다.
5. 최종적으로, 구글 API 서버에서 받은 응답이 MCP 클라이언트로 전달됩니다.

토큰이 이미 생성된 경우(빨간색)

1. 이미 토큰이 발급되어 저장된 상태라면 MCP 클라이언트의 요청이 들어올 때 MCP 도구는 별도의 인증 과정 없이 기존 토큰을 사용해 바로 구글 API 서버에 요청을 보냅니다.
2. 구글 API 서버로부터 받은 응답은 MCP 도구를 거쳐 MCP 클라이언트로 전달됩니다.
3. 이 과정에서는 자격 증명 파일을 다시 사용할 필요가 없으며, 인증 과정이 생략되어 더 빠르게 처리할 수 있습니다.

13.3 AI 비서 MCP 서버 만들기

앞에서 설명한 과정을 통해 프로젝트 진행에 필요한 구글 API 권한 설정이 완료되고 나면 이번 절에서 소개하는 코드를 차근차근 따라 작성해 MCP 서버를 개발할 수 있습니다.

우선 앞에서 만든 C:\MCP 폴더에 이번 프로젝트에 사용할 Google-MCP 폴더를 새로 만듭니다. 이번에 진행할 프로젝트의 폴더 및 파일 구성은 다음과 같습니다.

```
Google-MCP/
├── google-mcp.py        # 메인 MCP 서버 코드
├── credentials.json     # 구글 클라우드 콘솔에서 발급받은 서비스 계정 인증 파일
├── token.json           # 토큰(OAuth 인증 후 최초 로그인 시 자동 생성)
```

13.3.1 구글 API 구성 및 FastMCP 인스턴스 생성

이제 Google-MCP 폴더에 google-mcp.py 파일을 생성한 후 본격적으로 MCP 서버를 작성해 봅시다. 그에 앞서 먼저 사용 중인 IDE의 터미널에서 다음 명령을 실행해 프로젝트에 필요한 라이브러리를 설치합니다.

```
pip install fastmcp pytz pydantic google-auth google-auth-oauthlib google-api-python-client
```

이어서 google-mcp.py에 다음과 같은 코드를 작성합니다.

예제 13.1 AI 비서 MCP 서버

```python
# 필요한 모듈 임포트
from fastmcp import FastMCP
from typing import Annotated, Dict, List, Optional
from pydantic import Field
from datetime import datetime, timedelta
from pathlib import Path
import json
import os
import base64
```

```python
import pytz
from email.mime.text import MIMEText
from googleapiclient.discovery import build
from google.auth.transport.requests import Request
from google_auth_oauthlib.flow import InstalledAppFlow
from google.oauth2.credentials import Credentials

# FastMCP 인스턴스 생성 및 필요한 의존성 패키지 지정
mcp = FastMCP(
    "Google-MCP",
    dependencies=[
        "fastmcp","pytz","pydantic","google-auth","google-auth-oauthlib",
        "google-api-python-client"
    ]
)

# 구글 API 접근 권한 범위 정의
SCOPES = [
    'https://www.googleapis.com/auth/calendar',      # 구글 캘린더 전체 접근 권한
    'https://www.googleapis.com/auth/gmail.send',    # 지메일 메일 발송 권한
    'https://www.googleapis.com/auth/gmail.readonly' # 지메일 읽기 권한
]
```

먼저 FastMCP 프레임워크를 활용하기 위해 FastMCP와 타입 힌트 관련 모듈, Pydantic, 날짜/시간 처리, 파일 경로, JSON, OS, base64, pytz, 이메일 작성, 구글 API 관련 라이브러리들을 불러옵니다.

그다음, `FastMCP` 인스턴스를 생성할 때 MCP 서버가 동작하는 데 필요한 의존성 패키지(`google-auth, google-auth-oauthlib` 등)를 명시합니다. 이 인스턴스는 이후 MCP 도구 등록과 실행의 기반이 됩니다.

마지막으로, 구글 캘린더와 지메일 API를 사용할 때 필요한 인증 권한 범위(SCOPES)를 리스트로 정의합니다. 이 권한 범위들은 각 API에서 필요로 하는 기능(일정 관리, 메일 발송, 메일 읽기 등)을 사용할 수 있게 허용합니다.

구글 API 인증 및 서비스 객체 관리 클래스 정의

다음 코드는 구글 API 인증을 자동화하고, 구글 캘린더와 지메일 등 다양한 구글 서비스 객체를 쉽게 생성하도록 도와주는 GoogleAuth 클래스를 정의합니다. 토큰의 저장/로드, 자격증명 생성 및 갱신, 서비스 객체 생성을 모두 한 곳에서 관리할 수 있도록 설계돼 있습니다. 마지막 줄에서는 이 클래스를 실제로 사용할 수 있도록 인스턴스를 생성합니다.

```python
# 구글 API 인증 및 서비스 객체 생성을 위한 클래스
class GoogleAuth:

    # 인증 클래스의 인스턴스를 초기화하고, 토큰/자격증명 파일 경로와 범위를 설정
    def __init__(self, scopes=SCOPES, token_file=None, creds_file=None):
        try:
            self.token_file = Path(token_file) if token_file else Path(__file__).resolve().parent / "token.json"
        except NameError:
            self.token_file = Path(os.getcwd()) / "token.json"
        self.creds_file = creds_file or os.getenv("GOOGLE_CREDENTIALS_PATH", "credentials.json")
        self.scopes = scopes
        self.creds = None

    # 저장된 토큰 파일을 불러와 유효한 토큰과 만료시간을 반환
    def load_token(self):
        if self.token_file.exists():
            try:
                with open(self.token_file, 'r') as f:
                    token_data = json.load(f)
                    expires_at = datetime.fromisoformat(token_data['expires_at'])
                    if datetime.now() < expires_at:
                        return token_data['token'], expires_at
            except Exception as e:
                print(f"Error loading token: {e}")
        return None, None

    # 토큰과 만료시간을 파일에 저장
    def save_token(self, token, expires_at):
```

```python
        try:
            with open(self.token_file, 'w') as f:
                json.dump({'token': token, 'expires_at': expires_at.isoformat()}, f)
        except Exception as e:
            print(f"Error saving token: {e}")

    # 자격증명 객체를 생성하거나 갱신해서 반환
    def get_credentials(self):
        token, expires_at = self.load_token()
        creds = None

        if token and expires_at and datetime.now() < expires_at:
            try:
                creds = Credentials(token=token, scopes=self.scopes)
            except Exception as e:
                print(f"Error creating credentials from token: {e}")
                creds = None

        if not creds or not creds.valid:
            if creds and creds.expired and creds.refresh_token:
                try:
                    creds.refresh(Request())
                except Exception as e:
                    print(f"Error refreshing credentials: {e}")
                    creds = None
            if not creds:
                flow = InstalledAppFlow.from_client_secrets_file(self.creds_file, self.scopes)
                creds = flow.run_local_server(port=0)
                expires_at = datetime.now() + timedelta(hours=1)
                self.save_token(creds.token, expires_at)
        self.creds = creds
        return creds

    # 구글 캘린더 서비스 객체를 생성해서 반환
    def build_calendar_service(self):
        creds = self.get_credentials()
```

```python
        return build('calendar', 'v3', credentials=creds)

    # 지메일 서비스 객체를 생성해서 반환
    def build_gmail_service(self):
        creds = self.get_credentials()
        return build('gmail', 'v1', credentials=creds)

# 인증 클래스 인스턴스 생성
google_auth = GoogleAuth()
```

GoogleAuth 클래스는 구글 API 인증을 간편하게 처리하는 클래스입니다. 토큰과 자격증명 파일을 관리하며, 저장된 토큰이 있으면 불러오고, 없거나 만료된 경우 새로 인증을 진행합니다. 구글 캘린더나 지메일 같은 구글 서비스 객체도 쉽게 만들어줍니다. 즉, 구글 API를 쓸 때 인증 과정을 자동화하고, 서비스 객체를 편리하게 생성해주는 역할을 합니다.

구글 MCP 서버를 사용할 때는 클로드 데스크톱에서 MCP를 통해 구글 API를 연동하는 과정에서 민감한 정보가 외부에 노출될 수 있다는 점에 유의해야 합니다. 특히 API 키, 인증 토큰, 개인정보 등 중요한 데이터가 실수로 공개되지 않도록 각별히 주의하기 바랍니다. 안전한 데이터 관리를 위해 필요한 보안 설정을 꼼꼼히 확인하고, 민감 정보가 포함된 설정 파일이나 로그가 외부에 노출되지 않도록 관리하기 바랍니다.

구글 캘린더에 구글 밋 없이 일정을 생성하는 함수 정의

다음 함수는 구글 밋 링크 없이 입력한 제목·시간·참석자 정보로 구글 캘린더에 새로운 일정을 생성합니다. 생성된 일정의 ID, 캘린더 링크, 제목, 시작/종료 시간을 반환합니다.

```python
# MCP 도구로 등록: 구글 밋 링크 없이 캘린더 이벤트 생성
@mcp.tool(
    name="create_calendar_event",
    description="Create a Google Calendar event without a Google Meet link."
)
def create_calendar_event(
    summary: Annotated[str, Field(description="Event title")],
    start_time: Annotated[datetime, Field(description="Event start time (datetime)")],
    end_time: Annotated[datetime, Field(description="Event end time (datetime)")],
```

```python
        attendees: Annotated[List[str], Field(description="List of attendee email addresses")] = [],
) -> dict:
    """
    Args:
        summary (str): Title of the event.
        start_time (datetime): Event start time.
        end_time (datetime): Event end time.
        attendees (List[str], optional): List of attendee email addresses.

    Returns:
        dict: Information about the created event (id, link, title, etc.).
    """

    # 구글 캘린더 서비스 객체 생성
    service = google_auth.build_calendar_service()

    # 이벤트 정보 구성
    event_body = {
        'summary': summary,
        'start': {'dateTime': start_time.isoformat(), 'timeZone': 'Asia/Seoul'},
        'end': {'dateTime': end_time.isoformat(), 'timeZone': 'Asia/Seoul'},
    }

    # 참석자 정보가 있으면 추가
    if attendees:
        event_body['attendees'] = [{'email': email} for email in attendees]

    # 캘린더에 이벤트 생성 요청
    event = service.events().insert(
        calendarId='primary',
        body=event_body
    ).execute()

    # 생성된 이벤트 정보를 반환
    return {
        "event_id": event["id"],
```

```
        "calendar_link": event.get("htmlLink"),
        "summary": event.get("summary"),
        "start": event.get("start"),
        "end": event.get("end"),
    }
```

함수의 입력값으로는 일정 제목, 시작·종료 시간, 참석자 이메일 목록을 받습니다. 내부적으로 GoogleAuth 클래스의 build_calendar_service 메서드를 이용해 Calendar 서비스 객체를 만들고, 입력받은 정보로 이벤트 본문(event_body)을 구성합니다. 참석자 목록이 있으면 해당 이메일을 포함시킵니다.

이후 구글 캘린더 API를 통해 실제로 일정을 생성하고, 생성된 이벤트의 ID, 캘린더 링크, 제목, 시작·종료 시간 등의 정보를 딕셔너리 형태로 반환합니다. 즉, 이 함수는 일정만 등록하고 싶을 때 사용할 수 있는 구글 캘린더 이벤트 생성 함수입니다.

구글 밋 링크가 포함된 구글 캘린더 일정을 생성하는 함수 정의

이 함수는 구글 밋 화상회의 링크가 자동으로 포함된 구글 캘린더 일정을 생성합니다. 제목, 시간, 참석자 정보를 입력받아 일정을 등록하고, 생성된 이벤트의 ID, 구글 밋 링크, 캘린더 링크, 제목, 시작/종료 시간을 반환합니다.

```
# MCP 도구로 등록: 구글 밋 링크가 포함된 캘린더 이벤트 생성
@mcp.tool(
    name="create_event_with_meet_link",
    description="Create a Google Calendar event with a Google Meet link."
)
def create_event_with_meet_link(
    summary: Annotated[str, Field(description="Event title")],
    start_time: Annotated[datetime, Field(description="Event start time (datetime)")],
    end_time: Annotated[datetime, Field(description="Event end time (datetime)")],
    attendees: Annotated[List[str], Field(description="List of attendee email addresses")] = [],
) -> dict:
    """
    Args:
```

```
        summary (str): Title of the event.
        start_time (datetime): Event start time.
        end_time (datetime): Event end time.
        attendees (List[str], optional): List of attendee email addresses.

    Returns:
        dict: Information about the created event (id, Meet link, calendar link, etc.).
    """

    # 구글 캘린더 서비스 객체 생성
    service = google_auth.build_calendar_service()

    # 이벤트 정보 및 구글 밋 링크 생성 요청 정보를 구성
    event_body = {
        'summary': summary,
        'start': {'dateTime': start_time.isoformat(), 'timeZone': 'Asia/Seoul'},
        'end': {'dateTime': end_time.isoformat(), 'timeZone': 'Asia/Seoul'},
        'conferenceData': {
            'createRequest': {
                'requestId': f"meet-{int(datetime.now().timestamp())}",
                'conferenceSolutionKey': {'type': 'hangoutsMeet'},
            }
        }
    }

    # 참석자 정보가 있으면 추가
    if attendees:
        event_body['attendees'] = [{'email': email} for email in attendees]

    # 캘린더에 이벤트 생성 요청(구글 밋 링크 포함)
    event = service.events().insert(
        calendarId='primary',
        body=event_body,
        conferenceDataVersion=1
    ).execute()

    # 생성된 이벤트 정보(이벤트 ID, 구글 밋 링크, 캘린더 링크 등) 반환
```

```
    return {
        "event_id": event["id"],
        "meet_link": event.get("hangoutLink"),
        "calendar_link": event.get("htmlLink"),
        "summary": event.get("summary"),
        "start": event.get("start"),
        "end": event.get("end"),
    }
```

보다시피 일정 제목, 시작·종료 시간, 참석자 이메일 목록을 입력받아 GoogleAuth 클래스의 build_calendar_service 메서드로 구글 캘린더 서비스 객체를 만듭니다. 이벤트 본문(event_body)에는 기본 일정 정보와 함께 구글 밋 링크 생성을 위한 conferenceData 항목이 포함됩니다. attendees가 있으면 참석자 이메일도 추가합니다.

이후 구글 캘린더 API를 통해 이벤트를 생성하면 이벤트 ID, 구글 밋 링크, 캘린더 링크, 일정 정보 등을 딕셔너리로 반환합니다. 즉, 이 함수는 구글 밋 화상 회의 일정을 자동으로 만들고, 생성된 회의 링크와 일정을 한 번에 받아보게 해줍니다.

구글 캘린더 일정 삭제 함수 정의

이 함수는 입력한 이벤트 ID에 해당하는 구글 캘린더 일정을 삭제합니다. 삭제가 완료되면 해당 이벤트가 삭제됐다는 메시지를 반환합니다.

```
# MCP 도구로 등록: 구글 캘린더에서 이벤트 삭제
@mcp.tool(
    name="delete_event",
    description="Delete an event from Google Calendar."
)
def delete_event(
    event_id: Annotated[str, Field(description="The event_id of the event to delete")]
) -> str:
    """
    Args:
        event_id (str): The ID of the event to delete.
```

```
    Returns:
        str: Message indicating the deletion result.
    """

    # 구글 캘린더 서비스 객체 생성
    service = google_auth.build_calendar_service()

    # 이벤트 삭제 요청
    service.events().delete(calendarId='primary', eventId=event_id).execute()

    # 삭제 결과 메시지 반환
    return f"Event deleted: {event_id}"
```

delete_event 함수는 구글 캘린더에서 특정 이벤트를 삭제하는 기능을 수행합니다. 이벤트의 고유 ID(event_id)를 입력받아 GoogleAuth 클래스를 통해 구글 캘린더 서비스 객체를 생성하고, 해당 ID의 이벤트를 삭제합니다. 삭제가 완료되면 어떤 이벤트가 삭제됐는지 메시지로 알려줍니다.

구글 캘린더 일정 목록 조회 함수 정의

이 함수는 지정한 기간 내의 구글 캘린더 일정을 최대 N개까지 조회합니다. 시작/종료 시간과 최대 개수를 입력받아 각 일정의 ID, 제목, 시작·종료 시간, 캘린더 링크, 구글 밋 링크 정보를 리스트로 반환합니다.

```
# MCP 도구로 등록: 지정된 기간 내 구글 캘린더 이벤트 목록 조회
@mcp.tool(
    name="list_events",
    description="List Google Calendar events within a specified time range."
)
# 지정된 기간 내 구글 캘린더 이벤트 목록을 조회하는 함수
def list_events(
    start_time: Annotated[Optional[datetime], Field(description="Start datetime for event search (ISO format)")] = None,
    end_time: Annotated[Optional[datetime], Field(description="End datetime for event search (ISO format)")] = None,
```

```python
        max_results: Annotated[int, Field(description="Maximum number of events to
retrieve")] = 10
) -> list:
    """
    Args:
        start_time (datetime, optional): Start datetime for event search.
        end_time (datetime, optional): End datetime for event search.
        max_results (int): Maximum number of events to retrieve.

    Returns:
        list: List of event information dictionaries.
    """

    # 구글 캘린더 서비스 객체 생성
    service = google_auth.build_calendar_service()

    # 검색 시작 시간과 종료 시간 설정
    time_min = start_time.isoformat() + 'Z' if start_time else
datetime.utcnow().isoformat() + 'Z'
    time_max = end_time.isoformat() + 'Z' if end_time else None

    # 이벤트 조회 요청 파라미터 설정
    request_params = {
        'calendarId': 'primary',
        'timeMin': time_min,
        'maxResults': max_results,
        'singleEvents': True,
        'orderBy': 'startTime'
    }
    if time_max:
        request_params['timeMax'] = time_max

    # 이벤트 목록 조회
    events_result = service.events().list(**request_params).execute()
    events = events_result.get('items', [])

    # 결과 리스트 구성
```

```python
        result = []
        for event in events:
            result.append({
                "event_id": event.get("id"),
                "summary": event.get("summary"),
                "start": event.get("start"),
                "end": event.get("end"),
                "calendar_link": event.get("htmlLink"),
                "meet_link": event.get("hangoutLink"),
            })
        return result
```

list_events 함수는 구글 캘린더에서 일정 기간 동안의 이벤트 목록을 조회하는 기능을 합니다. 검색 시작 시간(start_time), 종료 시간(end_time), 최대 조회 개수(max_results)를 입력받을 수 있습니다. 입력값이 없으면 기본적으로 현재 시각 이후의 이벤트를 최대 10개까지 가져옵니다. 조회된 각 이벤트의 ID, 제목, 시작/종료 시간, 캘린더 링크, 구글 밋 링크 등 주요 정보를 리스트로 반환합니다.

지메일 API를 이용한 이메일 발송 함수 정의

이 함수는 지메일 API를 사용해 이메일을 전송합니다. 받는 사람, 제목, 본문을 입력받아 메일을 보내고, 성공 또는 실패 메시지를 반환합니다. SMTP 방식이 아닌 구글 API를 통해 안전하게 메일을 보낼 수 있습니다.

```python
# MCP 도구로 등록: 지메일 API를 이용해 이메일 전송
@mcp.tool(
    name="send_gmail_api",
    description="Send an email via Gmail API (not SMTP)."
)
def send_gmail_api(
    to_email: Annotated[str, Field(description="Recipient email address")],
    subject: Annotated[str, Field(description="Email subject")],
    body: Annotated[str, Field(description="Plain text email body")]
) -> str:
    """
```

```python
    Args:
        to_email (str): Recipient email address.
        subject (str): Email subject.
        body (str): Plain text email body.

    Returns:
        str: Success or failure message for sending the email.
    """
    # 지메일 서비스 객체 생성
    service = google_auth.build_gmail_service()
    # 이메일 메시지 객체 생성(텍스트 본문)
    message = MIMEText(body)
    message['to'] = to_email
    message['from'] = "me"
    message['subject'] = subject
    # 메시지를 base64로 인코딩
    raw = base64.urlsafe_b64encode(message.as_bytes()).decode()
    body_data = {'raw': raw}

    try:
        # 지메일 API로 이메일 전송 요청
        sent_message = service.users().messages().send(userId='me', body=body_data).execute()
        # 성공 메시지 반환
        return f"Email sent successfully to {to_email}. Message Id: {sent_message['id']}"
    except Exception as e:
        # 실패 시 에러 메시지 반환
        return f"Failed to send email: {e}"
```

이 함수에서는 GoogleAuth 클래스의 build_gmail_service 메서드로 지메일 서비스 객체를 생성합니다. 이메일 본문은 MIMEText로 작성하고, 받는 사람, 보내는 사람, 제목을 설정한 뒤, 메시지를 base64로 인코딩해서 지메일 API가 요구하는 형식으로 만듭니다.

이후 지메일 API의 send 메서드를 호출해 실제로 메일을 전송합니다. 이메일 전송이 성공하면 성공 메시지와 메일의 고유 ID를 반환하고, 실패하면 에러 메시지를 반환합니다. 즉, 이 함수는 SMTP를 쓰지 않고, 지메일 API를 통해 간단하게 이메일을 자동으로 보낼 수 있게 해줍니다.

제목 · 날짜 · 메일함을 기준으로 이메일을 검색하는 함수 정의

이 함수는 지메일 API를 사용해 INBOX(받은편지함) 또는 SENT(보낸편지함)에서 제목 키워드, 날짜 범위 등 다양한 조건으로 이메일을 검색합니다. 검색 결과로 각 이메일의 ID, 본문 요약, 발신자, 제목, 날짜 정보를 리스트로 반환하며, 오류 발생 시 에러 메시지를 반환합니다.

```python
# MCP 도구로 등록: 제목, 날짜 범위, 메일함을 기준으로 이메일을 검색
@mcp.tool(
    name="search_gmail_api",
    description="Search emails in Gmail via Gmail API using subject, date range, and mailbox (INBOX or SENT)."
)
def search_gmail_api(
    subject: Annotated[str, Field(description="Subject keyword to search for")],
    after: Annotated[Optional[str], Field(description="Start date (YYYY-MM-DD)")] = None,
    before: Annotated[Optional[str], Field(description="End date (YYYY-MM-DD)")] = None,
    inbox_or_sent: Annotated[str, Field(description="Mailbox to search: 'INBOX' (received) or 'SENT' (sent)")] = 'INBOX',
    max_results: Annotated[int, Field(description="Maximum number of emails to retrieve")] = 5
) -> list:
    """
    Args:
        subject (str): Subject keyword to search for.
        after (str, optional): Start date (YYYY-MM-DD).
        before (str, optional): End date (YYYY-MM-DD).
        inbox_or_sent (str): 'INBOX' for received mail, 'SENT' for sent mail.
        max_results (int): Maximum number of emails to retrieve. This is limited to 5.

    Returns:
        list: List of email information dictionaries or error message.
    """

    # 지메일 서비스 객체 생성
    service = google_auth.build_gmail_service()

    # 검색 쿼리 구성
```

```python
    query_parts = []
    if subject:
        query_parts.append(f"subject:{subject}")
    if after:
        dt = datetime.strptime(after, "%Y-%m-%d")
        tz = pytz.timezone('US/Pacific')
        ts = int(tz.localize(dt).timestamp())
        query_parts.append(f"after:{ts}")
    if before:
        dt = datetime.strptime(before, "%Y-%m-%d")
        tz = pytz.timezone('US/Pacific')
        ts = int(tz.localize(dt).timestamp())
        query_parts.append(f"before:{ts}")
    query = ' '.join(query_parts)

    # 검색할 메일함 라벨 설정(INBOX 또는 SENT)
    label_id = 'INBOX' if inbox_or_sent.upper() == 'INBOX' else 'SENT'

    try:
        # 지메일 API로 메시지 리스트 검색
        results = service.users().messages().list(
            userId='me',
            q=query,
            labelIds=[label_id],
            maxResults=max_results
        ).execute()
        messages = results.get('messages', [])
        details = []

        # 각 메시지의 상세 정보 조회 및 정리
        for msg in messages:
            msg_detail = service.users().messages().get(userId='me', id=msg['id']).execute()
            details.append({
                "id": msg_detail.get("id"),
                "snippet": msg_detail.get("snippet"),
                "from": next((h['value'] for h in msg_detail['payload']['headers'] if
```

```
                h['name'] == 'From'), None),
                "subject": next((h['value'] for h in msg_detail['payload']['headers'] if
h['name'] == 'Subject'), None),
                "date": next((h['value'] for h in msg_detail['payload']['headers'] if
h['name'] == 'Date'), None),
            })
        return details
    except Exception as e:

        # 에러 발생 시 에러 메시지 반환
        return [{"error": str(e)}]
```

이 함수는 입력값으로 제목(subject), 시작일(after), 종료일(before), 메일함(inbox_or_sent), 최대 결과 개수(max_results)를 받습니다. 검색 쿼리는 입력값을 조합해 만들고, 메일함 라벨도 INBOX 또는 SENT로 지정합니다. 지메일 API의 메시지 리스트(list) 메서드로 조건에 해당하는 이메일 ID를 찾고, 각 이메일의 상세 정보를 조회해 발신자, 제목, 날짜, 본문 요약(snippet) 등 주요 정보를 딕셔너리로 정리해 리스트로 반환합니다.

검색 중 오류가 발생하면 에러 메시지를 포함한 딕셔너리를 반환합니다. 즉, 이 함수는 제목, 날짜, 메일함 조건으로 지메일에서 원하는 이메일을 쉽게 찾을 수 있게 도와줍니다.

메인 함수 정의

메인 함수에서는 구글 API 인증 토큰의 유효성을 확인하고, 필요 시 토큰을 갱신하거나 새로 생성한 후 MCP 도구를 실행합니다. 항상 인증이 정상적으로 완료된 상태에서 MCP 자동화 기능을 사용할 수 있도록 보장합니다.

```
# 메인 함수: 인증 토큰 관리 및 MCP 도구 실행
def main():
    # google_auth 인스턴스에 token_file 속성이 있으면 사용, 없으면 기본값 사용
    token_path = google_auth.token_file if hasattr(google_auth, 'token_file') else
"token.json"
    creds = None

    # 1. 토큰 파일이 있으면 로드
```

```python
        if os.path.exists(token_path):
            creds = Credentials.from_authorized_user_file(token_path, google_auth.scopes)
        # 2. 토큰이 유효하지 않으면 토큰 갱신 시도
        if not creds.valid:
            if creds.expired and creds.refresh_token:
                try:
                    creds.refresh(Request())
                    # 성공 시 갱신된 토큰 저장
                    with open(token_path, 'w') as token:
                        token.write(creds.to_json())
                except Exception as e:
                    print(f"토큰 refresh 실패: {e}")
                    creds = None
            else:
                creds = None
    else:
        # 토큰 파일이 없을 때 메시지 출력
        print("토큰 파일이 없습니다.")

    # 3. creds가 없거나 유효하지 않으면 generate_token()으로 새로 생성
    if not creds or not creds.valid:
        print("유효한 토큰이 없어 generate_token()을 실행합니다.")
        generate_token()
        print("토큰 생성 후 MCP tool을 실행합니다.")
    else:
        print("유효한 토큰이 있어 바로 MCP tool을 실행합니다.")

# 4. MCP 도구 실행
if __name__ == "__main__":
    main()
```

main 함수는 크게 구글 API 인증 토큰을 관리하고 MCP 도구를 실행하는 역할을 합니다. 먼저 google_auth 인스턴스에 token_file 속성이 있으면 해당 경로를 사용하고, 없으면 기본값 (token.json)을 사용합니다. 토큰 파일이 존재하면 파일에서 자격 증명을 불러오고, 자격 증명이 유효하지 않을 경우 refresh_token이 있으면 자동으로 토큰을 갱신(refresh)합니다. 토큰 갱신에 실패하거나 refresh_token이 없으면 creds를 None으로 설정합니다. 토큰 파일이 없거나 `creds`가 없거나 유효하지 않은 경우에는 `generate_token()` 함수를 호출해 새로운 인증 토큰을 생성합니다. 토큰이 정상적으로 준비되면 MCP 도구를 실행합니다.

전체 코드는 깃허브 리포지터리의 아래 파일에서 확인할 수 있습니다.

- 13.Google-MCP/google-mcp.py

MCP 서버를 설치하려면 다음 명령을 실행해 클로드 데스크톱에 설치할 수 있습니다.

```
fastmcp install claude-desktop google-mcp.py
```

이후 자격 증명 파일을 사용하기 위해 클로드 데스크톱의 MCP 환경 설정 파일(`claude_desktop_config.json`)을 열고, MCP 서버 설정의 env 항목에 다음과 같이 환경변수를 추가합니다. 아래와 같이 자격 증명이 저장된 `credential.json` 파일의 위치를 절대 경로로 지정합니다.

```
"Google-MCP": {
  "command": "uv",
  "env": {
    "GOOGLE_CREDENTIALS_PATH": "C:\\MCP\\Google-MCP\\credentials.json"
  },
  "args": [
    ... 생략 ...
  ]
}
```

13.3.2 AI 비서 MCP 서버 사용법

이제 앞에서 만든 MCP 서버를 사용해 보겠습니다. 여러분이 회사의 CEO라고 가정하고 AI 비서 MCP 서버를 이용해 일정을 관리해봅시다. 예를 들어, 내일 오전 10시부터 11시까지 '고객 미팅' 일정을 생성하고, 참석자로 park@example.com을 추가하며, 구글 밋 링크도 포함합니다. 오후에는 팀 미팅이 예정돼 있어 오후 2시부터 3시까지 '팀 미팅' 일정을 생성합니다. 이렇게 두 가지 일정을 생성한 후 모든 일정을 확인하고 삭제해 보겠습니다.

구글 캘린더에 일정 추가하기

먼저 Google-MCP 서버를 활용해 오후 일정을 구글 캘린더에 추가해 봅시다. 다음과 같이 내일 일정을 생성하겠습니다.

> 내일 오후 2시부터 3시까지 '팀 미팅' 일정을 Google Calendar에 추가해 주세요.

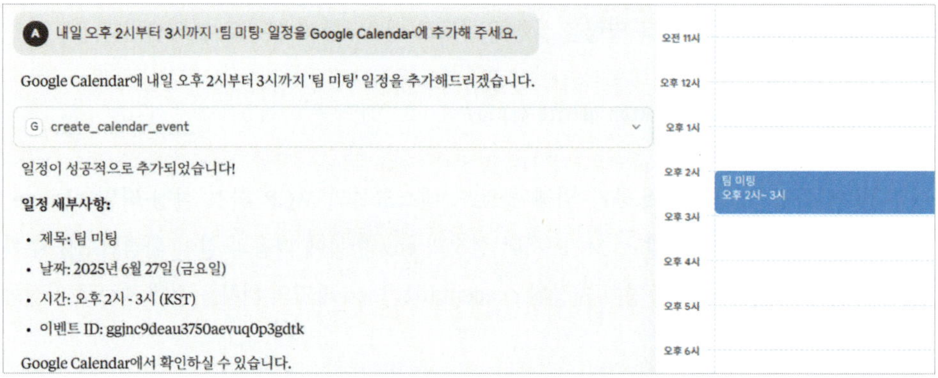

그림 13.17 클로드 데스크톱에서 프롬프트 입력(왼쪽), 구글 캘린더에서 확인한 결과(오른쪽)

보다시피 MCP 서버를 통해 일정이 생성됩니다.

이어서 내일 오전 일정을 MCP 서버를 통해 추가해 보겠습니다.

> 내일 오전 10시부터 11시까지 '고객 미팅' 일정을 만들고 Google Meet 링크도 포함해서 추가해 주세요. 참석자는 park@example.com입니다.

그림 13.18 클로드 데스크톱에서 프롬프트 입력(왼쪽), 구글 캘린더에 추가된 회의를 확인한 결과(오른쪽)

보다시피 MCP 서버를 통해 미팅 및 일정이 생성되고 참석자에게 해당 일정에 대한 이메일을 보냅니다.

이번에는 MCP 서버를 통해 구글 캘린더에 등록된 일정을 확인해 보겠습니다.

> 내일 모든 Google Calendar 일정을 보여 주세요.

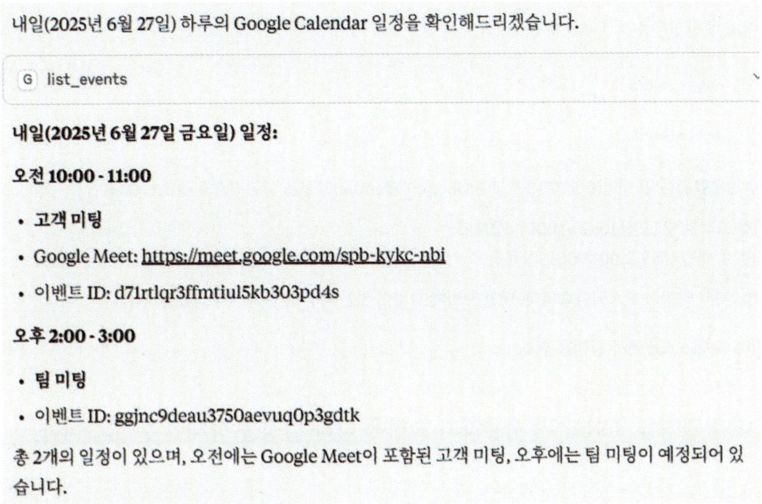

내일(2025년 6월 27일) 하루의 Google Calendar 일정을 확인해드리겠습니다.

G list_events

내일(2025년 6월 27일 금요일) 일정:

오전 10:00 - 11:00

- 고객 미팅
- Google Meet: https://meet.google.com/spb-kykc-nbi
- 이벤트 ID: d71rtlqr3ffmtiul5kb3O3pd4s

오후 2:00 - 3:00

- 팀 미팅
- 이벤트 ID: ggjnc9deau375O aevuq0p3gdtk

총 2개의 일정이 있으며, 오전에는 Google Meet이 포함된 고객 미팅, 오후에는 팀 미팅이 예정되어 있습니다.

그림 13.19 클로드 데스크톱에서 내일 일정을 조회

보다시피 MCP 서버를 통해 일정을 조회할 수 있습니다.

다음으로 MCP 서버를 통해 구글 캘린더에 등록된 일정을 삭제해 보겠습니다.

> 내일 내 모든 Google Calendar 일정을 취소해 주세요.

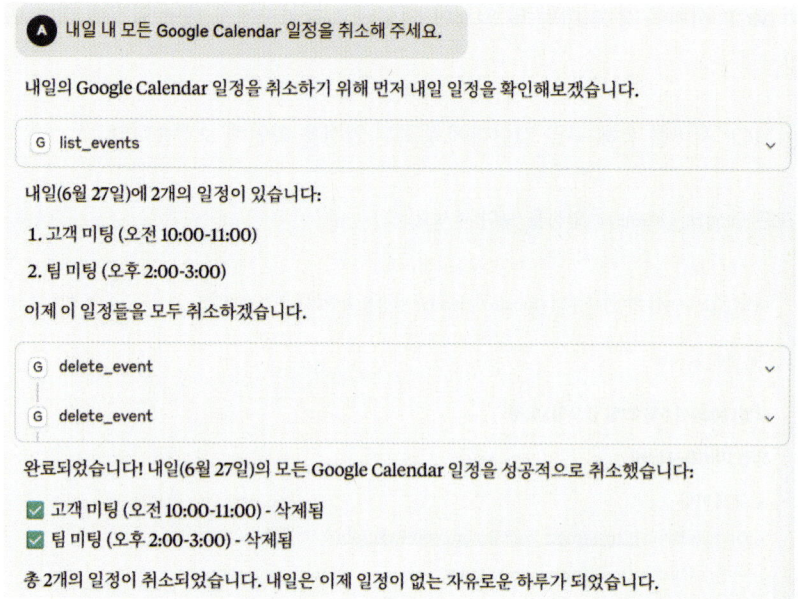

그림 13.20 클로드 데스크톱에서 일정을 취소

보다시피 내일 일정을 조회한 뒤 사용자의 요청에 따라 일정을 삭제할 수 있습니다.

지메일로 이메일 보내기

이번에는 지메일과 연동된 MCP 서버를 테스트해보겠습니다. 가상의 박길동이라는 인물과 이메일을 주고받는 상황을 가정하고 사업제안서를 발송하고 박길동 님이 보낸 답신 메일을 조회하는 과정을 예시로 진행하겠습니다.

> 프롬프트: 박길동(kildongpark@test.com)님께 사업제안서를 첨부하여 사업 제안 이메일을 작성해서 보내주세요. 이메일 제목은 '사업 제안 드립니다.'이고 본문에는 아래의 내용을 그대로 넣어주세요.
> 1. 문제점 및 필요성
>   문제점:
>   - 온라인 시장에서의 브랜드 인지도 부족
>   - 신규 고객 유입 부진 및 기존 고객 이탈
>
>   필요성:
>   - 체계적인 디지털 마케팅 전략 도입 필요

2. 제안 솔루션
- 맞춤형 콘텐츠 제작 및 배포
- 타겟 광고 집행(페이스북, 인스타그램, 구글 등)
- 데이터 기반 성과 분석 및 전략 조정

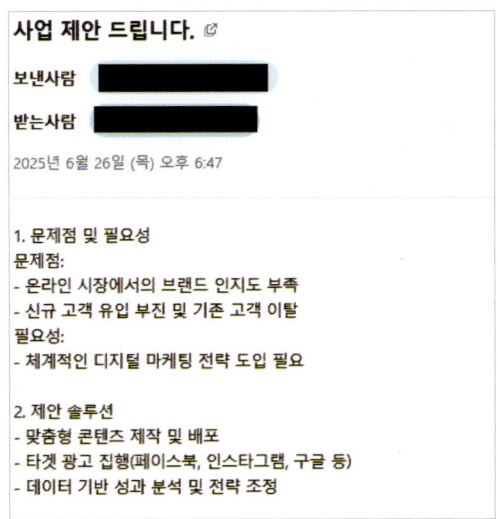

그림 13.21 MCP 서버를 통해 보낸 이메일

참고로 MCP 서버를 이용해 이메일을 보낼 때는 받는 사람을 반드시 지정해야 합니다.

이어서 MCP 서버를 통해 지메일에 들어 있는 이메일을 조회해 보겠습니다.

프롬프트: 어제와 오늘 받은편지함에서 '사업'과 관련된 메일이 있는지 확인해 주세요.

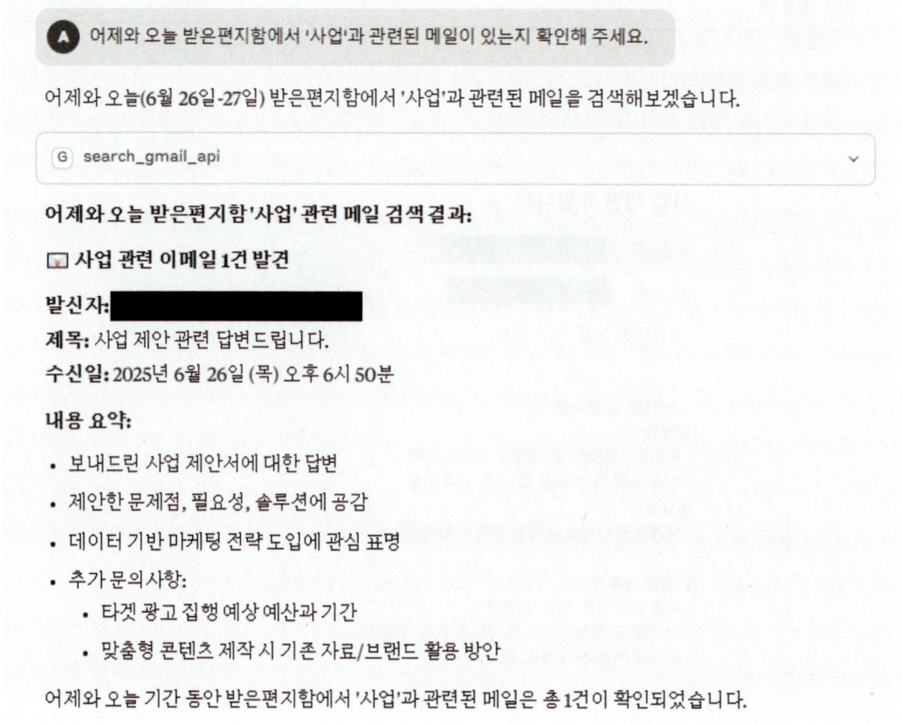

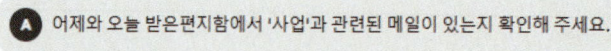

그림 13.22 MCP 서버를 통해 이메일을 검색

이처럼 MCP 서버를 이용할 때 날짜를 지정해 이메일을 조회할 수 있습니다.

13.4 정리

이번 장에서는 구글 API를 활용해 MCP 서버를 개발하는 방법을 배웠습니다. 이를 통해 AI 비서 역할을 하는 서버를 구현했으며, 회의 예약이나 취소, 일정 관리, 메일 확인 및 발송 등 다양한 업무 자동화가 가능했습니다. 구글에서는 지메일, 구글 캘린더뿐만 아니라 다양한 서비스를 제공하므로 이번 장에서 배운 내용을 토대로 다양한 구글 API와 결합한 서비스를 개발할 수 있을 것입니다.

14

[실전 프로젝트]
전자공시시스템(DART) MCP 서버 만들기

이번 장에서는 한국의 전자공시시스템(DART) API를 활용해 MCP 서버를 구축하겠습니다. 이 MCP 서버는 상장 기업의 공시 정보, 재무제표, 기업 개요 등 다양한 기업 관련 데이터를 통합적으로 제공하도록 설계돼 있습니다. 사용자는 이 MCP 서버를 통해 기업의 고유번호, 기본 정보, 주요 재무 항목, 특정 유형의 사업보고서, 주요 사건에 대한 공시 등 다양한 정보를 손쉽게 검색하고 활용할 수 있습니다. 이러한 시스템은 AI 모델이나 다양한 애플리케이션이 최신의 신뢰할 수 있는 기업 데이터를 실시간으로 활용할 수 있게 함으로써 더욱 정확하고 풍부한 정보 분석과 의사결정을 지원합니다.

14.1 프로젝트 개요

이번 절에서는 먼저 DART에 대해 간단하게 소개하고, 이번 장에서 활용할 DART API의 주요 기능을 알아보겠습니다.

14.1.1 DART 소개

전자공시시스템(Data Analysis, Retrieval and Transfer System; 이하 DART)은 대한민국 금융감독원이 운영하는 기업 공시정보 제공 플랫폼입니다. 이 시스템을 통해 상장법인 등은 사업보고서, 분기·반기보고서, 감사보고서, 주요사항보고서 등 다양한 공시 서류를 인터넷으로 제출할 수 있으며, 투자자와 일반 이용자들은 제출된 공시자료를 실시간으로 조회할 수 있습니다. DART는 기업의 재무제표, 경영 현황, 주요 경영 이벤트 등 신뢰성 높은 정보를 누구나 손쉽게 확인할 수 있게 함으로써 자본시장의 투명성과 효율성을 높이고 있습니다. 또한 기업별·공시유형별 검색, 상세 필터링, 통계 분석 등 다양한 기능을 제공하며, 관심 기업의 공시 알림 서비스도 지원합니다. 이를 통해 투자자, 회계사, 언론, 연구기관 등 다양한 이용자가 합리적인 투자 및 경영 판단을 내릴 수 있도록 돕고 있습니다.

그림 14.1 전자공시시스템(DART)의 메인 화면

14.1.2 프로젝트 목표 및 요구사항

DART에서는 총 83개의 다양한 Open API를 제공하지만 여기서는 그중 핵심적인 기능만 선별해 MCP 서버를 구축하는 데 집중합니다. 프로젝트에서는 기업의 종목 코드 조회부터, 기업의 일반적인 정보, 주요 재무정보, 사업보고서, 주요사항보고서를 조회할 수 있는 기능을 구현합니다.

다음은 이번 MCP 서버 프로젝트에서 정의할 각 함수와 기능을 정리한 것입니다.

- get_corp_code: 기업의 고유 법인코드(종목코드)를 조회합니다.
- get_company_overview: 기업의 일반적인 개요 정보를 조회합니다.
- get_financial_statement: 기업의 주요 재무제표 항목(재무상태표 또는 손익계산서 등)을 조회합니다.
- get_specific_business_report: 특정 유형의 사업보고서를 조회합니다.
- get_major_event_report: 기업의 주요 사건에 대한 공시보고서를 조회합니다.

이를 통해 사용자는 기업의 기본 정보와 함께 재무 상태 및 경영 현황을 손쉽게 파악할 수 있으며, 특정 사업보고서나 주요 공시사항에 대한 상세한 정보도 효율적으로 검색할 수 있습니다. 이러한 기능들은 MCP 서버를 통해 AI 모델이나 다양한 애플리케이션에서 실시간으로 활용 가능하며, 기업 분석, 투자 판단, 리서치 업무 등에 중요한 기반 데이터를 제공합니다. 결과적으로, DART API의 방대한 공시 데이터를 체계적으로 통합하고, 사용자가 필요로 하는 핵심 정보에 신속하게 접근할 수 있도록 지원하는 MCP 서버가 완성됩니다.

14.2 프로젝트 준비 및 설계

이번 절에서는 DART의 Open API를 활용하는 데 필요한 인증 절차와 키 발급 방법, OpenDartReader 라이브러리를 사용하는 방법을 알아보겠습니다.

14.2.1 DART Open API 신청 및 인증키 발급

DART에서 제공하는 Open API를 이용하려면 먼저 API키를 신청해야 합니다. API 키를 신청해서 발급받는 과정을 살펴보겠습니다.

인증키 신청

API 키를 신청하려면 Open DART(https://opendart.fss.or.kr/)에 접속합니다. 이곳에서 상단 메뉴의 **인증키 신청/관리**를 선택하고 **인증키 신청**을 클릭합니다. 아직 회원 가입돼 있지 않다면 회원 가입 및 로그인한 합니다. 회원일 경우 인증키 신청 즉시 인증키가 발급되고, 기업 회원은 담당자 승인 후 1~2영업일 내에 발급됩니다. 신청 내역은 **인증키 신청/관리** 메뉴에서 확인할 수 있습니다.

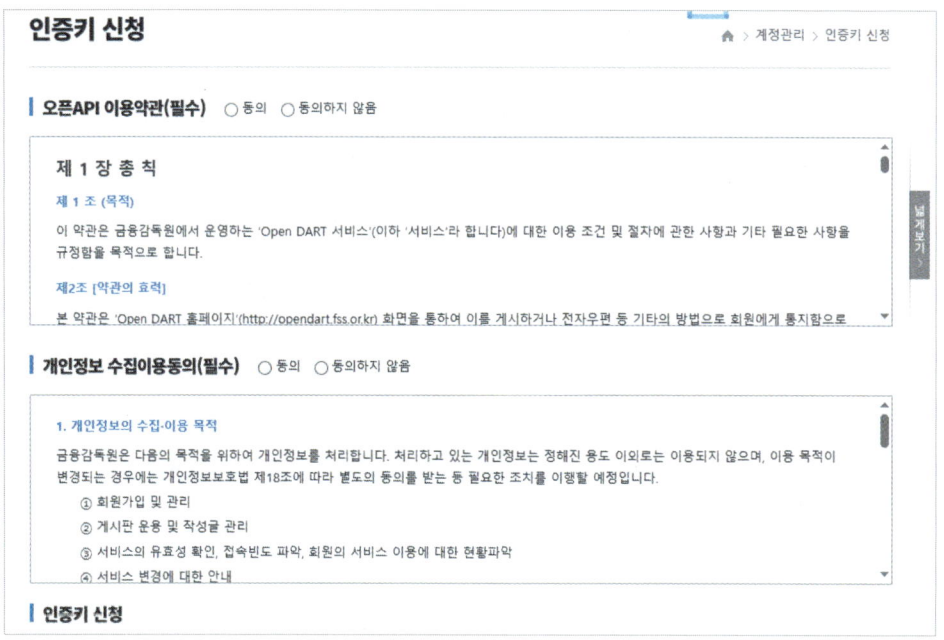

그림 14.2 인증키 신청 페이지

인증키 확인

이전 단계에서 API 키 발급을 신청했다면 메인 페이지의 **인증키 신청/관리** 메뉴에서 **오픈API 이용현황**을 통해 발급받은 API 키를 확인할 수 있습니다. 이번 프로젝트를 진행하기 위해 해당 API 키를 복사해서 안전하게 저장해 두는 것을 권장합니다.

그림 14.3 API 키 확인

14.2.2 DART 데이터 수집 및 파싱 라이브러리

이번 프로젝트에서는 DART에서 제공하는 데이터를 수집하는 여러 방법 중에서 직접 API를 호출하는 대신 파이썬 오픈소스 라이브러리인 OpenDartReader를 활용해 MCP 서버를 구축합니다.

그림 14.4 OpenDartReader 오픈소스 라이브러리[1]

OpenDartReader는 금융감독원 전자공시시스템의 'Open DART' 서비스 API를 좀 더 쉽고 편리하게 사용할 수 있게 도와주는 라이브러리입니다. Open DART는 기존의 '오픈API'와 '공시정보 활용마당' 서비스를 통합·확대한 형태로, 2020년 1월부터 제공되고 있습니다. API 자체는 잘 만들어져 있지만 직접 사용할 경우 기업 고유번호(종목코드가 아닌 DART 고유번호) 조회, 데이터 포맷 변환 등 추가적인 작업이 필요합니다. 예를 들어, 특정 상장회사의 정보를 얻으려면 먼저 고유번호를 별도로 조회해야 하고, 응답 데이터도 JSON이나 XML 형태로 제공되기 때문에 대부분의 경우 판다스 데이터프레임으로 가공해야 실제 분석에 편리하게 활용할 수 있습니다.

1 https://github.com/FinanceData/OpenDartReader

OpenDartReader는 이러한 불편함을 해소해 주는 파이썬 라이브러리로, 기업의 기본 정보, 사업보고서, 재무제표, 주요 공시사항 등 다양한 데이터를 손쉽게 조회할 수 있게 인터페이스를 제공합니다. 또한 하위 문서나 첨부 파일, 첨부 문서 다운로드 등 실무에 유용한 부가 기능도 지원하는데, 예를 들어 정기 보고서에 포함된 재무제표 엑셀 파일을 간단하게 받아볼 수 있습니다. 이처럼 OpenDartReader를 활용하면 DART의 방대한 공시 데이터를 효율적으로 수집·가공할 수 있으며, 투자자, 연구자, 데이터 분석가 등 다양한 사용자가 기업 정보를 쉽고 빠르게 활용할 수 있습니다.

OpenDartReader 기초 사용법

OpenDartReader에서는 수많은 함수를 제공합니다. 여기서는 그러한 함수 중에서 이번 프로젝트에서 다루는 핵심적인 함수 위주로 간단하게 설명하겠습니다.

먼저 다음과 같이 pip를 이용해 OpenDartReader 라이브러리를 설치합니다.

```
pip install opendartreader
```

이어서 OpenDartReader 라이브러리에서 제공하는 주요 함수의 사용법을 살펴보겠습니다.

find_corp_code

특정 기업명이나 종목 코드에 해당하는 DART 고유번호(고유식별자)를 조회하는 함수입니다.

```
import OpenDartReader
dart = OpenDartReader('<DART API 키>')

corp_code = dart.find_corp_code(기업명_또는_종목코드)
```

파라미터에는 기업명이나 종목 코드(예: '삼성전자', '005930')를 전달합니다.

```
# '삼성전자' 또는 '005930'(삼성전자의 기업 코드)에 해당하는 고유번호 조회
corp_code = dart.find_corp_code('삼성전자')
# 반환값: '00126380'(삼성전자의 고유번호)*
```

```
corp_code = dart.find_corp_code('005930')
# 반환값: '00126380'(삼성전자의 고유번호)
```

company

특정 기업의 고유번호(또는 종목코드)로 해당 기업의 개황 정보(기업명, 대표자, 설립일, 주소 등 기본 정보)를 조회하는 함수입니다.

```
dart.company(고유번호_또는_종목코드)
```

파라미터에는 기업의 고유번호나 종목코드(예: '00126380', '005930')를 전달합니다.

```
# '00126380'(삼성전자)의 기업 개황 정보 조회
dart.company('00126380')
# 반환값: {'corp_name': '삼성전자', 'ceo': '경계현', 'establish_date': '19690113', ...}
```

finstate

특정 기업의 특정 연도(및 분기)에 대한 재무제표(재무상태표, 손익계산서 등)를 조회하는 함수입니다.

```
fin_data = dart.finstate(기업명_또는_종목코드, 연도, reprt_code=보고서코드)
```

파라미터에는 기업명이나 종목코드(예: '삼성전자', '005930'), 조회할 연도(예: 2021), 보고서 코드(예: '11011(사업보고서)', '11013 (1분기보고서)', '11014(3분기보고서)', '11012(반기보고서)')를 전달합니다.

```
# 삼성전자의 2021년 연간 재무제표 조회
fin = dart.finstate('삼성전자', 2021)
# 반환값: 데이터프레임 형태의 자산, 부채, 자본, 매출액, 영업이익 등으로 구성된 주요 재무정보

# 삼성전자의 2021년 1분기 재무제표 조회
fin_q1 = dart.finstate('삼성전자', 2021, reprt_code='11013')
# 반환값: 1분기 기준의 재무정보로 구성된 데이터프레임
```

report

특정 기업의 사업보고서 내 특정 항목(예: 미등기임원보수, 증자, 배당 등)에 대한 정보를 조회하는 함수입니다.

```
report_data = dart.report(기업명_또는_종목코드, 항목명, 연도)
```

파라미터에는 기업명이나 종목코드(예: '삼성전자', '005930'), 조회할 연도(예: 2021)와 조회할 사업보고서 내 항목 이름('미등기임원보수', '증자' 등)을 전달합니다.

```
# 삼성전자 2021년 미등기임원보수 현황 조회
report = dart.report('005930', '미등기임원보수', 2021)
# 미등기임원 보수 관련 데이터프레임을 반환

# 삼성전자 2021년 증자 현황 조회
report = dart.report('005930', '증자', 2021)
# 반환값: 증자(감자) 관련 정보 데이터프레임
```

event

특정 기업의 특정 이벤트(예: 영업정지, 증자 등)에 대한 주요사항보고서 정보를 조회하는 함수입니다.

```
event_data = dart.event(기업명_또는_종목코드, 이벤트명, 연도)
```

파라미터에는 기업명이나 종목코드(예: '삼성전자', '005930'), 조회할 연도(예: 2021)와 이벤트명(예: '영업정지', '회생절차' 등)을 전달합니다.

```
# iMBC(052220) 2019년 영업정지 관련 주요사항보고서 조회
event = dart.event('052220', '영업정지', '2019')
# 반환값: 영업정지 관련 주요사항보고서 정보 데이터프레임

# 라이트론(069540) 2019년 회생절차 관련 주요사항보고서 조회
event = dart.event('라이트론', '회생절차', '2019')
# 반환값: 회생절차 관련 주요사항보고서 정보 데이터프레임
```

이처럼 OpenDartReader를 활용하면 DART API를 통해 기업의 고유번호, 기본 정보, 연간·분기별 재무제표, 사업보고서 내 특정 항목, 주요사항보고서 등 다양한 공시 데이터를 데이터 프레임 형태로 손쉽게 조회할 수 있습니다. 또한 지분공시와 증권신고서 등 다양한 추가 기능도 지원하므로 필요에 따라 관련 함수들을 활용해 프로젝트를 확장할 수 있습니다.

14.3 DART MCP 서버 개발 및 사용법

이번 장에서는 앞에서 설명한 DART를 효율적으로 활용하기 위해 OpenDartReader 라이브러리를 사용합니다. 이 과정에서 DART API 서버를 호출해야 하므로 DART API 키가 필요합니다. MCP 도구에 등록된 함수들은 이 API 키를 활용해 인증 과정을 거친 뒤, DART 서버로부터 데이터를 가져올 수 있습니다. 그럼 지금부터 이 과정을 차근차근 살펴보겠습니다.

14.3.1 DART MCP 서버 개발

폴더 구조

앞에서 진행한 프로젝트와 마찬가지로 C:\MCP 폴더에 이번 프로젝트에 사용할 Dart-MCP 폴더를 새로 만듭니다. 그러고 나서 이 폴더에 프로젝트에 필요한 파이썬 파일(dart-mcp.py)과 .env 파일을 만듭니다. dart-mcp.py 파일에는 이번 프로젝트의 MCP 서버 코드가 저장되며, .env 파일에는 DART API 호출에 필요한 API 키를 저장해 두고 이후 OpenDartReader에서 이를 활용합니다.

```
Dart-MCP/
├─ dart-mcp.py      # 서버 핵심 로직
└─ .env             # 환경 변수 파일
```

.env 파일에는 다음과 같이 DART_API_KEY= 뒤에 이전 단계에서 발급받은 API 키를 입력합니다.

```
DART_API_KEY=이전 단계에서 발급받은 API 키
```

이어서 dart-mcp.py 파일에 MCP 서버의 코드를 차례대로 작성해 보겠습니다.

라이브러리 및 환경설정

먼저 다음과 같은 코드를 통해 MCP 서버 구축에 필요한 다양한 라이브러리를 불러오고, .env 파일로부터 환경변수를 로드합니다.

```python
import OpenDartReader
import pandas as pd
import os

from fastmcp import FastMCP
from typing import Annotated, Literal
from pydantic import Field
from dotenv import load_dotenv

load_dotenv()
```

참고로 typing과 pydantic은 함수 인수에 타입과 설명을 추가하는 데 사용되며, pandas는 데이터프레임을 처리하는 데, os와 dotenv는 환경변수를 관리하는 데 사용됩니다.

MCP 서버 및 DART 인스턴스 생성

다음과 같이 MCP 서버 인스턴스를 생성하고, 환경변수에서 DART API 키를 읽어 OpenDartReader 객체를 초기화합니다. 이렇게 하면 이후 DART 데이터를 손쉽게 조회할 수 있습니다.

```python
mcp=FastMCP("Dart-MCP",dependencies=["pandas","requests","OpenDartReader","pydantic"])
dart = OpenDartReader(os.environ.get("DART_API_KEY"))
```

보고서 및 이벤트 코드 정의

다음으로, 보고서 코드(REPORT_CODES)와 주요 이벤트 코드(EVENT_CODES)에서 사용할 수 있는 코드 목록을 정의합니다. 나중에 이 코드 목록을 Annotation의 Field 설명에 추가해 LLM이 사용자의 입력을 이해하고 해당 보고서 코드나 이벤트 코드를 추출해서 파라미터로 전달할 수 있게 합니다. 이를 통해 LLM이 자동으로 적절한 리포트 또는 이벤트를 선택해 결과를 도출할 수 있습니다.

```
REPORT_CODES = [
    '조건부자본증권미상환', '미등기임원보수', '회사채미상환', '단기사채미상환',
    '기업어음미상환', '채무증권발행', '사모자금사용', '공모자금사용',
    '임원전체보수승인', '임원전체보수유형', '주식총수', '회계감사', '감사용역',
    '회계감사용역계약', '사외이사', '신종자본증권미상환', '증자', '배당',
    '자기주식', '최대주주', '최대주주변동', '소액주주', '임원', '직원',
    '임원개인보수', '임원전체보수', '개별별보수', '타법인출자'
]
EVENT_CODES = [
    '부도발생', '영업정지', '회생절차', '해산사유', '유상증자', '무상증자', '유무상증자',
    '감자', '관리절차개시', '소송', '해외상장결정', '해외상장폐지결정', '해외상장',
    '해외상장폐지', '전환사채발행', '신주인수권부사채발행', '교환사채발행', '관리절차중단',
    '조건부자본증권발행', '자산양수도', '타법인증권양도', '유형자산양도', '유형자산양수',
    '타법인증권양수', '영업양도', '영업양수', '자기주식취득신탁계약해지',
    '자기주식취득신탁계약체결', '자기주식처분', '자기주식취득', '주식교환', '회사분할합병',
    '회사분할', '회사합병', '사채권양수', '사채권양도결정'
]
```

기업명으로 고유번호 얻기

사용자가 입력한 기업명을 바탕으로 기업의 고유 DART 코드를 반환합니다. MCP 도구로 등록돼 있어 API 형태로 쉽게 호출할 수 있습니다.

```python
# 회사명에 해당하는 DART 고유번호 조회
@mcp.tool(name="get_corp_code",description="Fetch the corporate code of a company.")
def get_corp_code(
    corp_name: Annotated[str, Field(description="Corporate name of the company.")]
):
    """
    Args:
        corp_name (str): Corporate name of the company.
```

```
    Returns:
        str: Corporate code of the company.
    """
    return dart.find_corp_code(corp_name)
```

기업 개요 정보 조회

다음 함수는 기업의 고유코드를 입력받아 해당 기업의 기본 정보와 개요를 반환합니다. 기업의 현황을 한눈에 파악할 수 있습니다.

```
# DART 고유번호에 해당하는 기업의 개황 정보 반환
@mcp.tool(name="get_company_overview",description="Fetch the general overview information of a company.")
def get_company_overview(
    corp_code: Annotated[str, Field(description="Corporate code of the company.")]
):
    """
    Args:
        corp_code (str): Corporate code of the company.
    Returns:
        dict: Company overview information.
    """
    return dart.company(corp_code)
```

주요 재무제표 항목 조회

다음 함수는 기업의 고유코드, 연도, 보고서 코드, 재무제표 구분(BS/IS)을 입력받아 해당 기업의 재무상태표 또는 손익계산서 주요 항목을 데이터프레임 형태로 반환합니다.

```
# 기업의 재무상태표 또는 손익계산서 조회
@mcp.tool(name="get_financial_statement",description="Fetch the company's main financial statement items (Balance Sheet or Income Statement).")
def get_financial_statement(
    corp_code: Annotated[str, Field(description="Corporate code of the company.")],
    date: Annotated[str, Field(description="Year in 'yyyy' format.")],
```

```python
    report_code: Annotated[str, Field(description="Report code: '11012' for Semi-Annual, 
'11014' for Q3, '11013' for Q1.")],
    sj_div: Annotated[Literal['BS', 'IS'], Field(description="Statement type: 'BS' for 
Balance Sheet, 'IS' for Income Statement.")]
):
    """
    Args:
        corp_code (str): Corporate code of the company.
        date (str): Year in 'yyyy' format.
        report_code (str): Report code for the statement period.
        sj_div (str): Statement type ('BS' or 'IS').

    Returns:
        DataFrame: Filtered financial statement data.
    """
    df = dart.finstate(corp_code, date, report_code)
    filtered_df = df[(df['fs_div'] == 'CFS') & (df['sj_div'] == sj_div)]
    if filtered_df.empty:
        filtered_df = df[(df['fs_div'] == 'OFS') & (df['sj_div'] == sj_div)]
    filtered_df = filtered_df[["corp_code", "bsns_year", "reprt_code", "account_nm", 
"thstrm_amount"]]
    return filtered_df
```

특정 사업보고서 조회

다음 함수는 기업 고유코드, 보고서 코드, 연도를 입력받아 특정 유형의 사업보고서를 조회합니다. 입력값이 유효하지 않거나 데이터가 없을 경우, 적절한 메시지를 반환합니다.

```python
# 기업 고유번호, 보고서 코드, 연도에 따라 해당 기업의 특정 사업보고서 항목을 조회
@mcp.tool(
    name="get_specific_business_report",
    description="Fetch a specific type of business report for a company."
)
def get_specific_business_report(
    corp_code: Annotated[str, Field(description="Corporate code of the company.")],
    report_code: Annotated[str, Field(description=f"Report code. Must be one of:
```

```
    {REPORT_CODES}")],
    date: Annotated[str, Field(description="Year in 'yyyy' format.")]
):
    """
    Args:
        corp_code (str): Corporate code of the company.
        date (str): Year in 'yyyy' format.
        report_code (str): Report code (must be one of the predefined values).

    Returns:
        dict or DataFrame: Business report information, or error message if report_code is invalid or no data found.
    """
    if report_code not in REPORT_CODES:
        return {"error": f"report_code must be one of: {REPORT_CODES}"}

    result = dart.report(corp_code, report_code, date)

    if isinstance(result, pd.DataFrame) and result.empty:
        return {"message": "No data found for the given parameters."}

    return result
```

주요사항보고서 조회

다음 함수는 기업 고유코드, 이벤트 코드, 연도를 입력받아 해당 기업의 주요 사항에 대한 공시보고서를 조회합니다. 입력값이 유효하지 않거나 데이터가 없을 때는 안내 메시지를 반환합니다.

```
# 기업 고유번호, 이벤트 코드, 연도에 따라 해당 기업의 주요사항보고서(이벤트) 정보를 조회
@mcp.tool(
    name="get_major_event_report",
    description="Fetch a major event report for a company."
)
def get_major_event_report(
    corp_code: Annotated[str, Field(description="Corporate code of the company.")],
    event: Annotated[str, Field(description=f"Event code. Must be one of: {EVENT_CODES}")],
```

```python
    date: Annotated[str, Field(description="Year in 'yyyy' format.")]
):
    """
    Args:
        corp_code (str): Corporate code of the company.
        event (str): Event code (must be one of the predefined values).
        date (str): Year in 'yyyy' format.

    Returns:
        dict or DataFrame: Major event report information, or error message if event is invalid or no data found.
    """
    if event not in EVENT_CODES:
        return {"error": f"event must be one of: {EVENT_CODES}"}

    result = dart.event(corp_code, event, date)

    if isinstance(result, pd.DataFrame) and result.empty:
        return {"message": "No data found for the given parameters."}
    return result
```

MCP 서버 실행

다음은 MCP 서버를 구동하는 코드입니다.

```python
if __name__ == '__main__':
    mcp.run()
```

이렇게 해서 앞에서 정의한 모든 도구 함수가 API 형태로 외부에서 호출할 수 있게 됩니다.

MCP 서버의 전체 코드는 깃허브 리포지터리의 아래 파일을 통해 확인할 수 있습니다.

- 14.Dart-MCP/dart-mcp.py

코드를 모두 작성했다면 클로드 데스크톱에서 실행할 수 있도록 IDE의 터미널에서 `fastmcp install claude-desktop dart-mcp.py` 명령어를 입력해 MCP 서버를 등록합니다.

14.3.2 DART MCP 서버 사용하기

이전 단계에서 코드를 정상적으로 입력하고 설치했다면 이제 클로드 데스크톱에서 해당 MCP 서버를 사용할 수 있습니다. Dart-MCP 서버를 이용하면 기본적인 재무제표 분석이나 해당 기업의 공시 정보를 프롬프트를 통해 손쉽게 조회할 수 있습니다. 다음은 클로드 데스크톱으로 Dart-MCP 서버를 사용하는 몇 가지 예시입니다.

기업의 DART 고유번호 조회(get_corp_code)

다음과 같은 프롬프트로 Dart-MCP 서버의 고유번호 조회(get_corp_code) 도구를 이용해 8자리의 고유번호를 조회할 수 있습니다.

> 삼성전자 회사의 DART 고유번호를 조회해줘.

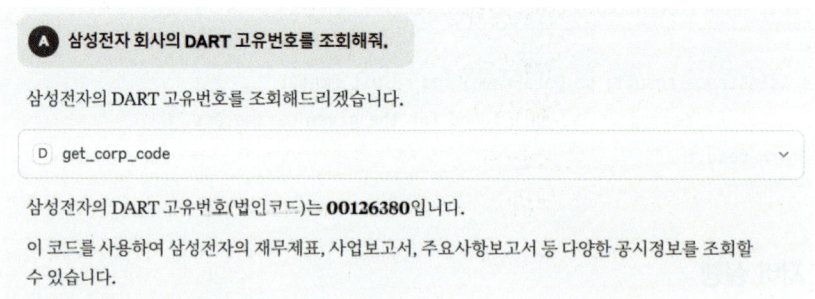

그림 14.5 기업명으로 DART 고유번호 조회

기업 정보 조회(get_company_overview)

다음과 같이 기업 정보를 조회할 수 있습니다.

> 삼성전자의 기업 정보를 조회해줘.

> **A** 삼성전자의 기업 정보를 조회해줘
>
> 삼성전자의 기업 정보를 조회해드리겠습니다.
>
> D get_company_overview
>
> 삼성전자의 기업 정보는 다음과 같습니다:
>
> **기본 정보**
> - 회사명: 삼성전자(주)
> - 영문명: SAMSUNG ELECTRONICS CO.,LTD
> - 종목명: 삼성전자
> - 종목코드: 005930
> - 대표이사: 전영현
>
> **등록 정보**
> - 법인등록번호: 1301110006246
> - 사업자등록번호: 1248100998
> - 설립일: 1969년 1월 13일

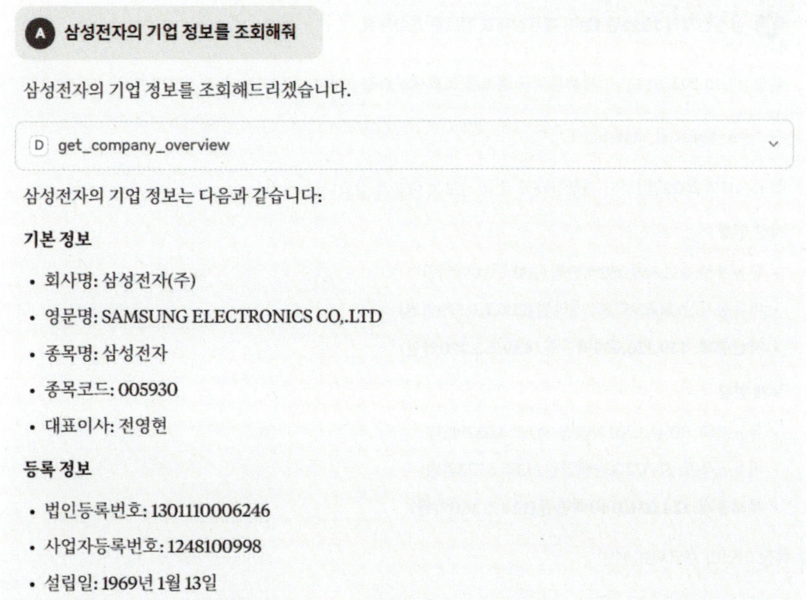

그림 14.6 특정 기업을 입력해 기업 정보를 확인

또는 다음과 같이 할 수도 있습니다.

> LG전자의 기업 정보를 조회해줘.
> 삼성전자의 대표자, 설립일 등 기본 정보를 확인해줘.

재무제표 조회(get_financial_statement)

재무제표 조회 기능을 이용해 재무상태표를 조회할 수 있습니다.

> 삼성전자의 2022년 1분기 재무상태표 정보를 조회해줘.

> **A** 삼성전자의 **2022년 1분기 재무상태표 정보를 조회해줘.**
>
> 삼성전자의 2022년 1분기 재무상태표 정보를 조회해드리겠습니다.
>
> D get_financial_statement
>
> 삼성전자의 2022년 1분기 재무상태표 주요 정보는 다음과 같습니다:
>
> **자산 현황**
> - 유동자산: 232,369,082백만원 (232조 3,691억원)
> - 비유동자산: 206,957,877백만원 (206조 9,579억원)
> - **자산총계: 439,326,959백만원 (439조 3,270억원)**
>
> **부채 현황**
> - 유동부채: 90,463,701백만원 (90조 4,637억원)
> - 비유동부채: 33,572,339백만원 (33조 5,723억원)
> - **부채총계: 124,036,040백만원 (124조 360억원)**

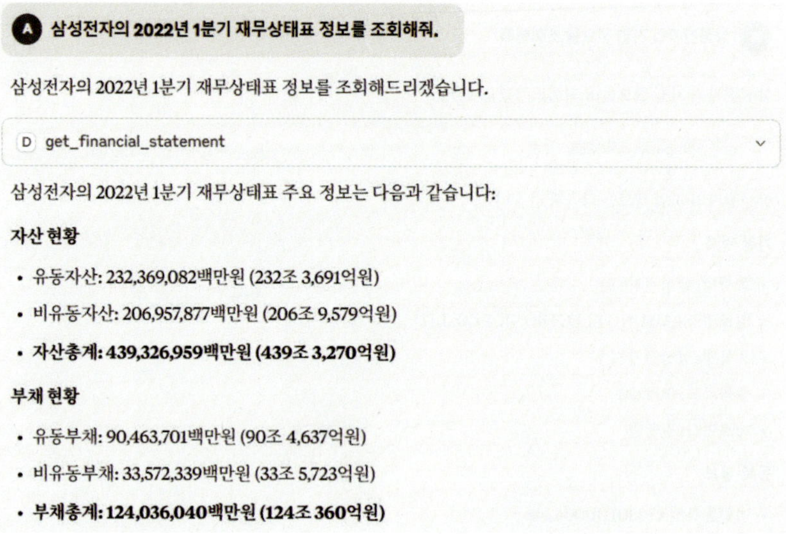

그림 14.7 특정 기업의 재무제표 확인

재무제표뿐만 아니라 다음과 같이 손익계산서도 조회할 수 있습니다.

> 삼성전자의 2022년 1분기 손익계산서 정보를 알려줘.
> 삼성전자 2022년 1분기 주요 재무제표 항목을 조회해줘.

사업보고서 항목 조회(get_specific_business_report)

사업보고서 항목 조회를 이용해 특정 이벤트를 조회할 수 있습니다.

> 삼성전자의 2022년 배당 관련 사업보고서 항목을 조회해줘.

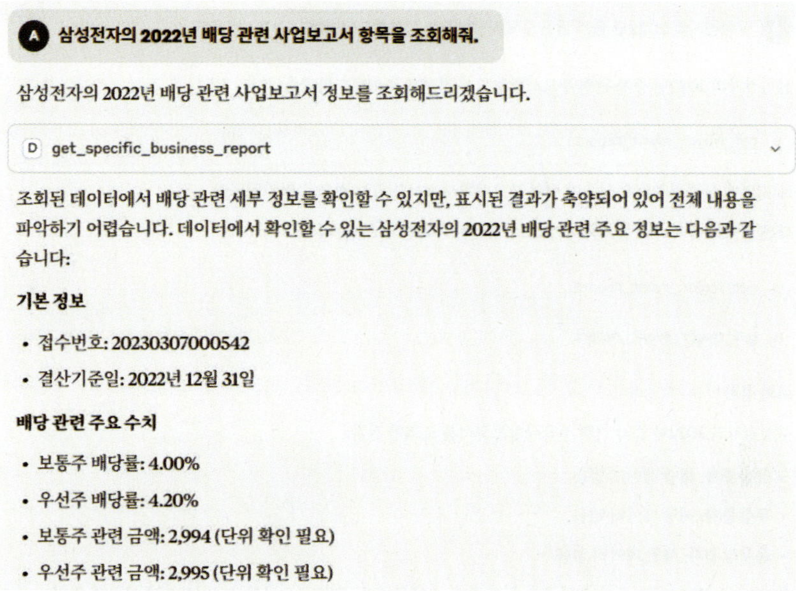

그림 14.8 특정 기업의 배당 정보 확인

추가로 다음과 같은 정보도 확인할 수 있습니다.

> 삼성전자 2022년 사업보고서 내 미등기임원보수 정보를 조회해줘.
> 삼성전자 2022년에 최대주주변동 사항에 대해서 알려줘.

주요사항보고서 조회(get_major_event_report)

주요사항보고서 조회 기능을 이용하면 특정 기업의 증자 관련 보고서를 조회할 수 있습니다.

> 삼성전자의 2022년 증자 관련 주요사항보고서 정보를 조회해줘.

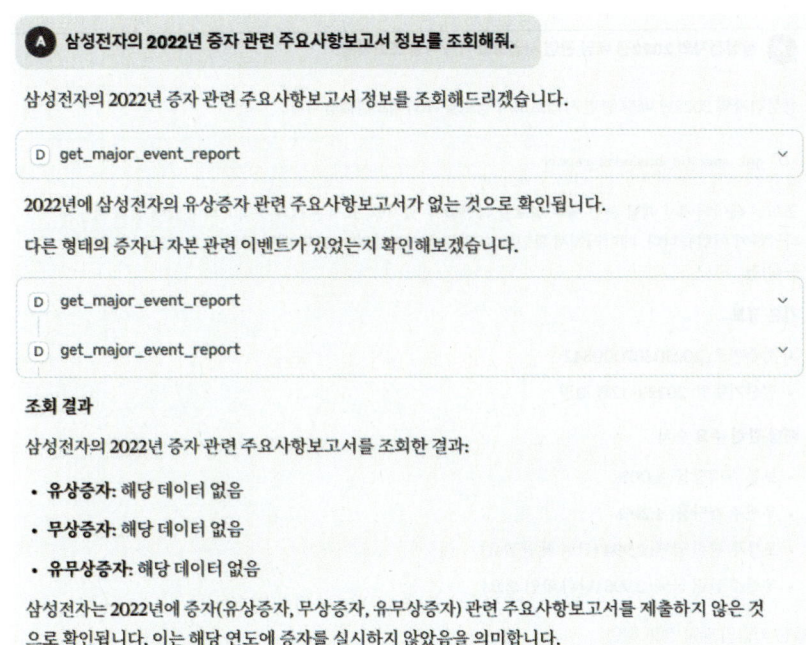

그림 14.9 특정 기업의 증자 관련 정보 확인

그뿐만 아니라 다음과 같이 다양한 보고 관련 내용도 확인할 수 있습니다.

> 삼성전자 2022년 영업정지 관련 주요사항보고서 정보를 확인해줘.
> 삼성전자 2022년 주요사항보고서 내 회생절차 정보를 조회해줘.

14.4 정리

이번 장에서는 DART API를 활용하기 위해 OpenDartReader 라이브러리를 이용해 MCP 서버를 구성했습니다. 이 MCP 서버를 이용하면 기업의 재무제표뿐만 아니라 리포트 조회, 이벤트 조회 등 다양한 데이터 분석 작업이 가능합니다. 또한 OpenDartReader에서는 여러 가지 유용한 함수를 제공하고 있으므로 이 책에서 다룬 내용을 토대로 실제 사용 사례에 해당하는 추가적인 기능도 개발할 수 있을 것입니다.

15

[실전 프로젝트] 증권사 API를 활용한 주식 거래 MCP 만들기

15.1 프로젝트 개요

이번 장에서는 한국투자증권 오픈API를 소개하고 이번 프로젝트의 목표 및 요구사항에 대해 설명합니다. 이번 프로젝트는 한국투자증권 Open API를 활용해 주식 정보 조회, 주문, 계좌 관리 등 주요 기능을 구현하는 것이 목표이며, 이를 위한 기본적인 요구사항도 함께 안내합니다.

15.1.1 KIS Open API

한국투자증권(KIS) 오픈API는 개발자와 일반 사용자가 한국투자증권의 다양한 트레이딩 및 금융 서비스를 자신만의 프로그램이나 서비스에 연동하게 지원하는 공식 오픈API입니다. 이 API는 국내 주식 주문, 계좌 조회, 잔고 확인, 주문 체결 내역, 매수/매도 가능 조회 등 실거래와 모의투자 환경 모두에서 활용할 수 있는 다양한 기능을 제공합니다. 서비스 연동의 안전성을 위해 OAuth 2.0 기반의 인증 방식을 사용하며, 접근 토큰 발급 및 폐기, 웹소켓 접속키 발급, 해시키(hash key) 생성 등 인증과 보안에 필요한 API도 함께 제공합니다.

KIS 개발자 센터에서는 각 API에 관한 상세 설명과 샘플 코드, 예제 요청 및 응답을 문서로 제공하고 있으므로 전문 개발자가 아니더라도 누구나 쉽게 금융 서비스를 개발할 수 있도록 돕고 있습니다. 또한 실제 투자 계좌가 없어도 모의투자 환경을 통해 API를 테스트하고 개발할 수 있어 개발 진입장벽이 낮은 것이 특징입니다.

그림 15.1 한국투자증권 KIS 개발자 센터[1]

한국투자증권 오픈API는 300개 이상의 다양한 API를 제공합니다. 이번 장에서는 그중 국내 주식의 조회 및 매수·매도와 관련된 핵심 기능에 집중합니다. 대부분의 API는 사전에 발급받은 인증 토큰을 사용해 호출하며, 주식의 매수나 매도와 같이 실제 거래가 발생하는 `place_order` 함수는 추가로 해시키를 발급받아 API를 호출해야 합니다. 다음은 이번 장에서 활용할 한국투자증권 오픈API를 정리한 것입니다.

표 15.1 프로젝트에 사용될 한국투자증권 오픈API

함수명	주요 엔드포인트(URL)	기능
`get_stock_price`	/uapi/domestic-stock/v1/quotations/inquire-price	주식 현재가 조회
`get_account_balance`	/uapi/domestic-stock/v1/trading/inquire-balance	계좌 잔고/보유종목 조회
`place_order`	/uapi/domestic-stock/v1/trading/order-cash	주식 매수/매도 주문(현금)
`get_order_list`	/uapi/domestic-stock/v1/trading/inquire-daily-ccld	일별 주문/체결 내역 조회
`get_stock_ask_price`	/uapi/domestic-stock/v1/quotations/inquire-asking-price-exp-ccn	주식 호가(매수/매도) 조회
`get_daily_price`	/uapi/domestic-stock/v1/quotations/inquire-daily-price	주식 일별 시세(OHLCV) 조회

이 밖에도 한국투자증권에서 제공하는 함수들을 활용하면 국내 주식의 실시간 정보 조회와 자동 매매 등 다양한 투자 시나리오를 구현할 수 있습니다.

---

[1] https://github.com/koreainvestment/open-trading-api?tab=readme-ov-file

15.1.2 프로젝트 목표 및 요구사항

한국투자증권 오픈API는 실전 계좌뿐만 아니라 모의투자 계좌로도 설정 및 활용이 가능합니다. 이번 프로젝트에서는 주식 거래와 계좌 관리를 위한 핵심 기능에 집중해 MCP 서버를 구축하며, 실전 환경과 동일한 방식으로 모의투자 환경에서도 모든 기능을 테스트하고 연습할 수 있습니다.

이번 프로젝트에서 구현할 기능은 다음과 같습니다.

- get_stock_price: 특정 종목의 현재 가격 정보를 조회합니다.
- get_account_balance: 현재 계좌 잔고를 조회합니다.
- place_order: 주식의 매수 또는 매도 주문을 실행합니다.
- get_order_list: 지정한 기간 내의 주문 내역을 조회합니다.
- get_stock_ask_price: 특정 종목의 호가(매수/매도 가격)를 조회합니다.
- get_daily_price: 특정 종목의 일별 기간 시세 데이터를 조회합니다.

이러한 기능들은 실전 계좌와 모의투자 계좌 모두에서 동일하게 사용할 수 있어 투자 전략을 연습하거나 실제 거래에 앞서 충분히 검증할 수 있습니다. MCP 서버를 통해 AI 모델이나 다양한 애플리케이션에서 실시간으로 활용할 수 있으며, 투자 판단, 자산 관리, 리서치 등 다양한 금융 서비스의 기반 데이터를 확인할 수 있습니다.

15.2 프로젝트 준비 및 설계

한국투자증권 오픈API를 활용하려면 먼저 한국투자증권 계좌를 개설하고, 별도의 API 키를 발급받아야 합니다. 본격적인 프로젝트 진행에 앞서 이번 절에서는 이러한 사전 준비 과정과 함께 프로젝트의 전체적인 아키텍처를 살펴보겠습니다.

15.2.1 KIS 오픈API 키 발급

1. 한국투자증권 계좌 개설

한국투자증권 오픈API를 이용하려면 먼저 실전투자 계좌 또는 모의투자 계좌를 개설해야 합니다. 실전투자 계좌는 한국투자증권 앱을 통해 비대면으로 간편하게 개설할 수 있고, 필요하다면 가까운 영업점을 방문해 개설할 수도 있습니다. 모의투자 계좌의 경우 한국투자증권 홈페이지나 MTS에서 모의투자 서비스 신청 후 발급받은 모의 계좌번호가 필요합니다.

2. KIS Developers 서비스 신청

KIS Developers 서비스 신청은 KIS Developers 홈페이지의 오른쪽 상단에 있는 **API 신청** 버튼을 클릭하거나 한국투자증권 홈페이지의 **서비스 신청 → Open API → KIS Developers → KIS Developers 서비스 신청하기** 메뉴를 통해 할 수 있습니다. 서비스 신청 화면에서 휴대폰 인증 등 본인 인증 절차를 거쳐야 하며, HTS ID에 특수문자가 포함된 경우에는 ID 변경 후 신청하는 것이 좋습니다. 신청 과정에서 서비스 이용에 관한 유의사항, 개인정보 수집·이용 동의서, 이용약관 등에 반드시 동의해야 합니다. 동의하지 않으면 서비스 이용이 불가합니다.

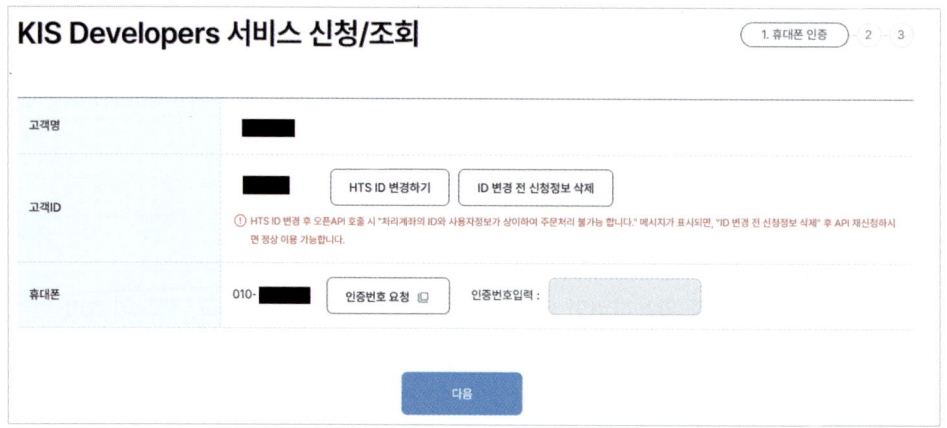

그림 15.2 KIS Developers 서비스 등록

3. 계좌 등록 및 API 신청 안내

계좌 등록 단계에서는 보유한 실전 또는 모의투자 계좌를 선택해 API 신청을 진행합니다. 한 번에 최대 2개 계좌까지 신청할 수 있으며, 더 많은 계좌를 등록하려면 신청정보 페이지에서 **추가신청하기** 기능을 이용하면 됩니다. 신청 버튼을 누른 뒤에는 추가 인증을 거쳐야 하며, 신청이 정상적으로 완료되면 카카오톡 또는 문자 메시지로 오픈API 서비스 신청 완료 안내와 KIS Developers 홈페이지 임시 비밀번호가 발송됩니다.

4. App Key와 App Secret 확인

신청이 완료되면 신청정보 화면에서 계좌별 App Key와 App Secret을 확인할 수 있습니다. 이 두 키는 API 인증 및 토큰 발급에 반드시 필요하므로 외부에 유출되지 않도록 주의해서 관리해야 하며, 유출된 경우 즉시 재발급해야 합니다.

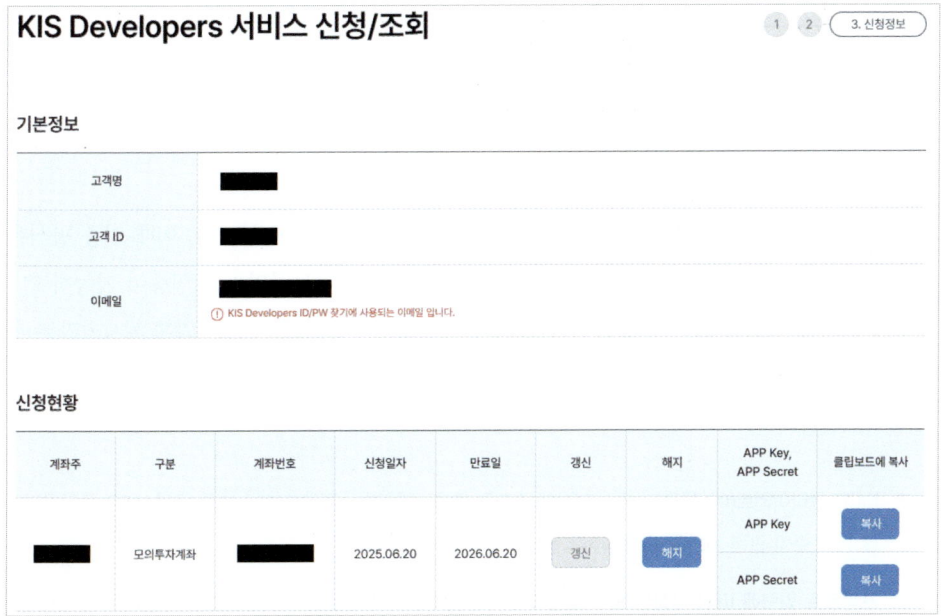

그림 15.3 KIS Developers 서비스 신청 현황

위 그림에 표시된 계좌번호, APP Key, APP Secret 키를 복사해서 안전한 곳에 보관해 둡니다. 이 정보들은 추후 토큰 발급 시 사용됩니다.

15.2.2 MCP 서버 아키텍처

한국투자증권 MCP 서버를 개발하기에 앞서 이번 프로젝트의 전반적인 아키텍처를 살펴보겠습니다.

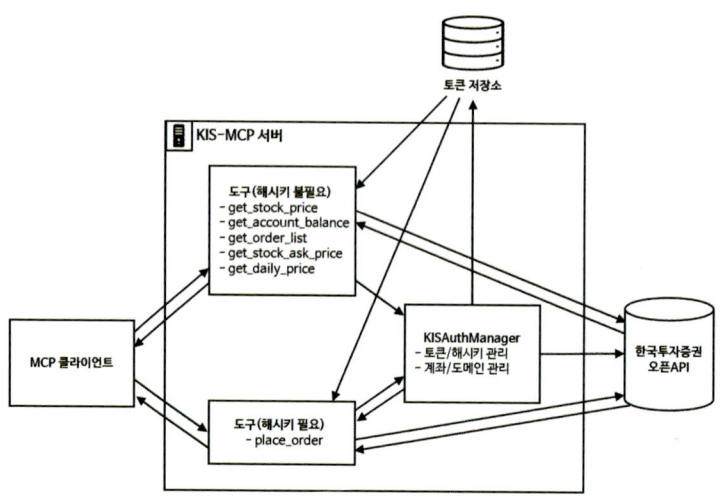

그림 15.4 한국투자증권 MCP 서버의 아키텍처

한국투자증권의 오픈API를 사용하기 위해서는 인증 단계를 거쳐야 합니다. 이때 인증 방식은 어떤 기능을 호출하느냐에 따라 달라집니다. 대부분의 API는 토큰만으로 인증이 가능하지만 주식 주문이나 매도와 같이 중요한 기능을 담당하는 API의 경우에는 토큰 외에 해시키라는 추가 인증 정보도 필요합니다. 이와 관련해서 위 그림을 토대로 단계적으로 API를 호출하는 과정을 알아보겠습니다.

1. **MCP 클라이언트(예: 클로드 데스크톱)에서 도구 호출**: 사용자는 클로드 데스크톱 등의 MCP 클라이언트를 통해 주식 관련 기능을 요청합니다.

2. **프롬프트 입력에 따라 적절한 도구 호출**: 사용자의 입력에 따라 MCP 서버는 해당 기능(예: get_stock_price)을 담당하는 도구를 호출합니다.

3. **토큰 확인 및 생성**: 도구가 호출되면 KISAuthManager를 통해 인증 토큰을 확인합니다. 만약 토큰이 없거나 만료된 경우 새로운 토큰을 발급받아 로컬에 저장합니다.

4. **토큰 생성 후 API 호출**
   - **해시키가 불필요한 경우**: 토큰 값을 이용해 바로 한국투자증권 API를 호출합니다.
   - **해시키가 필요한 경우**: KISAuthManager를 통해 해시키를 발급받은 뒤, 토큰과 함께 한국투자증권 API를 호출합니다.
5. **API 응답 수신**: 한국투자증권 서버는 API 호출 결과를 도구에 반환합니다.
6. **결과 확인**: 도구가 받은 데이터를 가공해서 MCP 클라이언트에 전달하면 사용자가 결과를 확인합니다.

15.3 MCP 서버 프로젝트

이번 절에서는 프로젝트에 필요한 환경을 설정하고, 전체적인 코드를 살펴보겠습니다. 여기서는 각 단계별로 코드의 역할을 상세히 설명합니다. 이를 통해 환경 구성부터 코드 구현까지의 흐름을 명확히 이해할 수 있을 것입니다.

15.1.1 MCP 서버 개발

프로젝트 환경 설정

이전과 마찬가지로 C:\MCP 폴더에 이번 프로젝트에 사용할 KIStock-MCP 폴더를 새로 만듭니다. 그러고 나서 환경설정을 저장할 .env 파일을 생성하고, 이전 단계에서 발급받은 APP Key, APP Secret, 계좌번호, 모의투자 또는 실전투자 여부를 다음과 같이 입력합니다.

```
# 한국투자증권 API 정보(발급받은 값으로 입력)
KIS_APP_KEY=""
KIS_APP_SECRET=""

# 계좌번호(본인 계좌번호로 입력)
KIS_CANO=""

# 투자 구분(REAL: 실전투자, VIRTUAL: 모의투자)
KIS_ACCOUNT_TYPE=""
```

실전투자 계좌를 사용할 경우 KIS_ACCOUNT_TYPE을 "REAL"로, 모의투자 계좌를 사용할 경우 "VIRTUAL"로 설정하면 됩니다.

프로젝트의 최종 구성은 다음과 같습니다.

```
KIStock-MCP/
├── kistock-mcp.py      # 메인 서버 코드
├── .env                # APP_KEY, APP_SECRET, 계좌번호, 투자 환경 정보
└── token.json          # OAuth 인증 후 자동 생성되는 토큰 파일(최초에는 없음)
```

이제 프로젝트 폴더에서 kistock-mcp.py 파일을 새로 만듭니다. 그리고 나서 이어지는 안내에 따라 각 코드를 순서대로 작성하면 됩니다.

라이브러리 및 환경변수 불러오기

먼저 프로젝트에 필요한 라이브러리를 불러옵니다.

```python
# 표준 라이브러리
import json
import os
from datetime import datetime, timedelta
from pathlib import Path
import sys

# 서드파티 라이브러리
import httpx
from dotenv import load_dotenv
from fastmcp import FastMCP
from pydantic import Field
from typing import Annotated

# 환경변수 로드
load_dotenv()
```

json, os 등의 파이썬 표준 라이브러리는 프로젝트에서 파일, 경로, 시간, 시스템 관련 기능을 구현하는 데 사용됩니다. 다음으로, httpx, dotenv, fastmcp, pydantic, typing 등의 외부 라이브러리 또한 MCP 서버를 개발하는 데 필요합니다.

코드 끝에서 dotenv의 load_dotenv() 함수를 호출해 .env 파일에 저장된 환경변수를 파이썬 프로그램에서 사용할 수 있도록 로드합니다.

FastMCP 인스턴스 생성 및 의존성 설정

다음은 FastMCP 프레임워크를 활용하기 위해 FastMCP 클래스의 인스턴스를 mcp라는 이름으로 생성하는 코드입니다.

```python
mcp = FastMCP(name="KIStock-MCP", dependencies=["httpx","pydantic","pandas"])
```

이때 KISStock-MCP로 MCP 서버 인스턴스의 이름을 지정하고, dependencies=["httpx", "pydantic"] 옵션으로 이 MCP가 동작하는 데 반드시 필요한 외부 라이브러리(의존성)를 명시합니다. 이렇게 하면 MCP 인스턴스가 생성될 때 필요한 패키지들이 자동으로 관리되어 코드 실행 환경에서 해당 라이브러리들이 누락되는 문제를 방지할 수 있습니다.

KISAuthManager 클래스 및 인증/환경 관리

다음은 한국투자증권 오픈API 연동을 위한 인증과 환경설정을 통합적으로 관리하는 KISAuthManager 클래스를 정의한 부분입니다. 실전/모의투자 여부에 따라 API 도메인, 경로, TR_ID(거래 코드) 등을 자동으로 선택할 수 있도록 상수와 메서드를 제공합니다.

```python
class KISAuthManager:
    # 실전/모의투자 도메인 및 경로 상수
    DOMAIN = "https://Open API.koreainvestment.com:9443"    # 실전투자 도메인
    VIRTUAL_DOMAIN = "https://Open APIvts.koreainvestment.com:29443"  # 모의투자 도메인
    TOKEN_PATH = "/oauth2/tokenP"           # 토큰 발급 경로
    HASHKEY_PATH = "/uapi/hashkey"          # 해시키 발급 경로
    CONTENT_TYPE = "application/json"       # 요청 헤더의 Content-Type
    AUTH_TYPE = "Bearer"                    # 인증 타입
    TOKEN_FILE = Path(__file__).resolve().parent / "token.json"  # 토큰 저장 파일 경로
```

```python
# 실전/모의투자 TR_ID(거래 코드) 매핑
REAL_TR = {
    "price": "FHKST01010100",
    "balance": "TTTC8434R",
    "buy": "TTTC0802U",
    "sell": "TTTC0801U",
    "order_list": "TTTC8001R",
    "stock_ask": "FHKST01010200",
    "stock_info": "FHKST01010400",
}
VIRTUAL_TR = {
    "price": "FHKST01010100",
    "balance": "VTTC8434R",
    "buy": "VTTC0802U",
    "sell": "VTTC0801U",
    "order_list": "VTTC8001R",
    "order_detail": "VTTC80362R",
    "stock_info": "FHKST01010400",
    "stock_ask": "FHKST01010200",
}

# 환경변수로 실전/모의투자 여부 판별(기본값: REAL)
@classmethod
def is_real(cls):
    return os.environ.get("KIS_ACCOUNT_TYPE", "REAL").upper() == "REAL"

# 실전/모의투자에 따라 도메인 반환
@classmethod
def get_domain(cls):
    return cls.DOMAIN if cls.is_real() else cls.VIRTUAL_DOMAIN

# 실전/모의투자에 따라 해당 키의 TR_ID 반환
@classmethod
def get_tr_id(cls, key):
    return cls.REAL_TR.get(key) if cls.is_real() else cls.VIRTUAL_TR.get(key)
```

```python
# 토큰 파일이 존재하면 토큰과 만료시간을 불러옴
@classmethod
def load_token(cls):
    if cls.TOKEN_FILE.exists():
        try:
            with open(cls.TOKEN_FILE, 'r') as f:
                token_data = json.load(f)
                expires_at = datetime.fromisoformat(token_data['expires_at'])
                if datetime.now() < expires_at:
                    # 토큰이 아직 유효하면 반환
                    return token_data['token'], expires_at
        except Exception as e:
            print(f"Error loading token: {e}", file=sys.stderr)
    # 토큰이 없거나 만료된 경우
    return None, None

# 토큰과 만료시간을 파일에 저장
@classmethod
def save_token(cls, token: str, expires_at: datetime):
    try:
        with open(cls.TOKEN_FILE, 'w') as f:
            json.dump({'token': token, 'expires_at': expires_at.isoformat()}, f)
    except Exception as e:
        print(f"Error saving token: {e}", file=sys.stderr)

# 저장된 토큰이 유효하면 재사용, 아니면 새로 발급
@classmethod
async def get_access_token(cls, client: httpx.AsyncClient) -> str:
    token, expires_at = cls.load_token()
    if token and expires_at and datetime.now() < expires_at:
        return token
    # 토큰이 없거나 만료된 경우 API로 새 토큰 발급 요청
    token_response = await client.post(
        f"{cls.get_domain()}{cls.TOKEN_PATH}",
        headers={"content-type": cls.CONTENT_TYPE},
        json={
            "grant_type": "client_credentials",
```

```python
                "appkey": os.environ["KIS_APP_KEY"],
                "appsecret": os.environ["KIS_APP_SECRET"]
            }
        )
        token_response.raise_for_status()
        token_data = token_response.json()
        token = token_data["access_token"]
        expires_at = datetime.now() + timedelta(hours=23)  # 토큰 만료시간 설정(23시간)
        cls.save_token(token, expires_at)
        return token

    # 해시키(Hashkey) 발급 요청
    @classmethod
    async def get_hashkey(cls, client: httpx.AsyncClient, token: str, body: dict) -> str:
        response = await client.post(
            f"{cls.get_domain()}{cls.HASHKEY_PATH}",
            headers={
                "content-type": cls.CONTENT_TYPE,
                "authorization": f"{cls.AUTH_TYPE} {token}",
                "appkey": os.environ["KIS_APP_KEY"],
                "appsecret": os.environ["KIS_APP_SECRET"],
            },
            json=body
        )
        response.raise_for_status()
        return response.json()["HASH"]  # 해시키 반환
```

KISAuthManager 클래스에서는 다양한 기능을 수행합니다. 먼저 환경변수에 따라 실전/모의투자 환경을 판별하고, 각 환경에 맞는 도메인과 거래 코드를 반환하며, 토큰을 파일로 저장 및 불러와서 만료 전까지 재사용하고, 토큰이 만료되면 API를 통해 새로운 토큰을 발급받아 저장하는 등의 기능을 제공합니다.

또한 해시키 발급도 지원함으로써 API 요청에 필요한 인증 정보를 손쉽게 얻을 수 있도록 설계돼 있습니다. 이 클래스를 이용하면 인증, 환경 구분, 토큰/해시키 관리 등 한국투자증권 API 연동에 필요한 복잡한 과정을 일관되고 안전하게 처리할 수 있습니다.

> ⚠️ **주의**
>
> 이 MCP 서버에서는 실제 매수와 매도가 자동으로 이뤄질 수 있기 때문에 서버의 .env 파일에 저장된 민감한 정보와 토큰을 반드시 철저하게 관리해야 합니다. 인증 정보와 토큰이 외부로 유출되지 않도록 각별히 주의해야 하며, .env 파일과 토큰은 절대로 외부에 공개하거나 버전 관리 시스템에 포함시키지 않아야 합니다. 또한 접근 권한을 최소화하고, 주기적으로 인증 정보를 점검하며 필요 시 토큰을 재발급하거나 폐기하는 절차를 마련하는 것이 안전합니다.

MCP 도구

이어서 이번 MCP 서버에서 제공하는 각 도구를 살펴보겠습니다.

현재가 조회(get_stock_price)

다음은 특정 종목의 현재가(실시간 가격) 정보를 조회하는 get_stock_price 함수입니다.

```python
# MCP TOOL: 현재가 조회
@mcp.tool(
    name="get_stock_price",
    description="Fetch the current price information for a given stock symbol."
)
async def get_stock_price(
    symbol: Annotated[str, Field(description="Stock symbol (6 digits)")]
) -> dict:
    """
    MCP tool for fetching current stock price.
    Returns error message if no data found.
    """
    STOCK_PRICE_PATH = "/uapi/domestic-stock/v1/quotations/inquire-price"  # 현재가 조회 API 경로

    # 비동기 HTTP 클라이언트 생성
    async with httpx.AsyncClient() as client:
        # 인증 토큰 발급 (만료 시 자동 재발급)
        token = await KISAuthManager.get_access_token(client)
```

```python
        # 현재가 조회 API 호출
        response = await client.get(
            f"{KISAuthManager.get_domain()}{STOCK_PRICE_PATH}",
            headers={
                "content-type": KISAuthManager.CONTENT_TYPE,
                "authorization": f"{KISAuthManager.AUTH_TYPE} {token}",  # Bearer 토큰
                "appkey": os.environ["KIS_APP_KEY"],                     # 앱키
                "appsecret": os.environ["KIS_APP_SECRET"],               # 앱시크릿
                "tr_id": KISAuthManager.get_tr_id("price")               # TR_ID(현재가 조회용)
            },
            params={
                "fid_cond_mrkt_div_code": "J",    # 시장 구분 코드 (J: 주식)
                "fid_input_iscd": symbol          # 종목코드(6자리)
            }
        )
        response.raise_for_status()  # HTTP 오류 발생 시 예외

        data = response.json().get("output")  # 결과 데이터 추출

        # 데이터가 없거나 비어 있으면 메시지 반환
        if not data or (isinstance(data, dict) and not data):
            return {"message": "No data found for the given symbol."}

        # 반환할 주요 정보 키 목록
        keys = [
            "stck_shrn_iscd", "rprs_mrkt_kor_name", "bstp_kor_isnm", "stck_prpr",
            "prdy_vrss", "prdy_ctrt", "stck_oprc", "stck_hgpr", "stck_lwpr",
            "acml_vol", "acml_tr_pbmn", "per", "pbr", "eps", "bps", "hts_frgn_ehrt",
            "frgn_ntby_qty", "pgtr_ntby_qty"
        ]
        # 주요 정보만 추출해서 반환
        return {key: data.get(key) for key in keys}
```

이 함수는 MCP 도구로 등록되어 6자리 종목코드(symbol)를 입력받아 한국투자증권 오픈API에 비동기적으로 요청을 보냅니다. 인증 토큰을 자동으로 발급받아 헤더에 포함시키고, 해당

종목의 현재가, 전일 대비, 시가, 고가, 저가, 거래량, PER, PBR 등 주요 주식 정보를 받아옵니다.

데이터가 없거나 잘못된 종목코드를 입력하면 "해당 종목에 대한 데이터가 없습니다."라는 메시지를 반환해 사용자가 오류 상황을 쉽게 인지할 수 있도록 설계돼 있습니다. 이 함수는 MCP 플랫폼에서 주식 종목의 실시간 가격 정보를 간편하게 조회하도록 돕는 핵심 도구입니다.

잔고 조회(get_account_balance)

다음은 계좌의 현재 잔고와 보유 종목 정보를 조회하는 get_account_balance 함수입니다.

```python
# MCP TOOL: 잔고 조회
@mcp.tool(
    name="get_account_balance",
    description="Fetch the current account balance."
)
async def get_account_balance() -> dict:
    """
    MCP tool for fetching account balance.
    Returns error message if no data found.
    """
    BALANCE_PATH = "/uapi/domestic-stock/v1/trading/inquire-balance"  # 잔고 조회 API 경로

    # 비동기 HTTP 클라이언트 생성
    async with httpx.AsyncClient() as client:
        # 인증 토큰 발급(만료 시 자동 재발급)
        token = await KISAuthManager.get_access_token(client)

        # 잔고 조회에 필요한 파라미터 설정
        params = {
            "CANO": os.environ["KIS_CANO"],      # 계좌번호
            "ACNT_PRDT_CD": "01",                 # 계좌상품코드(01: 종합)
            "AFHR_FLPR_YN": "N",                  # 실시간잔고여부
            "INQR_DVSN": "01",                    # 조회구분
            "UNPR_DVSN": "01",                    # 단가구분
            "FUND_STTL_ICLD_YN": "N",             # 펀드결제분포함여부
```

```python
        "FNCG_AMT_AUTO_RDPT_YN": "N",      # 융자금자동상환여부
        "PRCS_DVSN": "00",                 # 처리구분
        "CTX_AREA_FK100": "",              # 연속조회용
        "CTX_AREA_NK100": "",              # 연속조회용
        "OFL_YN": ""                       # 오프라인여부
}

# 잔고조회 API 호출
response = await client.get(
    f"{KISAuthManager.get_domain()}{BALANCE_PATH}",
    headers={
        "content-type": KISAuthManager.CONTENT_TYPE,
        "authorization": f"{KISAuthManager.AUTH_TYPE} {token}",  # Bearer 토큰
        "appkey": os.environ["KIS_APP_KEY"],                     # 앱키
        "appsecret": os.environ["KIS_APP_SECRET"],               # 앱시크릿
        "tr_id": KISAuthManager.get_tr_id("balance")             # TR_ID(잔고조회용)
    },
    params=params
)
response.raise_for_status()  # HTTP 오류 발생 시 예외 처리

data = response.json()  # 응답 데이터 파싱

# 데이터가 없거나 보유 종목 정보가 없으면 메시지 반환
if not data or "output1" not in data or not data["output1"]:
    return {"message": "No balance data found."}

# 보유 종목에서 추출할 칼럼 리스트
output1_keys = [
    "pdno", "prdt_name", "hldg_qty", "ord_psbl_qty", "pchs_avg_pric",
    "prpr", "evlu_amt", "evlu_pfls_amt", "evlu_pfls_rt"
]
# 계좌 요약에서 추출할 칼럼 리스트
output2_keys = [
    "dnca_tot_amt", "scts_evlu_amt", "tot_evlu_amt", "nass_amt",
    "evlu_pfls_smtl_amt", "asst_icdc_amt", "asst_icdc_erng_rt"
]
```

```python
    # output1(보유 종목)에서 필요한 칼럼만 추출
    filtered_output1 = [
        {key: item.get(key) for key in output1_keys}
        for item in data.get("output1", [])
    ]

    # output2(계좌 요약)에서 필요한 칼럼만 추출
    filtered_output2 = [
        {key: item.get(key) for key in output2_keys}
        for item in data.get("output2", [])
    ]

    # 결과 반환
    return {
        "output1": filtered_output1,  # 보유 종목 정보
        "output2": filtered_output2   # 계좌 요약 정보
    }
```

앞의 함수와 마찬가지로 MCP 도구로 등록돼 있으며, 한국투자증권 오픈API에 비동기적으로 요청을 보내 계좌번호에 해당하는 잔고 데이터를 받아옵니다. 인증 토큰을 자동으로 발급받아 헤더에 포함시키고, 계좌번호, 상품코드 등 필요한 파라미터를 설정해 요청을 수행합니다.

API 응답에서 보유 종목 정보(output1)과 계좌 요약 정보(output2)를 받아오며, 각각에서 주요 칼럼만 추출해 반환합니다. 만약 데이터가 없거나 계좌에 잔고가 없는 경우 "잔고 데이터가 없습니다."라는 메시지를 반환해 사용자가 오류 상황을 쉽게 인지할 수 있도록 설계돼 있습니다. 이 함수도 MCP 서버에서 사용자가 자신의 계좌 잔고와 보유 종목 현황을 간편하게 확인할 수 있게 해주는 핵심 도구의 역할을 합니다.

매수/매도 주문(place_order)

다음은 6자리 종목코드(symbol), 주문 수량(quantity), 주문 가격(price), 주문 유형(order_type, 'buy' 또는 'sell')을 입력받아 한국투자증권 오픈API에 비동기적으로 매수 또는 매도 주문을 요청하는 함수입니다.

```python
# MCP TOOL: 매수/매도 주문
@mcp.tool(
    name="place_order",
    description="Place a buy or sell order for a stock."
)
async def place_order(
    symbol: Annotated[str, Field(description="Stock symbol (6 digits)")],
    quantity: Annotated[int, Field(description="Order quantity")],
    price: Annotated[int, Field(description="Order price (0 for market order)")],
    order_type: Annotated[str, Field(description="'buy' or 'sell'")]
) -> dict:
    """
    MCP tool for placing a buy or sell order.
    Returns error message if order_type is invalid or order fails.
    """
    ORDER_PATH = "/uapi/domestic-stock/v1/trading/order-cash"  # 주문 API 경로

    order_type = order_type.lower()  # 주문 유형을 소문자로 변환
    if order_type not in ["buy", "sell"]:
        # 잘못된 주문 유형 입력 시 에러 반환
        return {"error": "order_type must be either 'buy' or 'sell'."}

    # 비동기 HTTP 클라이언트 생성
    async with httpx.AsyncClient() as client:
        # 인증 토큰 발급 (만료 시 자동 재발급)
        token = await KISAuthManager.get_access_token(client)

        # 주문 데이터 구성
        request_data = {
            "CANO": os.environ["KIS_CANO"],          # 계좌번호
            "ACNT_PRDT_CD": "01",                    # 계좌상품코드(01: 종합)
            "PDNO": symbol,                          # 종목코드
            "ORD_DVSN": "01" if price == 0 else "00", # 주문구분(01: 시장가, 00: 지정가)
            "ORD_QTY": str(quantity),                # 주문수량
            "ORD_UNPR": str(price),                  # 주문가격
        }
```

```python
        # 해시키 발급
        hashkey = await KISAuthManager.get_hashkey(client, token, request_data)

        # 매수/매도 주문 API 호출
        response = await client.post(
            f"{KISAuthManager.get_domain()}{ORDER_PATH}",
            headers={
                "content-type": KISAuthManager.CONTENT_TYPE,
                "authorization": f"{KISAuthManager.AUTH_TYPE} {token}",  # Bearer 토큰
                "appkey": os.environ["KIS_APP_KEY"],                    # 앱 키
                "appsecret": os.environ["KIS_APP_SECRET"],              # 앱 시크릿
                "tr_id": KISAuthManager.get_tr_id(order_type),          # TR_ID(매수/매도 구분)
                "hashkey": hashkey                                      # 해시키
            },
            json=request_data
        )
        response.raise_for_status()  # HTTP 오류 발생 시 예외 처리

        data = response.json()  # 응답 데이터 파싱

        # 주문 결과가 없거나 실패 시 메시지 반환
        if not data or "output" not in data:
            return {"message": "Order failed or no response."}

        # 정상 주문 결과 반환
        return data
```

주문 유형이 'buy' 또는 'sell'이 아닌 경우에는 "order_type must be either 'buy' or 'sell'."이라는 에러 메시지를 반환해서 입력값 오류를 쉽게 파악할 수 있습니다.

함수에서는 인증 토큰을 자동으로 발급받아 헤더에 포함시키고, 주문 데이터와 함께 해시키를 발급받아 API에 전달합니다. 주문 가격이 0이면 시장가 주문, 0이 아니면 지정가 주문으로 자동 처리됩니다. API 응답에서 주문 결과 데이터가 없거나 실패하면 "Order failed or no response."라는 메시지를 반환하며, 정상적으로 주문이 접수되면 응답 데이터를 그대로 반환합니다.

주문 내역 조회(get_order_list)

다음은 날짜 범위를 입력받아 한국투자증권 오픈 API에 비동기적으로 주문 내역을 조회해서 반환하는 함수입니다.

```python
# MCP TOOL: 주문 내역 조회
@mcp.tool(
    name="get_order_list",
    description="Fetch the order history for a given date range."
)
async def get_order_list(
    start_date: Annotated[str, Field(description="Start date (YYYYMMDD)")],
    end_date: Annotated[str, Field(description="End date (YYYYMMDD)")]
) -> dict:
    """
    MCP tool for fetching order list.
    Returns error message if no data found.
    """
    ORDER_LIST_PATH = "/uapi/domestic-stock/v1/trading/inquire-daily-ccld"
    async with httpx.AsyncClient() as client:
        token = await KISAuthManager.get_access_token(client)
        params = {
            "CANO": os.environ["KIS_CANO"],
            "ACNT_PRDT_CD": "01",
            "INQR_STRT_DT": start_date,
            "INQR_END_DT": end_date,
            "SLL_BUY_DVSN_CD": "00",
            "INQR_DVSN": "00",
            "PDNO": "",
            "CCLD_DVSN": "00",
            "ORD_GNO_BRNO": "",
            "ODNO": "",
            "INQR_DVSN_3": "00",
            "INQR_DVSN_1": "",
            "CTX_AREA_FK100": "",
            "CTX_AREA_NK100": "",
        }
```

```python
    response = await client.get(
        f"{KISAuthManager.get_domain()}{ORDER_LIST_PATH}",
        headers={
            "content-type": KISAuthManager.CONTENT_TYPE,
            "authorization": f"{KISAuthManager.AUTH_TYPE} {token}",
            "appkey": os.environ["KIS_APP_KEY"],
            "appsecret": os.environ["KIS_APP_SECRET"],
            "tr_id": KISAuthManager.get_tr_id("order_list")
        },
        params=params
    )
    response.raise_for_status()
    data = response.json()
    if not data or "output1" not in data or not data["output1"]:
        return {"message": "No order history found for the given period."}
    # 중요한 칼럼만 추출
    important_columns = [
        "ord_dt", "odno", "ord_dvsn_name", "sll_buy_dvsn_cd_name",
        "pdno", "prdt_name", "ord_qty", "ord_unpr",
        "tot_ccld_qty", "avg_prvs", "tot_ccld_amt",
        "cncl_yn", "rmn_qty", "rjct_qty"
    ]
    filtered_output1 = []
    for item in data["output1"]:
        filtered_item = {key: item[key] for key in important_columns if key in item}
        filtered_output1.append(filtered_item)
    # output2는 그대로 반환
    result = {
        "output1": filtered_output1,
        "output2": data.get("output2", {}),
        "rt_cd": data.get("rt_cd", ""),
        "msg_cd": data.get("msg_cd", ""),
        "msg1": data.get("msg1", "")
    }
    return result
```

함수에서는 먼저 인증 토큰을 발급받아 요청 헤더에 포함시킨 후, 한국투자증권 오픈 API에 날짜 범위를 파라미터로 전달해 주문 내역을 요청합니다. 응답 데이터에서 주문 일자, 주문 번호, 매수/매도 구분, 종목명, 주문 및 체결 수량, 체결 금액, 잔여 수량 등 핵심 정보를 추출해서 반환하며, 조회된 내역이 없을 경우 메시지를 그대로 반환합니다. 이 도구는 계좌의 거래 활동 기록을 확인하는 데 사용됩니다.

호가 조회(get_stock_ask_price)

다음은 6자리 종목코드(symbol)를 입력받아 한국투자증권 오픈API에 비동기적으로 호가(매수/매도 가격 및 수량) 정보를 요청하는 함수입니다.

```python
# MCP TOOL: 호가 조회
@mcp.tool(
    name="get_stock_ask_price",
    description="Fetch the ask/bid price for a stock."
)
async def get_stock_ask_price(
    symbol: Annotated[str, Field(description="Stock symbol (6 digits)")]
) -> dict:
    """
    MCP tool for fetching stock ask/bid price.
    Returns error message if no data found.
    """
    # 호가 조회 API 경로
    STOCK_ASK_PATH = "/uapi/domestic-stock/v1/quotations/inquire-asking-price-exp-ccn"

    async with httpx.AsyncClient() as client:
        # 인증 토큰 발급
        token = await KISAuthManager.get_access_token(client)

        # 호가 조회 파라미터 설정(시장구분, 종목코드)
        params = {
            "FID_COND_MRKT_DIV_CODE": "J",
            "FID_INPUT_ISCD": symbol,
        }
```

```python
        # 호가 조회 API 호출
        response = await client.get(
            f"{KISAuthManager.get_domain()}{STOCK_ASK_PATH}",
            headers={
                "content-type": KISAuthManager.CONTENT_TYPE,
                "authorization": f"{KISAuthManager.AUTH_TYPE} {token}",
                "appkey": os.environ["KIS_APP_KEY"],
                "appsecret": os.environ["KIS_APP_SECRET"],
                "tr_id": KISAuthManager.get_tr_id("stock_ask")
            },
            params=params
        )
        # 응답 실패 시 예외 발생
        if response.status_code != 200:
            raise Exception(f"Failed to get stock ask price: {response.text}")

        data = response.json()

        # 핵심 칼럼만 추출(매수/매도 가격 및 수량 등)
        output1_keys = [
            "askp1", "askp_rsqn1", "bidp1", "bidp_rsqn1", "total_askp_rsqn", "total_bidp_rsqn"
        ]
        output2_keys = [
            "stck_prpr", "stck_oprc", "stck_hgpr", "stck_lwpr", "stck_sdpr", "stck_shrn_iscd"
        ]
        filtered_output1 = {key: data.get("output1", {}).get(key) for key in output1_keys}
        filtered_output2 = {key: data.get("output2", {}).get(key) for key in output2_keys}

        # 핵심 호가 및 정보 반환
        return {
            "output1": filtered_output1,
            "output2": filtered_output2
        }
```

함수에서는 먼저 인증 토큰을 자동으로 발급받아 헤더에 포함시키고, 종목코드를 파라미터로 API에 전달합니다. 호출 시에는 시장 구분 코드와 종목코드를 지정해 해당 종목의 매수/매도 가격 및 수량 등 호가 정보를 조회할 수 있습니다. API 응답에서 매수 1호가, 매도 1호가, 각각의 잔량, 총 매수/매도 잔량 등 주요 호가 정보와 함께, 현재가, 시가, 고가, 저가, 기준가, 종목코드 등 추가 정보를 반환합니다.

일별주가 조회 기능(get_daily_price)

다음은 6자리 종목코드(symbol), 시작일(start_date), 종료일(end_date), 조정주가 여부(adj, 기본값 0)를 입력받아 한국투자증권 오픈API에 비동기적으로 일별 주가 데이터를 요청하는 함수입니다.

```python
# MCP TOOL: 일별주가 조회
@mcp.tool(
    name="get_daily_price",
    description="Fetch daily price data for a stock."
)
async def get_daily_price(
    symbol: Annotated[str, Field(description="Stock symbol (6 digits)")],
    start_date: Annotated[str, Field(description="Start date (YYYYMMDD)")],
    end_date: Annotated[str, Field(description="End date (YYYYMMDD)")],
    adj: Annotated[str, Field(description="Adjusted price (0: no, 1: yes), default 0")] = "0"
) -> dict:
    """
    MCP tool for fetching daily price data.
    Returns error message if no data found.
    """
    # 일별주가 조회 API 경로
    STOCK_INFO_PATH = "/uapi/domestic-stock/v1/quotations/inquire-daily-price"

    async with httpx.AsyncClient() as client:
        # 인증 토큰 발급
        token = await KISAuthManager.get_access_token(client)
```

```python
# 일별주가 조회 파라미터 설정 (시장구분, 종목코드, 조정주가, 기간 등)
params = {
    "fid_cond_mrkt_div_code": "J",
    "fid_input_iscd": symbol,
    "fid_org_adj_prc": adj,
    "fid_period_div_code": "D",
    "fid_begin_date": start_date,
    "fid_end_date": end_date
}

# 일별주가 조회 API 호출
response = await client.get(
    f"{KISAuthManager.get_domain()}{STOCK_INFO_PATH}",
    headers={
        "content-type": KISAuthManager.CONTENT_TYPE,
        "authorization": f"{KISAuthManager.AUTH_TYPE} {token}",
        "appkey": os.environ["KIS_APP_KEY"],
        "appsecret": os.environ["KIS_APP_SECRET"],
        "tr_id": KISAuthManager.get_tr_id("stock_info")
    },
    params=params
)
# 응답 실패 시 예외 발생
if response.status_code != 200:
    raise Exception(f"Failed to get daily price: {response.text}")

data = response.json()

# 일별 데이터에서 핵심 칼럼만 추출 (날짜, 시가, 고가, 저가, 종가)
core_keys = ["stck_bsop_date", "stck_oprc", "stck_hgpr", "stck_lwpr", "stck_clpr"]
filtered_output = [
    {key: item.get(key) for key in core_keys}
    for item in data.get("output", [])
]

# 핵심 일별주가 정보 반환
return filtered_output
```

먼저 인증 토큰을 자동으로 발급받아 헤더에 포함시키고, 입력된 기간과 종목코드, 조정주가 여부를 파라미터로 API에 전달합니다. API 요청이 정상적으로 이뤄지면 해당 기간 동안의 일별 시가, 고가, 저가, 종가 등 핵심 주가 데이터를 반환합니다.

앞에서 살펴본 코드를 포함한 MCP 서버의 전체 코드는 깃허브 리포지터리의 아래 파일에서 확인할 수 있습니다.

- 15.KIStock-MCP/kistock-mcp.py

15.3.2 MCP 서버 활용

MCP 서버 개발이 완료되면 해당 MCP 서버를 이용해 실시간 데이터 조회와 주문 실행, 잔고 및 체결 내역 확인 등 핵심 기능을 중심으로 다양한 시나리오를 시험해 볼 수 있습니다. 예를 들어, 특정 종목의 현재가와 최근 5일간의 종가를 조회한 뒤, 오늘 시장가로 해당 종목을 10주 매수할 수 있습니다. 또한 보유 중인 모든 종목의 현재 평가금액과 수익률을 한눈에 요약해 확인할 수도 있고, 오늘 실행된 모든 주문 내역과 체결 결과를 조회해 거래 내역을 점검할 수도 있습니다. 이처럼 MCP 서버를 통해 실시간 데이터 분석과 주문, 자산 관리 등 주요 기능을 효율적으로 구현할 수 있습니다. 그럼 몇 가지 중요 시나리오를 중심으로 실습해 보겠습니다.

실시간 매수 시나리오

먼저 다음과 같은 프롬프트를 이용해 오늘 시장가로 특정 종목의 주식을 매수할 수 있습니다.

> 삼성전자(005930)의 현재가와 최근 5일간 일별 종가를 조회한 뒤, 오늘 시장가로 10주를 매수하세요. 매수 주문이 정상적으로 체결되었는지 주문 체결 내역으로 확인하고, 결과를 요약해 주세요.

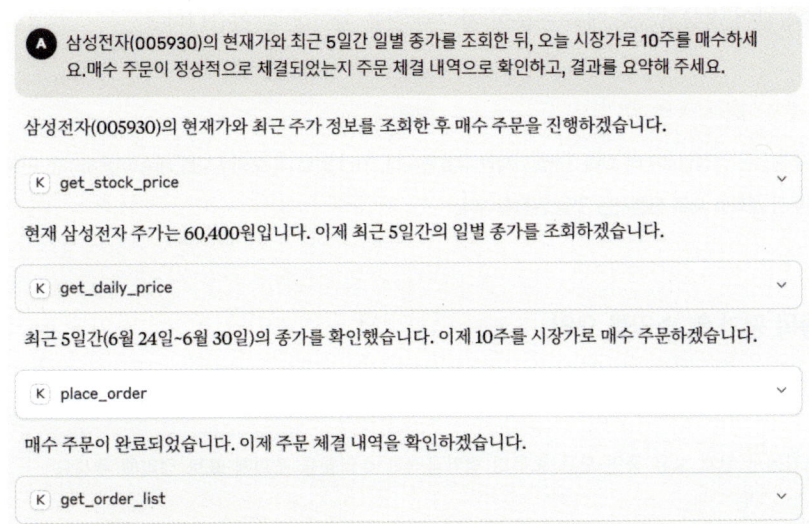

그림 15.5 KIS MCP 서버를 이용한 주식 매수

프롬프트를 입력하면 클로드 데스크톱에서 현재가(get_stock_price)와 최근 5일간의 종가(get_daily_price)를 조회합니다. 그 정보를 바탕으로 시장가로 10주를 매수 주문(place_order)하고, 이후 주문이 정상적으로 체결됐는지 주문 내역(get_order_list)을 조회해 확인합니다.

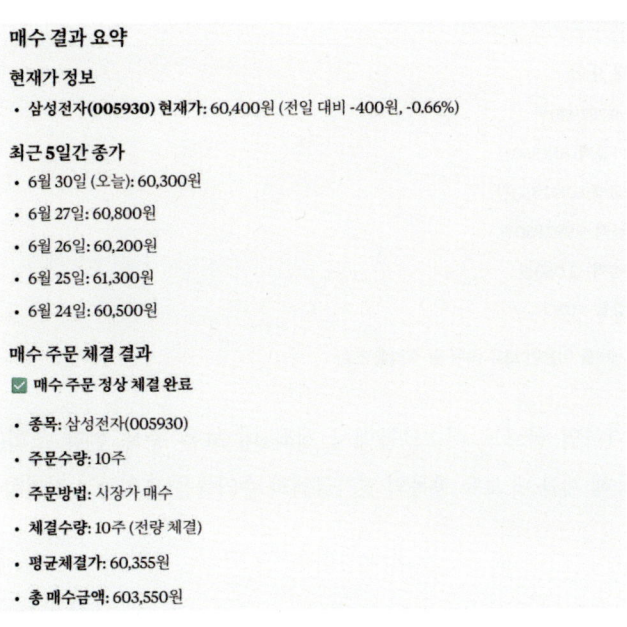

그림 15.6 KIS MCP 서버를 이용한 매수 결과

그럼 위와 같이 정상적으로 매수 주문이 처리된 것을 확인할 수 있습니다.

> 📄 **모의투자 이용 시 주의사항**
>
> 모의투자 계정은 설정일로부터 최대 3개월까지만 유효합니다. 기간 만료 후 모의투자를 계속 이용하려면 만료일 이후 모의투자 계좌를 새로 신청하는 것을 권장합니다.

보유 종목 평가 및 수익률 요약

다음과 같은 프롬프트를 이용해 보유 종목의 평가금액과 수익률을 확인할 수 있습니다.

내 계좌에서 현재 보유 중인 모든 종목의 평가금액과 수익률을 조회해 표로 정리해 주세요

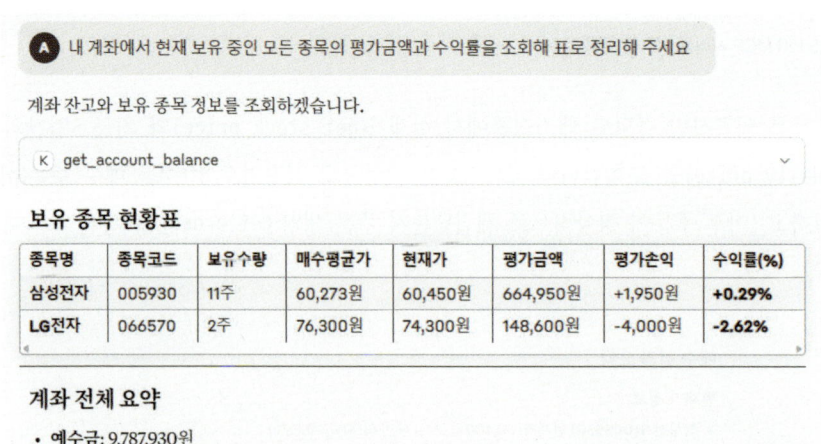

그림 15.7 KIS MCP 서버를 이용한 보유 종목 및 수익률 조회

프롬프트를 입력하면 클로드 데스크톱에서 계좌 내 보유 종목 현황 조회(`get_account_balance`)를 이용해 계좌 내 보유 종목의 평가금액과 수익률을 조회하고 정리합니다.

오늘 주문 및 체결 내역 확인

다음과 같은 프롬프트로 오늘 주문 및 체결 내역을 확인할 수 있습니다.

> 오늘 실행된 모든 주식 주문 내역과 체결 결과를 조회해 주세요. 각 주문의 종목명, 주문 수량, 체결 여부, 체결 단가를 표로 정리해 주세요.

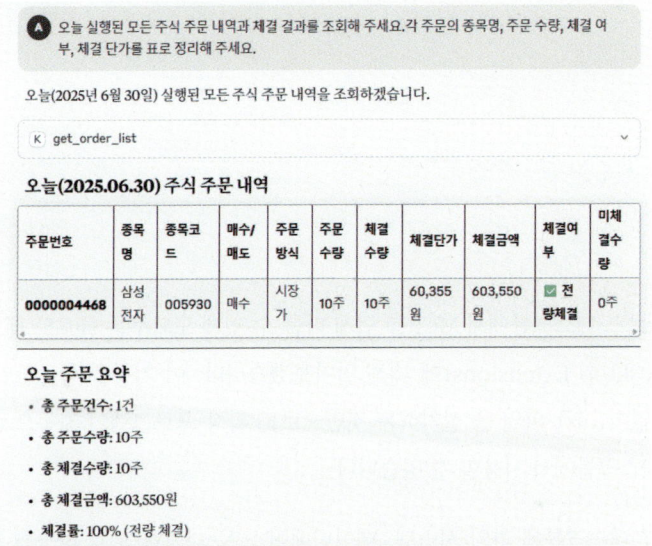

그림 15.8 KIS MCP 서버를 이용한 당일 주문 내역 조회

프롬프트를 입력하면 클로드 데스크톱에서 get_order_list 함수를 활용해 오늘 실행된 주식 주문과 관련된 상세 정보를 손쉽게 확인할 수 있습니다.

15.4 정리

이번 장에서는 한국투자증권의 오픈API를 활용해 주식의 시가를 확인하고, 매도와 매수 주문을 실행하며 계좌 정보를 관리하는 방법을 알아봤습니다. 한국투자증권에서는 이 외에도 300개 이상의 다양한 API를 제공하고 있으므로 본문에서 소개한 기능에 국한하지 말고 추가로 제공되는 API를 활용해 다양한 기능을 직접 구현해 보기를 권장합니다.

부록

클로드 데스크톱 확장 기능

부록에서는 클로드 데스크톱에서 MCP를 쉽게 다룰 수 있게 도와주는 클로드 데스크톱 익스텐션(Claude Desktop Extensions)에 대해 알아보겠습니다. 이 기능을 활용하면 별도의 복잡한 설치 과정 없이 .dxt 파일[1]을 설치하는 것만으로도 확장 프로그램이 자동으로 등록되고 곧바로 클로드 데스크톱에서 사용할 수 있습니다.

MCP는 클로드 데스크톱에 파일 시스템, 데이터베이스 등 다양한 로컬 리소스 접근을 가능하게 하는 로컬 서버를 개발자가 만들 수 있도록 지원합니다. 하지만 기존의 설치 방법으로는 개발자가 도구를 직접 설치하고, 구성 파일을 직접 편집해야 하며, 종속성을 관리해야 하는 등 비개발자에게 진입 장벽이 높았습니다. 클로드에서는 이러한 문제를 해결하기 위해 데스크톱 확장(Desktop Extensions)이라는 새로운 패키징 방식을 도입했습니다.

A.1 클로드 데스크톱 익스텐션이란?

클로드 데스크톱 익스텐션(Claude Desktop Extensions)은 MCP 서버와 모든 종속성을 하나의 설치 패키지로 묶어 사용자 설치 과정을 획기적으로 간소화합니다. 기존 방식과 비교해 어떻게 달라지는지 알아보겠습니다.

---

[1] .dxt 파일은 데스크톱 익스텐션(desktop extension)의 약자로, 모든 필수 요소가 포함된 MCP 서버를 단일 패키지로 묶은 파일 형식입니다.

기존 방식

- Node.js 등 개발 도구를 먼저 설치해야 함
- 터미널에서 명령어로 MCP 서버 패키지를 설치(예: `npm install -g @example/mcp-server`)
- MCP 서버 등록을 위해 설정 파일(`claude_desktop_config.json`)을 직접 편집
- 클로드 데스크톱을 재시작

데스크톱 익스텐션을 이용하는 경우

- .dxt 파일을 다운로드
- 클로드 데스크톱에서 더블클릭해서 열기
- **설치** 버튼을 클릭해 설치

즉, 데스크톱 익스텐션을 이용하면 복잡한 설치 과정을 거치지 않고도 몇 번의 클릭만으로 MCP 서버를 손쉽게 설치하고 바로 사용할 수 있습니다.

A.2 클로드 데스크톱 익스텐션의 아키텍처

데스크톱 익스텐션은 클로드 데스크톱에서 MCP 서버를 쉽게 설치 및 실행할 수 있도록 만든 ZIP 아카이브입니다. 내부에는 다음과 같은 파일들이 포함됩니다.

- `manifest.json`: 필수
- `server` 디렉터리: MCP 서버 코드(예: Node.js, 파이썬, 바이너리 등)
- `dependencies`, `node_modules`, `lib` 디렉터리: 필요한 패키지/라이브러리(선택)
- `icon.png`: 확장 프로그램 아이콘(선택)

다음은 Node.js와 파이썬 기반의 MCP 서버 프로젝트의 구조를 나타낸 것입니다.

Node.js 프로젝트의 구조

```
extension.dxt
├── manifest.json
```

```
├─ server/
│   └─ index.js
├─ node_modules/
└─ icon.png
```

파이썬 프로젝트의 구조

```
extension.dxt
├─ manifest.json
├─ server/
│   ├─ main.py
│   │   └─ utils.py
├─ lib/
└─ icon.png
```

데스크톱 익스텐션은 `manifest.json` 파일만 제대로 작성돼 있으면 나머지 파일들은 선택사항이며, 실행과 설치 과정을 모두 자동으로 처리합니다. 또한 Node.js 런타임이 내장돼 있어 따로 설치할 필요가 없으며, 확장 프로그램의 새 버전이 출시되면 자동으로 업데이트가 이뤄집니다.

A.3 데스크톱 익스텐션을 이용해 패키징하기

이번에는 앞에서 살펴본 데스크톱 익스텐션을 활용해 FastMCP로 만든 간단한 MCP 서버를 데스크톱 익스텐션 형식인 `.dxt` 파일로 패키징하고 드래그 앤 드롭만으로 클로드 데스크톱에 등록하는 전체 과정을 알아보겠습니다. 이번 예제에서는 간단하게 로컬 MCP 서버를 생성해서 진행합니다. 프로젝트 구조는 다음과 같습니다.

```
my-fastmcp-extension/
├─ manifest.json          # 확장 프로그램 메타데이터 및 설정 (필수)
├─ server/                # MCP 서버 코드 폴더
│   └─ server.py          # fastmcp 서버 메인 파일
├─ lib/                   # 필요한 파이썬 패키지 포함 폴더(선택)
└─ icon.png               # 확장 프로그램 아이콘(선택)
```

1단계: 프로젝트 생성 및 FastMCP 서버 설치

여기서는 FastMCP가 설치돼 있다는 전제하에 작업을 진행합니다. 먼저 MCP 서버 프로젝트(이 책에서는 `my-fastmcp-extension`)의 루트 디렉터리에서 `server`라는 하위 폴더를 만들고, `server` 폴더 안에 `server.py` 파일을 생성합니다. 그다음, `server.py` 파일에 다음과 같은 MCP 서버 코드를 작성합니다.

예제 MCP 서버(server/server.py)

```python
from fastmcp import FastMCP

mcp = FastMCP("demo")

@mcp.tool()
def add(a: int, b: int) -> int:
    """Returns the sum of a and b"""
    return a + b

if __name__ == "__main__":
    mcp.run()
```

이 MCP 서버는 두 개의 숫자를 입력받아 두 숫자의 합을 반환하는 역할을 합니다.

2단계: manifest.json 생성

DXT CLI는 MCP 서버를 데스크톱 익스텐션 파일(.dxt)로 패키징하고, `manifest.json` 생성 및 유효성 검증 등 MCP 서버 배포에 필요한 모든 과정을 자동화하는 데 사용됩니다. 터미널에서 다음 명령을 실행해 DXT CLI를 설치합니다.

```
> npm install -g @anthropic-ai/dxt
```

이어서 `manifest.json` 파일을 생성하기 위해 `npx @anthropic-ai/dxt init` 명령을 실행합니다. 이때 다음과 같은 정보를 순서대로 입력해야 하며, 필요한 정보를 모두 입력하면 자동으로 `manifest.json` 파일이 생성됩니다.

```
> npx @anthropic-ai/dxt init
```
✓ Extension name: 확장 프로그램의 내부 이름(영문, CLI 및 API에서 사용)
✓ Author name: 제작자명
✓ Display name (optional): 사용자에게 표시될 별칭(선택 사항, 생략 가능)
✓ Version: 확장 프로그램의 버전(시맨틱 버전)
✓ Description: 확장 프로그램의 간단한 설명
✓ Add a detailed long description? 상세 설명 추가 여부
✓ Author email (optional): 개발자 이메일(선택 사항)
✓ Author URL (optional): 개발자 홈페이지 URL(선택 사항)
✓ Homepage URL (optional): 확장 프로그램 홈페이지 URL(선택 사항)
✓ Documentation URL (optional): 문서 페이지 URL(선택 사항)
✓ Support URL (optional): 지원 페이지 URL(선택 사항)
✓ Icon file path (optional, relative to manifest): 아이콘 파일 경로(선택 사항)
✓ Add screenshots? 스크린샷 추가 여부
✓ Server type: MCP 서버 구현 언어(파이썬, Node.js 등)
✓ Entry point: 서버의 메인 진입점 파일 경로
✓ Does your MCP Server provide tools you want to advertise (optional)?: MCP 서버가 외부에 노출할 도구 제공 여부
✓ Tool name: 제공하는 도구의 이름
✓ Tool description (optional): 도구 설명(선택 사항)
✓ Add another tool? 추가 Tool 등록 여부
✓ Does your server generate additional tools at runtime? 런타임에 동적으로 도구 생성 여부
✓ Does your MCP Server provide prompts you want to advertise (optional)? 프롬프트(명령어 템플릿) 제공 여부
✓ Add compatibility constraints? 호환성 제약 조건 추가 여부
✓ Add user-configurable options? 사용자 입력 옵션 추가 여부
✓ Keywords (comma-separated, optional): 키워드(쉼표로 구분, 선택 사항)
✓ License: 라이선스 유형
✓ Add repository information? 저장소 정보 추가 여부

여기서는 편의상 manifest.json 파일을 빠르게 생성하기 위해 --yes 옵션을 추가해 manifest.json 파일을 자동으로 생성하겠습니다.

```
> npx @anthropic-ai/dxt init --yes
```

생성된 manifest.json 파일의 내용은 다음과 같습니다.

```json
{
  "dxt_version": "0.1",
  "name": "my-fastmcp-extension",
  "version": "1.0.0",
  "description": "A DXT extension",
  "author": {
    "name": "Unknown Author"
  },
  "server": {
    "type": "node",
    "entry_point": "server/index.js",
    "mcp_config": {
      "command": "node",
      "args": [
        "${__dirname}/server/index.js"
      ],
      "env": {}
    }
  },
  "license": "MIT"
}
```

자동으로 생성한 `manifest.json` 파일은 기본적으로 Node.js 런타임에 맞춰져 있습니다. 이 책에서는 파이썬 서버를 사용할 것이므로 다음과 같이 파이썬 런타임에 맞게 설정을 변경합니다.

```json
{
  "dxt_version": "0.1",
  "name": "add-demo",
  "display_name": "Add Demo",
  "version": "1.0.0",
  "description": "두 수를 더하는 간단한 MCP 확장 프로그램입니다.",
  "author": {
    "name": "Developer"
  },
  "license": "MIT",
```

```json
  "server": {
    "type": "python",
    "entry_point": "server/server.py",
    "mcp_config": {
      "command": "python",
      "args": ["${__dirname}/server/server.py"]
    }
  },
  "tools": [
    {
      "name": "add",
      "description": "두 정수의 합을 반환합니다."
    }
  ]
}
```

이 `manifest.json`의 핵심 내용은 다음과 같습니다.

- 이름(name): add-demo
- 표시 이름(display_name): Add Demo
- 버전(version): 1.0.0
- 설명(description): 두 수를 더하는 간단한 MCP 확장 프로그램입니다.
- 제작자(author.name): Developer
- 라이선스(license): MIT
- 서버 유형(server.type): python
- 서버 진입점(entry_point): server/server.py
- 실행 명령(command/args): python server/server.py
- 제공하는 도구 이름(tools.name): add
- 도구 설명(tools.description): 두 정수의 합을 반환합니다.

위와 같은 정보를 통해 MCP 서버의 주요 특징과 기능을 명확하게 안내할 수 있습니다. 해당 정보는 클로드 데스크톱 설정 및 확장프로그램에서 다음과 같이 확인할 수 있습니다.

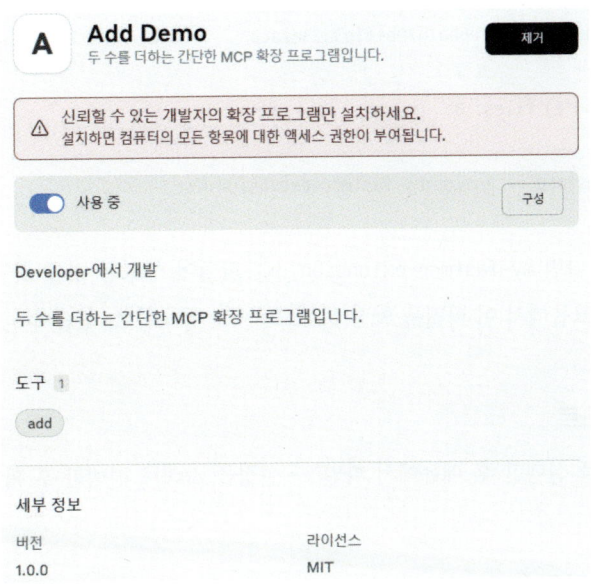

그림 A.1 등록한 MCP 서버의 정보 확인

3단계: .dxt 파일로 패키징

다음 명령을 실행해 manifest.json을 검증한 후 프로젝트 전체를 .dxt 파일로 패키징합니다.

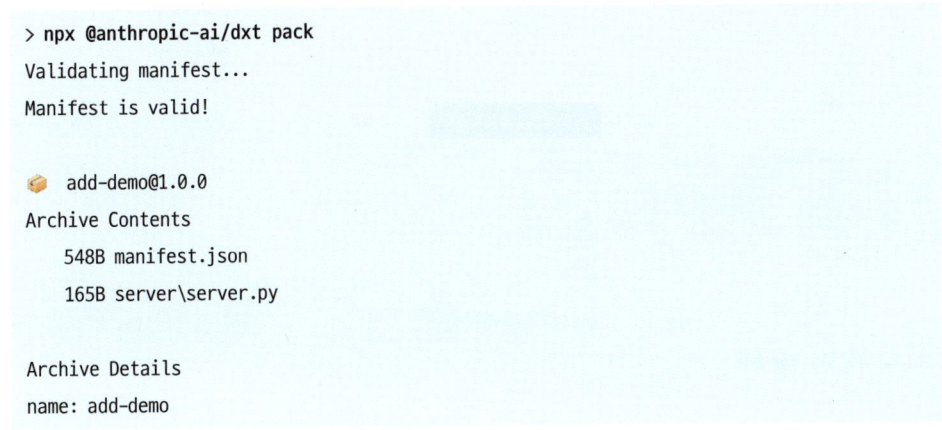

```
version: 1.0.0
filename: add-demo-1.0.0.dxt
package size: 687B
unpacked size: 713B
shasum: 29cc370190790a6be1e6ba1b79b1f1e3ad3e2aca
total files: 2
ignored (.dxtignore) files: 0

Output: C:\my-fastmcp-extension\my-fastmcp-extension.dxt
```

명령을 실행하고 나면 `my-fastmcp-extension.dxt` 파일이 생성된 것을 확인할 수 있습니다. 이제 클로드 데스크톱에서 이 파일을 확장 프로그램으로 등록할 수 있습니다.

4단계: 로컬 테스트

클로드 데스크톱을 실행한 후 메뉴에서 **파일 → 설정**을 차례로 선택한 후 **확장 프로그램** 탭으로 이동합니다.

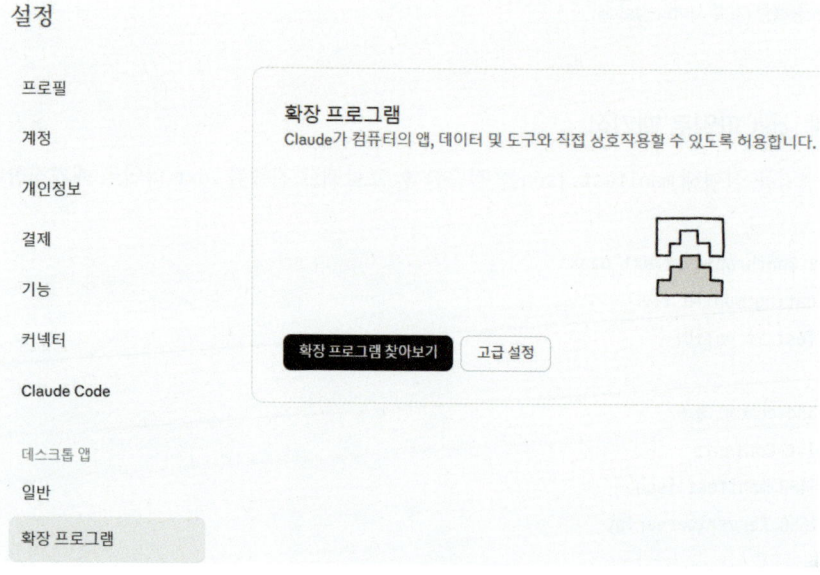

그림 A.2 확장 프로그램 설정

고급 설정을 클릭한 다음, 앞에서 생성한 my-fastmcp-extension.dxt 파일을 불러오기 위해 **확장 프로그램 설치**를 클릭합니다.

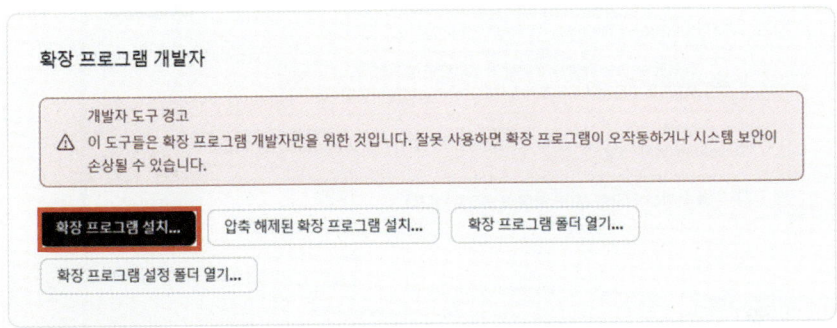

그림 A.3 확장 프로그램 설치

my-fastmcp-extension.dxt 파일이 위치한 곳으로 이동한 후 해당 파일을 불러옵니다.

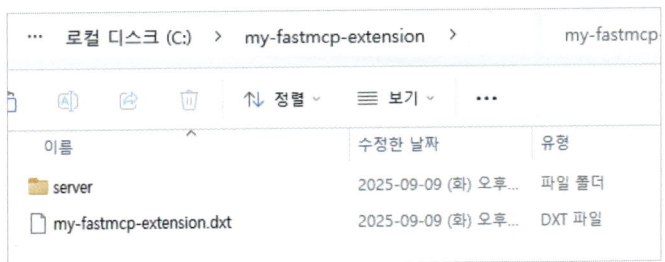

그림 A.4 my-fastmcp-extension.dxt 파일 불러오기

다음과 같은 확장 프로그램 설치 화면이 나타나면 **설치** 버튼을 눌러 설치를 진행합니다.

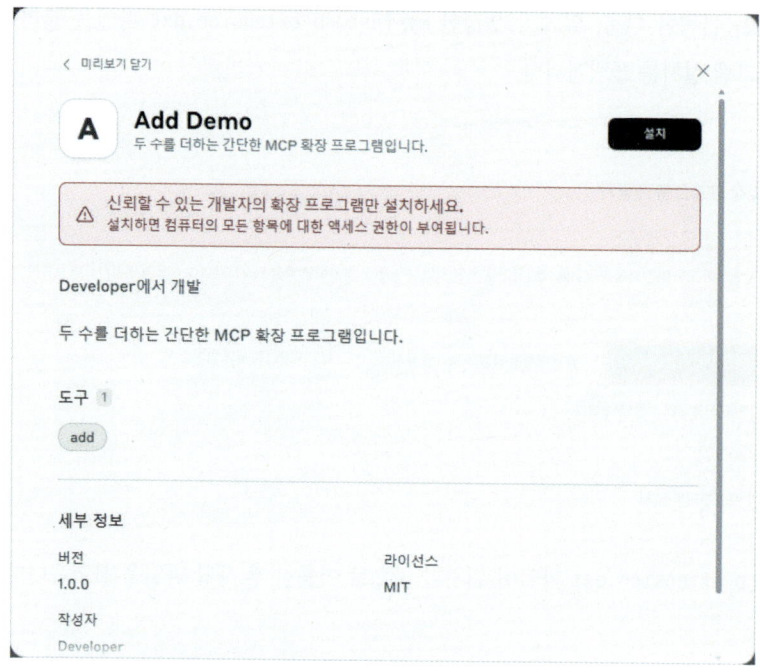

그림 A.5 MCP 서버 설치

설치가 완료되면 이를 확장 프로그램 목록에서 확인할 수 있습니다.

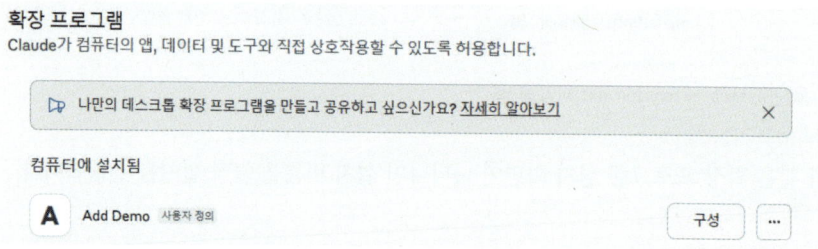

그림 A.6 정상적으로 등록된 MCP 서버

새로 등록한 MCP 서버를 사용하기 위해 다음과 같이 프롬프트를 입력합니다. 프롬프트를 입력하면 앞에서 등록한 MCP 서버가 정상적으로 동작하는지 확인할 수 있습니다.

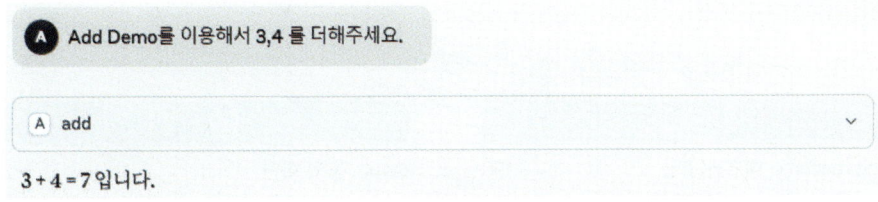

그림 A.7 MCP 서버 사용 예시

이번 부록에서 살펴본 기능은 앤트로픽에서 6월 26일에 발표한 내용을 참고한 것으로, 자세한 사항은 공식 안내 페이지를 통해 확인할 수 있습니다.

Desktop Extensions: One-click MCP server installation for Claude Desktop
- https://www.anthropic.com/engineering/desktop-extensions

【기호】

@mcp.resource 데코레이터	198
@mcp.tool() 데코레이터	191

【A – N】

AI 에이전트	35, 50
AI 오피스 비서	254
Annotated	196
args	101
ChatGPT	2
claude_desktop_config.json	72
command	101
Context7	178
credentials.json	262
DART(Data Analysis	289
ELIZA	9
env	101
FastMCP	189
FastMCP 클라우드	226
Field	196
GoogleAuth 클래스	268
GPT(Generative Pre-trained Transformer)	5
IPinfo API	216
KISAuthManager 클래스	317
LLM(Large Language Model)	15
MCP 서버 저장소	172
MCP 인스펙터	202
MCP(Model Context Protocol)	1, 17
Node.js	69
NotebookLM	45

【O – Z】

OAuth 동의 화면	260
OAuth 클라이언트 ID	262
OpenAI	5
OpenDartReader	291
Open-Meteo API	216
post_tweet	93
RAG(Retrieval-Augmented Generation)	35
README.md	223
Retrieval and Transfer System)	289
robots.txt	107
search_tweets	93
Sequential Thinking	179
Smithery	171
SQLite	140
SQLite MCP 서버	140
Tavily	78
tavily-extract	82
tavily-search	80
uv	188
X	91

【ㄱ-ㅁ】

강화학습	8
검색 증강 생성	35
계산기 MCP 서버	210
구글 캘린더 API	256
구글 API	255
구체성	25
기계학습	8
길이	26
깃허브	221
날씨 MCP 서버	215
노션	106, 116
노션 API 통합	120
노션 MCP 서버	116
다층 신경망	11
대규모 언어 모델	15
데이터 분석	233, 234, 252
데이터 수집	234
데이터 전처리	234, 251
데이터 크롤링	108
데이터 탐색	234
데이터프레임	235
데이터 확인	250
도구	62, 193
도구 메타데이터	197
디코더	13
딥러닝	5
로그 파일	205
로컬 데이터 소스	61
리소스	62, 194
리소스 메타데이터	199
리프레시 토큰	264
마스킹된 어텐션	13
매개변수	195
매개변수 메타데이터	196
맥락	26
맥락 제공	25
메타데이터	192
명확성	25

【ㅂ-ㅇ】

바이브 코딩	180
벡터 데이터베이스	38, 129
부분 파인튜닝	47
비지도학습	8
생각의 사슬	30
생성형 AI	2
서버	61
세션 종료	65
셀프 어텐션	13
순환신경망	12
스크레이핑	109
스타일	26
시맨틱 검색	40, 129
심층 신뢰 신경망	11
어텐션 메커니즘	12
연결 초기화	65
연쇄 법칙	11
원격 서비스	61
유클리드 거리	42
인코더	13
인코더-디코더 어텐션	13
임베딩	39

【ㅈ – ㅋ】

전자공시시스템	289
전체 파인튜닝	47
제로샷	27
지도학습	8
지메일 API	256
지시형	24
지식 소실	47
질문형	24
코사인 유사도	42
크로마	130
크로마 MCP 서버	130
크롤링	109
클라이언트	61
클로드	18
클로드 데스크톱	70
클로드 데스크톱 익스텐션	338

【ㅌ – ㅎ】

토큰	39
토큰화	39
튜링 테스트	5
트랜스포머	5, 12
트위터 MCP 서버	92
파이썬	69
파이어크롤	106
파인튜닝	35, 46
파일 시스템 MCP 서버	159
판다스	235
퍼셉트론	7
페르소나	32
퓨샷	28
프롬프트	22, 62, 194, 200
플레이그라운드	173
한국투자증권 오픈API	309
합성곱신경망	12
형식	26
호스트	61
환각	35
활성 세션	65